Y0-EIA-986

Conrad J. Schmitt
Jo Helstrom

McGraw-Hill Book Company

NEW YORK

ATLANTA

ST. LOUIS

DALLAS

OKLAHOMA CITY

SAN FRANCISCO

CREDITS

Editor · Jacqueline Rebisz

Design Supervisor · James Darby

Production Supervisors · Salvador Gonzales, Judith Tisdale

Illustrators · Jack Freas, Hal Frenck, Frank Johnson, Dick Smolinski, Gary Undercuffler, Chuck Yuen

Cartographer · David Lindroth

Photo Department Manager · Suzanne Volkman Skloot

Photo Research · C. Buff Rosenthal

Layout and Design · Function Thru Form, Inc./ Jennie Nichols

Cover Design · Group Four, Inc.

Editorial Consultants · François Xavier Adam, Catherine Bernard, Simone Eiseman, Janine Marzi, Jacques Pagès, Thierry Peremarti, Nicholas Pfaff

Photo credits appear in the back of the book.

This book was set in 10 point Aster by J&L Graphics, Inc.

Library of Congress Cataloging-in-Publication Data

Schmitt, Conrad J.
McGraw-Hill French illuminations.

Includes index.
1. French language—Text-books for foreign speakers—English. I. Helstrom, Jo. II. Title.
PC2129.E5S36 1988 448.2′421 87-4042

ISBN 0-07-097013-0

234567890 DODO 8987

ACKNOWLEDGMENTS

The authors wish to express their appreciation to the many foreign language teachers throughout the United States who have shared their thoughts and experiences with us. We express our particular gratitude to the teachers listed below who have offered their comments, suggestions, and recommendations.

Nancy Bradley
Nauset Regional High School
North Eastham, Massachusetts

Simone Eiseman
Alliance Française of Delray Beach
Delray Beach, Florida

Virginia Luft
Orange High School
Cleveland, Ohio

Doris Waltenbauer Ostr
St. Anna Gymnasium
Munich, West Germany

Gary Sarver
Federal Way Schools
Seattle, Washington

Margaret Schaeffer
Cuyahoga Falls High School
Cuyahoga Falls, Ohio

Sonia Tyson
Montclair Kimberley Academy
Montclair, New Jersey

Carolyn Weir
Rutherford High School
Rutherford, New Jersey

Marie Yatrakis
Madison High School
Madison, New Jersey

Charles Zecker
New Providence High School
New Providence, New Jersey

Preface

Bienvenus et en avant! Welcome and let's move ahead with our study of French.

McGraw-Hill French: Illuminations serves as a sequel to *McGraw-Hill French: Rencontres* and *Connaissances* or any other series of texts that present a similar amount of material. This text has been written to help you to continue to develop your language skills through activities that focus on meaningful, personal communication. You will learn new concepts and reinforce previously learned ones, thereby broadening your communication skills in more sophisticated situations and interactions. You will learn to express your ideas, feelings, and opinions in natural everyday settings. As you learn to communicate more proficiently in French, you will learn more about the culture of the peoples who speak this language. As you become more aware of the similarities and differences between cultures and peoples, you will become more appreciative of cultural diversities.

McGraw-Hill French: Illuminations is divided into the following sections: *Conversations pratiques, Grammaire avancée, Lectures journalistiques, Langage de la conversation, Littérature, Culture* and *Grammaire de base.* Since the various sections of the book do not have to be presented in sequence nor in their entirety, your teacher has the flexibility to organize the course and to focus major attention on the material that best meets your particular needs.

The *Conversations pratiques* section presents sophisticated, advanced vocabulary that you will need to function comfortably and proficiently while speaking French in real-life situations. This section presents the kind of useful survival vocabulary that is frequently neglected in high school French texts.

Grammaire avancée presents grammatical concepts that are new to you. In this section we have also incorporated those grammatical concepts that are presented in the second half of *McGraw-Hill French: Connaissances* in case you have not been exposed to them.

Lectures journalistiques introduce you to the type of reading material French people peruse every day of their lives: magazine and newspaper articles, headlines, weather reports, social announcements, classified ads, etc. You will enjoy comparing the readings to their American counterparts.

Langage de la conversation presents French words and expressions that are used to convey feelings, emotions, and opinions. Like English speakers, French speakers use rather formal language when talking to strangers or acquaintances. When talking to family members or close friends of the same age, they use an informal language that often includes slang. *Langage de la conversation* presents both the formal and the informal language to express the same thoughts. The slang expressions are presented for recognition only. You should be able to understand spoken slang, since you will frequently hear it if you travel to France. However, you are cautioned against using it since it is very easy to misuse slang and, as a result, sound ridiculous or uncouth.

The *Littérature* section introduces you to the great body of literature that has been produced in the French-speaking world. Particular emphasis has been placed on works by contemporary writers.

The *Culture* section presents reading selections that will provide you with greater insights into the culture of the French-speaking people. High interest level has been a prime requisite in determining the topics we have included.

The *Grammaire de base* section reviews for you those grammatical concepts that you have already learned in your study of French but for which you may need some additional reinforcement.

And now—*Bonne chance! Nous sommes certains que vous vous amuserez bien en apprenant à communiquer efficacement avec vos copains francophones.*

Contents

CONVERSATIONS PRATIQUES

1 Les courses · 2

2 La teinturerie et la blanchisserie · 7

3 À bord d'un avion · 11

4 Un accident · 17

5 À l'hôpital · 22

6 Chez le dentiste · 27

7 L'inscription · 30

8 Chez le coiffeur · 35

9 La papeterie · 39

10 On loue une voiture · 41

GRAMMAIRE AVANCÉE

1 Emplois des articles · 46

2 Quelques verbes irréguliers · 51

3 Le pronom *en* · 55

4 Le pronom *y* · 59

5 Le futur et le conditionnel · 62

6 Le passé simple des verbes réguliers · 67

7 Le passé simple des verbes irréguliers · 69

8 Emplois spéciaux des temps · 72

9 Les adjectifs irréguliers · 75

10 Le subjonctif · 78

11 Autres emplois du subjonctif · 86

12 Autres emplois du subjonctif; le passé du subjonctif · 89

13 Les pronoms démonstratifs et possessifs · 94

14 Le plus-que-parfait · 98

15 Le futur antérieur et le passé du conditionnel · 100

16 Les propositions avec *si* · 103

17 Les constructions causatives · 105

18 *Lequel* · 109

19 Le pronom relatif *dont* · 112

20 La voix passive · 115

LECTURES JOURNALISTIQUES

1 Le petit crocodile vert · 120
2 La météo · 124
3 Événements de la vie · 128
4 Attention, les jeunes filles! · 133
5 Votre horoscope · 138
6 Gros titres et sous-titres · 144
7 Les Belges en France · 149
8 Un sondage international · 154
9 Petites annonces · 158
10 Le «crime» du routier · 165
11 Les piqûres d'insectes · 170
12 Lettre ouverte · 174

LANGAGE DE LA CONVERSATION

1 Les goûts et les intérêts · 182
2 Les antipathies · 189
3 Le bonheur · 194
4 Le mécontentement · 198
5 La tristesse · 203
6 L'accord et le désaccord · 206
7 La personnalité · 211
8 Questions d'argent · 216
9 Questions d'amour · 221

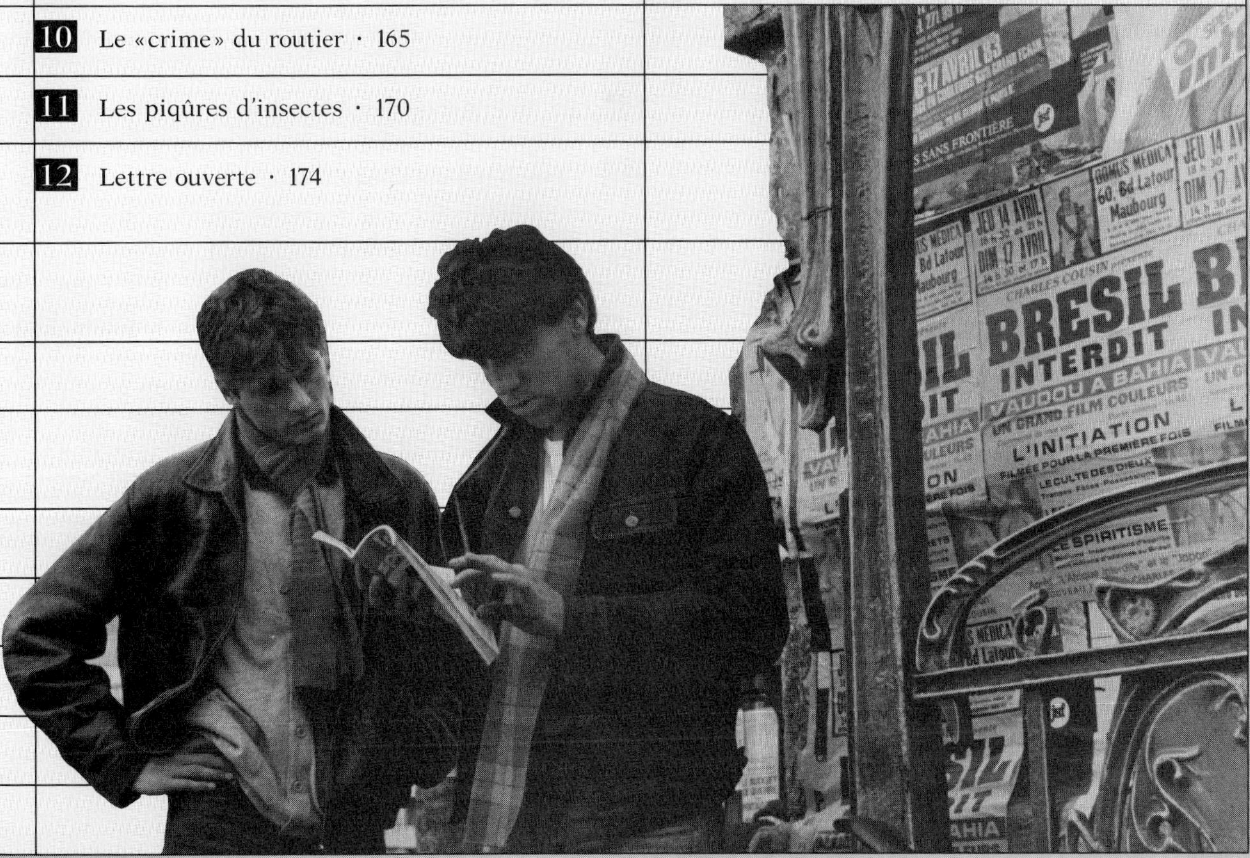

LITTÉRATURE	CULTURE
1 Comptines de langue française · 226	1 Paris · 288
2 Trois poèmes / Jacques Prévert · 230	2 Les langues en France · 294
3 La petite Marie / George Sand · 233	3 Aux Français qui partent aux USA · 300
4 Un chansonnier canadien · 237	4 Les noms français · 305
5 En attendant Godot / Samuel Beckett · 241	5 Les attitudes et les aspirations des jeunes Français · 308
6 Trois poèmes / Robert Desnos · 250	6 Le Maghreb · 313
7 L'Éléphant / Marcel Aymé · 254	7 Aux Américains qui partent pour la France · 319
8 Le Pont Mirabeau / Guillaume Apollinaire · 262	8 Fiançailles et mariage · 324
9 La Chambre / Tahar Ben Jelloun · 265	9 Les villes françaises · 329
10 Deux poèmes / Léon Damas · 270	10 La géographie de la France · 334
11 L'Alouette / Jean Anouilh · 275	
12 La Cigale et la fourmi / Jean de La Fontaine · 283	

GRAMMAIRE DE BASE

1 L'article défini; les noms; les adjectifs · 342

2 Le partitif · 349

3 Les prépositions avec des noms géographiques · 353

4 Les pronoms accentués · 356

5 Le passé composé des verbes réguliers · 358

6 Le passé composé des verbes irréguliers · 360

7 Les pronoms compléments directs et indirects · 363

8 L'accord du participe passé · 369

9 Le passé composé avec *être* · 371

10 Les verbes réfléchis · 373

11 Le comparatif et le superlatif · 378

12 Les pronoms relatifs · 382

13 L'interrogation · 384

14 Les pronoms interrogatifs *qui, que, quoi* · 387

15 L'imparfait · 391

16 L'imparfait et le passé composé · 394

17 Les expressions négatives · 397

Verbs · 402

French-English vocabulary · 411

English-French vocabulary · 425

Index · 434

Photo credits · 438

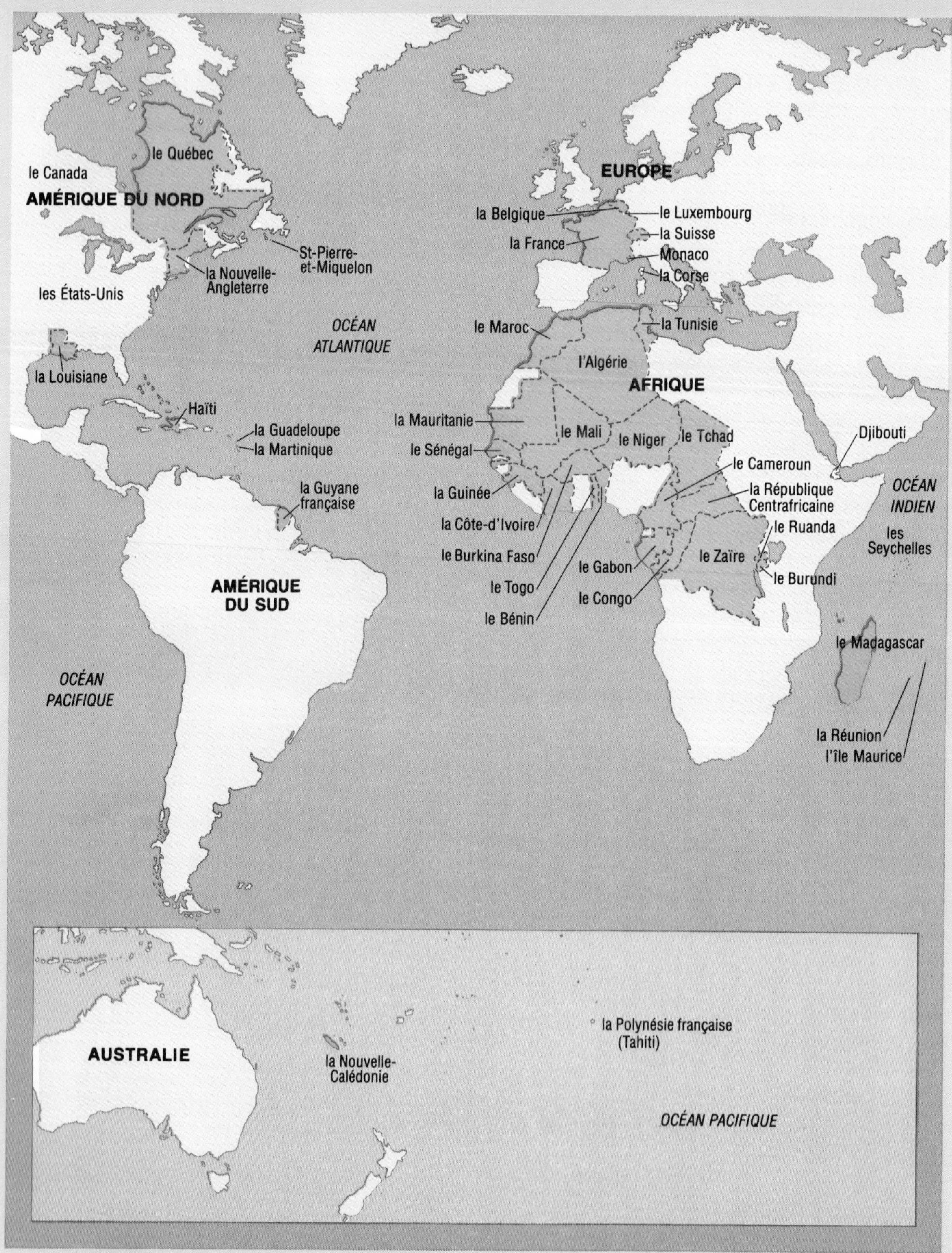
le Québec
le Canada
AMÉRIQUE DU NORD
St-Pierre-et-Miquelon
la Nouvelle-Angleterre
les États-Unis
la Louisiane
Haïti
la Guadeloupe
la Martinique
la Guyane française
OCÉAN ATLANTIQUE
AMÉRIQUE DU SUD
OCÉAN PACIFIQUE
EUROPE
la Belgique
le Luxembourg
la Suisse
la France
Monaco
la Corse
le Maroc
la Tunisie
l'Algérie
AFRIQUE
la Mauritanie
le Mali
le Niger
le Tchad
le Sénégal
Djibouti
le Cameroun
la Guinée
la République Centrafricaine
la Côte-d'Ivoire
le Ruanda
le Burkina Faso
le Zaïre
le Gabon
le Burundi
le Togo
le Congo
le Bénin
OCÉAN INDIEN
les Seychelles
le Madagascar
la Réunion
l'île Maurice
AUSTRALIE
la Nouvelle-Calédonie
la Polynésie française (Tahiti)
OCÉAN PACIFIQUE

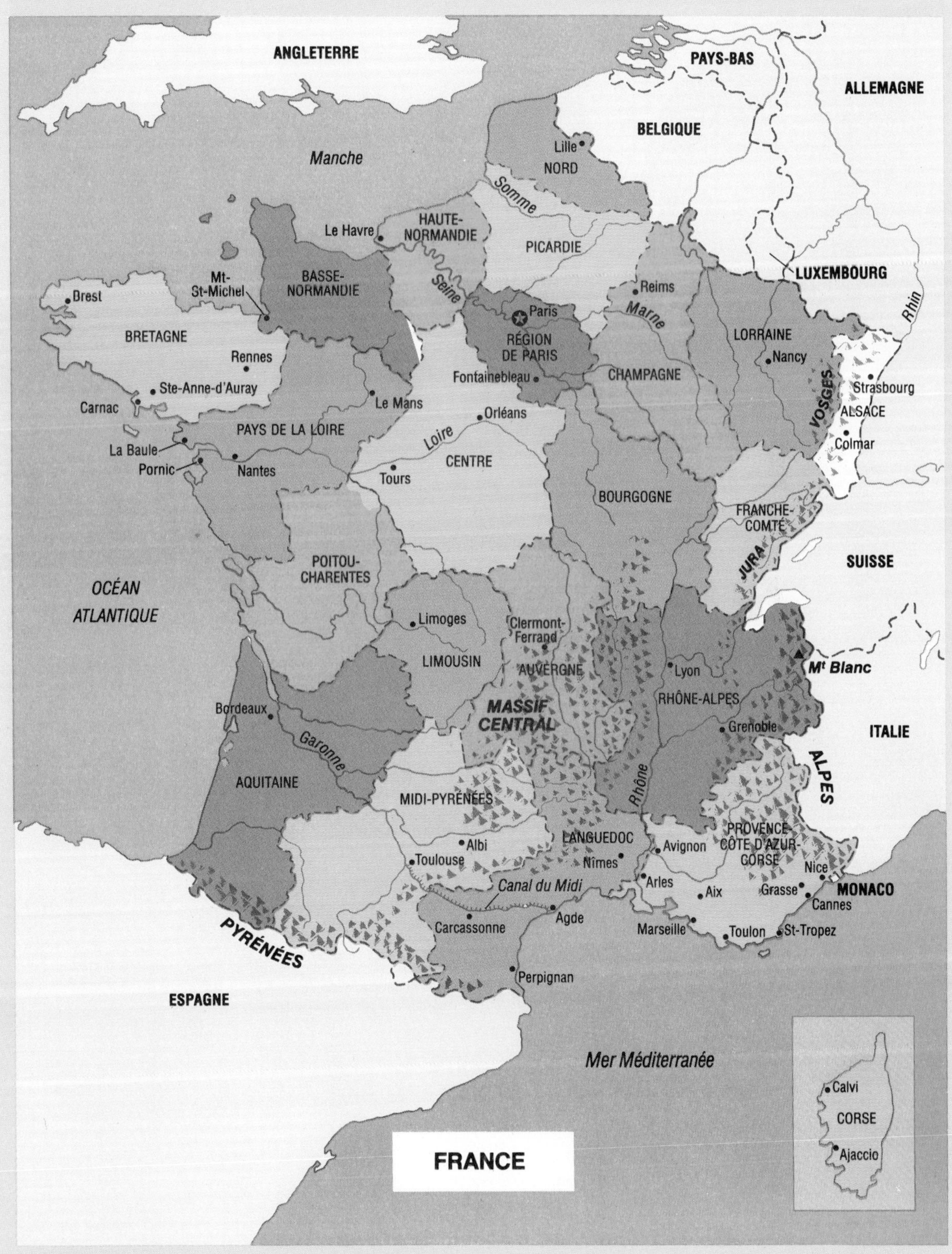
ANGLETERRE
PAYS-BAS
ALLEMAGNE
BELGIQUE
Manche
Lille
NORD
Somme
HAUTE-NORMANDIE
Le Havre
PICARDIE
LUXEMBOURG
Mt-St-Michel
BASSE-NORMANDIE
Seine
Reims
Brest
Paris
Marne
Rhin
BRETAGNE
RÉGION DE PARIS
LORRAINE
Rennes
Nancy
Fontainebleau
CHAMPAGNE
VOSGES
Strasbourg
Ste-Anne-d'Auray
Carnac
Le Mans
ALSACE
Orléans
PAYS DE LA LOIRE
Colmar
La Baule
Loire
Nantes
CENTRE
Pornic
Tours
BOURGOGNE
FRANCHE-COMTÉ
POITOU-CHARENTES
JURA
SUISSE
OCÉAN ATLANTIQUE
Limoges
Clermont-Ferrand
LIMOUSIN
AUVERGNE
Lyon
Mt Blanc
MASSIF CENTRAL
RHÔNE-ALPES
Bordeaux
Grenoble
ITALIE
Garonne
ALPES
AQUITAINE
Rhône
MIDI-PYRÉNÉES
PROVENCE-CÔTE D'AZUR-CORSE
LANGUEDOC
Albi
Avignon
Toulouse
Nîmes
Nice
Arles
Canal du Midi
Aix
Grasse
MONACO
Cannes
Agde
Carcassonne
Marseille
Toulon
St-Tropez
PYRÉNÉES
Perpignan
ESPAGNE
Mer Méditerranée
Calvi
CORSE
Ajaccio
FRANCE

Au marché... Chez le char
A la teinturerie... A la b
Quand on a un accident...
l'hôpital... Chez le dentiste...
coiffeur... A la papeterie...

tier... A la crémerie...
chisserie... A bord d'un avion...
ans la salle des urgences... A
l'université... Chez le
l'agence de voitures de location

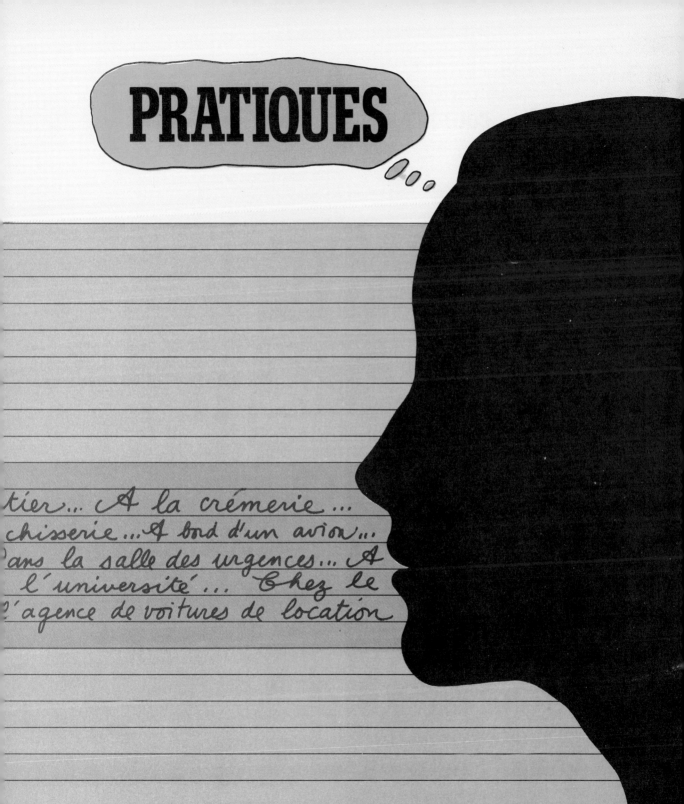

1

Les courses

VOCABULAIRE

Les quantités

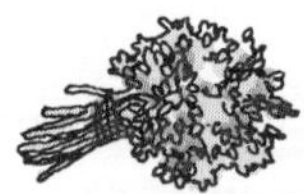

un bouquet de **persil**

une laitue

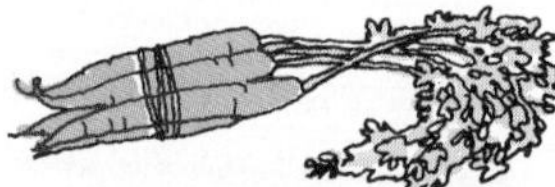

une botte de **carottes**

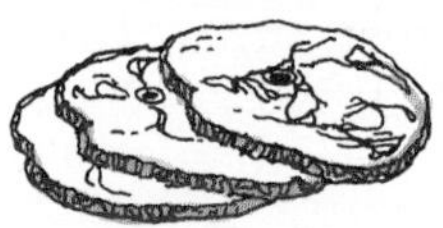

trois **tranches** *(f)* de **jambon**

une boîte de **thon**

un pot de crème

un sac de **chips**

un paquet de thé

un paquet de **lessive**

une bouteille d'eau minérale **(plate, gazeuse)**

un demi-litre de lait

un peu moins d'**un kilo** de rosbif

une livre de viande hachée

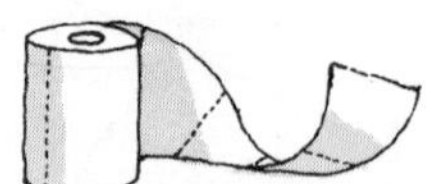

un rouleau de papier hygiénique

EXERCICE 1 *Madame va au marché*

____ Complétez la liste d'achats de Mme Leroux.

2 ____ de thon à l'huile d'olive
1 ____ de tomates
1 ____ laitue
1 ____ de thé
1 ____ de chips
6 ____ de jambon
1 ____ de carottes

1 ____ de persil
2 ____ d'eau minérale
½ ____ de lait
1 ____ de papier hygiénique
1 ____ de vin rouge
1 ____ de viande hachée

EXERCICE 2 *On fait les courses*

_____ **Complétez.**

1. Mme Leroux va au marché. Sa famille n'aime pas du tout les légumes congelés. Ainsi Mme Leroux va acheter une _____ de carottes fraîches au marché de primeurs.
2. Mais la famille de Mme Lefarge n'insiste pas pour que les légumes soient frais. Au supermarché Mme Lefarge achète une _____ de petits pois.
3. Dans une charcuterie on vend de la viande de porc comme, par exemple, des côtelettes ou un rôti de porc, du saucisson, etc. M. Ghez est allé chez le charcutier où il a acheté six _____ de jambon de Paris. Les six _____ de jambon ont pesé cinq cents grammes ou un demi _____ qui est une _____.
4. Comme dessert Mme Bétancourt a décidé de servir des fraises avec de la crème fraîche. Elle est allée à la crémerie où elle a acheté un petit _____ de crème fraîche.
   Ses enfants aiment bien les biscuits. Mme Bétancourt est allée chez l'épicier où elle a acheté un _____ de biscuits qu'elle va servir avec les fraises.
5. M. Delacroix a remarqué qu'il ne lui reste que très peu de savon en poudre. Quand il ira au supermarché, il achètera un _____ de lessive. Il achètera aussi un _____ de papier hygiénique.

Les prix

À combien est la botte de **radis?**
Quatre francs la botte.

À combien sont les tomates?
Sept francs le kilo.

Et les œufs sont à 90 centimes **(la) pièce.**

EXERCICE 3 *Quel est le prix?*

_____ **Complétez et répondez avec un prix.**

1. À combien est... 

2. À combien est...
3. À combien est... 
4. À combien sont... 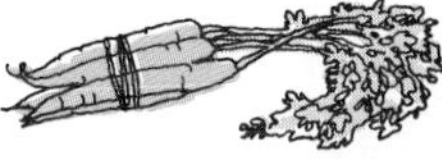
5. À combien est... 

MINI-CONVERSATIONS

Chez le marchand de fruits

—Et maintenant, je suis à vous, madame.

—Une livre d'oranges, s'il vous plaît.

—Les oranges de Tunisie? Elles sont très bonnes.

—Et à combien est la laitue?

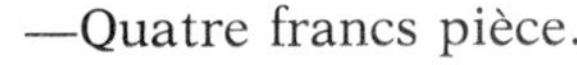

—Quatre francs pièce.

—Donnez-moi une laitue, s'il vous plaît.

—Autre chose, madame?

—C'est tout pour aujourd'hui. Ça fait combien?

—Alors, les oranges et la laitue. Ça fait dix francs.

EXERCICE 4 *Chez le marchand de fruits*

____ **Complétez.**

Mme Bétancourt va chez le marchand de fruits. Elle voit de très belles oranges de Tunisie. Elle en achète une ____. Elle achète aussi une laitue. Ça ____ combien? Ça fait dix ____.

Chez le charcutier

—Vous désirez, monsieur?

—Je voudrais six tranches de jambon de Paris, s'il vous plaît.

—Et ensuite?

—Quatre saucisses, et c'est tout, merci.

EXERCICE 5 *Chez le charcutier*

____ **Répondez.**

1. Monsieur va chez le boucher?
2. Où va-t-il?
3. Qu'est-ce qu'il achète chez le charcutier?
4. Combien de tranches de jambon achète-t-il?
5. Et combien de saucisses achète-t-il?

Chez le crémier

—Oui, madame. Qu'est-ce que je peux vous offrir aujourd'hui?

—Un demi-litre de lait, s'il vous plaît.

—D'accord, madame.

—Et je voudrais aussi un morceau de gruyère, s'il vous plaît. Et un petit pot de crème fraîche.

—Voilà, madame. Du lait, du gruyère et de la crème.

EXERCICE 6 *Chez le crémier*

____ **Corrigez les phrases incorrectes.**

1. Madame achète un kilo de lait.
2. Elle achète un paquet de gruyère.
3. Le gruyère est un légume français.
4. Madame achète une livre de crème.

ACTIVITÉS

1 Voici le menu que Mme Bétancourt a décidé de servir ce soir. Elle a demandé à son fils d'aller au marché pour acheter tout ce dont elle aura besoin pour préparer le dîner. Dans la famille Bétancourt il y a quatre personnes. Faites la liste des provisions que Charles Bétancourt va acheter. Précisez toujours la quantité qu'il va acheter.

Une salade de laitue, tomates, œufs durs et thon avec une sauce vinaigrette (huile et vinaigre)
Côtelettes de veau au jambon avec du fromage de Gruyère
Carottes
Fraises avec de la crème fraîche
Biscuits
Eau minérale gazeuse
Beaujolais
Café

2 Charles ne fait pas tous ses achats au supermarché. Il va faire ses courses dans plusieurs boutiques du quartier où il habite. Dans ces boutiques spécialisées il achète toutes les provisions fraîches. Préparez les conversations que Charles aura chez:

- le marchand de fruits
- le boucher
- le crémier

Pour acheter tous les produits en boîte, en sac, etc., Charles ira au supermarché ou chez l'épicier. Qu'est-ce qu'il achètera au supermarché ou à l'épicerie?

2

La teinturerie et la blanchisserie

VOCABULAIRE

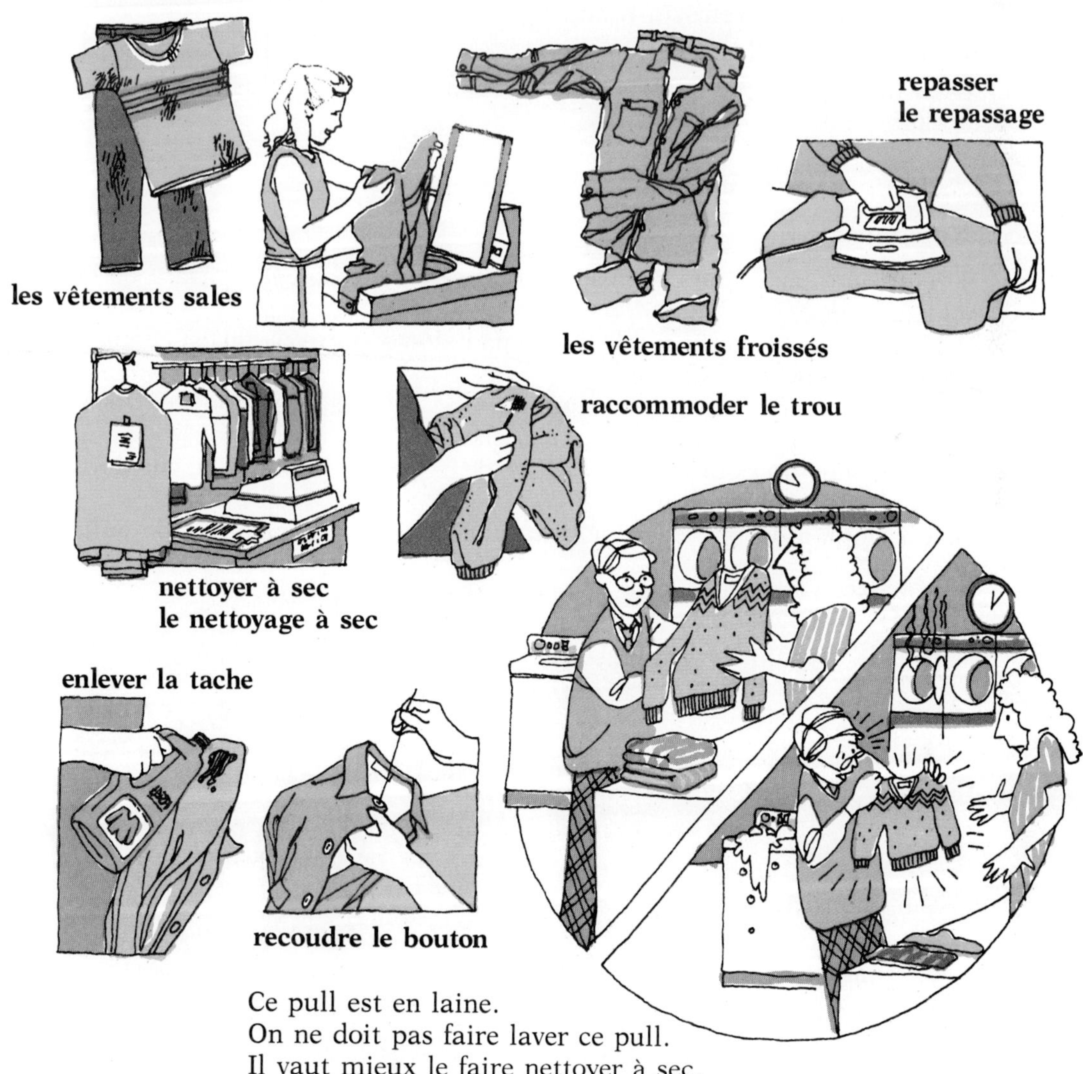

Ce pull est en laine.
On ne doit pas faire laver ce pull.
Il vaut mieux le faire nettoyer à sec.
Si on le donne à laver, il va **rétrécir.**

EXERCICE 1 *La blanchisserie*

_____ **Complétez.**

—J'ai beaucoup de linge sale.

—Pourquoi ne vas-tu pas à la _____?

—Je pourrais y aller. Mais je crois que je vais le laver moi-même. Il faut que je fasse des économies. Le _____ coûte assez cher.

EXERCICE 2 *La teinturerie*

_____ **Complétez.**

—Je ne peux pas laver ce pull.

—C'est vrai. Il va rétrécir. Il faut le faire _____.

—Alors, je vais aller à la teinturerie.

—Tu vas être un peu surpris. Le _____ coûte beaucoup plus cher ici qu'aux États-Unis.

EXERCICE 3 *Les vêtements*

_____ **Répondez.**

1. Ginette a taché son chemisier. Qu'est-ce qu'elle doit faire avant de laver le chemisier?
2. Robert a brûlé son pantalon. Son pantalon a un trou. Qu'est-ce que Robert doit faire?
3. Robert ne peut pas mettre cette chemise. Elle est très froissée. Qu'est-ce qu'il doit faire avant de mettre la chemise?
4. Il manque un bouton au chemisier de Thérèse. Qu'est-ce qu'elle doit faire?
5. Charlotte a un pull en laine. Pourquoi ne doit-elle pas laver son pull?

CONVERSATIONS

À la teinturerie

—Oui, monsieur.

—Pouvez-vous me faire laver et repasser cette chemise?

—Bien sûr, monsieur. Mais je vois que la chemise est tachée. Elle est tachée avec quoi, vous savez?

—Je crois que je l'ai tachée avec du café, mais franchement je n'en suis pas sûr.

—Nous essayerons d'enlever la tache avant de laver la chemise, mais je ne peux pas vous garantir que nous pourrons la faire disparaître complètement.

EXERCICE 4 *L'état des vêtements*

_____ **Corrigez les phrases incorrectes.**

1. À la teinturerie on va faire nettoyer la chemise.
2. La chemise est froissée.
3. Il y a un trou dans la chemise.
4. À la teinturerie on va essayer de raccommoder le trou.

À la teinturerie

—Vous pouvez me faire laver ce pull, madame?

—Non, mademoiselle. Je suis désolée. Mais votre pull est en laine, n'est-ce pas?

—Oui, oui. Il est en laine.

—Alors, il faudra le faire nettoyer à sec. Si je le lave, il va sans doute rétrécir.

—D'accord, madame. Est-ce que je pourrai l'avoir pour demain?

—Pour demain, non. Mais après-demain. Ça va, mademoiselle?

—Oui, ça va, merci.

EXERCICE 5 *À la teinturerie*

_____ **Répondez.**

1. Où est Carole?
2. Qu'est-ce qu'elle porte à la teinturerie?
3. Est-ce qu'elle peut faire laver le pull?
4. En quoi est le pull?
5. Pourquoi ne peut-on pas faire laver le pull?
6. Comment faut-il le faire nettoyer?
7. Est-ce que Carole peut avoir le pull pour demain?
8. Quand pourra-t-elle avoir le pull?

ACTIVITÉS

1 Voici un dessin de la veste de Thomas. Thomas est un étudiant américain qui fait de l'auto-stop en France. Il y a quinze jours qu'il a sa veste dans son sac à dos. Il veut la mettre ce soir parce que la famille d'une fille qu'il a connue l'a invité à dîner.

- Comment est la veste de Thomas? Décrivez-la.
- Où doit-il la porter?
- Préparez la conversation qu'il aura à la teinturerie.

2 Voici des photos d'une teinturerie, d'une blanchisserie et d'une laverie. Quelle est la différence entre ces trois établissements?

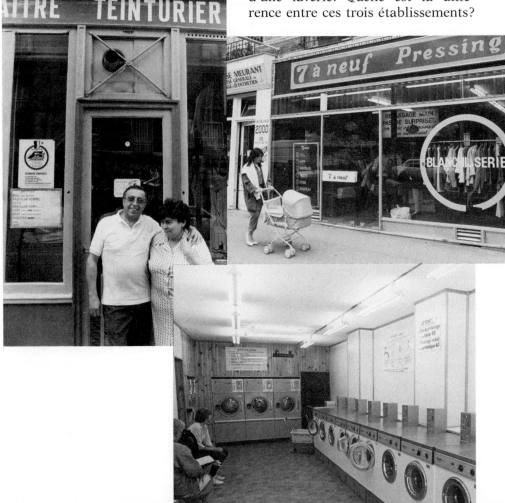

3

À bord d'un avion

VOCABULAIRE

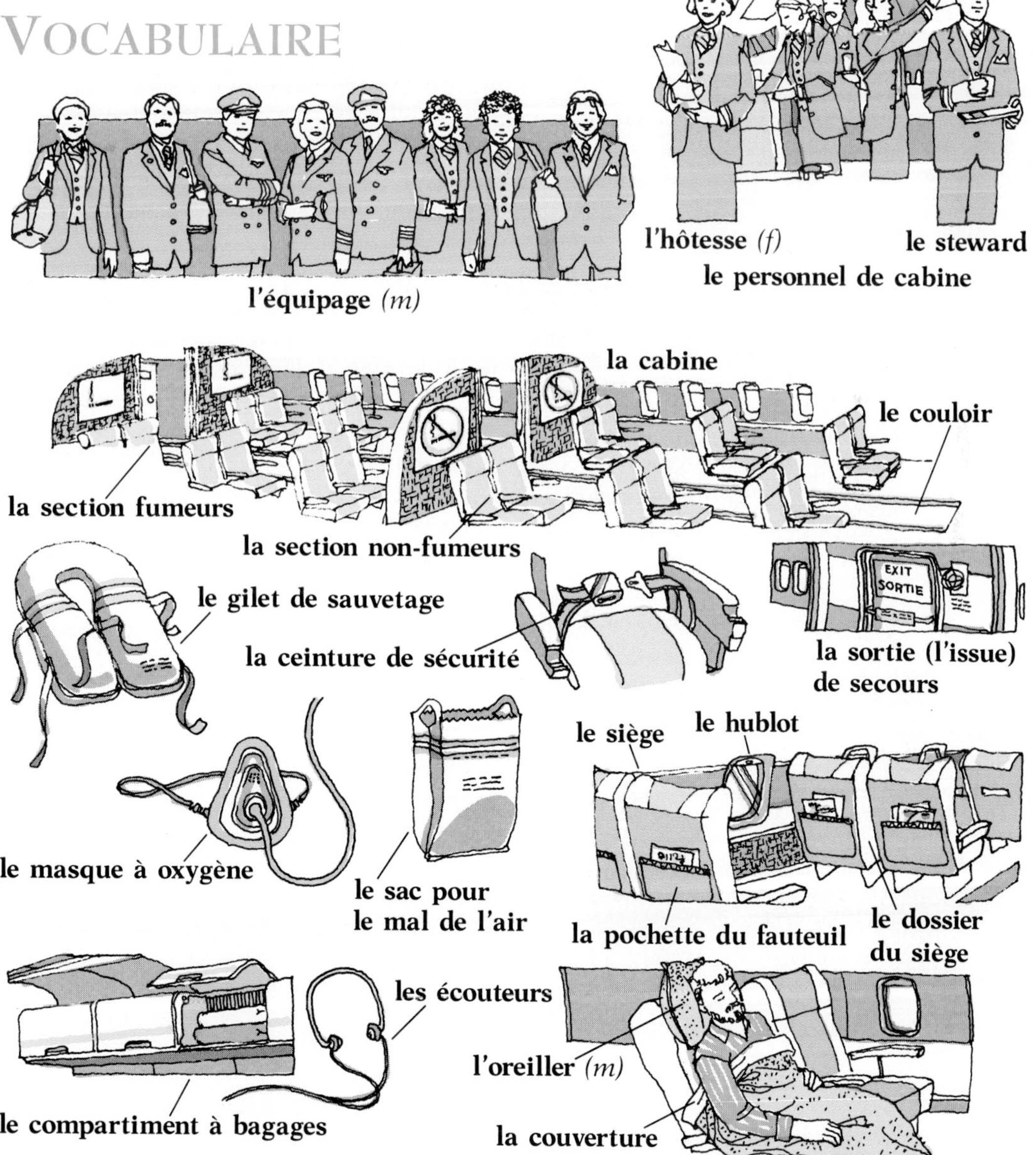
l'hôtesse (f)
le steward
le personnel de cabine
l'équipage (m)
la cabine
le couloir
la section fumeurs
la section non-fumeurs
EXIT
SORTIE
le gilet de sauvetage
la ceinture de sécurité
la sortie (l'issue) de secours
le siège
le hublot
le masque à oxygène
le sac pour le mal de l'air
la pochette du fauteuil
le dossier du siège
les écouteurs
l'oreiller (m)
le compartiment à bagages
la couverture

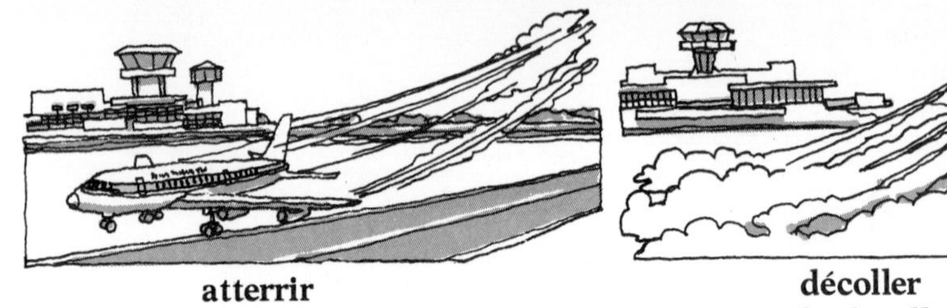

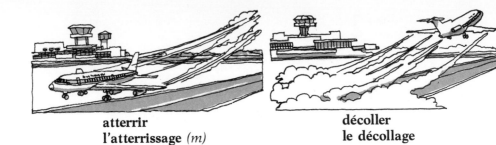

atterrir
l'atterrissage *(m)*

décoller
le décollage

EXERCICE 1 *Bienvenue à bord*

____ **Complétez.**

1. ____ à bord d'un avion se compose du pilote, du co-pilote, du navigateur et du personnel de cabine—les hôtesses de l'air et les stewards.
2. Le ____ sert les repas à bord et s'occupe de la sécurité des passagers.
3. Les passagers qui ne fument pas préfèrent (ou exigent) un siège (une place) dans la ____.
4. Beaucoup de passagers préfèrent un siège côté ____ car il y a plus d'espace pour allonger les jambes.
5. De temps en temps on traverse une zone de turbulence pendant le vol. Si par hasard un passager est frappé de mal de l'air, il y a ____ dans la pochette du fauteuil.
6. La pression de l'air (pressurisation) est contrôlée dans la cabine de l'avion. Si par hasard il y a un changement de pressurisation pendant le vol, le ____ tombera automatiquement et avec ce ____ le passager pourra respirer normalement.
7. Si un passager veut dormir un peu pendant le vol, il peut demander ____ et ____ à une hôtesse ou à un steward.
8. Quand le vol commence, l'avion ____. Quand le vol finit, l'avion ____.

EXERCICE 2 *Qu'est-ce que c'est?*

____ **Identifiez.**

1. 2. 3. 4. 5.

EXERCICE 3 *Une interview*

____ **Répondez personnellement.**

1. Vous aimeriez voyager partout dans le monde?
2. Vous aimeriez être hôtesse de l'air ou steward? Pourquoi?
3. Vous fumez?

4. Quand vous prenez l'avion, est-ce que vous demandez une place dans la section fumeurs ou dans la section non-fumeurs?
5. Quand vous prenez l'avion, vous demandez un siège côté couloir ou côté hublot? Pourquoi?
6. Vous préférez vous asseoir près d'une sortie de secours? Pourquoi?
7. Si vous n'avez jamais voyagé en avion, avez-vous envie de le faire?
8. Quand vous ferez un voyage en avion, aurez-vous peur ou non?

ANNONCES

Bienvenue à bord

Mesdames et messieurs,

De la part du commandant Benoît et de tout son équipage, nous vous souhaitons la bienvenue à bord de notre vol 800 à destination de Paris. Le commandant nous a informés que la durée de notre vol sera de huit heures dix minutes. Nous survolerons l'Atlantique à une altitude de 11 000 mètres et à une vitesse de 1 300 kilomètres à l'heure.

Nous vous remercions d'avoir choisi Air France et nous vous souhaitons un bon voyage.

EXERCICE 4 *Des renseignements*

Corrigez les phrases incorrectes.

1. Le commandant parle aux passagers.
2. Le commandant souhaite la bienvenue à tout l'équipage.
3. L'avion va à Parma.
4. L'avion part à huit heures dix.

EXERCICE 5 *Une annonce*

Répondez.

1. Qui parle aux passagers?
2. Qu'est-ce qu'il leur souhaite?
3. Où l'avion va-t-il?
4. Quel océan va-t-il survoler?

EXERCICE 6 *Des renseignements importants*

Donnez les renseignements suivants.

1. la destination du vol
2. le numéro du vol
3. le nom du commandant
4. la durée du vol
5. l'altitude du vol
6. la vitesse

Défense de fumer

Le personnel de cabine s'occupe du confort et aussi de la sécurité des passagers. À bord de l'avion il est interdit de fumer:

a. pendant le décollage et l'atterrissage
b. dans la section non-fumeurs
c. quand les consignes lumineuses sont allumées
d. dans les couloirs et dans les toilettes.

Pendant le décollage et l'atterrissage:

a. les passagers ne peuvent pas fumer
b. les passagers doivent être assis avec leur ceinture de sécurité attachée
c. tous les bagages à main doivent être placés sous le siège devant le passager ou dans le compartiment à bagages au-dessus du siège
d. le dossier du siège doit être placé dans la position verticale.

EXERCICE 7 *Quelques règlements à bord de l'avion*

_____ Répondez.

1. Est-ce que les passagers peuvent fumer pendant le décollage et l'atterrissage?
2. Qu'est-ce qu'il faut attacher pendant le décollage et l'atterrissage?
3. Est-ce que les passagers peuvent rester debout dans les couloirs pendant le décollage et l'atterrissage?
4. Où doivent-ils être?
5. Où faut-il mettre les bagages à main pendant le décollage et l'atterrissage?
6. Comment faut-il mettre le dossier du siège pendant le décollage et l'atterrissage?

EXERCICE 8

_____ Faites des phrases avec les expressions suivantes.

1. la consigne lumineuse de ne pas fumer
2. les bagages à main
3. le décollage et l'atterrissage
4. la ceinture de sécurité
5. le dossier du siège
6. sous le siège
7. au-dessus du siège

Cas d'urgence

En cas d'urgence:

a. Il y a huit sorties de secours. Il y en a quatre sur les ailes, deux dans la cabine de première classe et deux autres à l'arrière.
b. Le gilet de sauvetage est sous le siège.
c. Dans le cas d'un changement imprévu de la pression atmosphérique (pressurisation), le masque à oxygène tombera automatiquement.

EXERCICE 9 *En cas d'urgence*

____ **Corrigez les phrases incorrectes.**

1. En cas d'urgence à bord d'un avion, tous les passagers doivent sortir de l'avion par la même sortie de secours.
2. À bord de l'avion il y a un gilet de sauvetage sous chaque siège pour les atterrissages d'urgence en montagnes.
3. Il y a un masque à oxygène pour chaque passager car la pression de l'air change fréquemment pendant un vol.

Le décollage

Mesdames et messieurs,

Nous allons décoller dans quelques instants. Après le décollage il vous sera offert des boissons et un dîner.

Vous avez à votre disposition huit chaînes de musique stéréophonique. Après le dîner nous vous présenterons un film. Ce soir notre film sera *Drôles de gendarmes* avec Jacques Balutin et Robert Castel. Dans quelques minutes le personnel de bord passera dans les cabines avec les écouteurs. En classe économique les écouteurs sont loués au prix de 30 francs.

Avant notre atterrissage à Paris nous vous servirons un petit déjeuner.

EXERCICE 10 *Les activités pendant le vol*

____ **Répondez.**

1. Combien de repas vont-ils servir pendant le vol de New York à Paris?
2. Quels sont les repas qui seront servis?
3. Quand le personnel de bord servira-t-il le dîner?
4. Combien de chaînes de musique stéréophonique y a-t-il?
5. Quel film passera-t-on ce soir?
6. Dans la classe économique, combien faut-il payer pour louer les écouteurs?

ACTIVITÉS

1 À l'aéroport

Voici un groupe de voyageurs dans l'aéroport Charles-de-Gaulle. Dans quelques minutes ils vont partir pour la Martinique. Décrivez tout ce qu'ils doivent faire avant d'aller à la porte d'embarquement.

2 Une petite crise à bord

Imaginez que vous êtes à bord d'un avion. On va décoller dans quelques instants et le passager à côté de vous décide d'allumer une cigarette et de fumer. Qu'est-ce que vous allez lui dire?

3 Règlements importants

Préparez une liste des règlements qui existent à bord d'un avion pour la sécurité des passagers.

4

Un accident

VOCABULAIRE

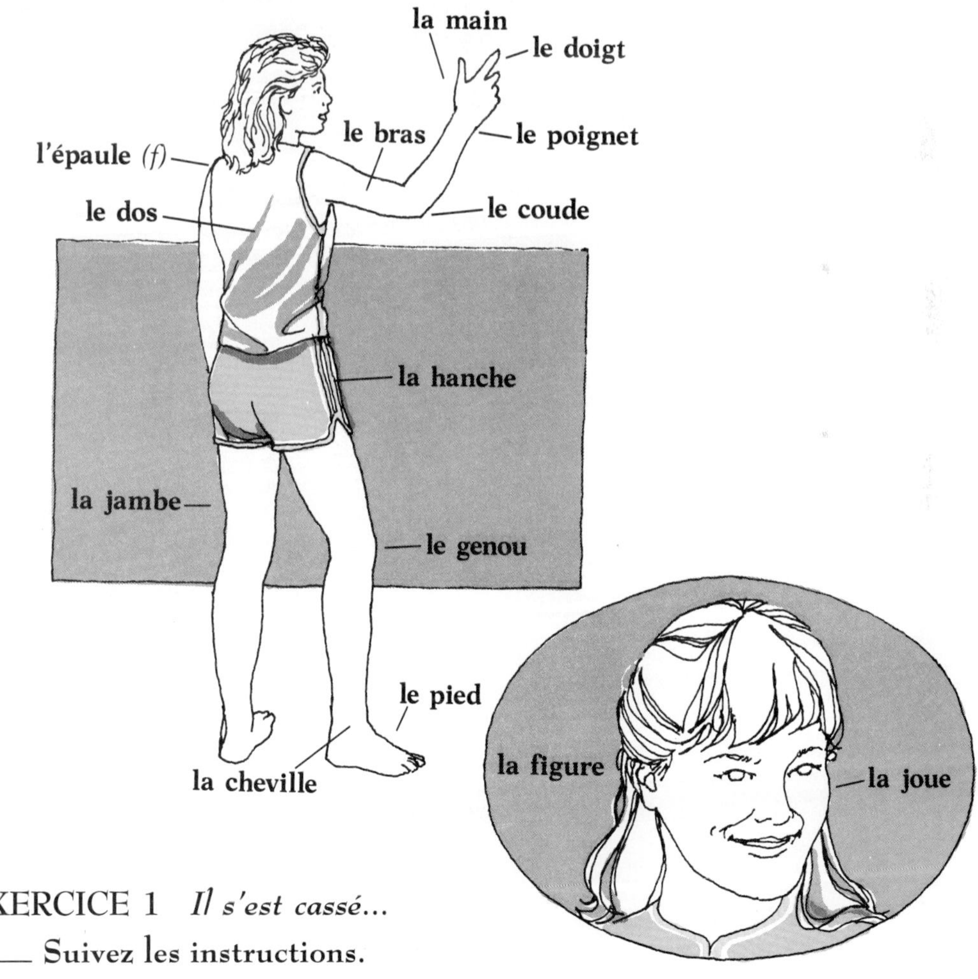

EXERCICE 1 *Il s'est cassé...*

Suivez les instructions.

Tell someone that a friend:

1. broke his leg.
2. broke his arm.
3. broke his wrist.
4. broke his hip.
5. broke two fingers.

EXERCICE 2 *Elle s'est foulé...*

____ **Suivez les instructions.**

Tell someone that a friend:
1. sprained her knee.
2. sprained her wrist.
3. sprained her ankle.
4. sprained her finger.
5. sprained her shoulder.

EXERCICE 3 *Il s'est coupé...*

____ **Suivez les instructions.**

Tell someone that a friend:
1. cut his finger.
2. cut his face.
3. cut his cheek.
4. cut his hand.

la salle des urgences

l'ambulance *(f)*

s'évanouir

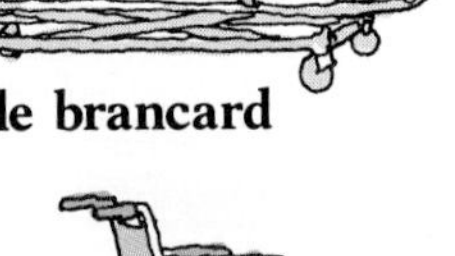

le brancard

le fauteuil roulant

les béquilles

reprendre connaissance

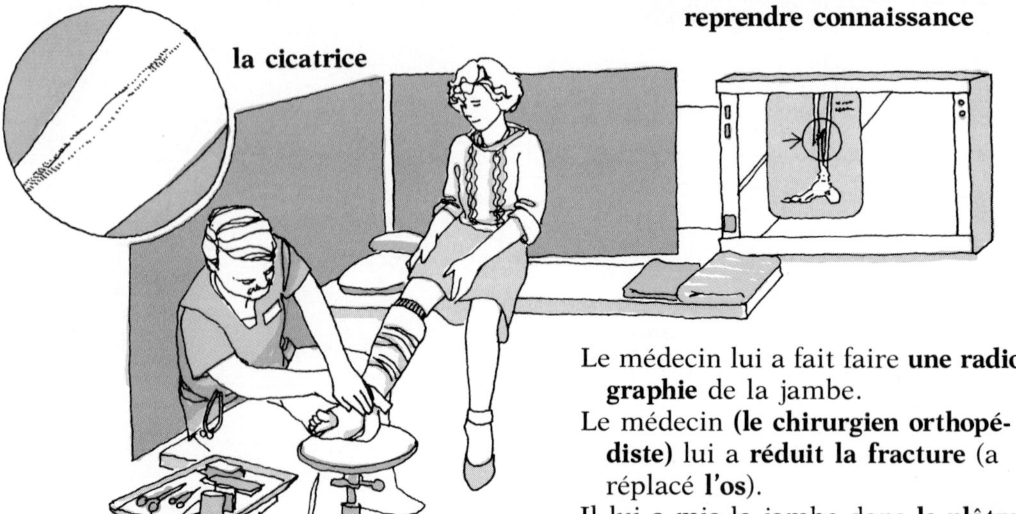

la cicatrice

Le médecin lui a fait faire **une radiographie** de la jambe.

Le médecin **(le chirurgien orthopédiste)** lui a **réduit la fracture** (a replacé **l'os**).

Il lui a mis la jambe dans **le plâtre.**

Le médecin lui a fait huit **points de suture** dans la joue.

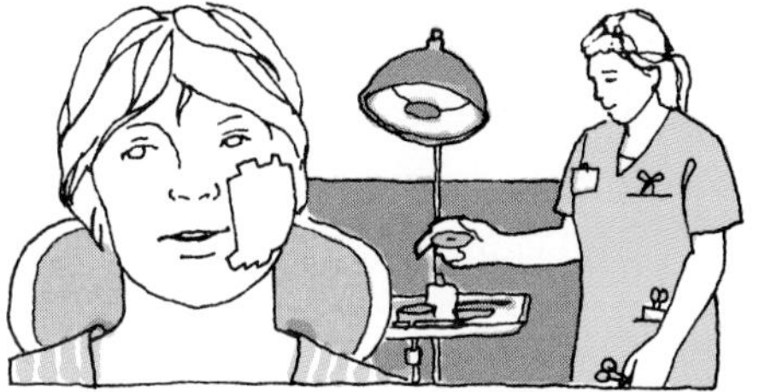

Le médecin lui a **bandé** (a mis **un pansement** sur) **la blessure.**

EXERCICE 4 *Dans la salle des urgences*

____ **Complétez.**

1. La pauvre Anne est arrivée à l'hôpital dans une ____.
2. Elle s'était évanouie mais elle ____ dans la salle des urgences.
3. Le médecin ne savait pas si elle avait une fracture compliquée et il lui a ____.
4. La radiographie a indiqué une fracture. Le chirurgien orthopédiste lui ____ la fracture.
5. Et ensuite le chirurgien orthopédiste lui a mis la jambe ____.
6. Et maintenant il faut que la pauvre Anne marche avec ____.

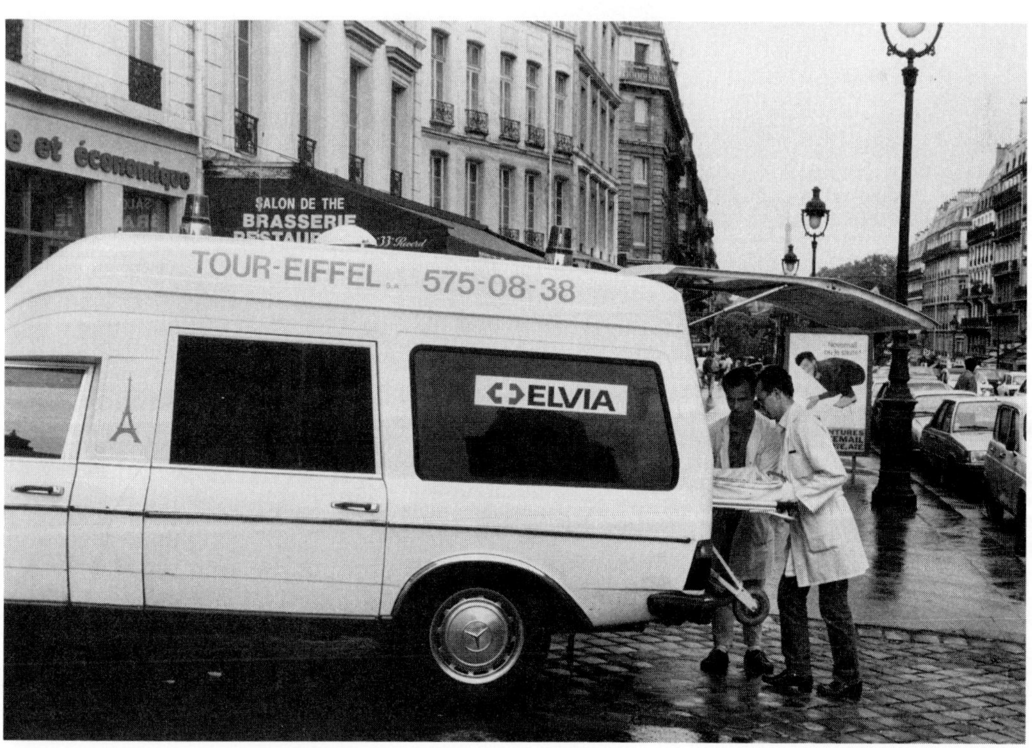

EXERCICE 5 *L'ambulance est arrivée*

____ Répondez.

1. Est-ce que le blessé est arrivé à l'hôpital dans une ambulance?
2. Le médecin ne savait pas si le blessé avait la jambe fracturée. Par conséquent, qu'est-ce qu'il a ordonné?
3. La radiographie a indiqué qu'il n'y avait pas de fracture. Est-ce qu'il était nécessaire que le médecin réduise la fracture?
4. Il a mis la jambe dans le plâtre?
5. Si quelqu'un se foule la cheville, doit-il marcher avec des béquilles?

EXERCICE 6 *Un petit accident*

____ Expliquez à quelqu'un ce qui est arrivé.

Tom was windsurfing the other day, and he fell and cut his cheek. His mother had to take him to the hospital's emergency room. The doctor looked at his wound and said that Tom needed stitches. The doctor put eight stitches in his cheek and then bandaged the wound. He will take the stitches out **(enlever)** in five days. Tom hopes that he won't have a scar on his cheek.

CONVERSATION

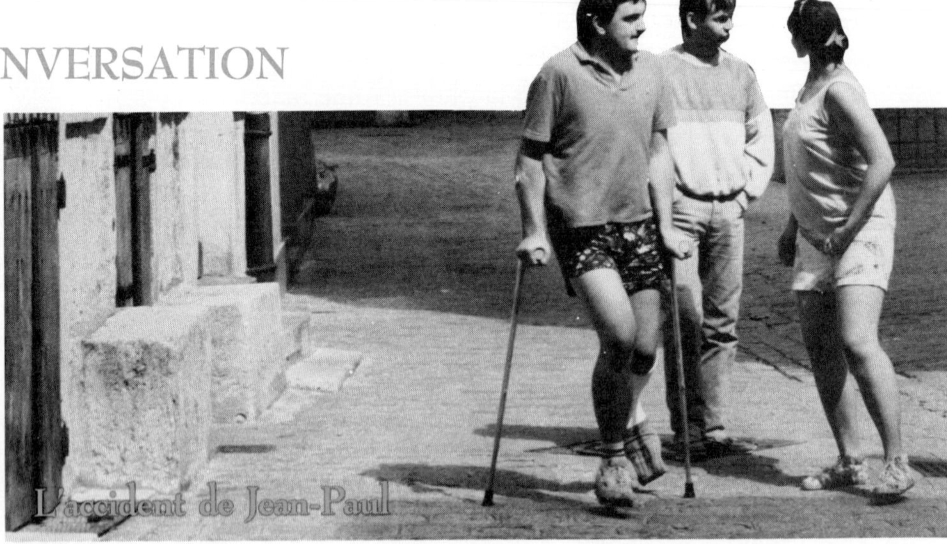

L'accident de Jean-Paul

Christine Jean-Paul. Qu'est-ce qui t'est arrivé? Pourquoi as-tu des béquilles?

Jean-Paul Tu ne sais pas ce qui m'est arrivé? C'est incroyable! Je suis tombé de ma moto et je me suis cassé la jambe.

Christine Je ne savais rien de ton accident, mon pauvre. Dis-moi comment c'est arrivé.

Jean-Paul Je ne peux pas tout te raconter. Je me suis évanoui et je n'ai repris connaissance qu'une fois dans la salle des urgences à l'hôpital.

Christine Tu es allé à l'hôpital en ambulance?

Jean-Paul Bien sûr. Le chirurgien orthopédiste m'a dit que j'avais une fracture compliquée. Il m'a réduit la fracture et ensuite il m'a mis la jambe dans le plâtre.
Et regarde! Je me suis coupé la joue. Le médecin m'a fait huit points de suture. Il me les a enlevés il y a deux jours.

Christine Tu vas avoir une cicatrice?

Jean-Paul Le médecin m'a assuré que je n'aurai pas de cicatrice, et ma mère m'a assuré que je n'aurai plus de moto.

EXERCICE 7

____ Répondez.

1. D'où est-ce que Jean-Paul est tombé?
2. Pourquoi marche-t-il avec des béquilles?
3. Pourquoi Jean-Paul ne savait-il pas ce qui lui était arrivé jusqu'à son arrivée à l'hôpital?
4. Comment est-il allé à l'hôpital?
5. Qu'est-ce qu'il avait?
6. Qu'est-ce que le chirurgien orthopédiste lui a fait?
7. Est-ce qu'il s'est aussi blessé la joue?
8. Combien de points de suture le médecin lui a-t-il faits?
9. Quand les a-t-il enlevés?
10. Est-ce que Jean-Paul va avoir une cicatrice?

ACTIVITÉS

1 Donnez les renseignements suivants en français:

In your life, have you ever had an accident? If you have, tell what type of accident it was. Are you the type who has lots of accidents? Have you ever broken a bone? If so, tell which one and how you did it. Tell also if you ever cut or sprained anything.

2 Si vous avez eu un accident, décrivez ce que le médecin a fait pour soigner la blessure. Si vous n'avez jamais eu d'accident, il est certain que vous connaissez quelqu'un qui a eu moins de chance que vous. Décrivez l'accident qu'il a eu et expliquez ce que le médecin lui a fait.

5

À l'hôpital

VOCABULAIRE

Aux États-Unis, quand on arrive à l'hôpital il faut remplir **un formulaire.** Sur le formulaire il faut indiquer le nom de sa **compagnie d'assurances** et le numéro de sa **police d'assurance.** Mais en France, on indique sur le formulaire son **numéro d'immatriculation.** En France **la sécurité sociale** est responsable des **frais** médicaux.

EXERCICE 1

_____ Complétez le formulaire.

FICHE DE CONVOCATION

Nom

Prénom(s)

N° d'immatriculation

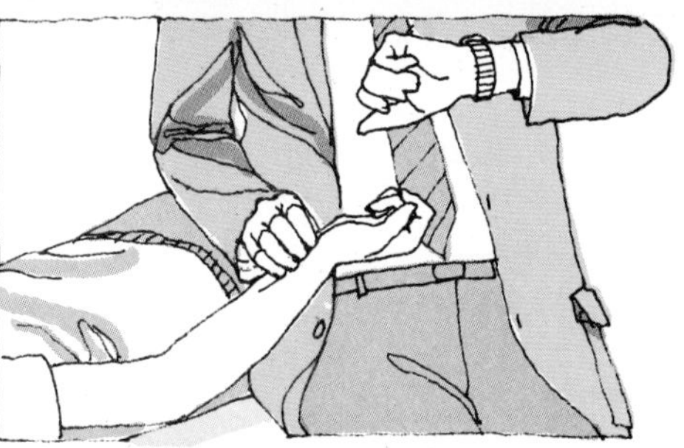

Le médecin **prend son pouls** (lui **tâte le pouls).**

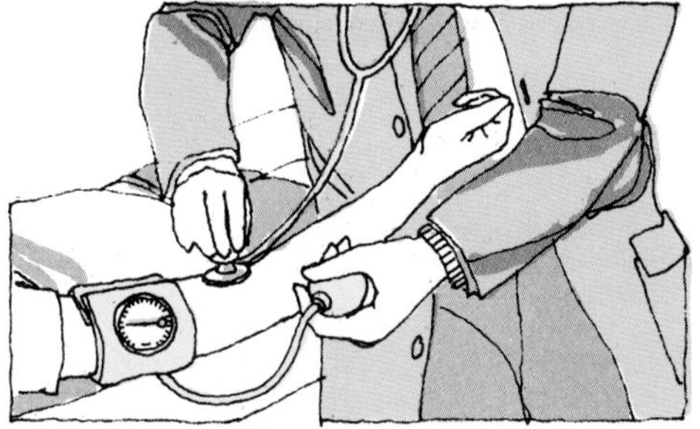

Il prend **la tension artérielle.**

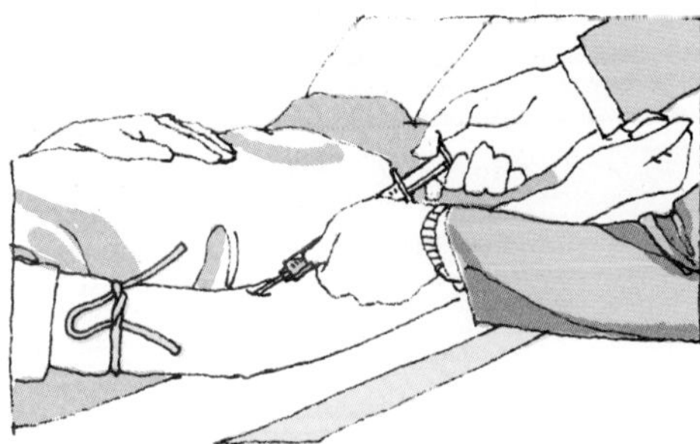

Le médecin lui fait **un prélèvement de sang.**

Il va faire **des analyses de sang.**

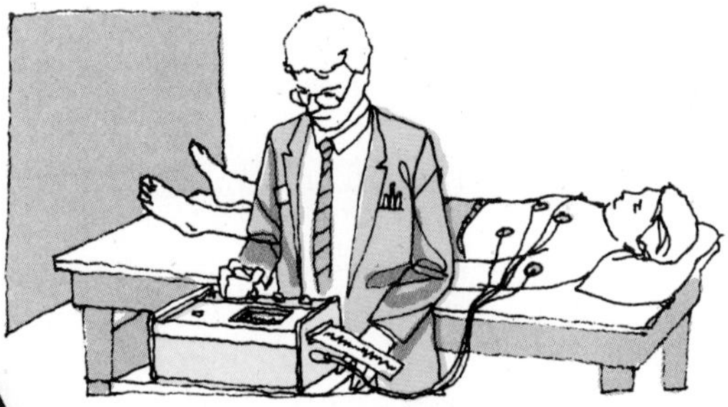

À la réception d'un hôpital

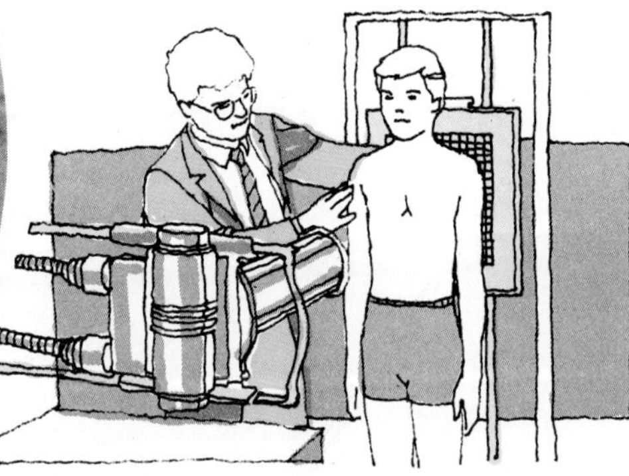

Il lui fait **un électrocardiogramme.**

Il lui fait **une radiographie des poumons.**

Dans la salle d'opération

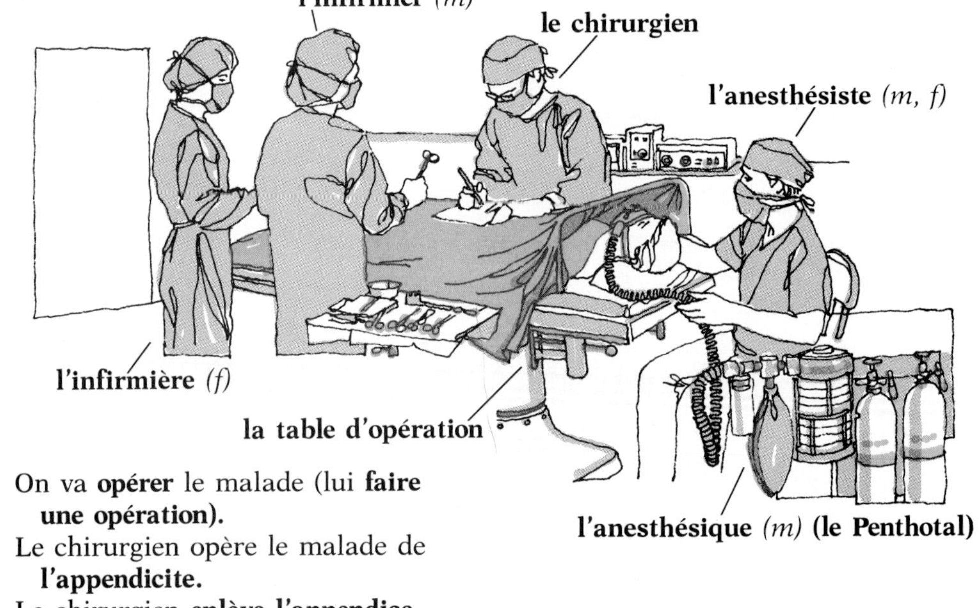

On va **opérer** le malade (lui **faire une opération).**
Le chirurgien opère le malade de **l'appendicite.**
Le chirurgien **enlève l'appendice.**

EXERCICE 2 *Qu'est-ce qu'on va faire au malade?*

____ **Répondez.**

1. Où est-ce qu'on emmène le malade qui va subir une opération?
2. Qui l'opère?
3. Qu'est-ce qu'on donne au malade avant de l'opérer?
4. Qui lui donne un anesthésique?
5. Qui aide le chirurgien dans la salle d'opération?

Le médecin prend la tension artérielle.

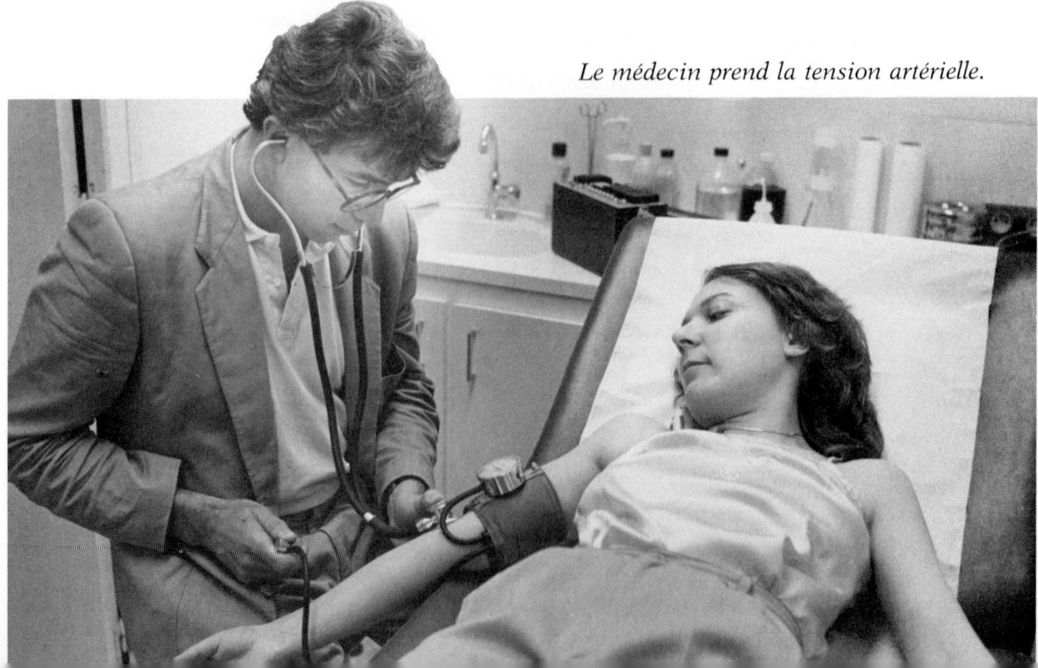

EXERCICE 3 *Avant une opération*

____ **Répondez.**

Avant d'opérer un malade il est nécessaire de lui faire remplir un questionnaire médical et de lui faire quelques examens médicaux. Quels sont les examens qui précèdent ordinairement une opération?

CONVERSATION

Il est malade

Patrick Aïe! Comme ça me fait mal!

Mme Mairet Mais qu'est-ce qui se passe? Qu'est-ce que tu as, mon petit?

Patrick Je ne sais pas. J'ai mal.

Mme Mairet Dis-moi, mon chéri, où est-ce que ça te fait mal?

Patrick Ici.

Mme Mairet Ah, tu as mal à l'estomac? Tu as des douleurs abdominales? Je vais téléphoner au médecin.
(Elle appelle le médecin.)
Mon Dieu! Le médecin veut que je t'emmène à l'hôpital. Il veut t'examiner.

Patrick À L'HÔ-PI-TAL?
(À l'hôpital)

Le médecin Madame, je vais l'opérer tout de suite.

Mme Mairet Vous allez l'opérer, docteur? Mais qu'est-ce qu'il a, mon fils?

Le médecin Ne vous inquiétez pas, madame. Ce n'est pas grave. Il souffre d'une crise d'appendicite. Je vais lui enlever l'appendice.
(Une heure plus tard Patrick sort de la salle d'opération sur un brancard avec un tube qui lui sort du poignet. Sa mère le voit et s'inquiète.)

---

[1]**poignet** *wrist*

Mme Mairet Docteur, qu'est-ce qu'il a, mon pauvre Patrick? Qu'est-ce qui lui est arrivé? Pourquoi ce tube?

Le médecin Ne vous inquiétez pas, madame. Le pronostic est très bon. Il n'y a aucune complication. Patrick est en bonne santé mais il a eu une crise d'appendicite. Et après une telle opération il est nécessaire de lui faire des injections intraveineuses. Je vous assure que dans quelques heures il se sentira très bien, et je lui enlèverai le tube.

EXERCICE 4

Complétez.

1. Madame Mairet téléphone au médecin parce que...
2. Elle emmène son fils à l'hôpital parce que...
3. Elle est désolée parce que le médecin lui dit que...
4. Le médecin l'assure que son état n'est pas grave et que Patrick...
5. Quand Patrick est sorti de la salle d'opération, sa mère s'est inquiétée car Patrick...

EXERCICE 5 *La maladie de Patrick*

Répondez.

1. Quels sont les symptômes qui ont indiqué que Patrick était malade?
2. Quel diagnostic le médecin a-t-il donné à la mère de Patrick?
3. Qu'est-ce que le médecin a décidé de faire pour soigner Patrick?

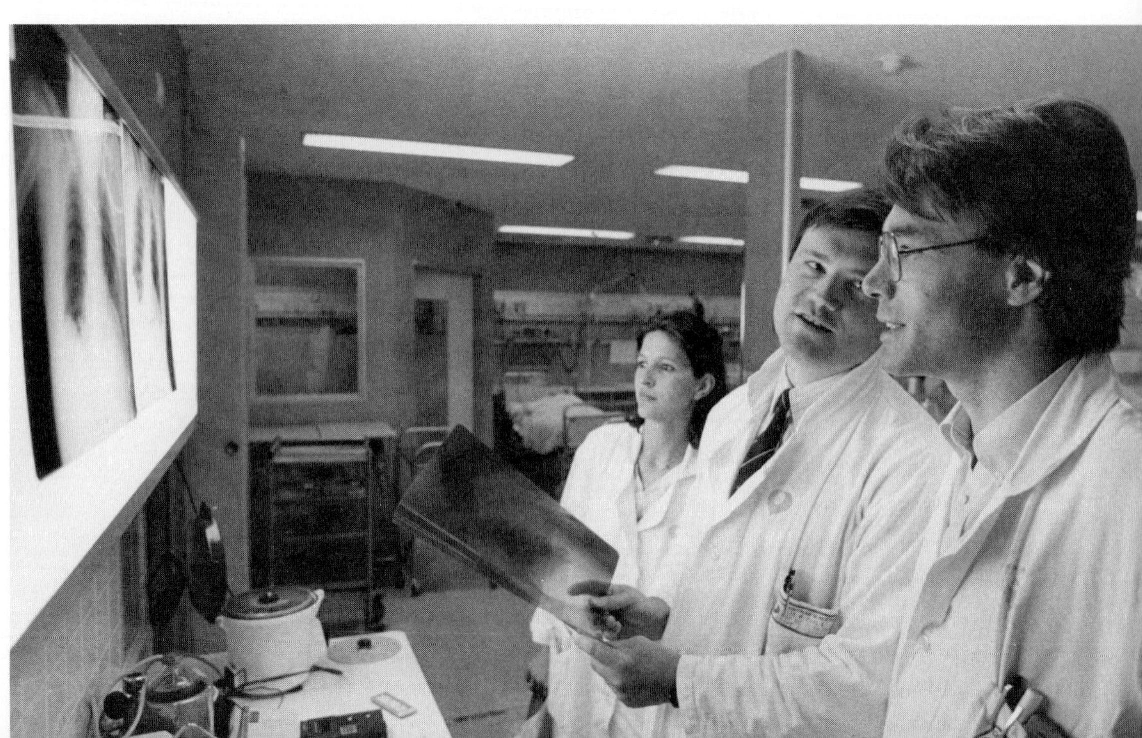

6

Chez le dentiste

Vocabulaire

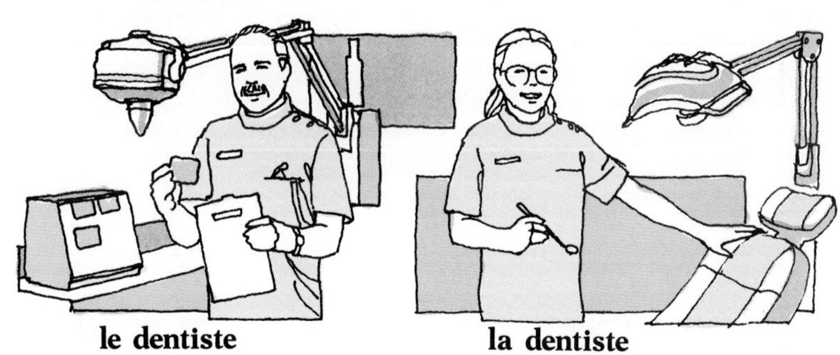

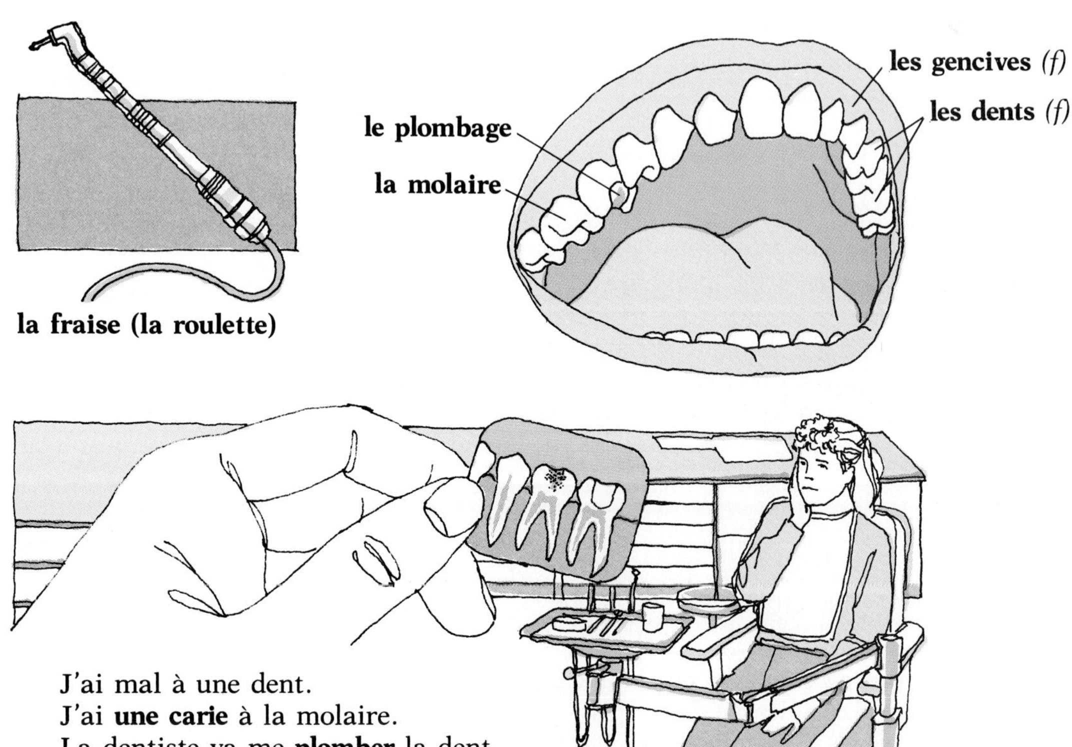

J'ai mal à une dent.
J'ai **une carie** à la molaire.
La dentiste va me **plomber** la dent.

Pour **insensibiliser** la dent, elle me fait **une injection (piqûre)** de **novocaïne.**
Je n'ai pas d'abcès.
Heureusement, la dentiste ne va pas m'**arracher** la dent.

Je me **rince** la bouche.

EXERCICE 1 *Chez le dentiste*

_____ **Répondez.**

1. Vous aimez prendre rendez-vous avec le dentiste?
2. Vous avez des plombages?
3. Vous avez une carie maintenant?
4. Quand le dentiste vous plombe une dent, est-ce qu'il vous fait une piqûre de novocaïne?
5. Pourquoi le dentiste fait-il des piqûres de novocaïne?
6. Est-ce que le dentiste vous a déjà arraché une molaire?

Une crise dentaire

Pauvre Pierre! Il voyageait en France avec un groupe d'étudiants et il s'amusait bien. Un matin il s'est réveillé avec un mal de dent. Ça lui faisait très mal et le pauvre Pierre ne savait pas que faire.

Il est allé parler au concierge de l'hôtel et le concierge lui a donné le nom de sa dentiste. Pierre a tout de suite téléphoné à la dentiste et a fixé un rendez-vous pour l'après-midi même.

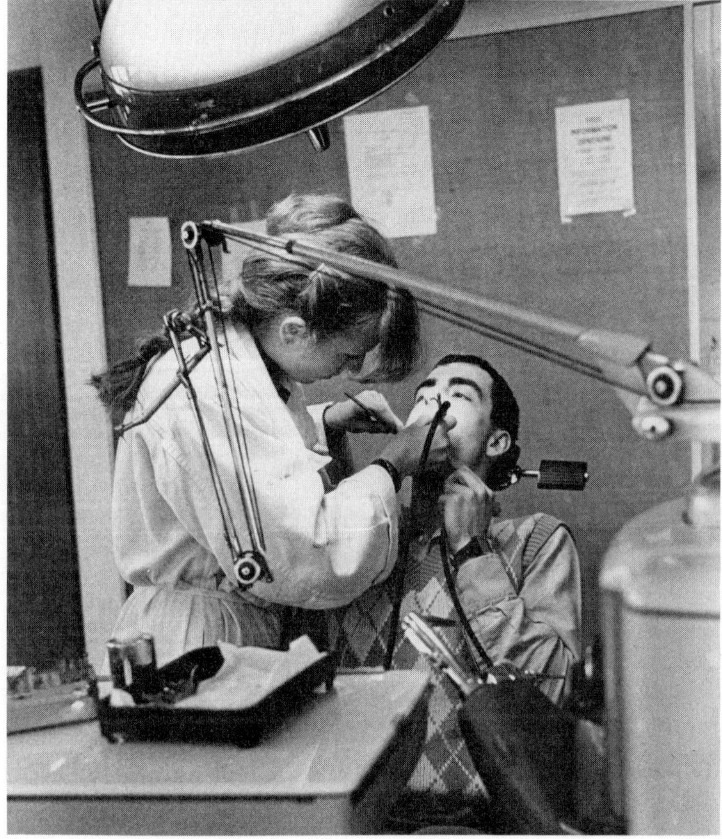

La dentiste a examiné sa bouche et elle lui a dit qu'il n'avait pas d'abcès et qu'il n'avait pas les gencives enflées non plus. Elle lui a fait une radiographie de la molaire qui lui faisait mal. La radiographie indiquait qu'il avait une carie. La dentiste lui a tout de suite fait une piqûre de novocaïne pour insensibiliser la dent. Elle a plombé la dent en dix minutes. Pierre s'est rincé la bouche et il est sorti du cabinet de la dentiste pour continuer son voyage en France.

EXERCICE 2

____ Répondez.

1. Quand Pierre s'est réveillé, qu'est-ce qu'il avait?
2. Qui lui a donné le nom de sa dentiste?
3. Pour quand Pierre a-t-il fixé un rendez-vous avec la dentiste?
4. Est-ce qu'il avait un abcès?
5. Il avait les gencives enflées?
6. Qu'est-ce que la dentiste lui a fait?
7. Qu'est-ce que Pierre avait?
8. Est-ce que la dentiste lui a arraché la dent?
9. A-t-elle plombé la dent?
10. Qu'est-ce qu'elle lui a fait pour insensibiliser la dent?

7

L'inscription

VOCABULAIRE

Aux États-Unis il faut avoir **un diplôme** d'une école secondaire avant de **s'inscrire** à l'université. Dans la plupart des cas il est nécessaire de **passer un examen** comme le SAT.

RÉPUBLIQUE FRANÇAISE

MINISTÈRE DE L'ÉDUCATION NATIONALE

ACADÉMIE DE PARIS

DIPLÔME DE BACHELIER
DE L'ENSEIGNEMENT DU SECOND DEGRÉ

Vu le procès-verbal de l'examen du Baccalauréat de l'Enseignement du Second Degré, série ECONOMIQUE ET SOCIAL
option
établi le 02 JUILLET 1983 par le Président du Jury,
enseignant à l'Université de PARIS X

Le Diplôme de Bachelier de l'Enseignement du Second Degré *est conféré avec la mention* BIEN

à M R PFAFF NICHOLAS JAMES , à NEW YORK ETATS UNIS (099)

né le 17 AVRIL 1965

pour en jouir avec les droits et prérogatives qui y sont attachés.

Fait à PARIS

Pour le Ministre de

Pour expédition conforme :
Le Secrétaire général de l'Académie

Signature du titulaire :

LE DIRECTEUR DU SERVICE
INTERACADEMIQUE

G. MONNESTE

En France les élèves ont **le baccalauréat (le bachot, le bac)** quand ils finissent leurs études au lycée. Pour avoir le bachot il faut **réussir un examen** long et difficile.

EXERCICE 1 *Le système universitaire*

_____ **Répondez personnellement.**

1. De quelle école secondaire vas-tu recevoir ton diplôme?
2. Tu penses t'inscrire à l'université?
3. Quelle université as-tu choisie?
4. Aux États-Unis, est-ce qu'on a le bachot quand on finit ses études secondaires?
5. En France, qu'est-ce que c'est qu'un lycée?

Read the following pairs of sentences. The second sentence will give you the meaning of the new word or expression in the first sentence.

Aux États-Unis **la rentrée des classes** se fait à la fin du mois d'août ou au début de septembre.
Aux États-Unis les cours universitaires commencent fin août ou début septembre.

Les frais d'inscription sont assez élevés aux États-Unis.
Il faut payer beaucoup d'argent pour s'inscrire à l'université aux États-Unis.

Charles espère recevoir **une bourse** pour payer ses frais d'inscription.
Charles espère recevoir une aide financière pour payer ses frais d'inscription.

EXERCICE 2

_____ **Répondez.**

1. À quelle université veux-tu t'inscrire?
2. Quand se fera la rentrée des classes de cette université?
3. À cette université, est-ce que les frais d'inscription sont élevés?
4. Tu espères avoir une bourse?
5. De nos jours, est-il difficile ou facile d'avoir une bourse?

EXERCICE 3

_____ **Appariez.**

A	**B**
1. une bourse	a. le montant d'argent qu'il faut pour suivre des cours universitaires
2. les frais d'inscription	b. le diplôme que les élèves français reçoivent quand ils terminent leurs études secondaires
3. le lycée	c. aide financière pour payer les frais d'inscription
4. la rentrée des classes	d. une école secondaire en France
5. le bachot	e. la date du commencement des classes

Paris: les étudiants s'inscrivent aux cours.

Read the following pairs of sentences. The second sentence will give the meaning of the new word or expression in the first sentence.

Durant sa première année à l'université Debbi va **s'inscrire dans cinq cours.**
Durant sa première année à l'université Debbi va suivre cinq cours et elle va recevoir du crédit académique pour chacun de ces cours.

Elle va être **auditrice libre** dans un autre cours qui l'intéresse.
Elle va assister à cette classe, mais elle ne va pas passer les examens et elle ne va pas recevoir de crédit académique pour le cours.

Debbi va **se spécialiser** en littérature anglaise.
Elle va recevoir son diplôme de littérature anglaise.

Debbi va suivre des cours à **la Faculté** des Lettres.
Aux États-Unis la «faculté» est composée d'enseignants. En France l'université se divise en facultés ou, comme on dit en anglais, en «écoles».

EXERCICE 4 *Ta vie universitaire*

_____ **Répondez personnellement.**

1. Durant ta première année à l'université, combien de cours penses-tu suivre?
2. Est-il possible d'être auditeur (auditrice) libre de certains cours?
3. Qu'est-ce que c'est qu'un auditeur libre?
4. As-tu décidé de la spécialité que tu vas choisir à l'université?
5. En quelle matière vas-tu te spécialiser?
6. Si tu n'as pas encore décidé ta spécialisation, quels cours t'intéressent surtout?

CONVERSATION

Pourquoi une bourse?

Christian Carole, tu sais à quelle université tu vas t'inscrire?

Carole J'aimerais bien m'inscrire à Middletown College, mais je ne sais pas si je serai acceptée.

Christian Quand est-ce que tu vas le savoir?

Carole Je dois avoir une réponse d'ici un mois. Mais je ne sais pas si je serai acceptée car j'ai besoin d'une bourse.

Christian Tu veux avoir une bourse? Pourquoi?

Carole Mais, écoute. Les frais d'inscription sont très chers et nous sommes cinq enfants dans la famille.

Christian Il faut payer pour aller à l'université?

Carole Bien sûr. Ce n'est pas comme en France où le gouvernement subventionne les universités.

Christian De toute façon, as-tu décidé dans quelle matière tu vas te spécialiser?

Carole Oui, en chimie et en biologie. Et ensuite je veux continuer pour obtenir un doctorat en médecine.

Une classe à la Sorbonne

EXERCICE 5

____ **Complétez.**

1. Carole va s'inscrire...
2. Elle saura si elle sera acceptée...
3. Elle veut avoir une bourse parce que...
4. En France il n'y a pas de frais d'inscription parce que...
5. Carole va se spécialiser...
6. Elle veut être...

ACTIVITÉS

____ 1 Quand on fait la demande pour s'inscrire à l'université aux États-Unis, il n'est pas rare qu'on demande à l'étudiant(e) d'écrire la raison pour laquelle il (elle) a choisi cette université. En quelques paragraphes, précisez pourquoi vous avez choisi votre future université. Si vous n'avez pas encore décidé à quelle université vous voudriez vous inscrire, indiquez pourquoi vous voulez (ou vous ne voulez pas) faire des études universitaires.

____ 2 Dans vos cours de français, vous avez appris qu'il y a des différences dans le système scolaire aux États-Unis et en France. Quelles sont ces différences?

8

Chez le coiffeur

VOCABULAIRE

Jacques va **se faire couper** les cheveux.
Le coiffeur lui **coupe** les cheveux.

rafraîchir couper les cheveux légèrement

EXERCICE 1

____ **Répondez d'après le dessin.**

1. Comment ce monsieur a-t-il les cheveux?
2. Il a les cheveux bouclés ou raides?
3. Il a une moustache?
4. Il a de longs favoris?
5. De quoi a-t-il besoin?

EXERCICE 2

____ **Répondez personnellement.**

1. En ce moment, est-ce que les cheveux longs ou les cheveux courts sont à la mode?
2. Est-il très chic d'avoir une moustache?
3. Est-ce que beaucoup d'hommes ont une barbe maintenant?
4. Et les favoris? Sont-ils très «in» en ce moment?

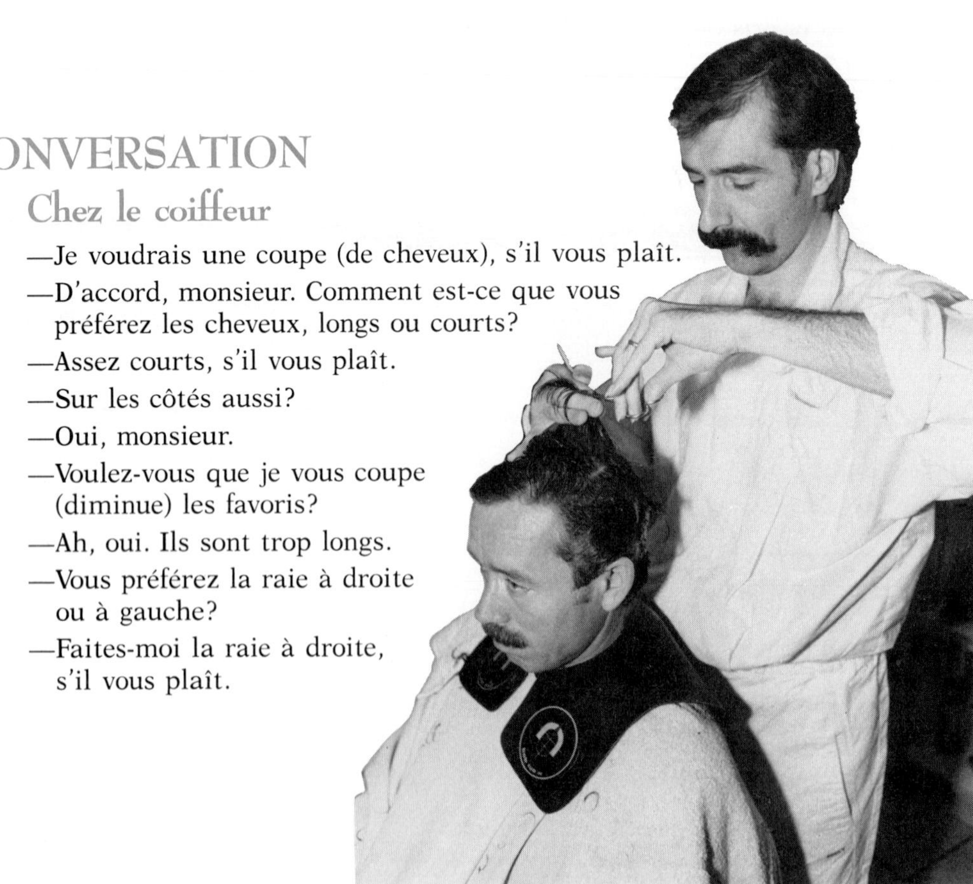

CONVERSATION

Chez le coiffeur

—Je voudrais une coupe (de cheveux), s'il vous plaît.

—D'accord, monsieur. Comment est-ce que vous préférez les cheveux, longs ou courts?

—Assez courts, s'il vous plaît.

—Sur les côtés aussi?

—Oui, monsieur.

—Voulez-vous que je vous coupe (diminue) les favoris?

—Ah, oui. Ils sont trop longs.

—Vous préférez la raie à droite ou à gauche?

—Faites-moi la raie à droite, s'il vous plaît.

EXERCICE 3

____ **Corrigez les phrases incorrectes.**

1. Christian aime les cheveux longs.
2. Il veut que le coiffeur lui rafraîchisse les cheveux.
3. Il préfère les cheveux un peu longs sur les côtés.
4. Il aime les favoris comme il les a maintenant.
5. Il fait la raie à gauche.

VOCABULAIRE

EXERCICE 4

____ Répondez.

1. Pour les femmes, est-ce que les cheveux longs ou les cheveux courts sont à la mode maintenant?
2. Est-ce que la plupart des femmes préfèrent les cheveux frisés ou raides?
3. Est-ce que les coiffures avec beaucoup de laque sont «in»?
4. Est-ce que les jeunes filles aiment les permanentes?

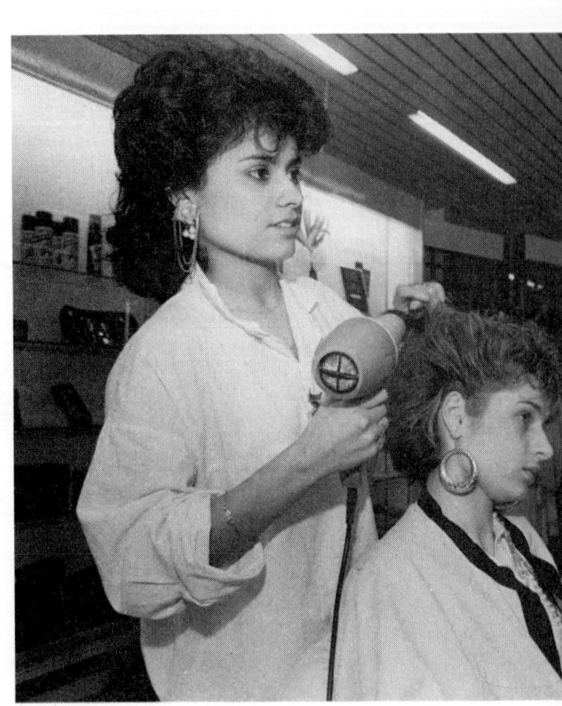

CONVERSATION

Chez le coiffeur

—Voulez-vous une permanente, mademoiselle?

—Non, merci. Je veux un shampooing et une mise en plis.

—Voulez-vous une coupe aussi?

—Non, je préfère les cheveux un peu longs.

—Voulez-vous que je vous mette de la laque?

—Oui, mais très peu, s'il vous plaît.

EXERCICE 5

____ Répondez.

1. Est-ce qu'Arlette veut une permanente?
2. Qu'est-ce qu'elle désire?
3. Pourquoi ne veut-elle pas que la coiffeuse lui coupe les cheveux?
4. Est-ce qu'elle veut qu'on lui mette beaucoup ou peu de laque?

9

La papeterie

VOCABULAIRE

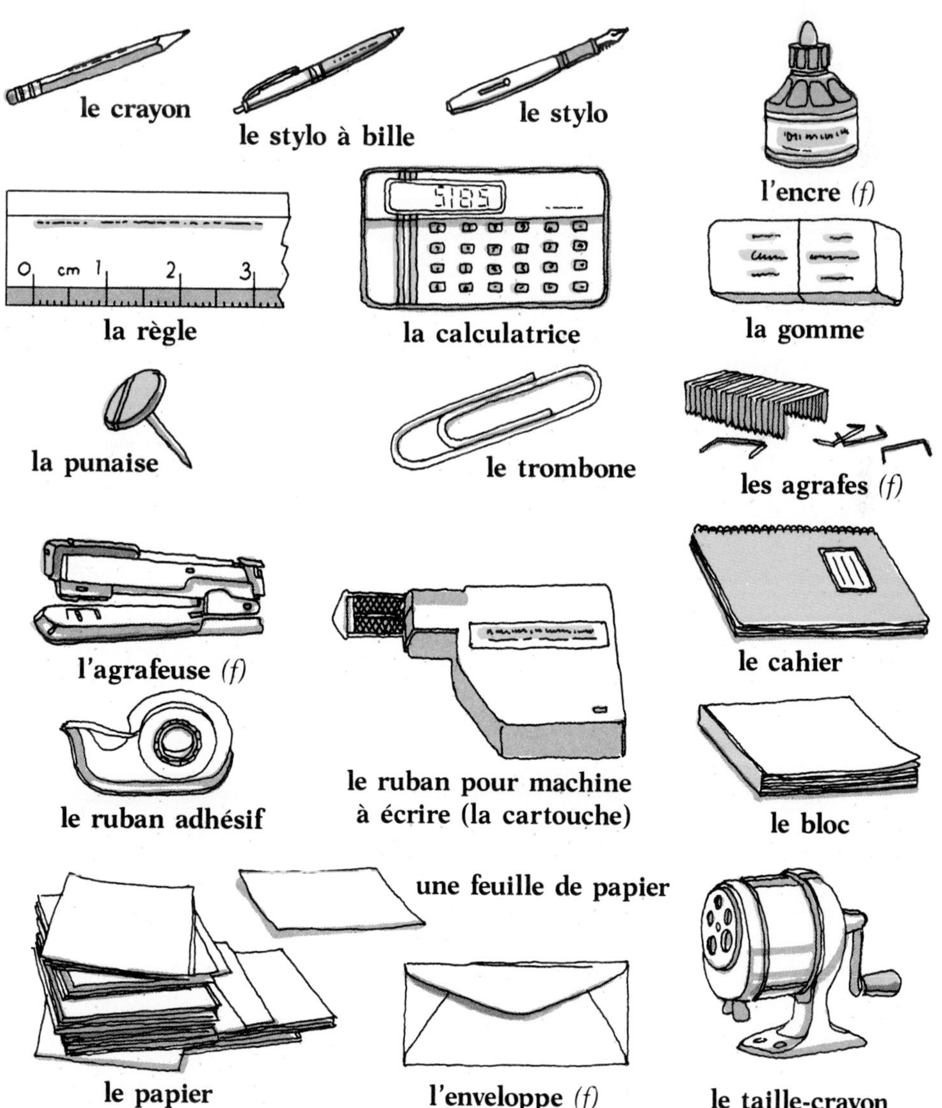
le crayon
le stylo à bille
le stylo
l'encre (f)
0 cm 1 2 3
la règle
5185
la calculatrice
la gomme
la punaise
le trombone
les agrafes (f)
l'agrafeuse (f)
le cahier
le ruban adhésif
le ruban pour machine
à écrire (la cartouche)
le bloc
une feuille de papier
le papier
l'enveloppe (f)
le taille-crayon

EXERCICE 1

_____ **Répondez personnellement.**

1. Tu préfères écrire avec un crayon, un stylo à bille ou un stylo?
2. Quand tu fais des calculs, emploies-tu une calculatrice?
3. Quand tu prends des mesures, emploies-tu une règle?
4. Quand tu fais une faute, est-ce que tu l'effaces avec une gomme?
5. Tu sais taper à la machine?

EXERCICE 2

_____ **Complétez.**

1. Quand le prof donne une conférence, les étudiants prennent des notes dans leur _____.
2. On écrit les notes avec un _____ ou un _____. Autrefois on écrivait souvent avec une plume ou un stylo, mais de nos jours _____ ne s'emploie presque jamais.
3. Le professeur Dubois insiste pour que ses étudiants écrivent tout à la machine. Chaque fois que ses élèves vont à la papeterie, ils ont besoin d'un autre _____.
4. Quand on fait une faute en écrivant avec un crayon, il est très facile de l'effacer avec _____. Mais il est plus difficile de l'effacer si on écrit avec un stylo à bille.
5. Dans les classes de géométrie et de trigonométrie les élèves emploient souvent _____ et _____.
6. Quand on a plusieurs feuilles de papier et qu'on veut les mettre ensemble, on peut employer _____ ou _____.
7. Si on veut mettre un avis ou une annonce sur le mur, on peut les fixer avec _____ ou _____.
8. On met le papier à lettres dans une _____ avant de l'envoyer.

10

On loue une voiture

VOCABULAIRE

Dans une agence de voitures de location

—Je voudrais **louer** une voiture, s'il vous plaît.
—Oui, mademoiselle.
—Quel est le prix de **la location?**
—Deux cents cinquante francs **par jour.**
—Est-ce que **le kilométrage** est **compris?**
—Non, mademoiselle. Il n'est pas compris. Et l'essence est aussi **à la charge de la cliente.**
—C'est combien par kilomètre?
—Trois francs le kilomètre.
—C'est bien.
—Donnez-moi votre **permis de conduire.** Et votre **carte de crédit,** s'il vous plaît.
(Elle les lui donne.)
—Vous voulez des **assurances tous risques,** mademoiselle?
—Oui.
—Et vous allez rendre la voiture ici à l'aéroport?
—Oui, monsieur.
—Très bien. Je vous prie de signer **le contrat** ici, s'il vous plaît. Et voici votre permis de conduire et votre carte de crédit.

EXERCICE 1

_____ Répondez.

1. Qu'est-ce que Mademoiselle Bertin veut louer?
2. Combien coûte la location de la voiture?
3. Est-ce que le kilométrage est compris?
4. Quel est le supplément à payer par kilomètre?
5. Est-ce que le prix de l'essence (du carburant) est compris?
6. Avec quoi Mademoiselle Bertin va-t-elle payer?
7. Quelle espèce d'assurances veut-elle?
8. Où va-t-elle rendre la voiture?

LA CONDUITE DANS UN PAYS ÉTRANGER

Dans presque tous les pays du monde il est très facile de louer une voiture et de conduire à travers le pays. Dans tous les grands aéroports il y a des agences de location de voitures.

Pour louer une voiture il faut avoir un permis de conduire. Mais si on pense conduire dans un pays étranger, on doit vérifier si le pays exige un permis international. Dans beaucoup de pays comme la France et le Canada, le permis international n'est pas nécessaire.

Beaucoup d'agences de location de voitures offrent à leur clientèle des tarifs avec kilométrage illimité. Ça veut dire que le client paie un prix fixe par jour sans supplément pour les kilomètres qu'il fait.

Pour louer une voiture il est presque obligatoire d'avoir une carte de crédit. Si le client n'est pas en possession d'une carte de crédit, il paiera une avance qui représente le montant approximatif de la location.

Personne ne doit louer une voiture sans assurances. Toutes les agences offrent une police d'assurances tous risques à un prix supplémentaire modique.

EXERCICE 2

Corrigez les phrases incorrectes.

1. Il est très difficile de louer une voiture dans beaucoup de pays étrangers.
2. Pour louer une voiture il est nécessaire d'aller dans le centre des grandes villes pour chercher une agence de location de voitures.
3. Il est toujours obligatoire d'avoir un permis de conduire international pour conduire dans un pays étranger.
4. Un tarif avec kilométrage illimité signifie que le client va payer un supplément pour chaque kilomètre qu'il fait.
5. Dans une agence de location de voitures il vaut mieux payer avec un chèque.
6. Quand on loue une voiture, les assurances tous risques sont toujours comprises dans le prix.

ACTIVITÉS

1 Vous voulez louer une voiture. Préparez une conversation avec l'employé d'une agence de location de voitures.

Continuez votre conversation lorsque vous vérifiez l'état de la voiture.

2 Explain the following to a person who does not speak English. Tell him in French that there is no problem renting a car in a foreign country. Most airports have rental agencies and you can rent a car with unlimited mileage if you so desire. You should decide, however, how many kilometers you think you are going to go **(faire, rouler).** It may be cheaper to pay a daily rate with a supplement for each kilometer if you are not going to drive a great deal.

Explain to the person that it is not necessary to have an international driver's license in many countries. It is necessary, however, to have your driver's license with you. It is best to pay for a rental car with a credit card. If you do not have a credit card, it is necessary to leave a very large deposit for the car.

Le subjonctif!
Quelle horreur!

Ce n'est pas simple,
le passé simple !
Tout ça c'est
irrégulier.

1 EMPLOIS DES ARTICLES

L'ARTICLE DÉFINI

Devant un nom employé dans un sens général

In French, when a noun is used in the general sense, the definite article must be used. In English no article is used. Compare the following French and English sentences.

Les chats sont des animaux domestiques.	*Cats are domestic animals.*
Les enfants aiment le lait.	*Children love milk.*
Le français est une belle langue.	*French is a beautiful language.*

Devant un nom abstrait

In French, the definite article is also used with abstract nouns. In English no article is used.

L'amour est divin. *Love is divine.*

EXERCICE 1 Qu'est-ce que Louis apprend?

_____ Complétez.

Dans sa classe de sciences il apprend que...

1. _____ chats et _____ chiens sont des animaux domestiques.
2. _____ lions et _____ tigres sont des animaux sauvages.
3. _____ charbon est un minéral important.
4. _____ diamants et _____ émeraudes sont des pierres précieuses.

Dans sa classe de français il apprend que...

5. _____ français est assez facile.
6. _____ grammaire est importante.
7. _____ littérature française est intéressante.
8. _____ verbes français ont des terminaisons.
9. _____ adjectifs s'accordent avec les noms qu'ils modifient.

Devant les titres

The definite article is never used with the titles **monsieur, madame,** or **mademoiselle.**

Bonjour, monsieur.	**Bonjour, madame.**
Monsieur Rimbaud est professeur.	**Madame Bétancourt est journaliste.**

The definite article is used, however, with titles such as **le professeur**, **le docteur**, and **le général** when speaking about the person. The article is *not* used with the person's title when speaking directly to the person.

Le docteur Leclerc est chirurgien.
Bonjour, docteur.

EXERCICE 2 Les titres

_____ Complétez avec l'article quand c'est nécessaire.

1. Bonjour, _____ monsieur.
2. Bonjour, _____ madame.
3. _____ Monsieur Gauthier n'est pas dans son bureau aujourd'hui.
4. Il ne se sent pas très bien, donc il est allé voir _____ docteur Fauche.
5. _____ docteur Fauche est chirurgien, n'est-ce pas?
6. _____ professeur Carnac enseigne l'histoire.
7. Bonjour, _____ professeur.
8. _____ président de France habite le palais de l'Élysée.

Avec les noms de jours

The definite article is usually omitted with the days of the week. When the article is used, it indicates a habitual occurrence and means *every* or *on*.

Lundi est le premier jour de la semaine.	*Monday is the first day of the week.*
Je suis allé au cinéma lundi.	*I went to the movies (on) Monday.*
Je n'ai pas de classe le samedi.	*I don't have classes on Saturdays.*

Avec les dates

The definite article is used with dates.

Elle est née le 20 août.
C'est aujourd'hui le 5 novembre.

Although it isn't used in English, the definite article is used in French with the seasons, except after the prepositions **de** and **en**.

L'été est une très belle saison.
En été je vais toujours au bord de la mer.
J'adore les journées ensoleillées d'été.

EXERCICE 3 Questions

_____ Répondez.

1. Quel est le premier jour de la semaine?
2. Est-ce que la plupart des gens travaillent le dimanche?
3. Avez-vous des classes le vendredi?
4. Avez-vous des classes le samedi?
5. Quel est le jour de l'indépendance des États-Unis?
6. Quelle est la date aujourd'hui?
7. Quelle est la date de votre anniversaire?

Avec les noms géographiques

The definite article is used with names of continents, countries, provinces, regions, islands, mountains, and rivers.

La France est un pays européen.
La Bretagne et la Normandie sont des régions pittoresques.
L'Asie est un très grand continent.
Les Pyrénées sont entre la France et l'Espagne.
La Martinique est un département français d'outre-mer.

Note, however, that the definite article is not used after **en**, and it is almost always omitted after the preposition **de** followed by a feminine country or province. (See page 343.)

Je vais en France.
Ils arrivent de France.
Je trouve l'histoire de France intéressante.
Les vins de France sont très bons.
Les vins de Bourgogne sont célèbres.

There are rare exceptions to the above rule. They are dictated by usage rather than by any rule of grammar.

Paris est la capitale de la France.
La région du sud de la France s'appelle le Midi.

EXERCICE 4 La géographie de la France

_____ Complétez.

1. _____ Seine est le fleuve le plus long de la France.
2. _____ Corse est une île française dans la mer Méditerranée.
3. _____ Martinique est un département d'outre-mer.
4. _____ Pyrénées sont des montagnes entre _____ France et _____ Espagne.
5. _____ Espagne est au sud de la France.
6. _____ Europe est un grand continent.

Avec les poids et les mesures

In French, the definite article, rather than the indefinite article, is used when an expression of weight or measure accompanies a price.

Les tomates sont à dix francs le kilo.	*Tomatoes are ten francs a kilo.*
Les œufs coûtent sept francs la douzaine.	*Eggs cost seven francs a dozen.*
Ce tissu coûte cent francs le mètre.	*This fabric costs 100 francs a meter.*

Note, however, that with the word **pièce** *(a piece, each),* no article is used in conversational French.

À combien est la laitue? Deux francs pièce.

EXERCICE 5 Au marché

_____ Complétez.

1. Les carottes sont à trois francs _____ botte.
2. L'eau minérale coûte 1,60F _____ bouteille.
3. Le lait coûte deux francs _____ demi-litre.
4. Le chou-fleur coûte quatre francs _____ pièce.
5. Le homard est à 96 francs _____ kilo.

Avec les parties du corps

With parts of the body, the definite article is used more frequently than the possessive adjective.

J'ai mal à la tête.
Elle s'est lavé la figure et les mains.
Elle s'est cassé le bras.
Levez la main.

EXERCICE 6 Une journée chez nous

_____ Complétez.

1. Élisabeth s'est lavé _____ mains avant de manger.
2. Et elle s'est brossé _____ dents après avoir mangé.
3. Mon Dieu! J'ai mal à _____ tête. Je vais prendre une aspirine.
4. Le petit enfant a commencé à pleurer. Il s'est brûlé _____ doigt.
5. On a emmené Dorothée à l'hôpital car elle s'est fracturé _____ jambe.
6. Roland est parti le chapeau sur _____ tête.

L'ARTICLE INDÉFINI

The indefinite article is omitted in French when the verb **être** is followed by an unmodified noun denoting profession or nationality. In English the indefinite article would be used.

Madame Dumas est chimiste.	*Mrs. Dumas is a chemist.*
Monsieur Lesage est professeur.	*Mr. Lesage is a teacher.*

The indefinite article is used, however, when the noun that follows the verb **être** is modified.

Madame Dumas est une chimiste renommée.
Monsieur Lesage est un excellent professeur.

Note, too, that the indefinite article is used after **c'est** and **ce sont**. Compare the following sentences.

Il est français.	**C'est un Français.**
Elle est dentiste.	**C'est une excellente dentiste.**
Ils sont étudiants.	**Ce sont des étudiants.**

Remember that **c'est** and **ce sont** are used if the noun is modified.

EXERCICE 7 Métiers

_____ Suivez le modèle.

M. Sancerre / professeur
Monsieur Sancerre est professeur.
Monsieur Sancerre est un très bon professeur.

1. Le docteur Hermès / chirurgien
2. Balzac / écrivain
3. Les enfants de Madame Leclerc / élèves
4. Madame Vaugirard / journaliste

EXERCICE 8

_____ Répondez de deux façons d'après le modèle.

Est-ce que Marie est française?
Oui, elle est française.
Oui, c'est une Française.

1. Est-ce que Charles est canadien?
2. Est-ce que Sandine est martiniquaise?
3. Est-ce que le père de Charles est médecin?
4. Est-ce que la mère de Sandine est dentiste?

2
QUELQUES VERBES IRRÉGULIERS

VERBES COMME *RIRE*, *COURIR* ET *ROMPRE*

Note that the following verbs are conjugated the same way as regular **-re** verbs in the present tense, but a **-t** is added to the third person singular.

Infinitive	**rire** *(to laugh)*	**courir** *(to run)*	**rompre** *(to break)*
Present tense	je ris tu ris il rit nous rions vous riez ils rient	je cours tu cours il court nous courons vous courez ils courent	je romps tu romps il rompt nous rompons vous rompez ils rompent
Past participle	ri	couru	rompu

Other verbs conjugated in the same way are:

sourire (souri) *to smile*
interrompre (interrompu) *to interrupt*
conclure (conclu) *to conclude*

EXERCICE 1 Une enfant active

____ Complétez.

1. La petite enfant ____ beaucoup dans la maison. **courir**
2. Sa mère a ____ du pain pour la petite. **rompre**
3. L'enfant ____ quand nous ____. **rire / sourire**
4. Ses parents ne l' ____ jamais quand elle essaie de parler. **interrompre**
5. L'après-midi nous ____ dans le parc et notre chien ____ avec nous. **courir / courir**

EXERCICE 2 Personnellement

_____ Répondez.

1. Est-ce que tu souris quand on te prend en photo?
2. Tu ris quand tu es triste ou quand tu es content(e)?
3. Tu ris souvent en classe?
4. Est-ce que le prof t'interrompt quand tu ris trop?

LES VERBES QUI SE TERMINENT EN *-AINDRE*, *-EINDRE*, *-OINDRE*

Study the forms of these irregular verbs.

Infinitive	**craindre** *(to fear)*	**peindre** *(to paint)*	**rejoindre** *(to rejoin)*
Present tense	je crains tu crains il craint nous craignons vous craignez ils craignent	je peins tu peins il peint nous peignons vous peignez ils peignent	je rejoins tu rejoins il rejoint nous rejoignons vous rejoignez ils rejoignent
Past participle	craint	peint	rejoint

Other verbs conjugated in the same way are:

plaindre (plaint) *to pity, to feel sorry for*
se plaindre (plaint) *to complain*
atteindre (atteint) *to reach*
éteindre (éteint) *to put out, to extinguish*

EXERCICE 3 Un garçon craintif

_____ Complétez.

1. Je _____ d'être seul la nuit. **craindre**
2. Tout le monde me _____ . **plaindre**
3. Mais je ne _____ _____ jamais. **se plaindre**
4. Mes amis me _____ le soir. **rejoindre**
5. Quand nous sommes ensemble, nous ne _____ rien. **craindre**
6. Quand mes amis sortent, je n' _____ jamais la lumière. **éteindre**
7. Mais j'_____ la télévision. **éteindre**
8. Vous me _____ ou vous croyez que je suis fou? **plaindre**

LES VERBES *CUEILLIR* ET *ACCUEILLIR*

Study the forms of these irregular verbs.

Infinitive	**cueillir** *(to gather)*	**accueillir** *(to welcome, to receive)*
Present tense	je cueille tu cueilles il cueille nous cueillons vous cueillez ils cueillent	j'accueille tu accueilles il accueille nous accueillons vous accueillez ils accueillent
Past participle	cueilli	accueilli

EXERCICE 4 Des gens accueillants

____ Complétez avec le verbe *accueillir*.

1. J'____ mes amis.
2. Il ____ ses amis.
3. Nous ____ nos amis.
4. Elles ____ leurs amis.
5. Tu ____ tes amis.
6. Vous ____ vos amis.

LES VERBES *PLAIRE* ET *SE TAIRE*

Study the forms of these irregular verbs.

Infinitive	**plaire** *(to be liked, to please)*	**se taire** *(to be quiet)*
Present tense	je plais tu plais il plaît nous plaisons vous plaisez ils plaisent	je me tais tu te tais il se tait nous nous taisons vous vous taisez ils se taisent
Past participle	plu	tu

Déplaire *(to displease)* is conjugated in the same way as **plaire.**

Note that the only difference in the present tense forms of **plaire** and **se taire** is the circumflex accent in the **il/elle** form of **plaire.**

Plaire à is often used to convey the idea of liking. It is not as strong as **aimer.**

Cette robe me plaît. *I like that dress.*
J'aime cette robe. *I love that dress.*

EXERCICE 5 Tout le monde est critique.

_____ Refaites les phrases en employant *plaire à.* Suivez le modèle.

Elle aime ce roman.
Ce roman lui plaît.

1. J'aime beaucoup ce roman historique.
2. J'aime le style ironique de l'auteur.
3. Mais je n'aime pas les romans policiers.
4. Je n'aime pas la violence et les intrigues compliquées.
5. Et toi, tu aimes ce roman ou non?

EXERCICE 6 Silence, s'il vous plaît!

_____ Complétez avec le verbe *se taire.*

1. Je _____ _____ au théâtre.
2. Tout le monde _____ _____ quand le directeur parle.
3. Les élèves _____ _____ quand le prof entre dans la salle de classe.
4. Nous ne _____ _____ jamais quand nous sommes ensemble.
5. Pourquoi est-ce que tu _____ _____ ?

LE VERBE *MOURIR*

Study the forms of the irregular verb **mourir.**

Infinitive	**mourir** *(to die)*
Present tense	je meurs tu meurs il meurt nous mourons vous mourez ils meurent
Past participle	mort

Remember that **mourir** is conjugated with **être** in the **passé composé.**

Elle est morte hier soir.

EXERCICE 7 Les pauvres!

_____ Complétez avec le verbe *mourir.*

1. Je _____ de soif.
2. Ils _____ de tristesse.
3. Il _____ de faim.
4. Nous _____ de fatigue.
5. Tu _____ de peur, mon pauvre.

3
LE PRONOM *EN*

EXPRESSIONS AVEC *DE*

The pronoun **en** replaces several types of phrases that begin with the preposition **de**.

En is used to replace a prepositional phrase with **de** meaning *from a place.*

Nous venons de Genève.
Nous en venons.

Note that the pronoun **en** precedes the conjugated form of the verb the same as any other object pronoun.

EXERCICE 1 D'où?

_____ Répondez en utilisant *en*.

1. Est-ce que les passagers viennent de France?
2. Viennent-ils de Paris?
3. Et les passagers qui descendent de l'autre avion, viennent-ils de la Martinique?
4. Viennent-ils de Fort-de-France?
5. Sortent-ils de la douane?

AVEC LE PARTITIF

The pronoun **en** is also used to replace any partitive construction with **de.**

Avez-vous du pain?
Oui, j'en ai, merci.

Prenez-vous du sucre dans le café?
Oui, j'en prends.

A-t-il acheté du vin?
Non, il n'en a pas acheté.

AVEC LES EXPRESSIONS DE QUANTITÉ

En is also used to replace a noun qualified by a number or an expression of quantity. This use of **en** equates with the English *of it* or *of them*. Note, however, that *of it* or *of them* is often omitted in English. The pronoun **en** can never be omitted in French with an expression of quantity. Note the use of **en** in the examples below.

Il a beaucoup d'argent. **Il en a beaucoup.**	*He has a lot of money.* *He has a lot (of it).*
Elle a assez de pièces de dix francs. **Elle en a assez.**	*She has enough ten-franc coins.* *She has enough (of them).*
A-t-elle cinq pièces? **Oui, elle en a cinq.**	*Does she have five coins?* *Yes, she has five (of them).*
A-t-elle plusieurs pièces de dix francs? **Oui, elle en a plusieurs.**	*Does she have several ten-franc coins?* *Yes, she has several (of them).*

Note that the past participle never agrees with **en**.

Elle en a acheté plusieurs.

EXERCICE 2 Elle en a ou pas?

_____ Répondez avec *en*.

1. A-t-elle du pain?
2. A-t-elle des carottes?
3. A-t-elle acheté du vin?
4. A-t-elle acheté de la viande?
5. Met-elle de la crème fraîche sur les fraises?

EXERCICE 3 Il en a acheté une quantité.

_____ Répondez avec *en*.

1. A-t-il beaucoup d'argent?
2. A-t-il acheté un litre de lait?
3. A-t-il acheté deux bouteilles de vin?
4. A-t-il acheté un kilo de tomates?
5. A-t-il acheté assez de côtelettes?
6. A-t-il acheté plusieurs oranges?

EXERCICE 4 Tu en as acheté combien?

_____ Répondez d'après le modèle.

Combien de litres de lait as-tu achetés? **un**
J'en ai acheté un litre.

1. Combien de bouteilles d'eau minérale as-tu achetées? **une**
2. Combien de tranches de jambon as-tu achetées? **six**
3. Combien de rouleaux de papier hygiénique as-tu achetés? **deux**
4. Combien de boîtes de thon as-tu achetées? **une**

D'AUTRES EXPRESSIONS AVEC *DE*

The pronoun **en** is used to replace all other expressions that are introduced by **de** and that refer to a thing.

Il est très fier de son travail.
Il en est très fier.

Il parle souvent de son travail.
Il en parle souvent.

Il n'a pas besoin de notre aide.
Il n'en a pas besoin.

Note, however, that when the preposition **de** is followed by a person, the emphatic, or stress, pronoun rather than **en** is used. Compare the following examples.

Elle parle de son travail.
Elle en parle.

Elle parle de son patron.
Elle parle de lui.

Elle est fière de sa fille.
Elle est fière d'elle.

Elle est fière de son succès.
Elle en est fière.

EXERCICE 5 Elle en parle.

_____ Refaites les phrases avec *en*.

1. Elle parle de son travail.
2. Elle est fière de son salaire.
3. Elle n'a pas honte de son travail.
4. Il parle de ses difficultés.
5. Il a honte de sa faute.
6. Il a peur des conséquences de sa faute.

EXERCICE 6 Elle en est très fière.

_____ Répondez avec des pronoms.

1. Parle-t-il de son fils? **oui**
2. A-t-il honte de son travail? **absolument pas**
3. Est-elle fière de son fils? **bien sûr**
4. Est-elle fière de sa fille? **également**
5. Est-elle contente de son succès? **absolument**

NOTE The only time the pronoun **en** can be used to replace persons is with the verb **avoir.**

A-t-il des cousins?
Oui, il en a.
Combien de cousins a-t-il?
Je crois qu'il en a six.

EXERCICE 7 Un papa fier

_____ Répondez en employant un pronom.

1. A-t-il des enfants? **oui**
2. Combien d'enfants a-t-il? **trois**
3. Est-il fier du travail de ses enfants? **oui**
4. Parle-t-il souvent de ses enfants? **oui**
5. Parle-t-il de leur succès? **oui**
6. Est-il fier des livres que sa fille a écrits? **très**
7. Elle a écrit beaucoup de livres, n'est-ce pas? **oui**
8. Combien de livres a-t-elle écrits? **cinq**
9. Est-ce que sa fille vient demain de New York? **oui**

LA POSITION DU PRONOM *EN*

When more than one pronoun is used in a sentence, the pronoun **en** always comes last. Note the position of **en** in the following sentences.

Elle parle du problème à son père.
Elle lui en parle.

Elle vend des timbres à ses amis.
Elle leur en vend.

Elle m'a donné de l'argent.
Elle m'en a donné.

Elle va me donner de l'argent.
Elle va m'en donner.

Donne-lui de l'argent.
Donne-lui-en.

EXERCICE 8 Tu lui en as parlé?

_____ Complétez la conversation.

—Tu as parlé à ton père de tes problèmes financiers?
—Ah oui! Je _____ _____ ai parlé.
—Et qu'est-ce qu'il t'a dit? Il t'a donné de l'argent?
—Oui, il _____ _____ a donné.
—Il _____ _____ a donné beaucoup?
—Bof! Il _____ _____ a donné très peu.
—J'espère que tu ne vas pas emprunter de l'argent à tes amis.
—Absolument pas. Je t'assure que je ne vais pas _____ _____ demander. Et puis, ça suffit. Tu me casses les pieds avec tes questions. Je ne veux plus te parler de ma situation financière.
—Tu ne veux plus _____ _____ parler?
—Non, j'en ai marre.

4

LE PRONOM *Y*

LOCUTIONS PRÉPOSITIVES

The pronoun **y** replaces a prepositional phrase that is introduced by a preposition of place or direction other than **de.** The object of the preposition must be a thing rather than a person. Note the position of **y** in the following examples.

Ils vont à l'aéroport.
Ils y vont.

Les passagers sont dans la salle d'attente.
Les passagers y sont.

Le passager a mis son passeport sur le comptoir.
Le passager y a mis son passeport.

EXERCICE 1 Ils y font la queue.

_____ Répondez avec *y*.

1. Est-ce que les passagers sont à l'aéroport?
2. Font-ils la queue devant le comptoir de la ligne aérienne?
3. Est-ce qu'on examine le bagage à main au contrôle de sécurité?
4. Est-ce que les passagers vont à la porte d'embarquement?
5. Attendent-ils le départ de leur vol dans la salle d'attente?
6. Cherchent-ils leur place dans l'avion?
7. Mettent-ils leur bagage à main dans le compartiment à bagages?

EXERCICE 2 *Y* ou *en?*

_____ Complétez avec *y* ou *en*.

1. Madame Grenier fait la queue devant le comptoir.
   Madame Grenier _____ fait la queuc.
2. Elle sort son billet de sa poche.
   Elle _____ sort son billet.
3. Elle parle de son voyage à ses amies.
   Elle _____ parle à ses amies.
4. Madame Grenier va à la porte d'embarquement.
   Madame Grenier _____ va.

5. Elle attend dans la salle d'attente.
   Elle _____ attend.
6. Elle met son passeport dans son sac à main.
   Elle _____ met son passeport.
7. Elle sort sa carte d'embarquement de son sac à main.
   Elle _____ sort sa carte d'embarquement.

NOMS INTRODUITS PAR À

The pronoun **y** is used to replace the object of a verb if the object is preceded by **à** and if the object is a thing.

Elle a répondu à la lettre.	**Ils obéissent aux lois.**
Elle y a répondu.	**Ils y obéissent.**

Most often, if the noun following **à** is a person rather than a thing, then the noun is the indirect object of the sentence. In such a case, the indirect object pronoun **lui** or **leur** is used. (See page 355.)

Je dis bonjour aux agents.	**Il répond au professeur.**
Je leur dis bonjour.	**Il lui répond.**

When a person is the object of a preposition and not the indirect object of the sentence, the emphatic, or stress, pronoun is used.

Je vais chez Marie.	**Je pense souvent à Jean.**
Je vais chez elle.	**Je pense souvent à lui.**

Des fanas de foot

EXERCICE 3 Un fana de foot

_____ Répondez avec un pronom.

1. Tu joues au foot?
2. Tu as joué au foot hier?
3. Tu as participé au match?
4. Tu as téléphoné à l'entraîneur de l'équipe?
5. Tu as répondu à sa question?
6. Tu as bien répondu à l'entraîneur?
7. Tu as obéi à l'entraîneur?
8. Tu as fait attention à ses conseils?

NOTE Remember that the pronoun **y** is used in the following expressions.

Ça y est. *That's it.*
J'y suis. *I get it.*

Remember that the concept of *there* must always be expressed in French, even though it is often omitted in English.

Vous allez au match?	*Are you going to the game?*
Oui, nous y allons tous.	*Yes, we're all going.*
Madame Martin est-elle dans son bureau?	*Is Mrs. Martin in her office?*
Oui, elle y est.	*Yes, she is.*

LA POSITION DU PRONOM *Y*

The pronoun **y** is seldom used with another object pronoun in the same sentence. However, sometimes a direct object pronoun is used with **y**. In such a case, **y** always follows the direct object pronoun.

Il m'attendait à la station de métro.
Il m'y attendait.
Je l'ai vu sur le quai.
Je l'y ai vu.

The pronouns **y** and **en** are used together in the expression **il y en a.**

Il y a de la neige sur les montagnes?
Ah oui, il y en a.

EXERCICE 4 Un départ

Répondez avec des pronoms.

1. Tu accompagnes tes amis à l'aéroport?
2. Tu les attends devant le comptoir?
3. Tu invites tes amis au buffet de l'aéroport?
4. Ils ont assez de temps pour t'accompagner au buffet?
5. Ils y entendent l'annonce du départ de leur vol?
6. Tu les accompagnes à la porte d'embarquement?
7. Tu leur dis «au revoir» à la porte d'embarquement?
8. Tu peux les accompagner à bord de l'avion?

5

LE FUTUR ET LE CONDITIONNEL

LE FUTUR

Formes régulières

The future tense of most verbs is formed by adding the appropriate personal endings to the entire infinitive of the verb. In the case of verbs ending in **-re,** the final **-e** is dropped before adding the future endings. Study the following forms.

Infinitive	parler	finir	attendre	ENDINGS
Future	je parlerai tu parleras il parlera nous parlerons vous parlerez ils parleront	je finirai tu finiras il finira nous finirons vous finirez ils finiront	j'attendrai tu attendras il attendra nous attendrons vous attendrez ils attendront	-ai -as -a -ons -ez -ont

Infinitive	boire	conduire
Future	je boirai tu boiras il boira nous boirons vous boirez ils boiront	je conduirai tu conduiras il conduira nous conduirons vous conduirez ils conduiront

The future tense is used the same way in French as it is in English. The future tense expresses an action or event that will take place some time in the future. Following are some common adverbial expressions that can be used with the future.

demain
après-demain
la semaine (l'année) prochaine
le mois (l'été) prochain
dimanche prochain
dans deux jours
la semaine suivante

Il me téléphonera demain.
Je lui parlerai du problème.
Nous nous mettrons d'accord un de ces jours.

Remember that in French the expression **aller** plus an infinitive is frequently used to describe an event that will happen in the near future. It is equivalent to the English expression *to be going to.*

Je vais lui téléphoner.
Nous allons le voir.

EXERCICE 1 Demain

_____ Répondez.

1. Tu parleras à Georges demain?
2. Tu l'inviteras à t'accompagner à Chamonix?
3. Vous passerez le week-end dans un petit chalet à Chamonix?
4. Vous skierez ensemble?
5. Qui descendra les pistes pour les skieurs du troisième niveau?
6. Vous monterez jusqu'en haut du mont Blanc?
7. Le soir, est-ce qu'on bavardera autour de la cheminée?
8. Tout le monde s'amusera?
9. Qui choisira le restaurant?
10. Au restaurant, prendras-tu une fondue?
11. Tu boiras un grog chaud?
12. Vous vous coucherez de bonne heure?
13. Vous vous lèverez de bonne heure pour aller aux pistes?

Verbes avec changements orthographiques

The following verbs use the third person singular of the present tense rather than the infinitive as the base for the future tense.

acheter	**il achète**	**j'achèterai**	**nous achèterons**
lever	**il lève**	**je lèverai**	**nous lèverons**
mener	**il mène**	**je mènerai**	**nous mènerons**
appeler	**il appelle**	**j'appellerai**	**nous appellerons**
jeter	**il jette**	**je jetterai**	**nous jetterons**
employer	**il emploie**	**j'emploierai**	**nous emploierons**
essuyer	**il essuie**	**j'essuierai**	**nous essuierons**

Note that verbs ending in **-oyer** or **-uyer** change the **-y** to an **-i** in the future stem. However, verbs ending in **-ayer** can have either a **-y** or an **-i** in the future.

payer **je payerai** OR **je paierai**
nous payerons OR **nous paierons**

Verbes irréguliers

The following verbs have irregular roots in the future tense. The endings, however, are regular.

aller	**j'irai**	**nous irons**
avoir	**j'aurai**	**nous aurons**
être	**je serai**	**nous serons**
faire	**je ferai**	**nous ferons**
savoir	**je saurai**	**nous saurons**
vouloir	**je voudrai**	**nous voudrons**
devoir	**je devrai**	**nous devrons**
recevoir	**je recevrai**	**nous recevrons**
s'asseoir	**je m'assiérai**	**nous nous assiérons**
courir	**je courrai**	**nous courrons**
mourir	**je mourrai**	**nous mourrons**
pouvoir	**je pourrai**	**nous pourrons**
voir	**je verrai**	**nous verrons**
envoyer	**j'enverrai**	**nous enverrons**
tenir	**je tiendrai**	**nous tiendrons**
venir	**je viendrai**	**nous viendrons**
valoir	**il vaudra**	
falloir	**il faudra**	
pleuvoir	**il pleuvra**	

EXERCICE 2 Un jour je serai en France.

_____ Répondez.

1. Irez-vous en France un jour?
2. Si vous allez en France, prendrez-vous l'avion?
3. Combien de temps pourrez-vous rester en France?
4. Irez-vous sur la Côte d'Azur?
5. Nagerez-vous dans la mer Méditerranée?
6. Vous promènerez-vous sur les galets de la plage de Nice?
7. Visiterez-vous le joli village de Saint-Paul-de-Vence?
8. Verrez-vous les Provençaux qui adorent jouer aux boules?
9. Ferez-vous une promenade sur les remparts de ce village du Moyen Âge?

EXERCICE 3 Le week-end

_____ Répondez avec le futur.

1. Ce week-end, est-ce que tes copains vont aller au cinéma?
2. Tu vas aller au cinéma avec eux?
3. Quel film allez-vous voir?
4. Est-ce que tu vas acheter tous les billets pour le cinéma?
5. Qu'est-ce que vous allez faire après le cinéma?

EXERCICE 4 Il dira n'importe quoi.

_____ Donnez le futur.

1. Il dit qu'il _____ le faire. **savoir**
2. Il dit qu'il _____ le faire. **pouvoir**
3. Il le _____? **faire**
4. On _____. **voir**
5. Il _____ impressionner tous ses amis. **vouloir**
6. Tout le monde _____ voir ce qu'il fait. **venir**
7. Est-ce que ça _____ la peine de voir ce qu'il _____? **valoir / faire**

LE CONDITIONNEL

Like the future, the conditional is formed by adding the appropriate personal endings to the entire infinitive of regular verbs. Verbs ending in **-re,** however, drop the final **-e** before the endings are added. Note that the endings for the conditional are the same as those for the imperfect tense.

Infinitive	**parler**	**finir**	**vendre**	**ENDINGS**
Conditional	je parlerais	je finirais	je vendrais	-ais
	tu parlerais	tu finirais	tu vendrais	-ais
	il parlerait	il finirait	il vendrait	-ait
	nous parlerions	nous finirions	nous vendrions	-ions
	vous parleriez	vous finiriez	vous vendriez	-iez
	ils parleraient	ils finiraient	ils vendraient	-aient

Verbs that have a spelling change in the root of the future have the same spelling change in the conditional. Verbs that have an irregular root in the future have the same root in the conditional.

VERBS WITH SPELLING CHANGES

acheter	**j'achèterais**
lever	**je lèverais**
appeler	**j'appellerais**
jeter	**je jetterais**
employer	**j'emploierais**
essuyer	**j'essuierais**
payer	**je payerais** (or **je paierais**)

IRREGULAR VERBS

aller	**j'irais**	**mourir**	**je mourrais**
avoir	**j'aurais**	**pouvoir**	**je pourrais**
être	**je serais**	**voir**	**je verrais**
faire	**je ferais**	**envoyer**	**j'enverrais**
savoir	**je saurais**	**tenir**	**je tiendrais**
s'asseoir	**je m'assiérais**	**venir**	**je viendrais**
vouloir	**je voudrais**	**valoir**	**il vaudrait**
devoir	**je devrais**	**falloir**	**il faudrait**
recevoir	**je recevrais**	**pleuvoir**	**il pleuvrait**
courir	**je courrais**		

The conditional is used in French the same way it is in English to describe what would take place if it were not for some other circumstance.

J'irais au match, mais je ne peux pas car je dois travailler.
I would go to the game but I can't because I must work.
Je voudrais faire le voyage, mais il coûterait trop d'argent.
I would like to make the trip but it would cost too much money.

EXERCICE 5 Je voudrais bien, mais je ne peux pas.

____ Complétez.

1. Je ____ le voyage, mais je n'ai pas assez d'argent. **faire**
2. Mes parents me ____ de l'argent, mais je ne ____ pas leur en demander. **donner, vouloir**
3. Je ____ vendre mon vieux tacot, mais franchement je ne veux pas. **pouvoir**
4. Je crois que Pauline l'____. **acheter**
5. Mais qu'est-ce que je ____ sans mon petit tacot? **faire**
6. Je ____ gêné. **être**
7. Je ne ____ aller nulle part. **pouvoir**
8. Et je n'____ absolument pas assez de fric pour m'acheter une nouvelle bagnole. **avoir**

6

LE PASSÉ SIMPLE DES VERBES RÉGULIERS

The **passé simple** is a literary past tense. It indicates an action completed sometime in the past. The **passé simple** is used in literary contexts, and you will encounter it a great deal as you read the works of French writers. The **passé simple** is never used in spoken French. The **passé composé,** rather than the **passé simple,** is used in conversation and informal writing.

To form the **passé simple** of regular verbs, the infinitive ending **-er, -ir,** or **-re** is dropped and the **passé simple** endings are added to the root. Note that the **passé simple** endings are the same for all regular **-ir** and **-re** verbs.

Infinitive	**parler**	**finir**	**attendre**
Stem	parl-	fin-	attend-
Passé simple	je parlai tu parlas il parla nous parlâmes vous parlâtes ils parlèrent	je finis tu finis il finit nous finîmes vous finîtes ils finirent	j'attendis tu attendis il attendit nous attendîmes vous attendîtes ils attendirent

Remember that verbs ending in **-cer** have a cedilla before the vowel **-a** and verbs that end in **-ger** add an **-e** before the vowel **-a.**

il commença **il négligea**

The verbs below and on the next page follow the same pattern as regular verbs in the formation of the **passé simple.**

dormir	**il dormit**	**ils dormirent**
partir	**il partit**	**ils partirent**
sentir	**il sentit**	**ils sentirent**
servir	**il servit**	**ils servirent**
sortir	**il sortit**	**ils sortirent**
offrir	**il offrit**	**ils offrirent**
ouvrir	**il ouvrit**	**ils ouvrirent**

découvrir	**il découvrit**	**ils découvrirent**
suivre	**il suivit**	**ils suivirent**
combattre	**il combattit**	**ils combattirent**
rompre	**il rompit**	**ils rompirent**

EXERCICE 1 Il a parlé au patron.

_____ Récrivez les phrases au passé composé.

1. Le directeur entra dans le salon.
2. Il se dirigea vers le patron.
3. Le patron se leva.
4. Les deux hommes se saluèrent.
5. Les deux hommes attendirent.
6. Enfin le patron commença à parler.
7. Ils parlèrent vite.
8. Ils réfléchirent.
9. Le directeur réussit à convaincre le patron.
10. Le patron changea d'avis.
11. Les deux hommes se serrèrent la main.
12. Ils partirent.

L'Assemblée nationale

EXERCICE 2 Le président rentra.

_____ Récrivez les phrases au passé simple.

1. Le président est rentré ce matin.
2. Son avion a atterri à huit heures à l'aéroport international.
3. À huit heures trois le président est descendu de l'avion.
4. Il a salué les dignitaires.
5. Les dignitaires l'ont applaudi.
6. Le président s'est dirigé tout de suite vers la capitale.
7. Il est arrivé à l'Assemblée nationale à neuf heures.
8. Tous les députés se sont levés quand le président est entré.
9. Ils ont applaudi.
10. Le président a commencé à parler.
11. Il s'est adressé à l'Assemblée nationale.
12. Les députés ont écouté attentivement.
13. Quand le président a fini son discours les députés se sont levés et l'ont applaudi.
14. Quelques députés lui ont posé des questions.
15. Le président a répondu aux questions des députés.
16. Il est sorti de l'Assemblée nationale.
17. Les journalistes l'ont suivi.
18. Le président a refusé de parler aux reporters.
19. Il est parti pour le Palais de l'Élysée, sa résidence.

7

LE PASSÉ SIMPLE DES VERBES IRRÉGULIERS

Many verbs that end in **-ir** and **-re** use the past participle as the root of the **passé simple.** Note the forms in the list below. Since the **passé simple** is used to narrate past events, you will encounter it almost exclusively in the **il/elle** and **ils/elles** forms.

INFINITIVE	PAST PARTICIPLE	PASSÉ SIMPLE	
mettre	**mis**	**il mit**	**ils mirent**
prendre	**pris**	**il prit**	**ils prirent**
conquérir	**conquis**	**il conquit**	**ils conquirent**
dire	**dis**	**il dit**	**ils dirent**
s'asseoir	**assis**	**il s'assit**	**ils s'assirent**
rire	**ri**	**il rit**	**ils rirent**
sourire	**souri**	**il sourit**	**ils sourirent**
avoir	**eu**	**il eut**	**ils eurent**
boire	**bu**	**il but**	**ils burent**
connaître	**connu**	**il connut**	**ils connurent**
courir	**couru**	**il courut**	**ils coururent**
croire	**cru**	**il crut**	**ils crurent**
devoir	**dû**	**il dut**	**ils durent**
lire	**lu**	**il lut**	**ils lurent**
plaire	**plu**	**il plut**	**ils plurent**
pouvoir	**pu**	**il put**	**ils purent**
recevoir	**reçu**	**il reçut**	**ils reçurent**
savoir	**su**	**il sut**	**ils surent**
se taire	**tu**	**il se tut**	**ils se turent**
vivre	**vécu**	**il vécut**	**ils vécurent**
vouloir	**voulu**	**il voulut**	**ils voulurent**
falloir	**fallu**	**il fallut**	
pleuvoir	**plu**	**il plut**	
valoir	**valu**	**il valut**	

All forms of the **passé simple** can be found by adding the following endings to the root.

je	**-s**	**nous**	**^mes**
tu	**-s**	**vous**	**^tes**
il	**-t**	**ils**	**-rent**

The following verbs also have irregular roots for the **passé simple.** The root is not based on either the infinitive or the past participle. Note, however, that the endings are the same as those above.

INFINITIVE	PASSÉ SIMPLE	
être	**il fut**	**ils furent**
mourir	**il mourut**	**ils moururent**
voir	**il vit**	**ils virent**
faire	**il fit**	**ils firent**
écrire	**il écrivit**	**ils écrivirent**
conduire	**il conduisit**	**ils conduisirent**
construire	**il construisit**	**ils construisirent**
traduire	**il traduisit**	**ils traduisirent**
vaincre	**il vainquit**	**ils vainquirent**
naître	**il naquit**	**ils naquirent**
craindre	**il craignit**	**ils craignirent**
peindre	**il peignit**	**ils peignirent**
rejoindre	**il rejoignit**	**ils rejoignirent**
tenir	**il tint**	**ils tinrent**
venir	**il vint**	**ils vinrent**
devenir	**il devint**	**ils devinrent**

EXERCICE 1 Alfred de Vigny

____ Récrivez au passé composé.

Le grand écrivain Alfred de Vigny naquit d'une famille noble en 1797. À cette époque, juste après la fin de la Révolution, les aristocrates étaient méprisés par la plupart des gens. Au collège les étudiants persécutèrent Vigny à cause de sa noblesse.

Pour gagner honneur et gloire au service de sons pays, Vigny décida d'entrer dans l'armée. Il fut envoyé dans le sud de la France. Il passa quelques années dans le Midi où il fit la connaissance d'une belle Anglaise, Lydia Bunbury, fille d'un millionnaire. Il tomba amoureux d'elle et la demanda en mariage. Il obtint la permission. Mais son beau-père, un excentrique, le détesta car il n'aimait pas les Français. Il partit immédiatement après le mariage. Il n'écrivit même pas le nom de son gendre dans son carnet d'adresses, tant il avait envie de l'oublier.

Quelques années plus tard, le poète français Lamartine fit la connaissance d'un riche Anglais qui visitait l'Italie. À cette époque Lamartine était secrétaire d'ambassade à Florence et il invita l'Anglais à dîner à l'ambassade. Pendant le dîner, l'Anglais dit à M. de Lamartine que sa fille avait épousé un grand poète français. Lamartine lui en demanda le nom, mais l'Anglais ne put pas se rappeler le nom de son gendre. Lamartine énuméra le nom de plusieurs poètes célèbres, mais à chaque nom l'Anglais dit: «Ce n'est pas ça.» Enfin Lamartine nomma le comte de Vigny. Notre excentrique répondit: «Ah oui! Je crois que c'est ça.»

EXERCICE 2 Louis XIV, le Roi-Soleil

_____ Récrivez au passé simple.

1. Louis XIV est né à Saint-Germain-en-Laye en 1638.
2. À la mort de son père, Louis XIV est devenu roi de France à l'âge de cinq ans.
3. Le roi a vécu sous la tutelle de Mazarin.
4. Mazarin lui a fait épouser Marie-Thérèse d'Autriche en 1660.
5. Ils ont eu un fils, le Grand Dauphin.
6. À la mort de Mazarin, Louis XIV a pris le pouvoir à vingt-trois ans.
7. Il s'est révélé tout de suite un monarque absolu.
8. Il a envoyé des représentants dans toutes les provinces.
9. Ils ont été chargés de faire exécuter ses ordres.
10. À partir de 1680 il a eu des agents partout.
11. Il a fait construire le grand palais de Versailles.
12. Entre 1661 et 1695, trente mille hommes ont travaillé pour construire ce palais.
13. Le roi s'est entouré d'une Cour resplendissante composée de plusieurs milliers de serviteurs et de toute la haute noblesse de France.
14. Il a gardé les nobles auprès de lui.
15. Les descendants des ducs de Normandie, de Bourgogne et de Bretagne sont devenus les valets du roi.
16. Louis XIV a soutenu la bourgeoisie.
17. Colbert, fils d'un marchand drapier, est devenu ministre en 1661.
18. Sous Colbert des industries nouvelles se sont développées dans toutes les provinces.
19. Dès le début du règne, Louis XIV a voulu imposer à l'extérieur la prédominance française.
20. Tout le temps qu'il a été roi, il y a eu une longue suite de guerres. Ses difficultés ont commencé avec la guerre de Hollande.
21. Les Hollandais ont rompu les digues du Zuiderzee, et une inondation affreuse a chassé les troupes françaises.
22. En 1685 Louis XIV a commis une faute grave. Il a révoqué l'Édit de Nantes pour supprimer le protestantisme.
23. Des milliers de huguenots ont quitté la France et ont emporté leurs talents à l'étranger.
24. Louis XIV, le Roi-Soleil, est mort en 1715, laissant son pays dans un état de misère.

8

EMPLOIS SPÉCIAUX DES TEMPS

LE PRÉSENT AVEC *DEPUIS*

The expressions **depuis, il y a... que, voilà... que** and **ça fait... que** are used with the present tense to describe an action that began at some time in the past and continues in the present. Look at the following examples.

Depuis quand travaillez-vous ici?	*Since when have you been working here?*
Je travaille ici depuis le 3 juin.	*I have been working here since June 3rd.*
Depuis combien de temps travaillez-vous ici?	*How long have you been working here?*
Je travaille ici depuis cinq ans. **Il y a cinq ans que je travaille ici.** **Voilà cinq ans que je travaille ici.** **Ça fait cinq ans que je travaille ici.**	*I have been working here for five years.*

Note that in English the present perfect progressive tense *(have been -ing)* is used. In French, however, the present must be used. English uses the present perfect progressive because the action began in the past. French uses the present tense because the action continues in the present.

EXERCICE 1 Personnellement

_____ Répondez.

1. Depuis combien de temps habites-tu la même maison?
2. Depuis quand connais-tu ton meilleur ami ou ta meilleure amie?
3. Depuis combien de temps vas-tu à la même école?
4. Depuis combien de temps fais-tu du français?
5. Depuis quand étudies-tu avec le même prof?
6. Depuis quand ton père travaille-t-il pour la même société?
7. Depuis combien de temps ta mère travaille-t-elle?

L'IMPARFAIT AVEC *DEPUIS*

The expressions **depuis, il y avait... que, voilà... que,** and **ça faisait... que** are used with the imperfect tense to describe an action or a condition that had begun in the past and was still happening, or still in effect, at a given moment in the past when something else happened. Note the tenses in the following sentences.

Elle habitait la France depuis six mois quand son frère a décidé de lui rendre visite.	*She had been living in France for six months when her brother decided to visit her.*
Il y avait deux heures qu'Éric travaillait quand le téléphone a sonné.	*Eric had been working for two hours when the telephone rang.*

Note that in this construction the past perfect progressive tense *(had been -ing)* is used in English, but the imperfect tense is used in French.

EXERCICE 2 Ça faisait longtemps?

_____ Complétez.

1. Mon frère Yves _____ de l'espagnol depuis deux ans quand il a décidé d'apprendre le français. **faire**
2. Il _____ depuis longtemps aller à Princeton, mais tout d'un coup il a décidé d'aller à Harvard. **vouloir**
3. Ça ne faisait que deux jours qu'il _____ en vacances quand il a fait la connaissance d'Eugénie. **être**
4. Mais il y avait un an qu'il _____ avec Thérèse avant de connaître Eugénie. **sortir**
5. Et maintenant ça fait deux mois qu'il _____ avec Eugénie. **sortir**
6. Il y avait un mois que Thérèse ne lui _____ pas quand elle a décidé qu'elle n'était plus fâchée avec lui. **parler**
7. Et ça fait un mois que Thérèse _____ avec moi, le frère d'Yves. **sortir**

LE FUTUR AVEC *QUAND*

The future tense is used after the following conjunctions of time when the verb in the main clause is in the future. Note that the present tense is most often used in English.

quand	*when*	**dès que**	*as soon as*
lorsque	*when*	**pendant que**	*while*
aussitôt que	*as soon as*	**tandis que**	*while*

Je le verrai quand il (lorsqu'il) arrivera.	*I will see him when he arrives.*
Je te le dirai aussitôt que (dès que) je le saurai.	*I will tell you as soon as I know.*
Nous en parlerons pendant que (tandis que) je ferai la vaisselle.	*We'll talk about it while I do the dishes.*

EXERCICE 3 Quand Jacques arrivera

_____ Répondez.

1. Vous jouerez au tennis quand Jacques arrivera?
2. Vous partirez pour les courts de tennis aussitôt qu'il arrivera?
3. Ginette jouera au golf pendant que vous jouerez au tennis?
4. Mais vous serez chez vous quand j'y arriverai, n'est-ce pas?
5. Dès que j'arriverai, irons-nous au restaurant?

EXERCICE 4 Quand Élise arrivera

_____ Complétez.

1. Dès que j' _____ son numéro de téléphone, j' _____ Élise à dîner. **avoir / inviter**
2. Quand Élise _____, nous _____. **arriver / manger**
3. Lorsqu'elle _____ à la porte, je _____ la table. **sonner / mettre**
4. Tu _____ un apéritif pendant que je _____ la table. **servir / mettre**
5. Je sais ce qui _____. Aussitôt que nous _____ à table le téléphone _____. **arriver / être / sonner**

L'EXPRESSION *VENIR DE*

The expression **venir de** followed by an infinitive means *to have just.* **Venir de** is used in two tenses only, the present and the imperfect.

Elle vient de sortir.	*She has just left.*
Ils venaient de sortir quand je suis arrivé.	*They had just left when I arrived.*

EXERCICE 5 Qu 'est-ce que tu viens de faire?

_____ Répondez.

1. Tu viens de rentrer à la maison?
2. Marie vient de rentrer aussi?
3. Vous venez de faire un voyage?
4. Vous venez de rendre visite à vos parents?
5. Vous veniez de rentrer quand le téléphone a sonné?
6. Tu venais de répondre au téléphone quand je suis arrivé à la porte?

9 LES ADJECTIFS IRRÉGULIERS

Study the following masculine and feminine forms of several commonly used irregular adjectives.

MASCULINE	FEMININE	
aigu	**aiguë**	*sharp*
long	**longue**	*long*
favori	**favorite**	*favorite*
fou	**folle**	*crazy*
frais	**fraîche**	*fresh*
sec	**sèche**	*dry*
franc	**franche**	*frank*
grec	**grecque**	*Greek*
public	**publique**	*public*
doux	**douce**	*gentle, sweet*
faux	**fausse**	*false*

EXERCICE 1

_____ Complétez.

1. Il n'aime pas les cheveux _____. Il préfère les cheveux courts. **long**
2. Il est _____, ce mec. Il amuse tous ses copains. Et sa sœur est _____ aussi. **fou**
3. Mon acteur _____ est Harrison Ford et mon actrice _____ est Meryl Streep. **favori**
4. J'aime bien les fruits _____ avec de la crème _____. **frais**
5. Cette pêche est très _____. **doux**
6. Tout est très _____ car il ne pleut presque jamais. Toutes les herbes sont _____. **sec**
7. Oui, le parc est _____ mais la piscine n'est pas _____. Elle est privée. **public**
8. Demande-lui ce qu'elle en pense. Elle sera _____. **franc**
9. La réponse qu'il a donnée est _____. **faux**

LA POSITION DES ADJECTIFS

Most French adjectives follow the noun. Certain common adjectives precede the noun. (See pages 337–338.)

The meaning of some adjectives changes depending upon whether they precede or follow the noun. The most commonly used adjectives of this type are:

ancien	**un ancien prof**	*a former teacher*
	un prof ancien	*an old (in age) teacher*
certain	**une certaine chose**	*a certain thing*
	une chose certaine	*a sure thing*
cher	**un cher ami (une chère amie)**	*a dear friend*
	un appartement cher	*an expensive apartment*
dernier	**le dernier match**	*the last game (in a series)*
	le dernier disque de Bruce Springsteen	*Bruce Springsteen's latest record*
	la semaine dernière	*last week (the week before this one)*
même	**la même chose**	*the same thing*
	la chose même	*the thing itself*
pauvre	**le pauvre garçon**	*the poor (unfortunate) boy*
	le garçon pauvre	*the poor boy (who has no money)*
propre	**sa propre chambre**	*his/her own room*
	sa chambre propre	*his/her clean room*
	le mot propre	*the exact word*

EXERCICE 2

____ Mettez l'adjectif dans la position correcte selon le sens.

1. **cher**
   Robert est un ____ ami ____. Il est vraiment sympa. Mais de temps en temps il devient fou. Il vient d'acheter une mobylette qui lui a coûté une fortune. Je n'exagère pas quand je te dis que c'est une ____ mobylette ____ qu'il s'est achetée.

2. **ancien**
M. Delacroix est en retraite maintenant. C'est un ____ prof ____ du lycée Henri IV. Le lycée Henri IV est un ____ lycée ____ de Paris. Cette école a une réputation excellente depuis des siècles.
3. **pauvre**
La ____ femme ____ est toujours malade. Et de plus elle n'a pas d'argent. C'est vraiment une ____ femme ____.
4. **dernière**
La ____ semaine ____ Régine m'a aidé à réparer ma mobylette. C'était la ____ semaine ____ de nos vacances.
5. **même**
Le ____ prisonnier ____ dit qu'il est coupable du crime. Je crois que c'est le ____ prisonnier ____ que j'ai vu hier à la télé.

EXERCICE 3

____ Complétez.

1. Il faut trouver le mot exact. Je cherche le ____ mot ____.
2. Elle est dingue. Elle se lave les mains toutes les cinq minutes. Elle a toujours les ____ mains ____.
3. ____ élèves ____ n'ont pas fait leurs devoirs.
4. Oui, je sais qu'il est riche, mais de toute façon il est pitoyable, ce ____ mec ____.
5. Il y a beaucoup de ____ statues ____ dans le musée. Quelques-unes datent de l'ère préchrétienne.

LA CONCORDANCE AVEC L'EXPRESSION *AVOIR L'AIR DE*

With the expression **avoir l'air de,** the adjective almost always agrees with the subject of the sentence and not with the masculine noun **l'air.**

Elle a l'air contente.
Cette poire a l'air bonne.

EXERCICE 4

____ Complétez.

1. Ils ont l'air ____, ces petits garçons **méchant**
2. Toutes les filles de cette école ont l'air ____. **joyeux**
3. Cette sauce a l'air très ____. **bon**
4. Mes enfants! Vous avez l'air ____. Qu'est-ce qui se passe? **triste**

10
LE SUBJONCTIF

The verb tenses studied thus far have been mostly in the indicative mood. The subjunctive mood is also used a great deal in French. The subjunctive is most frequently used to express an action that may occur.

Robert fait tous ses devoirs.
Les parents de Robert veulent qu'il fasse tous ses devoirs.

The first sentence above is an independent statement of fact—*Robert does his homework.* The second sentence contains a dependent clause—*that Robert do his homework.* The sentence describes Robert's parents' feelings about his actions. What Robert's parents want him to do may or may not occur. Since it may or may not occur, the verb in the dependent clause must be in the subjunctive.

Note that clauses containing the subjunctive are always introduced by **que.**

Leurs parents veulent qu'elles fassent leurs devoirs.

FORMATION DU PRÉSENT DU SUBJONCTIF

The present subjunctive is formed by dropping the **-ent** ending from the third person plural of the present indicative and adding to this root the subjunctive endings. Study the following forms.

Infinitive	**parler**	**finir**	**vendre**	**ENDINGS**
Third person plural	ils parlent	ils finissent	ils vendent	
Stem	parl-	finiss-	vend-	
Subjunctive	que je parle que tu parles qu'il parle que nous parlions que vous parliez qu'ils parlent	que je finisse que tu finisses qu'il finisse que nous finissions que vous finissiez qu'ils finissent	que je vende que tu vendes qu'il vende que nous vendions que vous vendiez qu'ils vendent	-e -es -e -ions -iez -ent

Since the third person plural of the present indicative serves as the root for the present subjunctive forms, most verbs that have an irregularity in the **ils/elles** form of the present indicative maintain that irregularity throughout the present subjunctive.

INFINITIVE	PRESENT TENSE **ils/elles** FORM	SUBJUNCTIVE	
ouvrir	**ouvrent**	**que j'ouvre**	**que nous ouvrions**
courir	**courent**	**que je coure**	**que nous courions**
offrir	**offrent**	**que j'offre**	**que nous offrions**
partir	**partent**	**que je parte**	**que nous partions**
dormir	**dorment**	**que je dorme**	**que nous dormions**
servir	**servent**	**que je serve**	**que nous servions**
mettre	**mettent**	**que je mette**	**que nous mettions**
promettre	**promettent**	**que je promette**	**que nous promettions**
lire	**lisent**	**que je lise**	**que nous lisions**
écrire	**écrivent**	**que j'écrive**	**que nous écrivions**
vivre	**vivent**	**que je vive**	**que nous vivions**
suivre	**suivent**	**que je suive**	**que nous suivions**
dire	**disent**	**que je dise**	**que nous disions**
conduire	**conduisent**	**que je conduise**	**que nous conduisions**
connaître	**connaissent**	**que je connaisse**	**que nous connaissions**

A few verbs have two different roots in the present subjunctive. The **je, tu, il/elle,** and **ils/elles** forms use the **ils/elles** form of the present indicative as the root, but the **nous** and **vous** forms use the **nous** form of the present indicative.

INFINITIVE	PRESENT TENSE **ils/elles** FORM	**nous** FORM	SUBJUNCTIVE	
prendre	**prennent**	**prenons**	**que je prenne**	**que nous prenions**
apprendre	**apprennent**	**apprenons**	**que j'apprenne**	**que nous apprenions**
comprendre	**comprennent**	**comprenons**	**que je comprenne**	**que nous comprenions**
venir	**viennent**	**venons**	**que je vienne**	**que nous venions**
tenir	**tiennent**	**tenons**	**que je tienne**	**que nous tenions**
recevoir	**reçoivent**	**recevons**	**que je reçoive**	**que nous recevions**
devoir	**doivent**	**devons**	**que je doive**	**que nous devions**
boire	**boivent**	**buvons**	**que je boive**	**que nous buvions**
mourir	**meurent**	**mourons**	**que je meure**	**que nous mourions**

Verbs with spelling changes in the present indicative follow the same two-root pattern as the verbs above.

INFINITIVE	PRESENT TENSE **ils/elles** FORM	**nous** FORM	SUBJUNCTIVE	
voir	**voient**	**voyons**	**que je voie**	**que nous voyions**
croire	**croient**	**croyons**	**que je croie**	**que nous croyions**
essayer	**essaient**	**essayons**	**que j'essaie**	**que nous essayions**
ennuyer	**ennuient**	**ennuyons**	**que j'ennuie**	**que nous ennuyions**
employer	**emploient**	**employons**	**que j'emploie**	**que nous employions**
appeler	**appellent**	**appelons**	**que j'appelle**	**que nous appelions**
jeter	**jettent**	**jetons**	**que je jette**	**que nous jetions**
acheter	**achètent**	**achetons**	**que j'achète**	**que nous achetions**
espérer	**espèrent**	**espérons**	**que j'espère**	**que nous espérions**
répéter	**répètent**	**répétons**	**que je répète**	**que nous répétions**

The following verbs have an irregular root for the formation of the present subjunctive.

Infinitive	**savoir**	**pouvoir**	**faire**
Subjunctive	que je sache que tu saches qu'il sache que nous sachions que vous sachiez qu'ils sachent	que je puisse que tu puisses qu'il puisse que nous puissions que vous puissiez qu'ils puissent	que je fasse que tu fasses qu'il fasse que nous fassions que vous fassiez qu'ils fassent

Infinitive	avoir	aller	vouloir
Subjunctive	que j'aie que tu aies qu'il ait que nous ayons que vous ayez qu'ils aient	que j'aille que tu ailles qu'il aille que nous allions que vous alliez qu'ils aillent	que je veuille que tu veuilles qu'il veuille que nous voulions que vous vouliez qu'ils veuillent

Infinitive	être	pleuvoir	falloir
Subjunctive	que je sois que tu sois qu'il soit que nous soyons que vous soyez qu'ils soient	qu'il pleuve	qu'il faille

Ils veulent qu'elle fasse son travail.

EXERCICE 1 Des parents exigeants

Suivez le modèle.

faire le voyage
Les parents de Nathalie veulent qu'elle fasse le voyage.

1. parler français
2. étudier beaucoup
3. choisir un métier
4. finir son travail
5. vendre sa vieille bicyclette
6. descendre les valises
7. ouvrir un compte d'épargne
8. partir avec eux
9. mettre les valises dans le coffre
10. lire cet article
11. leur écrire des lettres
12. suivre cinq cours
13. leur dire toujours la vérité
14. conduire avec prudence
15. apprendre une autre langue
16. revenir bientôt
17. recevoir de bonnes notes
18. ne pas boire d'alcool
19. payer ses dettes
20. les appeler souvent
21. acheter une nouvelle mobylette
22. avoir beaucoup de succès
23. être sage
24. faire plus d'efforts
25. aller en France

LE SUBJONCTIF DANS LES PROPOSITIONS SUBORDONNÉES

The subjunctive must be used after the following verbs if the subject of the dependent clause is different from the subject of the main clause.

désirer que	*to desire*	**ordonner que**	*to order*
vouloir que	*to want*	**exiger que**	*to demand*
préférer que	*to prefer*	**défendre que**	*to forbid*
souhaiter que	*to wish*	**permettre que**	*to permit*
commander que	*to order*	**insister pour que**	*to insist*

Je préfère partir.
BUT
Je préfère qu'elle parte.

These verbs are followed by clauses using the subjunctive because they describe personal wishes or desires concerning other people's actions. Whether one desires, prefers, demands, orders, or insists that another do something, one can never be sure that the person will do it. Therefore, the action of the verb in the dependent clause is in doubt and the subjunctive must be used.

Les parents de Charles veulent qu'il soit sage.
Ils veulent surtout qu'il ait du succès.
Ils souhaitent qu'il réussisse dans la vie.
De toute façon, ils insistent pour qu'il paie tous ses frais personnels.

EXERCICE 2 Qu'est-ce qu'elle veut?

Suivez le modèle.

Son ami arrive à l'heure.
Elle veut que son ami arrive à l'heure.

1. Son père lui permet d'avoir la voiture.
2. Le réservoir est plein.
3. Son ami revient à l'heure.
4. Il a les billets pour le concert.

«Je veux que tu ne dises rien...»

EXERCICE 3 Qu'est-ce que tu veux?

Je veux que...

1. Vous m'attendez.
2. Vous sortez avec moi.
3. Nous allons tous au magasin.
4. Vous m'aidez à trouver un cadeau pour Suzanne.
5. Vous ne dites rien à Suzanne.

EXERCICE 4 Pour quoi insiste-t-elle?

_____ Maman insiste pour que...

1. Nous nous levons de bonne heure.
2. Nous prenons le petit déjeuner.
3. Nous sortons à l'heure.
4. Nous n'arrivons pas tard à l'école.
5. Nous étudions et nous apprenons nos leçons.

EXERCICE 5 Qu'est-ce qu'il préfère?

_____ Il préfère que...

1. Je l'attends devant l'école.
2. Je conduis.
3. Nous allons au match.
4. Nous nous asseyons au premier rang.
5. Je ne dis rien pendant le match.

EXERCICE 6 Qu'est-ce qu'il ne voudrait pas?

_____ Il ne voudrait pas que...

1. Tu viens en retard.
2. Tu le reconnais.
3. Tu es en retard.

EXERCICE 7 Tu veux que j'aille avec toi?

_____ Répondez.

1. Tu veux que je t'accompagne chez le médecin?
2. Tu préfères que je conduise?
3. Tu désires que je t'attende?
4. Tu veux que le médecin te fasse une piqûre?
5. Tu as peur qu'il te dise quelque chose d'effrayant?
6. Tu veux que je lui parle?
7. Tu préfères que je sois avec toi dans le cabinet?
8. Tu souhaites que le médecin t'envoie à l'hôpital?

LE SUBJONCTIF AVEC LES EXPRESSIONS IMPERSONNELLES

The subjunctive is used after the following impersonal expressions.

il est possible que
il se peut que
il est impossible que
il est important que
il est indispensable que
il est bon que
il vaut mieux que
il est nécessaire que
il faut que
il est temps que
il est juste que

Il est bon qu'ils viennent demain.
Il vaut mieux qu'ils arrivent le matin.
Il est important que je les voie.
Il faut que nous prenions une décision.

The above phrases take the subjunctive because they express an opinion concerning someone's action or because they describe a person's action as being possible. In either case, the action of the dependent clause is not seen as an objective fact.

EXERCICE 8 Tu es d'accord?

_____ Répondez.

1. Est-il important que tu sois riche?
2. Est-il essentiel que tu aies beaucoup d'argent?
3. Est-il possible que tu sois milliardaire?
4. Est-il nécessaire que tu deviennes milliardaire?
5. Ne vaut-il pas mieux que tu sois content(e)?

EXERCICE 9 Il est possible

_____ Complétez.

1. Il est possible qu'ils _____ demain. **arriver**
2. Il est possible qu'ils _____ en autobus. **venir**
3. Il n'est pas nécessaire qu'ils _____ la voiture. **prendre**
4. Mais il faut que je _____ l'heure de leur arrivée. **savoir**
5. Pourquoi est-il important que tu la _____? **savoir**
6. Il vaut mieux que je les _____ à la maison, n'est-ce pas? **attendre**
7. Oui, mais il est impossible que tu _____ de l'école avant trois heures, n'est-ce pas? **sortir**
8. Oui, c'est vrai. Mais il faut que je _____ à la maison quand ils arriveront. **être**
9. Pourquoi est-il tellement important que tu les _____ à la maison? **attendre**
10. Il vaut mieux que tu leur _____ d'aller directement à l'école. **dire**

LE SUBJONCTIF OU L'INFINITIF?

With the expressions that require the subjunctive, the subjunctive is used only when the subject of the dependent clause is different from the subject of the main clause. When there is no change of subject in the sentence, the infinitive is used instead of a clause with the subjunctive. Look at the following sentences.

Je veux que tu fasses le voyage.	*I want you to take the trip.*
Je veux faire le voyage.	*I want to take the trip.*
Il faut que j'aille à l'agence de voyages.	*It is necessary that I go to the travel agency.*
Il faut aller à l'agence de voyages.	*It is necessary to go to the travel agency.*

Verbs of necessity, obligation, commanding, permitting, forbidding, etc., are often used with an indirect object and an infinitive rather than a clause with **que** and the subjunctive.

Je demande qu'il y aille.
Je lui demande d'y aller.

Je défends qu'ils fument.
Je leur défends de fumer.

Il permet que nous fassions le voyage.
Il nous permet de faire le voyage.

EXERCICE 10 Qu'est-ce que tu veux faire?

_____ Répondez.

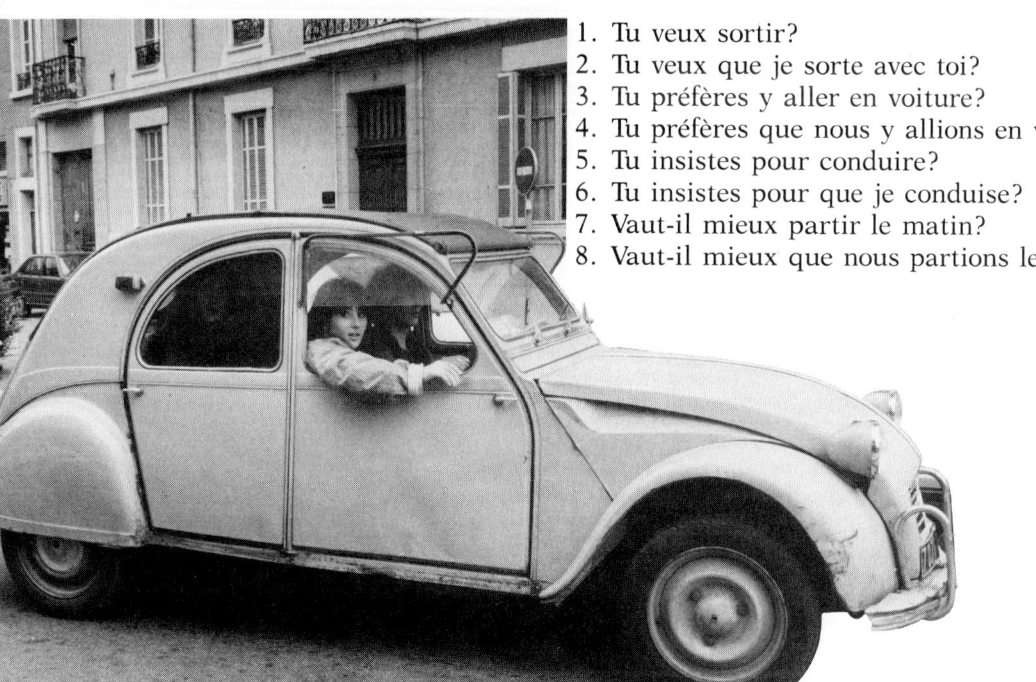

1. Tu veux sortir?
2. Tu veux que je sorte avec toi?
3. Tu préfères y aller en voiture?
4. Tu préfères que nous y allions en voiture?
5. Tu insistes pour conduire?
6. Tu insistes pour que je conduise?
7. Vaut-il mieux partir le matin?
8. Vaut-il mieux que nous partions le matin?

EXERCICE 11 Il nous ordonne de le faire.

_____ Suivez le modèle.

Je conseille qu'il le fasse.
Je lui conseille de le faire.

1. Il défend que nous fumions.
2. Il ordonne que je boive moins de café.
3. Il commande que je fasse tout mon travail.
4. Je demande qu'il fasse attention.
5. Il permet que nous conduisions la voiture.
6. Je prie que vous nous rendiez visite.

11 AUTRES EMPLOIS DU SUBJONCTIF

AVEC DES EXPRESSIONS DE DOUTE

The subjunctive is used after any expression that implies doubt or uncertainty, since it is not known if the action in the clause will take place.

Je doute qu'ils viennent demain.
Je ne crois pas qu'ils aient assez de temps.

If the statement implies certainty rather than doubt, the indicative and not the subjunctive is used in the dependent clause.

Je crois qu'ils viendront demain.
Je suis sûr qu'ils auront assez de temps pour nous rendre visite.

Note that in a question containing an expression of doubt, the speaker chooses between the use of the subjunctive or the indicative depending upon the meaning he/she wishes to convey. Look at the following question.

Croyez-vous qu'ils viennent demain?

In this question the speaker is asking if you think they will come tomorrow. In the question the speaker uses the subjunctive, not the indicative. The speaker's choice of the subjunctive indicates his/her own doubt or uncertainty. The speaker is inclined to doubt that they will come tomorrow. Now look at the question below.

Croyez-vous qu'ils viendront demain?

In this case the speaker poses the same question. The speaker, however, uses the indicative rather than the subjunctive. The speaker's choice of the indicative shows that he/she is simply asking for information and has no personal doubts or opinions about the matter.

Below is a list of common expressions of doubt and certainty.

SUBJUNCTIVE	INDICATIVE
douter	**ne pas douter**
ne pas être sûr(e)	**être sûr(e)**
ne pas être certain(e)	**être certain(e)**
ne pas croire	**croire**
ne pas penser	**penser**
il n'est pas sûr	**il est sûr**
il n'est pas certain	**il est certain**
il n'est pas probable	**il est probable**
il n'est pas évident	**il est évident**

Note that **il paraît que** is always followed by the indicative. That is because **paraître** is not a verb of opinion. **Il paraît que** is very close in meaning to **on dit que** *(they say that).* **Il semble que** with an indirect object **(il me semble que, il lui semble que)** is usually followed by the indicative, but **il semble que** alone expresses uncertainty and is followed by the subjunctive.

Il paraît qu'elle est malade.
Il me semble qu'elle est malade.
BUT: **Il semble qu'elle soit malade.**

The verb **espérer** follows the same rule as the verb **croire.** Unlike **souhaiter, espérer** conveys some degree of certainty. **J'espère réussir** means that *not only do I hope to pass, I'm counting on it.* Therefore, **espérer** takes the indicative in affirmative sentences.

J'espère que tu réussiras à l'examen.

EXERCICE 1 Luc croit bien.

_____ Suivez le modèle.

Luc croit que Marie réussira à l'examen.
Mais moi, je doute qu'elle réussisse à l'examen.

1. Luc croit qu'elle sait toutes les réponses.
2. Il croit qu'ils nous donneront les résultats immédiatement.
3. Il croit que Marie aura les résultats demain.
4. Luc est toujours optimiste. Il croit que tu seras d'accord avec lui.

EXERCICE 2 Doute ou pas de doute?

_____ Choisissez.

1. Jean: «Tu crois qu'ils iront en Espagne?»
   a. Jean veut savoir s'ils vont aller en Espagne.
   b. Jean doute qu'ils aillent en Espagne.
2. Thérèse: «Crois-tu qu'ils aient assez d'argent pour faire un tel voyage?»
   a. Thérèse veut savoir s'ils ont assez d'argent.
   b. Thérèse doute qu'ils aient assez d'argent.
3. Jean: «Tu crois qu'ils puissent travailler en Espagne?»
   a. Jean veut savoir s'ils pourront travailler en Espagne.
   b. Jean doute qu'ils trouvent du travail en Espagne.

EXERCICE 3

_____ Donnez la forme négative du verbe souligné. Faites tous les changements nécessaires.

1. Je doute qu'il vienne.
2. Je suis certain qu'il le saura.
3. Je crois qu'il sera d'accord avec nous.
4. Je suis sûr qu'il voudra y participer.
5. Il est évident que ce projet l'intéresse beaucoup.

AVEC LES EXPRESSIONS D'ÉMOTION

The subjunctive is used in clauses introduced by **que** that follow a verb or expression dealing with any type of emotion. Some such verbs or expressions are:

être content(e)	**regretter**
être heureux (heureuse)	**s'étonner**
être triste	**se réjouir**
être désolé(e)	**craindre**
être fâché(e)	**avoir peur**
être surpris(e)	
être étonné(e)	
C'est dommage	
C'est malheureux	

EXERCICE 4 Tu es content ou triste?

_____ Répondez.

1. Es-tu content(e) ou triste que Jean soit le champion?
2. Regrettes-tu que Charles ne soit pas le champion?
3. Tu es surpris(e) que Jean soit le champion?
4. Es-tu désolé(e) que le père du champion soit malade?
5. Regrettes-tu qu'il soit à l'hôpital?
6. C'est dommage qu'il ne puisse pas voir son fils?

EXERCICE 5 Je le regrette

_____ Complétez.

1. Je regrette que son père _____ malade. **être**
2. Et je suis content qu'il _____ mieux. **aller**
3. C'est dommage qu'il ne _____ pas aller au concert avec nous. **pouvoir**
4. Tout le monde est étonné que je n'en _____ rien. **savoir**
5. Je suis surpris que Jacqueline n'en _____ rien non plus. **savoir**

EXERCICE 6 Personnellement

_____ Complétez.

1. Je regrette que...
2. Je m'étonne que...
3. Je suis désolé(e) que...
4. Je suis content(e) que...
5. Je suis fâché(e) que...
6. C'est dommage que...

«Je regrette que ce cours soit si difficile!»

12 AUTRES EMPLOIS DU SUBJONCTIF; LE PASSÉ DU SUBJONCTIF

APRÈS LES CONJONCTIONS

The subjunctive is used after the following conjunctions.

bien que	*although*	**de sorte que**	*so that*
quoique	*although*	**de façon que**	*so that*
pourvu que	*provided that*	**de manière que**	*so that*
à moins que	*unless*	**pour que**	*in order that*
sans que	*without*	**afin que**	*in order that, so that*
de crainte que	*for fear that*	**avant que**	*before*
de peur que	*for fear that*	**jusqu'à ce que**	*until*

Il fera le voyage bien qu'il (quoiqu'il) n'ait pas assez d'argent.
Il prendra l'avion pourvu que vous preniez l'avion.
Il ne prendra pas l'avion à moins que vous (ne) le preniez.
Il ne partira pas sans que nous le voyions.
Le directeur du tour parle aux touristes pour qu'ils (afin qu'ils) sachent ce qu'ils vont voir.
Il leur parle lentement de peur qu'ils ne comprennent pas son accent.
Il leur parle ainsi de façon (sorte, manière) qu'ils le comprennent.
Nous parlerons à Jacquot avant qu'il ne parte en voyage.

Note that the conjunctions **de façon que, de sorte que,** and **de manière que** can also be followed by the indicative when the result of the action of the clause is an accomplished fact. This is most often the case when the verb of the dependent clause is in the past.

Il a parlé lentement de façon que tout le monde a compris ce qu'il a dit.
Il parlera lentement de façon que tout le monde comprenne ce qu'il dira.

In the first sentence above, the indicative is used since he already spoke and it is a known fact that everyone understood. In the second sentence, it is not yet known if everyone will understand even though he will speak slowly.

The following conjunctions are often used with **ne** in the dependent clause. **Ne** in these cases does not indicate a negative.

à moins que
avant que
de peur (crainte) que

Je voudrais lui parler avant qu'elle ne parte.
Je resterai ici de peur qu'elle (ne) téléphone pendant mon absence.
Je lui parlerai ce soir à moins qu'elle (ne) doive travailler.

EXERCICE 1 Pourvu qu'elle puisse le faire

Suivez le modèle.

Elle partira pourvu qu'elle...
pouvoir prendre la voiture
Elle partira pourvu qu'elle puisse prendre la voiture.

1. Elle partira pourvu qu'elle...
   a. finir son travail
   b. obtenir la permission
   c. avoir toute la journée libre
2. Le prof enseigne de façon que ses élèves...
   a. apprendre beaucoup
   b. comprendre tout ce qu'il dit
   c. connaître bien leur sujet

EXERCICE 2 Bien qu'il n'ait pas d'argent

Répondez d'après l'indication.

1. Est-ce qu'il fera le voyage sans que son copain le fasse? **Non**
2. Le fera-t-il pourvu que son copain le fasse? **Oui**
3. Tu le verras avant qu'il ne parte? **Non**
4. Tu lui donneras de l'argent pour qu'il en ait assez pour le voyage? **Oui**
5. Fera-t-il le voyage bien qu'il n'ait pas assez d'argent? **Oui**
6. Il partira sans que tu lui dises «au revoir»? **Non**

LE SUBJONCTIF DANS LES PROPOSITIONS RELATIVES

A relative clause is one that modifies a noun. If a relative clause modifies a noun that refers to a specific, definite person or thing, the indicative is used in the relative clause.

Carole a un ami qui connaît bien la langue française.

If, however, the relative clause modifies a noun that refers to an indefinite or imagined person or thing, the subjunctive is used in the relative clause.

Carole voudrait un ami qui connaisse bien la langue française.

In the sentence above, the existence of such a friend is uncertain. So far, the friend exists only in Carole's imagination. Therefore, the subjunctive is used.

EXERCICE 3 On cherche un programmeur

_____ Suivez le modèle.

savoir manipuler un ordinateur
Monsieur Leblanc cherche quelqu'un qui sache manipuler un ordinateur.
Madame Turpin connaît quelqu'un qui sait manipuler un ordinateur.

1. parler français
2. pouvoir travailler huit heures par jour
3. connaître plusieurs modèles d'ordinateur
4. faire de la programmation
5. avoir deux ans d'expérience

DANS DES EXPRESSIONS D'EXAGÉRATION

The subjunctive is used in a relative clause that modifies a superlative statement, or an overgeneralized negative or restrictive expression. The subjunctive is used because the clause is considered to contain unrealistic, exaggerated information rather than a definite fact, or because a personal opinion is expressed.

Superlative statement:

C'est le meilleur livre que je connaisse.

Overgeneralized negative statement:

Il n'y a personne qui puisse jouer de la guitare comme lui.

Overgeneralized restrictive statement:

C'est la seule fille qui puisse conduire cette voiture.

The indicative may be used if a definite fact is being stated that does not involve a personal opinion.

C'est le seul pilote français qui a fait le trajet en moins de deux heures.

EXERCICE 4 Tu exagères

_____ Complétez.

1. Il n'y a personne qui _____ m'aider. **pouvoir**
2. Il n'y a personne qui _____ de meilleures notes. **prendre**
3. C'est le seul garçon qui me _____. **plaire**
4. C'est le plus beau garçon que je _____. **connaître**
5. Je n'aime pas son frère. La seule chose qu'il _____ faire, c'est se plaindre. **savoir**
6. Il n'y a que lui qui me _____. **comprendre**
7. Il n'y a rien que tu _____ me dire pour me faire changer d'avis. **pouvoir**

COMME L'IMPÉRATIF

The subjunctive can also be used to express a command when not addressing the person to whom the command is directed.

Qu'il me dise ça.	*Let him tell me that.*
Qu'elle parte tout de suite.	*Let her leave right away.*
Qu'il repose en paix.	*May he rest in peace.*
Vive le roi!	*Long live the king!*
Ainsi soit-il.	*So be it! (Amen)*

EXERCICE 5 Qu'elle le fasse!

_____ Suivez le modèle.

Elle veut partir maintenant.
Qu'elle parte maintenant!

1. Elle veut aller en Californie.
2. Elle veut travailler à San Francisco.
3. Elle veut se faire des amis américains.
4. Elle veut revenir de temps en temps.

LE PASSÉ DU SUBJONCTIF

The past subjunctive is formed by using the present subjunctive of the auxiliary verbs **avoir** or **être** and the past participle.

Infinitive	**danser**	**aller**
Past subjunctive	que j'aie dansé que tu aies dansé qu'il ait dansé qu'elle ait dansé que nous ayons dansé que vous ayez dansé qu'ils aient dansé qu'elles aient dansé	que je sois allé(e) que tu sois allé(e) qu'il soit allé qu'elle soit allée que nous soyons allé(e)s que vous soyez allé(e)(s)(es) qu'ils soient allés qu'elles soient allées

Infinitive	**se réveiller**
Past subjunctive	que je me sois réveillé(e) que tu te sois réveillé(e) qu'il se soit réveillé qu'elle se soit réveillée que nous nous soyons réveillé(e)s que vous vous soyez réveillé(e)(s)(es) qu'ils se soient réveillés qu'elles se soient réveillées

The past subjunctive is used in any clause that regularly takes the subjunctive when the action of the verb in the dependent clause refers to a past event or action.

Je regrette qu'il soit arrivé en retard.
Mais je suis content qu'il n'ait pas oublié sa promesse.
Je doute qu'ils aient dit ça.

EXERCICE 6 Je doute qu'elle soit arrivée.

_____ Répondez d'après le modèle.

Est-elle arrivée?
Je doute qu'elle soit arrivée.

1. Est-elle venue?
2. A-t-elle téléphoné?
3. A-t-elle parlé au directeur?
4. A-t-elle pris une décision?
5. A-t-elle quitté le job?

EXERCICE 7 Je doute qu'il ait fait ça.

_____ Complétez.

1. Je doute qu'il _____ hier. **téléphoner**
2. Il est possible qu'il _____ quand tu n'étais pas chez toi. **venir**
3. Je ne crois pas qu'il _____ sans laisser aucun message. **partir**
4. Je suis surpris que tu n' _____ pas _____ ses parents. **appeler**
5. Je leur ai téléphoné mais il n'y avait pas de réponse. Il se peut qu'ils _____ en vacances. **partir**

13 LES PRONOMS POSSESSIFS ET DÉMONSTRATIFS

LES PRONOMS POSSESSIFS

A possessive pronoun is used to replace a noun that is modified by a possessive adjective. The possessive pronoun must agree in number and gender with the noun it replaces. Note that the possessive pronoun is accompanied by the appropriate definite article.

POSSESSIVE ADJECTIVE	POSSESSIVE PRONOUN
mon, ma, mes	**le mien, la mienne, les miens, les miennes**
ton, ta, tes	**le tien, la tienne, les tiens, les tiennes**
son, sa, ses	**le sien, la sienne, les siens, les siennes**
notre, nos	**le nôtre, la nôtre, les nôtres, les nôtres**
votre, vos	**le vôtre, la vôtre, les vôtres, les vôtres**
leur, leurs	**le leur, la leur, les leurs, les leurs**

J'ai mon billet, pas le tien.
Voilà les valises de Charles; Marie a les siennes.
Mais où sont les miennes?

EXERCICE 1 Qui a le mien et le tien?

_____ Complétez la conversation.

À l'aéroport

Luc Yves, tu as ton billet?
Yves Oui, j'ai _____. Le voilà.
Luc Zut! Je ne sais pas ce que j'ai fait avec _____.
Où l'ai-je mis? J'espère que je ne l'ai pas perdu.
Yves Non, tu ne l'as pas perdu. J'ai _____ aussi. Je l'ai mis avec _____ .
Luc Alors, donne-moi _____, s'il te plaît. Je vais le mettre avec ma carte d'embarquement.
Yves Mais, Luc. Calme-toi, mon frère. Tu n'as pas ta carte d'embarquement. Moi, j'ai _____ .
Luc Tu as _____?

EXERCICE 2 Sa jupe ou la mienne?

_____ Récrivez les phrases avec un pronom possessif.

1. Thérèse a acheté sa jupe aux Galeries Lafayette mais j'ai acheté *ma jupe* dans une petite boutique.
2. Nos jupes sont du même modèle, mais *ma jupe* est verte, et *sa jupe* est bleue.
3. Mais *ma jupe* a coûté plus cher que *sa jupe*.
4. Elle est plus sage que moi. Elle a acheté *sa jupe* au rayon de soldes.

EXERCICE 3 Ma voiture ou la tienne?

_____ Refaites les phrases avec des pronoms possessifs.

— Ma voiture est une Renault.
— De quelle marque est *ta voiture?*
— *Ma voiture* est une Peugeot.
— Combien as-tu payé pour *ta voiture?*
— *Ma voiture* a coûté huit mille. Et *ta voiture?* Combien l'as-tu payée?

NOTE Possessive pronouns are not used to express ownership in sentences with **être** where the subject is a noun or a personal pronoun. Instead, the preposition **à** is used with the stress pronoun.

Ce blouson est à moi.	*This jacket is mine.*
Cette écharpe est à elle.	*This scarf is hers.*

However, possessive pronouns can be used after **c'est** and **ce sont.**

— C'est à moi ce stylo?
— Non, c'est le mien.

EXERCICE 4 C'est à qui?

_____ Répondez avec un pronom possessif.

1. Il sont à vous, ces livres?
2. C'est à toi, la mobylette?
3. C'est à Jacques, ce bouquin?
4. Ils sont à Thérèse, ces disques?
5. C'est à nous, ce billet?

LES PRONOMS DÉMONSTRATIFS

The demonstrative pronouns convey the meaning *this one, that one* or *these, those.* Note the difference between a demonstrative adjective and a demonstrative pronoun.

	ADJECTIVE	PRONOUN
MASCULINE SINGULAR	**ce, cet**	**celui**
FEMININE SINGULAR	**cette**	**celle**
MASCULINE PLURAL	**ces**	**ceux**
FEMININE PLURAL	**ces**	**celles**

To distinguish between *this one* and *that one,* **-ci** and **-là** are added to the pronoun.

J'aime ce livre-ci, mais je préfère celui-là.
Des deux voitures, je préfère celle-ci.

The demonstrative pronoun followed by the preposition **de** is often used to indicate possession.

Ma voiture et celle de Cécile sont neuves.	*My car and Cecilia's are new.*
Mon père et celui de Jean travaillent dans la même société.	*My father and John's work for the same company.*

«Mais celui-là est magnifique!»

EXERCICE 5 Celui-ci ou celui-là?

Suivez le modèle.

Tu vois les deux voitures?
Celle-ci est à Robert et celle-là est à Carole.

1. Tu vois les deux mobylettes?
2. Tu vois les deux planches à voile?
3. Tu vois les deux tentes?
4. Tu vois les deux disques?
5. Tu vois les deux bouquins?

EXERCICE 6 Celle-ci est plus grande.

_____ Complétez avec les pronoms démonstratifs.

1. Cette maison-ci est plus grande que _____. _____ a six pièces, mais _____ a huit pièces.
2. Je crois que ce jardin-ci est plus beau que _____. _____ a plus de fleurs que _____.
3. Ces arbres-ci sont beaucoup plus hauts que _____. _____ sont peut-être plus vieux que _____.
4. Ces plantes-ci ont l'air plus fraîches que _____. _____ ont des couleurs plus brillantes que _____.

Avec *qui*

Note that the demonstrative pronoun followed by **qui** is often used to express *the one(s) who* or *the one(s) that.*

Celui qui parle maintenant est le père de Christine.	*The one who is speaking now is Christine's father.*
Celle qui va parler est la mère de Jean-Luc.	*The one who is going to speak is Jean-Luc's mother.*
Ceux qui n'ont pas peur de travailler gagneront de l'argent.	*Those who aren't afraid to work will make money.*
De toutes les chambres, je préfère celle qui donne sur la mer.	*Of all the rooms, I prefer the one that faces the sea.*

EXERCICE 7

_____ Complétez.

1. _____ parle maintenant est le directeur d'un grand lycée à Paris.
2. _____ viennent d'entrer sont des détectives.
3. _____ a gagné le prix est la directrice d'une grande société pharmaceutique.
4. _____ chantent maintenant sont les amies de Louise.

NOTE **Celui-ci (celle-ci)** and **celui-là (celle-là)** are used to express *the former* and *the latter* in French. Note their use in the following sentences.

M. Delacroix et M. Colasse viennent d'entrer dans le salon. Celui-ci [Colasse] est professeur de chimie et celui-là [Delacroix] est professeur de biologie.	*Mr. Delacroix and Mr. Colasse have just entered the room. The latter is a professor of chemistry and the former is a professor of biology.*

Note that in French, **celui-ci** means *the latter* and **celui-là** means *the former. The latter* **(celui-ci)** always precedes *the former* **(celui-là).**

14 LE PLUS-QUE-PARFAIT

The pluperfect tense is formed by using the imperfect tense of the auxiliary verbs **avoir** or **être** and the past participle.

Infinitive	**parler**	**arriver**
Pluperfect	j'avais parlé tu avais parlé il avait parlé elle avait parlé nous avions parlé vous aviez parlé ils avaient parlé elles avaient parlé	j'étais arrivé(e) tu étais arrivé(e) il était arrivé elle était arrivée nous étions arrivé(e)s vous étiez arrivé(e)(s)(es) ils étaient arrivés elles étaient arrivées

se coucher
je m'étais couché(e) tu t'étais couché(e) il s'était couché elle s'était couchée nous nous étions couché(e)s vous vous étiez couché(e)(s)(es) ils s'étaient couchés elles s'étaient couchées

The pluperfect tense is used the same way in French as it is in English. (In English it is also called the past perfect.) The pluperfect describes a past action that was completed prior to another past action. Note the tenses in the following sentences.

Ils étaient déjà partis quand je suis arrivé. — *They had already left when I arrived.*
Sa mère ne savait pas qu'elle avait échoué à l'examen. — *Her mother didn't know that she had failed the test.*

Both actions in the preceding sentences took place in the past. The action that took place first is in the pluperfect. The action that followed it is in the **passé composé** or the imperfect. Note, however, that the pluperfect is used for a past action that is considered in its time relationship to another past action. The pluperfect would not be used for a simple series of actions, even though one took place before the others.

Elle a préparé sa conférence et l'a faite aux étudiants.
BUT:
Elle avait déjà fait sa conférence quand Pierre est arrivé.

The rules for agreement of the past participle with the pluperfect or any other compound tense (with **avoir** or **être**) are the same as those you learned for the agreement of the past participle with the **passé composé.** (See page 359.)

EXERCICE 1 Qu'est-ce qu'ils avaient fait?

_____ Formez une phrase d'après le modèle.

faire la vaisselle
Ils avaient déjà fait la vaisselle quand je suis parti.

1. chanter
2. danser
3. voir le cadeau
4. ouvrir le cadeau
5. servir le dîner
6. manger
7. arriver
8. rentrer
9. se coucher

EXERCICE 2 Robert l'avait déjà fait.

_____ Complétez.

1. Nous avons rencontré Robert à Madrid. En ce temps-là, Robert _____ déjà _____ en France. **être**
2. Il _____ _____ Paris avant de connaître Madrid. **connaître**
3. Il _____ déjà _____ le français avant de faire de l'espagnol. **apprendre**
4. Il _____ _____ des études à la Sorbonne avant de s'inscrire à l'université de Madrid. **faire**

EXERCICE 3 Ils étaient déjà partis.

_____ Formez une phrase d'après le modèle.

Ils sont partis avant. Je suis parti après.
Ils étaient déjà partis quand je suis parti.

1. Ils sont arrivés avant. Je suis arrivé après.
2. Ils sont rentrés avant. Je suis rentré après.
3. Ils l'ont vu avant. Je l'ai vu après.
4. Ils lui ont parlé avant. Je lui ai parlé après.
5. Ils l'ont fait avant. Je l'ai fait après.
6. Ils ont fini avant. J'ai fini après.

15 LE FUTUR ANTÉRIEUR ET LE PASSÉ DU CONDITIONNEL

LE FUTUR ANTÉRIEUR

The **futur antérieur**, or future perfect, is formed by using the future tense of the auxiliary verbs **avoir** or **être** and the past participle.

Infinitive	**finir**	**aller**
Future perfect	j'aurai fini tu auras fini il aura fini elle aura fini nous aurons fini vous aurez fini ils auront fini elles auront fini	je serai allé(e) tu seras allé(e) il sera allé elle sera allée nous serons allé(e)s vous serez allé(e)(s)(es) ils seront allés elles seront allées

The future perfect is used to express a future action that will be completed prior to another future action.

Malheureusement, les Legendre ne seront pas chez eux. Ils seront partis avant notre arrivée. — *Unfortunately the Legendres will not be at home. They will have left before our arrival.*

In the above example, the Legendre family will not be at home at a particular time in the future. They will not be home because they will have already left before our arrival. Even though both actions are in the future, their departure precedes our arrival and the future perfect must therefore be used.

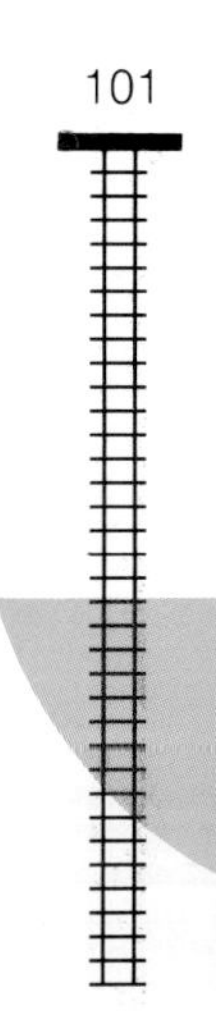

EXERCICE 1 Qu'est-ce que tu auras fait avant mon arrivée?

____ Répondez.

Avant mon arrivée...

1. Auras-tu parlé avec Jean?
2. L'auras-tu invité à nous accompagner au théâtre?
3. Auras-tu déjà acheté les billets pour le théâtre?
4. Auras-tu téléphoné au restaurant?
5. Nous auras-tu déjà réservé une table?

EXERCICE 2 Je t'assure qu'il l'aura fait.

____ Complétez.

1. Je t'assure qu'il ____ ____ à Luc avant ton arrivée. **parler**
2. Tu ne pourras rien dire car ils ____ déjà ____ . **décider**
3. Non. Si tu arrives à huit heures, c'est trop tard. Je sais qu'ils ____ déjà ____. **partir**
4. Je t'assure qu'ils ____ déjà ____ quand tu arriveras. **partir**

LE PASSÉ DU CONDITIONNEL

The past conditional is formed by using the conditional of the auxiliary verbs **avoir** or **être** and the past participle.

Infinitive	**voir**	**sortir**
Past conditional	j'aurais vu	je serais sorti(e)
	tu aurais vu	tu serais sorti(e)
	il aurait vu	il serait sorti
	elle aurait vu	elle serait sortie
	nous aurions vu	nous serions sorti(e)s
	vous auriez vu	vous seriez sorti(e)(s)(es)
	ils auraient vu	ils seraient sortis
	elles auraient vu	elles seraient sorties

The conditional perfect is used the same way in French as it is in English. It is used to state what would have happened or what the situation would have been, if conditions had been different.

Dans ce cas-là, j'aurais dit que non.	*In that case, I would have said no.*
J'aurais fait le voyage mais il m'a fallu travailler.	*I would have taken the trip but I had to work.*
Elle aurait été heureuse de le voir une dernière fois.	*She would have been happy to see him one last time.*

EXERCICE 3 Je l'aurais fait mais...

_____ Complétez.

1. J' _____ mais je n'avais pas faim. **manger**
2. J' _____ quelque chose mais je n'avais pas soif. **boire**
3. J' _____ mais je n'avais pas sommeil. **dormir**
4. Je l' _____ mais je n'avais pas assez d'argent. **acheter**
5. Je l' _____ mais j'avais peur de le faire. **faire**
6. Je l' _____ mais j'avais honte de le dire. **dire**

EXERCICE 4

_____ Complétez.

1. Ils _____ mais ils ne le pouvaient pas parce qu'il a commencé à pleuvoir. **sortir**
2. Nous _____ à la plage mais nous n'y sommes pas allés car il faisait très mauvais. **aller**
3. Il m' _____ l'argent qu'il me devait, mais il ne l'avait pas. **donner**
4. Je t' _____ l'histoire mais je ne savais pas tous les détails. **raconter**
5. Elle _____ habiter en ville mais il était impossible d'y trouver un appartement. **préférer**
6. Dans ce cas-là, il _____ me donner un coup de fil car j' _____ l'aider. **devoir / pouvoir**

«Je sortirais, mais il pleut.»

16

LES PROPOSITIONS AVEC *SI*

A clause beginning with **si** *(if)* is often used in conditional sentences. In French, sentences with **si** use a particular sequence of tenses. Note the tenses in the following examples.

Si j'ai assez d'argent, j'achèterai une voiture.	*If I have enough money, I will buy a car.*
Si j'avais assez d'argent, j'achèterais une voiture.	*If I had enough money, I would buy a car.*
Si j'avais eu assez d'argent, j'aurais acheté une voiture.	*If I had had enough money, I would have bought a car.*

Note the sequence of tenses for si clauses.

SI CLAUSE	RESULT CLAUSE
Present	Future
Imperfect	Conditional
Pluperfect	Past conditional

Do not confuse conditional **si** *(if)* with the **si** that means *whether* or *if*. **Si** meaning *whether* can take any tense.

Je ne sais pas si Paul a acheté la voiture.	*I don't know if (whether) Paul has bought the car.*

EXERCICE 1 Tu le feras si tu as le temps?

_____ Répondez.

1. Si tu as le temps, iras-tu en France?
2. Si tu avais le temps, irais-tu en France?
3. Si tu avais eu le temps, serais-tu allé(e) en France?
4. Si tu reçois une mauvaise note, seras-tu content(e)?
5. Si tu recevais une mauvaise note, serais-tu content(e)?
6. Si tu avais reçu une mauvaise note, aurais-tu été content(e)?

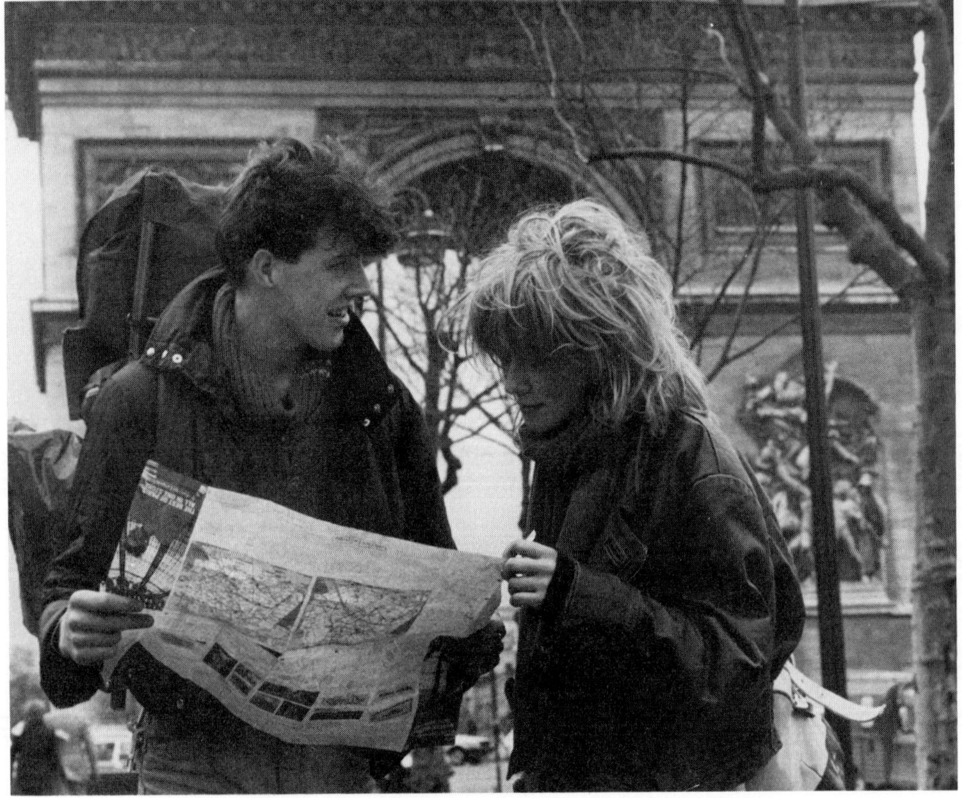

EXERCICE 2 On irait en France.

_____ Complétez.

1. S'ils ont le temps, ils _____ en France. **aller**
2. Et moi aussi, j'irai en France si j'_____ le temps. **avoir**
3. Tous mes amis iraient en France s'ils _____ le temps. **avoir**
4. Je sais que tu _____ en France si tu avais eu le temps. **aller**
5. Je l'achèterai si quelqu'un me _____ de l'argent. **donner**
6. Il n'y a pas de doute qu'il l'_____ si quelqu'un lui donnait de l'argent. **acheter**
7. Qu'est-ce que vous pensez? Est-ce qu'ils l'auraient acheté si quelqu'un leur _____ de l'argent? **donner**
8. Si je _____ en France, j'irai en Normandie. **aller**
9. Si Charles _____ en France, il irait sans doute en Provence. **aller**
10. Si nous étions allés en France, nous _____ en Bretagne. **aller**

17 LES CONSTRUCTIONS CAUSATIVES

AVEC *FAIRE*

An important use of the verb **faire** in French is in causative constructions. The causative construction is used to express what one makes or has another do, or what one causes to be done. In the causative construction the verb **faire** is followed by an infinitive.

Je fais chanter les enfants.	*I make (have) the children sing.*
Je fais laver ma chemise.	*I have my shirt washed.*
Ils font construire une nouvelle maison.	*They are having a new house built.*

EXERCICE 1 Qu'est-ce que tu fais laver?

_____ Répondez d'après le modèle.

ma chemise
Je fais laver ma chemise.

1. mes chaussettes
2. mes mouchoirs
3. ma robe
4. mon blouson

EXERCICE 2 Il fait chanter les élèves.

_____ Répondez d'après le modèle.

chanter
Il fait chanter les élèves.

1. étudier
2. parler
3. prononcer bien
4. réciter

Avec un complément d'objet

When there is only one object in a sentence with the **faire** causative construction, it is always a direct object. If the object is a noun, it follows the infinitive. If the object is a pronoun, it precedes the verb **faire.**

Je fais chanter les élèves.	**Je fais nettoyer à sec mon pull.**
Je les fais chanter.	**Je le fais nettoyer à sec.**

EXERCICE 3 Qu'est-ce que tu fais faire?

_____ Répondez avec un pronom.

1. Est-ce que tu fais laver ta chemise?
2. Est-ce que tu fais nettoyer à sec ta veste?
3. Est-ce que tu fais vérifier les niveaux d'eau et d'huile?
4. Est-ce que tu fais travailler l'enfant?
5. Est-ce que tu fais chanter ta sœur?
6. Est-ce que le prof vous fait étudier?
7. Est-ce qu'il vous fait beaucoup travailler?

Au passé composé

Note that in the **passé composé** the past participle of the verb **faire** does not agree with the preceding object pronoun since the pronoun is actually the object of the infinitive that follows the verb **faire.**

Tu as vu sa chemise? Il l'a fait laver.

In the example above, he did not make the shirt. He had it washed. The pronoun **la (l')** is therefore the direct object of the infinitive **laver** and there is no agreement with the verb **faire.**

EXERCICE 4 La robe qu'elle a fait faire

_____ Répondez.

1. Est-ce que tu as vu la robe qu'elle a fait faire?
2. Est-ce que tu as vu le tailleur qu'elle a fait coudre?
3. Est-ce que tu as vu les peintures qu'il a fait restaurer?
4. Est-ce que tu as vu la maison qu'ils ont fait construire?
5. Est-ce que tu as vu les meubles qu'ils ont fait réparer?
6. Est-ce que tu as vu les murs qu'ils ont fait peindre?

EXERCICE 5

_____ Complétez.

1. La robe qu'elle a fait_____, je l'ai vu_____. Je l'ai trouvé_____ très belle.
2. La robe qu'elle a fait_____ faire, je l'ai vu_____. Je l'ai trouvé_____ très belle.
3. Les peintures qu'il a restauré_____, je les ai vu_____. Je les ai trouvé_____ formidables.
4. Les peintures qu'il a fait_____ restaurer, je les ai vu_____ et je les ai trouvé_____ formidables.
5. La maison qu'ils ont construit_____, je l'ai vu_____. Je l'ai trouvé_____ magnifique.
6. La maison qu'ils ont fait_____ construire, je l'ai vu_____. Je l'ai trouvé_____ magnifique.

Avec deux compléments d'objet

When there are either two noun or two pronoun objects in the causative **faire** construction, one is a direct object and the other is an indirect object. The person or thing doing the action is the indirect object. The thing receiving the action is the direct object.

ONE OBJECT	TWO OBJECTS
Il fait chanter les élèves.	**Il fait chanter la chanson aux élèves.**
Il les fait chanter.	**Il la fait chanter aux élèves.**
Il fait chanter la chanson.	**Il leur fait chanter la chanson.**
Il la fait chanter.	**Il la leur fait chanter.**

EXERCICE 6

____ Complétez avec le pronom convenable.

1. Le prof fait écrire la composition aux élèves?
   a. Oui, il ____ fait écrire la composition.
   b. Oui, il ____ fait écrire aux élèves.
   c. Oui, il ____ ____ fait écrire.
2. Les parents font faire ses leçons à leur fils?
   a. Oui, ils ____ font faire à leur fils.
   b. Oui, ils ____ font faire ses leçons.
   c. Oui, ils ____ ____ font faire.
3. Est-ce qu'il fait réparer la voiture au mécanicien?
   a. Oui, il ____ fait réparer au mécanicien.
   b. Oui, il ____ fait réparer la voiture.
   c. Oui, il ____ ____ fait réparer.
4. Est-ce que le prof fait parler français aux élèves?
   a. Oui, il ____ fait parler français.
   b. Oui, il ____ fait parler aux élèves.
   c. Oui, il ____ ____ fait parler.

AVEC *SE FAIRE*

A reflexive pronoun is frequently used with the causative **faire** construction. When a reflexive pronoun is used, the auxiliary verb **être** is used to form the **passé composé** of the verb **faire.** Note that there is no agreement with the past participle of the verb **faire** with the reflexive pronoun.

Elle se fait faire une robe.	*She has a dress made for herself.*
Elle s'est fait faire une robe.	*She had a dress made for herself.*
Il se fait couper les cheveux.	*He has his hair cut.*
Il s'est fait couper les cheveux.	*He had his hair cut.*
Et moi aussi, je me suis fait couper les cheveux.	*And I had my hair cut too.*

EXERCICE 7 Personnellement

_____ Répondez.

1. Est-ce que tu t'es fait laver les cheveux?
2. Est-ce que tu t'es fait couper les cheveux?
3. Est-ce que tu t'es fait faire les ongles?

AVEC LES VERBES *LAISSER, ENTENDRE, ÉCOUTER, VOIR, REGARDER*

When followed by an infinitive, these verbs function similarly to the causative **faire** construction.

J'entends Marie chanter.	*I hear Mary sing.*
J'entends chanter Marie.	*I hear Mary sing.*
J'entends Marie chanter la chanson.	*I hear Mary sing the song.*

In a sentence such as **J'entends Marie chanter,** the noun subject of the infinitive **Marie** is replaced by a direct object pronoun.

Je l'entends chanter.

However, when the infinitive has both a noun subject and a direct object, the noun subject may be preceded by **à.**

J'entends Marie chanter la chanson.
J'entends chanter la chanson à Marie. } *I hear Mary sing the song.*

If a pronoun is used for the noun subject of the infinitive, it may be a direct or an indirect object pronoun.

Je l'entends chanter la chanson.
Je lui entends chanter la chanson. } *I hear her sing the song.*

EXERCICE 8 Le chien veut sortir.

_____ Répondez.

1. Tu laisses sortir le chien?
2. Tu le vois sortir?
3. Tu le regardes courir dans le jardin?
4. Tu l'entends rentrer?
5. Tu le laisses entrer dans la maison?
6. Mais tu ne le laisses pas sauter sur le sofa, n'est-ce pas?

EXERCICE 9 On voit venir ta sœur.

_____ Répondez.

1. Tu vois venir l'autobus?
2. Tu vois le conducteur ouvrir la porte?
3. Tu vois descendre ma sœur?
4. Tu la vois venir?
5. Tu l'entends appeler?

18
LEQUEL

PRONOM INTERROGATIF

You are already familiar with the interrogative adjective **quel** *(which, what).* The interrogative pronoun **lequel (lesquels)** means *which one(s).*

	ADJECTIVE	PRONOUN
MASCULINE SINGULAR	**quel**	**lequel**
FEMININE SINGULAR	**quelle**	**laquelle**
MASCULINE PLURAL	**quels**	**lesquels**
FEMININE PLURAL	**quelle**	**lesquelles**

The interrogative pronoun **lequel** must agree in gender with the noun to which it refers. It can be singular or plural, depending on whether one means *which one* or *which ones.*

Lequel de ces disques préférez-vous?
Lesquels de ces disques préférez-vous?
Laquelle de ces cassettes préférez-vous?
Lesquelles de ces cassettes préférez-vous?

EXERCICE 1 Lequel?

_____ Suivez le modèle.

Je voudrais ce livre-ci.
Pardon! Lequel voudriez-vous?

1. Je voudrais ces livres-ci.
2. Je voudrais ce disque-ci.
3. Je voudrais cette cassette-ci.
4. Je voudrais ces skis-ci.
5. Je voudrais cette peinture-ci.
6. Je voudrais ces photos-ci.

EXERCICE 2 Lequel préférez-vous?

_____ Suivez le modèle.

Je préfère celui-ci.
Lequel préférez-vous?

1. Je préfère ceux-ci.
2. Je préfère celles-ci.
3. Je préfère celle-ci.
4. Je préfère celui-ci.

«Je préfère celle-ci.»

EXERCICE 3 Lequel avez-vous choisi?

_____ Complétez.

1. _____ de ces livres avez-vous choisis?
2. _____ de ces livres avez-vous choisi?
3. _____ de ces chansons a-t-elle chantée?
4. _____ de ces chansons a-t-elle chantées?
5. _____ de ces romans avez-vous lus?
6. _____ de ces romans avez-vous lu?
7. _____ de ces lettres avez-vous écrite?
8. _____ de ces lettres avez-vous écrites?

NOTE Note that the forms of **lequel** are contracted with the prepositions **à** and **de.**

à	de
auquel	**duquel**
à laquelle	**de laquelle**
auxquels	**desquels**
auxquelles	**desquelles**

Auxquels des élèves a-t-il parlé? *To which of the students did he speak?*
Duquel a-t-il parlé? *Which one did he talk about?*

PRONOM RELATIF

The forms of the pronoun **lequel** can be used after a preposition when referring to a thing. In almost all cases, **qui** is used after a preposition when referring to a person. (See page 377.)

Mon père m'a donné l'argent avec lequel j'ai acheté mon nouveau flipper.
Le magasin dans lequel je l'ai acheté est loin d'ici.
Tu veux savoir la raison pour laquelle je suis allé dans ce magasin?

EXERCICE 4

Complétez.

1. Tu veux savoir la raison pour ____ je suis allé dans ce magasin? Les flippers étaient en solde.
2. J'ai épargné l'argent avec ____ j'ai acheté mon flipper. Personne ne me l'a donné.
3. Le rayon dans ____ j'ai acheté le flipper était au sous-sol.
4. Voilà la porte par ____ je suis sorti du magasin.
5. C'est la porte devant ____ mon ami m'attendait.

OÙ

French speakers tend to avoid the use of a preposition with the forms of the pronoun **lequel.** A relative clause referring to time or place is usually introduced by **où** to avoid the **lequel** construction.

Voilà la maison dans laquelle ils habitent.
Voilà la maison où ils habitent.

EXERCICE 5

Formez des phrases en employant *où.*

1. Voilà la maison dans laquelle j'habite.
2. Le quartier dans lequel j'habite n'est pas loin d'ici.
3. La banque à laquelle je vais se trouve sur l'avenue Bosquet.
4. Le marché auquel nous allons est dans la rue Cler.

19

LE PRONOM RELATIF *DONT*

Dont is a pronoun that replaces a noun preceded by **de.** It can replace either a masculine or a feminine noun that refers to either a person or a thing.

Il parle de cet homme.
L'homme dont il parle est son père.

Il parle de cette femme.
La femme dont il parle est sa mère.

Je parle du travail.
Le travail dont je parle est intéressant.

Je me sers des livres.
Les livres dont je me sers sont de la Bibliothèque Nationale.

Il a peur de ces animaux.
Les animaux dont il a peur sont sauvages.

Dont is the most commonly used pronoun to replace **de** plus a noun. However, **de qui** is sometimes used to replace a noun referring to a person.

La femme dont je parle est ma mère.
La femme de qui je parle est ma mère.

Remember that **dont** is a relative pronoun and cannot be used as an interrogative. For interrogative expressions, use the appropriate form of **de,** plus **qui, lequel,** or **quoi.**

De quoi parles-tu?
De qui parles-tu?

—J'ai besoin d'un livre.
—Ah oui? Duquel as-tu besoin?

EXERCICE 1 Ce dont il parle

_____ Répondez.

1. Il parle d'une maison?
2. Il veut acheter la maison dont il parle?
3. Il a besoin d'argent pour acheter la maison?
4. Il a épargné l'argent dont il a besoin?
5. Il va à la banque?
6. Il va retirer l'argent dont il a besoin?

EXERCICE 2 Un bel appartement

_____ Complétez.

1. L'appartement _____ il parle est vraiment somptueux.
2. L'ami _____ il parle habite l'appartement.
3. Il a rendu visite à l'ami _____ il parle.
4. L'ami _____ il parle a un chien.
5. Malheureusement, c'est le chien _____ il a peur.

EXERCICE 3 Les amis dont je parle

_____ Formez des phrases avec *dont*. Suivez le modèle.

Les amis sont cinéastes. (Je parle des amis.)
Les amis dont je parle sont cinéastes.

1. Les amis ont eu beaucoup de succès. (Je parle des amis.)
2. Ils vont produire le film. (Ils parlent du film.)
3. Les acteurs doivent être français. (Ils auront besoin des acteurs.)
4. Je suis sûr que le film sera très bon. (Ils parlent du film.)
5. Mais les critiques sont très durs. (Ils ont peur des critiques.)
6. Les critiques ne sont pas toujours justes. (Les cinéastes se plaignent des critiques.)

DANS UN SENS POSSESSIF

The pronoun **dont** is also used to express *whose.*

Je connais une fille dont la mère est actrice.	*I know a girl whose mother is an actress.*
C'est une actrice dont j'admire la beauté.	*She is an actress whose beauty I admire.*

EXERCICE 4

_____ Complétez.

1. La fille _____ j'ai fait la connaissance s'appelle Jacqueline Boileau.
2. C'est une fille _____ la mère est actrice et _____ le père est écrivain.
3. C'est un écrivain _____ les romans ont eu un succès fou.
4. Et sa mère est une actrice _____ les films ont eu un succès mondial.

NOTE Note that **dont** can be used only when it immediately follows the noun to which it refers. If any type of phrase follows the noun, the appropriate form of **de** + **lequel** must be used.

Tu connais le garçon avec la sœur duquel je suis sorti, n'est-ce pas?	*You know the boy whose sister I went out with, don't you?*
Je parle de la femme au fils de laquelle (de qui) je donne des leçons d'anglais.	*I am speaking of the woman to whose son I give English lessons.*
C'est l'appartement sur la terrasse duquel il y a un jardin énorme.	*It's the apartment on whose terrace (the terrace of which) there is an enormous garden.*

J'ai connu une femme dont la fille est actrice.

20

LA VOIX PASSIVE

AVEC LE VERBE *ÊTRE*

The passive voice is used less frequently in French than in English. French speakers tend to use the active rather than the passive voice. Compare the following English sentences in the active and passive voice.

ACTIVE **Balzac wrote the novel.**
PASSIVE **The novel was written by Balzac.**

When the true passive is used in French, it is formed by using the verb **être** and the past participle. Compare the following French sentences in the active and the passive voice.

ACTIVE **Balzac a écrit le roman.**
PASSIVE **Le roman a été écrit par Balzac.**
Les romans ont été écrits par Balzac.

Note that the past participle agrees with the subject. The agent or person who performed the action is introduced by the preposition **par.**

The passive voice should be avoided whenever possible. If the agent is expressed, the sentence can simply be reworded in the active voice, as in the examples below.

PASSIVE **Les lettres sont distribuées par le facteur.**
ACTIVE **Le facteur distribue les lettres.**
PASSIVE **Les lettres ont été distribuées par le facteur.**
ACTIVE **Le facteur a distribué les lettres.**
PASSIVE **Les lettres seront distribuées par le facteur.**
ACTIVE **Le facteur distribuera les lettres.**

EXERCICE 1

Changez les phrases à la voix active.

1. La jeune fille a été saisie par le voleur.
2. L'argent a été volé par le voleur.
3. Les agents de police ont été appelés par un piéton (passant).
4. Le voleur a été arrêté par les agents de police.
5. Les témoins ont été interrogés par les agents.
6. Le voleur a été interrogé par le juge.

NOTE The most frequently used preposition to introduce the agent is **par**. However, when the verb deals with an emotion, a feeling, or a thought rather than a physical action, the preposition **de** introduces the agent.

Le prof est bien aimé de ses élèves.
Il est respecté de ses élèves.

De is often used to indicate the instrument by which the action is performed and **par** to indicate the person who performed the action.

Il a été tué d'un coup de fusil.
Il a été tué par un agent de police.

AVEC ON

The indefinite pronoun **on** together with the active form of the verb is frequently used in French to replace the passive voice, particularly in sentences in which the agent is not expressed.

On parle français au Canada.	*French is spoken in Canada.*
On publie ce journal à Paris.	*This newspaper is published in Paris.*

EXERCICE 2

Récrivez les phrases avec *on*.

1. *Le Figaro* est publié à Paris.
2. Les journaux sont distribués le matin.
3. Les journaux sont vendus au kiosque.
4. Les articles sont écrits en français.
5. Le français le plus pur est parlé en Touraine.

AVEC SE

Another common way to express the passive voice in French is to use the reflexive pronoun **se** with the third person singular or plural of the verb. This construction is most common when the action is normal or habitual and the person by whom the action is carried out (agent) is unimportant.

Les cravates se vendent dans cette boutique.	*Neckties are sold in this store.*
Cela ne se fait pas ici.	*That isn't done here.*

Fabrication des avions à Toulouse

EXERCICE 3

_____ Complétez.

1. Le français _____ au Québec. **parler**
2. Il y a des expressions québécoises qui ne _____ pas en France. **dire**
3. Le gouvernement _____ de trois partis politiques. **composer**
4. Les avions _____ à Toulouse. **fabriquer**
5. Les automobiles _____ au nord de Paris. **fabriquer**

EXERCICE 4

_____ Exprimez les mêmes idées en employant *on*.

1. Cela ne se dit pas.
2. Cela ne se fait pas.
3. Cela ne se comprend pas.

Lectures

REPÈRES
Agriculture : « carabistouille »
ngue à trois ans
ARO
national français
EDITION DE 5 HEURES – PRIX : 4,50 F
Hôpitaux
MUSIQUE
CONCERTS
HAYDN
VOIX
les petits épargnants
A 320 : l'Amérique !

journalistiques

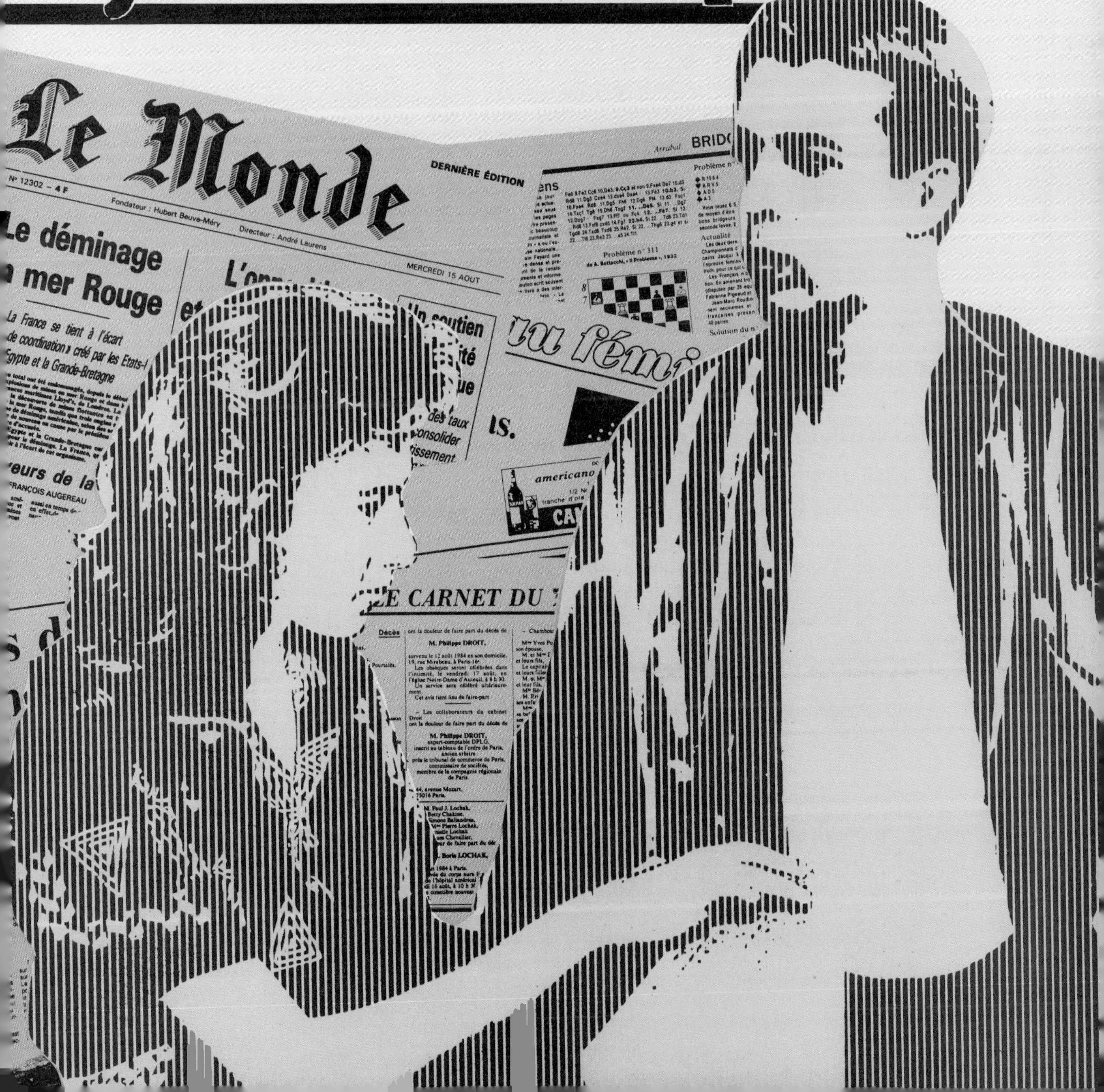

1

Le petit crocodile vert

VOCABULAIRE

le surnom **Jojo est le surnom** pour Georges.
Mon petit frère Henri est **surnommé** Riton.

EXERCICE 1

_____ Complétez.

1. Abraham Lincoln était _____ «Honest Abe».
2. Il fait chaud; on porte une chemise avec les _____ retroussées.
3. Ma mère a _____ des fleurs sur la poche de la chemise.
4. Reconnaissez-vous les _____ de tous les grands couturiers?
5. Le _____ de Louis XV était le Bien-Aimé.

EXERCICE 2 *Les vêtements de tennis*

_____ Appariez le nom du vêtement au numéro sur l'illustration.

_____ des tennis
_____ des socquettes
_____ un short
_____ une jupette
_____ un tee-shirt (en jersey de coton)

Préparation à la lecture

Le monde entier reconnaît tout de suite la griffe de certains grands couturiers. L'un des plus connus de ces emblèmes est le petit crocodile vert de Lacoste. Autrefois, il n'y avait que les joueurs de tennis qui portaient les chemises au crocodile. Aujourd'hui cette griffe est très demandée sur toutes sortes de vêtements de sports ou de loisirs.

Avant de lire l'histoire de l'origine de ce célèbre crocodile, il faut que vous compreniez les explications suivantes.

- **numéro un mondial** Il existe un classement international qui classe les joueurs de tennis selon leurs résultats. Le meilleur joueur est classé numéro un.
- **Les quatre Mousquetaires** Quatre champions français de tennis entre 1927 et 1932: Jean Borotra, Jacques Brugnon, Henri Cochet et René Lacoste.
- **La Coupe Davis** Un des grands rendez-vous annuels de tennis. Disputée d'abord seulement entre les États-Unis et la Grande Bretagne, aujourd'hui tous les pays peuvent y participer. Chaque pays est représenté par une équipe et c'est un de ces pays qui est déclaré vainqueur.

L'HISTOIRE D'UN PETIT CROCODILE VERT

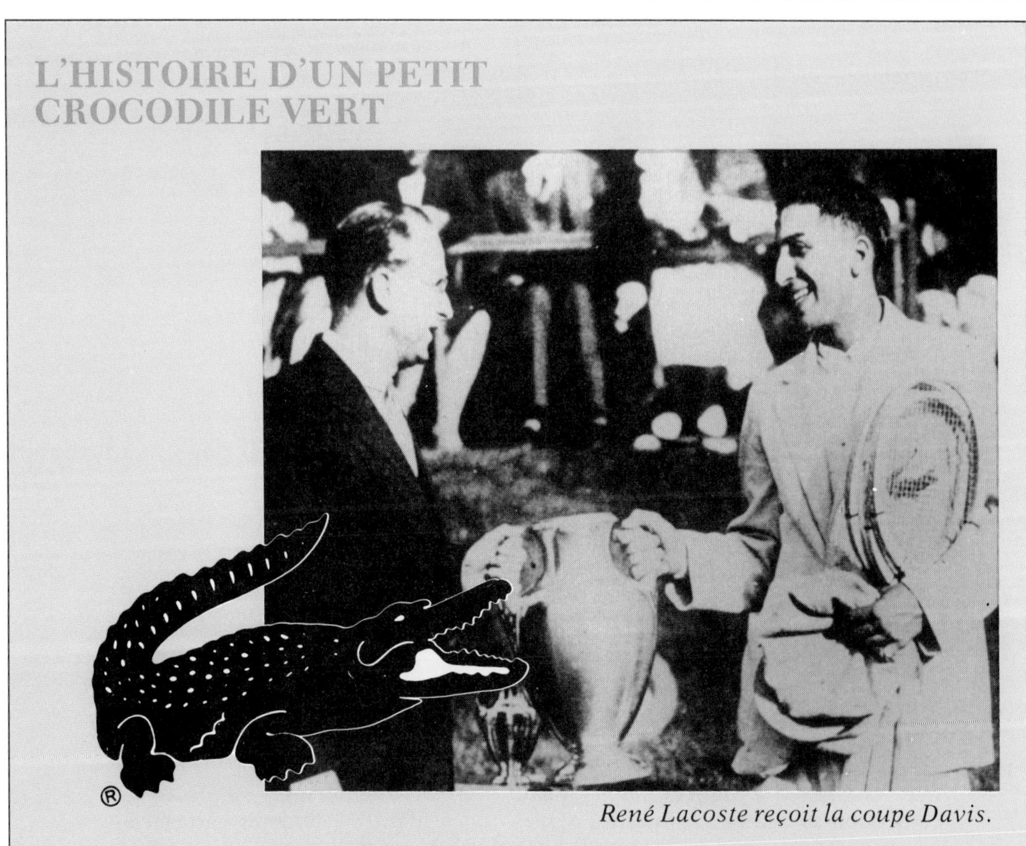

René Lacoste reçoit la coupe Davis.

L'HISTOIRE D'UN PETIT CROCODILE VERT

Connu dans le monde entier, et copié par tout le monde, le petit crocodile vert est devenu le «must» du joueur de tennis, sur et hors les courts! L'histoire, mal connue, de ce petit animal est liée[1] à la brillante carrière de René Lacoste, numéro un mondial en 1926 et 1927. Il raconte: «Dès 1927, j'ai été surnommé le «crocodile» par la presse sportive. L'origine de ce surnom remonte à un pari[2] que j'avais conclu avec le capitaine de l'équipe de France, Pierre Gillon. Il m'avait promis une valise en peau[3] de crocodile si je remportais[4] un match très important pour notre équipe.» René Lacoste a perdu ce match, mais gagné un surnom! Son ami Robert George immortalisa ce surnom en dessinant un crocodile que Lacoste fit broder sur son blazer. Le succès fut immédiat. Mais la bonne idée de Lacoste fut de redessiner les vêtements pour jouer au tennis. Jusque-là, on jouait en chemise de ville, manches retroussées et pantalon blanc. Il fit confectionner[5] une chemise à manches courtes et mailles aérées[6] sur laquelle il fit broder le petit crocodile vert. C'est en 1927, lors de la victoire des 4 Mousquetaires en Coupe Davis à Philadelphie, que la chemise au «crocodile» entra dans la légende. Créée en 1933, la société Lacoste a étendu[7] sa production à toute une gamme[8] d'objets. Un succès à la mesure[9] de l'enthousiasme, de la créativité et de la combativité de son fondateur, plus de 60 millions d'articles vendus dans le monde en 1984.

Véronique Buttin

Marie France

EXERCICE 1

____ Répondez.

1. Où le petit crocodile vert est-il connu?
2. De qui est-il devenu le «must»?
3. Qui était René Lacoste?
4. Qu'est-ce que Pierre Gillon avait promis à Lacoste s'il gagnait un match important?
5. Qui a dessiné le crocodile? Pourquoi un crocodile?

EXERCICE 2

____ Complétez.

1. Lacoste a perdu le match mais il a gagné un ____.
2. Il a fait broder le crocodile sur son ____.

---

[1]**liée** *connected* [2]**pari** *bet* [3]**peau** *skin* [4]**remportais** gagnais
[5]**confectionner** faire [6]**mailles aérées** *open weave* [7]**étendu** *extended*
[8]**gamme** *range* [9]**à la mesure** *that measured up to*

3. Ensuite Lacoste a fait confectionner une chemise à ____ ____ et à mailles aérées.
4. La chemise au «crocodile» a été créée en ____.
5. En 1984 on a vendu plus de ____ d'articles au crocodile.

ACTIVITÉS

1 Qui est votre joueur de tennis favori? Votre joueuse favorite? Pourquoi?

2 Avez-vous jamais acheté un objet au crocodile vert? Pourquoi ou pourquoi pas?

3 Il est intéressant de noter que, pour la première fois depuis 1924, le tennis fera partie des Jeux Olympiques à Séoul en 1988. Le tennis avait été refusé parce que c'était un sport professionnel. Êtes-vous pour ou contre ce changement?

4 Le tennis est marqué par une grande influence anglo-saxonne. Parmi les expressions suivantes, lesquelles connaissez-vous? Un joueur/une joueuse de tennis saura les expliquer.

- le court
- la raquette
- un tennisman
- un match
- le service
- un Grand Chelem
- un smash
- le tie-break
- un lob
- un set

Le tennisman français Yannick Noah: quels vêtements a-t-il mis pour ce match?

2

La météo

VOCABULAIRE

un orage
un temps **orageux**

des brumes
un temps **brumeux**

des nuages
un temps **nuageux**

une ondée

Le vent **souffle.**

EXERCICE 1

____ Complétez.

1. S'il y a un orage, le temps est ____.
2. S'il y a des brumes, le temps est ____.
3. Si le ciel est nuageux, il y a des ____.
4. Une ____ est une pluie soudaine.
5. Un vent modéré ne ____ pas très fort.

EXERCICE 2

____ Choisissez.

Vous connaissez déjà les mots *soleil, matin, saison, clair, loin.* Choisissez maintenant la bonne définition des expressions suivantes.

A	B
1. une éclaircie	a. rempli de la lumière du soleil
2. saisonnier	b. qui a lieu le matin
3. ensoleillé	c. faire aller loin
4. matinal	d. propre à une saison
5. éloigner	e. endroit clair qui apparaît dans un ciel nuageux

Préparation à la lecture

À la radio, à la télé, dans le journal, c'est l'émission ou le bulletin météorologique le plus écouté, le plus regardé, le plus lu. Tout le monde parle de la pluie et du beau temps. Tout le monde s'intéresse au temps qu'il fait et au temps qu'il fera. Est-il facile de comprendre les prévisions de la météo?[1] Voyons un peu!

Météo

Moins chaud mais ensoleillé

Les hautes pressions se rétablissent sur la France. Elles arriveront de l'ouest et éloigneront du pays les masses d'air orageux qui s'y étaient accumulées au cours du[2] week-end.

RÉGION PARISIENNE. —Le matin, ciel brumeux ou nuageux sur le nord de la région, mais apparition rapide d'éclaircies en cours de matinée. Beau temps bien ensoleillé l'après-midi. Le vent tournera au nord-est et sera modéré. Les températures, de 7 à 8 degrés au lever du jour, atteindront 20 degrés l'après-midi.

AILLEURS.[3] — Le beau temps tendra à prédominer après disparition des brumes matinales. Mais sur la Corse, les Alpes et le Jura le ciel sera encore nuageux le matin, avec risques d'ondées locales. Belles éclaircies ensuite. Par ailleurs, sur la côte normande et les régions du Nord, le ciel sera gris le matin. Le soleil finira par percer, mais localement, pas

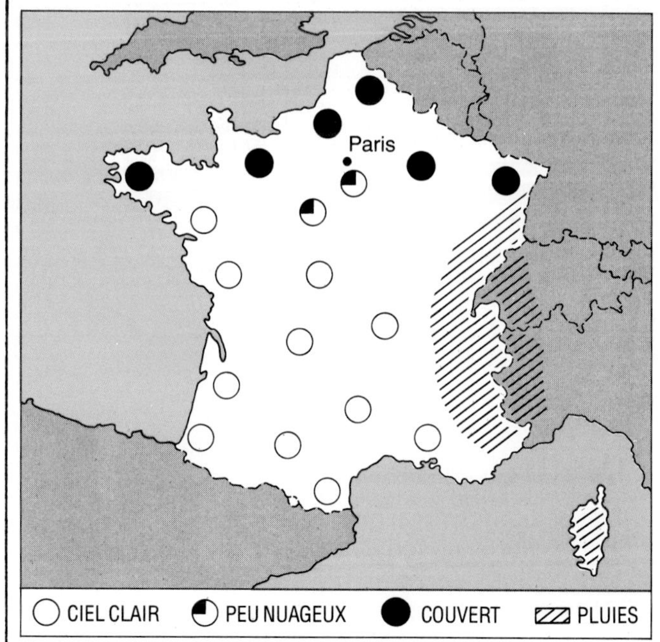

[1]**prévisions de la météo** *weather forecast* [2]**au cours du** *over the*
[3]**ailleurs** *elsewhere*

avant le milieu de l'après-midi.

Le vent sera du nord-est, modéré sur les régions situées au nord de la Loire. Plus au sud, il sera irrégulier.

Les températures, en baisse, resteront tout de même au-dessus des moyennes[4] saisonnières, de 15 à 18 degrés en bordure de la Manche, de l'ordre de 25 degrés dans le Sud-Est, de 20 à 23 degrés ailleurs.

DEMAIN. – La journée sera bien ensoleillée en toutes régions. Il fera encore un peu plus frais le matin, avec seulement 5 à 10 degrés. Mais les températures de l'après-midi remonteront par rapport à celles de la veille. Les vents de nord-est se renforceront en soufflant par moment en rafales[5] sur la moitié nord de la France.

RENSEIGNEMENTS ASTRONOMIQUES pour le 26 mai (exprimés en heure légale française, base d'observation Paris).

SOLEIL: lever, 5 h 56; coucher, 21 h 41; durée du jour, 15 h 45.

LUNE: lever 15 h 42; coucher, 3 h 41.

TEMPÉRATURES EN FRANCE
(hier à 17 heures)

Ajaccio	21	Marseille	24
Biarritz	18	Nancy	16
Bordeaux	20	Nantes	16
Brest	14	Nice	22
Cannes	25	Paris	20
Cherbourg	12	Pau	19
Clermont-Ferrand	17	Perpignan	22
Dijon	21	Rennes	16
Dinard	14	Rouen	16
Grenoble	19	St-Étienne	15
La Rochelle	18	Strasbourg	17
Lille	19	Toulouse	21
Limoges	18	Tours	21
Lyon	19		

EXERCICE 1 *Vrai ou faux?*

_____ Corrigez les phrases incorrectes.

1. Les hautes pressions arriveront de l'est.
2. Il y aura un vent fort.
3. Pendant l'après-midi les températures resteront à 15 degrés.
4. Le matin il y aura des brumes sur toute la France.
5. Il est possible qu'il y ait des ondées locales sur la Corse.
6. En Normandie il fera du soleil toute la journée.

EXERCICE 2

_____ Répondez.

1. Est-ce qu'il y aura des ondées toute la journée sur les Alpes?
2. Quand est-ce que le soleil percera le ciel gris sur la côte normande?

---

[4]**au-dessus des moyennes** *above the average* [5]**rafales** *strong gusts*

3. Comparez les températures près de la Manche et dans le Sud-Est.
4. À quelle heure s'est levé le soleil?
5. Combien d'heures a duré la journée du 26 mai?
6. À quelle heure a-t-on pris la température le 26 mai?
7. Où faisait-il le plus frais? Où faisait-il le plus chaud?

ACTIVITÉS

1 Est-ce que les températures données dans ces prévisions sont en degrés Fahrenheit ou en degrés Celsius? Changez les températures de Cherbourg, de Lyon et de Marseille à l'autre système.

2 Si vous voulez savoir le temps qu'il fera ce week-end, où chercherez-vous les prévisions? Pourquoi choisiriez-vous cette méthode-là?

3 Aimez-vous la pluie? Que faites-vous par un samedi de pluie? Est-ce que le temps influence votre humeur, votre disposition? Comment?

4 Quelle est votre saison préférée? Pourquoi l'aimez-vous?

5 Cherchez des renseignements sur le temps qu'il fait à la Martinique, à Tahiti et à Saint-Pierre-et-Miquelon. Comparez les températures avec celles de Paris en plusieurs saisons.

6 Jouez le rôle d'un annonceur du bulletin de la météo. Donnez les prévisions du temps pour votre région. Si vous aimez dessiner, dessinez au tableau une carte météorologique de votre région.

Une journée d'hiver à Paris: quel temps fait-il?

3

Événements de la vie

VOCABULAIRE

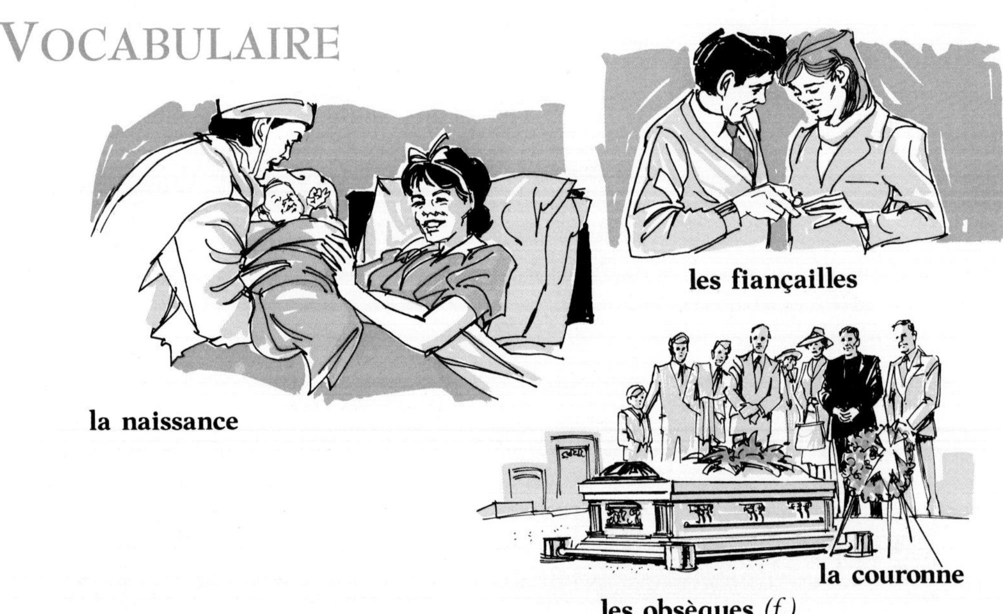

Des mots de même origine

naître (né)	Le bébé va **naître** en France.
	La grand-mère **est née** au Canada.
fiancé (e)	**Le fiancé** s'appelle Jérôme et **la fiancée** s'appelle Charlotte.
se fiancer	Albert et Édith **se sont fiancés** le 15 juin.
couronner	On **couronnait** les rois de France à Reims.

EXERCICE 1

____ Répondez.

1. Qui va naître en France?
2. Où est née la grand-mère?
3. Comment s'appelle le fiancé? Et la fiancée?
4. Quand est-ce qu'Albert et Édith se sont fiancés?
5. En quelle ville est-ce qu'on couronnait les rois de France?

EXERCICE 2

_____ **Choisissez le mot convenable.**

les obsèques **les fiançailles** **né** **le mariage**
se fiancer **se marier** **la naissance**

Marie-Louise, qui est _____ en 1967, et Jean-François, qui est _____ en 1965, sont tombés amoureux. Bientôt ils vont _____ et ensuite ils vont _____. Les annonces des _____ et du _____ vont paraître dans les journaux.

Au bout de trois ans ils célèbrent la _____ d'une fille. Malheureusement, les _____ de la grand-mère de Marie-Louise ont lieu quand le bébé a six mois.

Préparation à la lecture

Presque tous les journaux quotidiens ont une rubrique[1] mondaine, un carnet du jour ou un carnet social, etc., où l'on annonce les événements de la vie. On envoie au journal habituel ou au journal local les faire-part (les annonces) de naissance, de fiançailles, de mariage ou de décès. Et les amis, ainsi informés, envoient leurs félicitations ou présentent leurs condoléances.

CARNET MONDAIN

naissances

M. Edmond Bertin
et Mme, née Geneviève
Couthier

sont heureux d'annoncer la
naissance le 11 mai de leur
quatrième petite-fille

Vanessa

fille de **Gabriel** et de
Véronique BERTIN
29, rue Baratin
75001 Paris

M. Pierre-André
GÉRARD
et Mme, née **Madeleine**
Jaume

ont la joie d'annoncer la
naissance de leur fils

Yves-Christophe

frère de Claire
le 6 avril
9, rue des Carmes
67000 Strasbourg

fiançailles

M. Jacques DURANTON
et **Mme**, née **Sylvie La Flèche**
M. Bernard LECONTE
et **Mme**, née **Anne-Marie**
Allard

sont heureux de vous faire
part[2] des fiançailles de leurs
enfants

Josianne et Frédéric

le samedi 1er juin 1986

---

[1]**rubrique** *column* [2]**faire part** annoncer

mariages

M. et **Mme Maurice BOYER**
M. et **Mme Roger CLOUSEAU**

sont heureux de vous faire part du mariage de leur fille et petite-fille

Nathalie
avec
Jean-Luc DUPONT

La cérémonie a été célébrée dans l'intimité familiale

le samedi 15 juin
en l'église Saint-Pierre.

M. et **Mme Alain FÉVRIE**
M. et **Mme Paul-François LINOIS**

sont heureux de vous faire part du mariage de leurs enfants

Christiane et Jean-Marc

La cérémonie sera célébrée en l'église Saint-Philippe
le samedi 22 juin 1986 à 15 heures.

---

deuils[3]

M. Robert Laurent,
son frère,
M. et Mme Michel Garnier
et leurs enfants,
Mme Thérèse Mazeau
et ses enfants,
le docteur et Mme Guillaume Lapointe,
Mlle Yvonne Lacasse,
ses neveux et nièces

ont la douleur de vous faire part du décès de

M. Hector LAURENT

rappelé à Dieu
le 27 mars 1986 à l'âge de quatre-vingt-deux ans.

Les obsèques religieuses auront lieu le vendredi 30 mars
à 10 h 45 en l'église Saint-Benoît, 35, rue Bonnières,
à Nice.
Ni fleurs ni couronnes.

On nous prie d'annoncer le rappel à Dieu de

Mme Charles GUÉRIN
née Amélie Bredat

survenu le 15 avril 1986 à l'âge de 79 ans.

La cérémonie religieuse sera célébrée le mardi 18 avril, à 10 h 30, en l'église Notre-Dame,
2, rue de l'Église,
Boulogne-Billancourt,
suivie de l'inhumation dans
le caveau familial de Boulogne-Billancourt.

Conformément au désir de la défunte,
la famille demande de ne pas envoyer de fleurs, mais de les remplacer par une offrande
au profit des
Œuvres Hospitalières
françaises de l'ordre de Malte,
24, avenue Alphonse-Ferrand,
75008 Paris

De la part des familles
Guérin, David et Bernier

36, rue Lacase
92100 Boulogne-Billancourt

---

[3]**deuil** *bereavement*

remerciements

Le docteur et Mme Auguste Dubois, les familles Martin, Rocher, Thibaudet, Valmier, Gallière et leurs enfants

Profondément touchés par les marques de sympathie et les envois de fleurs reçus lors du décès de

Mme veuve[4] **Jacques DUBOIS**
née Antoinette Gallière

vous prient de trouver, ici, l'expression de leur gratitude, ainsi que leurs vifs remerciements.

Les âges de la vie

EXERCICE 1

_____ Répondez.

1. Qui sont les parents de Vanessa?
2. Qui sont M. et Mme Couthier?
3. Qui est Claire?

---

[4]**veuve** *widow*

4. Où habitent les Gérard?
5. Pourquoi y a-t-il quatre personnes pour faire part des fiancailles de Josianne et Frédéric?
6. Comment s'appellent les grands-parents de Nathalie?
7. Est-ce qu'il y a eu beaucoup d'invités au mariage de Nathalie?
8. Comment s'appellent les parents de Jean-Marc?
9. Quel âge avait M. Laurent quand il est mort?
10. Est-ce que ses amis et parents ont envoyé beaucoup de fleurs?
11. Où habitait Mme Guérin?
12. Qui est mort le premier, monsieur ou madame Dubois?

EXERCICE 2

Commentez.

1. Qui a assisté au mariage de Nathalie et Jean-Luc? Comment le savez-vous?
2. Aux États-Unis est-il d'usage que les grands-parents annoncent le mariage de leur petite fille? Que pensez-vous de cette idée?
3. Comment savez-vous que Mme Guérin s'intéressait à aider les malades? Nommez d'autres organisations charitables.

ACTIVITÉS

1 Écrivez le faire-part des fiançailles ou du mariage de vos parents.

2 Écrivez le faire-part de votre naissance.

3 Cherchez dans un journal quotidien local une annonce de décès. Écrivez le faire-part de ce décès pour un journal français.

4

Attention, les jeunes filles!

VOCABULAIRE

Les métiers aujourd'hui sont-ils vraiment **masculins** ou **féminins?**

EXERCICE 1

Identifiez.

Nommez la personne qui:

1. fabrique des meubles
2. travaille le bois, installe des portes, fenêtres
3. dirige la circulation des avions
4. installe des appareils de distribution d'eau
5. écrit à la machine à écrire
6. tient les comptes
7. travaille avec les ordinateurs
8. utilise une écriture abrégée et simplifiée

EXERCICE 2 *Personnellement*

Répondez.

1. Connaissez-vous des femmes qui ont un métier dit «masculin»?
2. Connaissez-vous des hommes qui ont un métier dit «féminin»?
3. Est-il impossible que les femmes fassent le travail qu'exigent les métiers mentionnés dans le vocabulaire?
4. Est-il impossible que les hommes fassent le travail qu'exigent les métiers mentionnés?

Préparation à la lecture

Quel film va-t-on voir? Quel disque va-t-on écouter? Quel blouson va-t-on acheter? Les décisions sont bien difficiles, n'est-ce pas? Une des plus difficiles, des plus importantes, c'est celle de votre avenir professionnel. Le ministère de l'Éducation français a préparé une série de brochures pour aider les étudiants à faire ces choix importants. En voici quelques extraits.

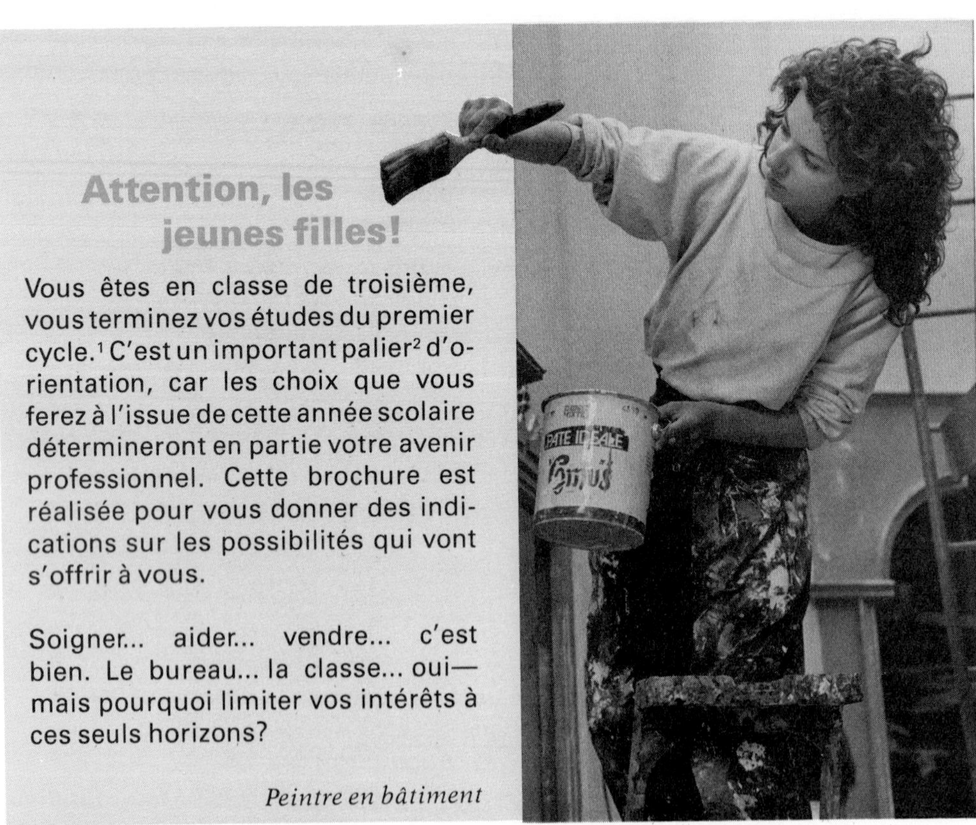

Attention, les jeunes filles!

Vous êtes en classe de troisième, vous terminez vos études du premier cycle.[1] C'est un important palier[2] d'orientation, car les choix que vous ferez à l'issue de cette année scolaire détermineront en partie votre avenir professionnel. Cette brochure est réalisée pour vous donner des indications sur les possibilités qui vont s'offrir à vous.

Soigner... aider... vendre... c'est bien. Le bureau... la classe... oui—mais pourquoi limiter vos intérêts à ces seuls horizons?

Peintre en bâtiment

---

[1]**premier cycle** classes de 6e, 5e, 4e, et 3e; en 3e les élèves ont généralement entre 14 et 15 ans [2]**palier** *stage; level*

Menuisier

Dire que tel métier est masculin ou féminin n'a plus aucun sens aujourd'hui: il n'y a pas que des «hommes forts» qui conduisent des machines ou des autobus, il n'y a pas que des hommes qui puissent peindre, souder,[3] faire de l'informatique. Il n'y a pas non plus que des femmes pour soigner les enfants ou faire de délicats travaux de montage.[4] Toutes ces tâches[5] sont mixtes et il y a des femmes qui réussissent partout.

Et pourtant...

ces dernières années 24% des jeunes filles de 3e pensaient s'orienter vers l'enseignement, 28% vers le secrétariat, le commerce, la comptabilité, 31% vers le secteur social; ce qui veut dire que 83% d'entre elles n'avaient pensé qu'à des métiers dits «féminins»!

On peut aussi noter que 80% des élèves passant des B.E.P.[6] du secteur tertiaire étaient des filles (sanitaire et social 97%, sténo-dactylo 99%) alors qu'elles ne représentaient qu'à peine plus de 1% des candidats aux B.E.P. électricité, électronique et électromécanique. Quant aux candidates aux baccalauréats, les chiffres sont aussi très éloquents: 4% de filles en série E, 35% de filles en série C, mais 75% en série A![7]

Or ces choix d'études conduisent à des métiers, et l'emploi des jeunes filles et des femmes pose justement de nombreux problèmes dans les secteurs «féminins».

Aussi,[8] dans la mesure de **vos goûts**[9] et de **votre réussite scolaire,** essayez de ne pas grossir les rangs de celles qui choisiront ces formations et

---

[3]**souder** *solder; weld* [4]**travaux de montage** *assembly line work*
[5]**tâches** *jobs* [6]**B.E.P.** Brevet d'Études Professionnelles
[7]**Série E, C, A** E: mathématiques et technique; C: mathématiques et sciences physiques; A: philo-lettres [8]**Aussi** *(here) Therefore* [9]**goûts** *tastes*

n'hésitez pas à vous diriger vers d'autres filières.[10]

Ne limitez pas vos chances! Les emplois techniques et scientifiques sont nombreux. Ils ne doivent plus être réservés aux garçons.

Un éventail[11] très large s'offre à vous:

Aiguilleur du ciel, ambulancier, dessinateur industriel, ébéniste, fraiseur,[12] géomètre,[13] horticulteur, ingénieur de production, installateur téléphonique, informaticien, menuisier, métreur,[14] pâtissier, plombier, peintre en bâtiment,[15] réparateur électroménager[16]... *pourquoi pas?*

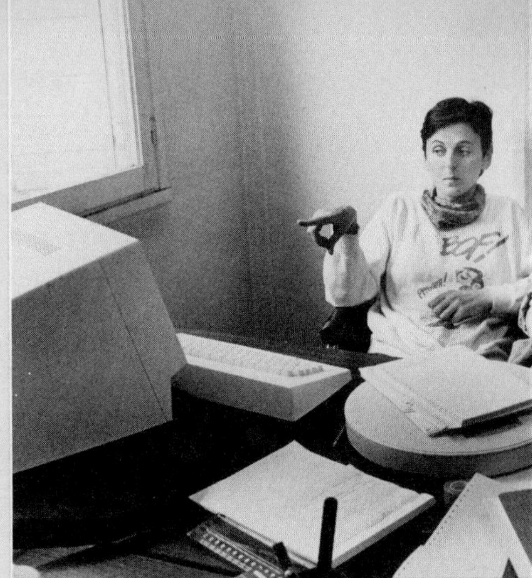

Informaticienne

Un bon métier pour vous c'est celui:
- **qui vous permettra de trouver un emploi et de le conserver;**
- qui facilitera votre promotion professionnelle;
- qui assurera votre autonomie financière, et par conséquent votre indépendance;
- et enfin et surtout qui vous plaira et dans l'exercice duquel vous vous sentirez bien...

Après la classe de troisième
Office national d'information sur les enseignements et les professions (ONISEP)
Ministère de l'Éducation

Classe de sciences physiques, lycée Louis Le Grand, Paris

---

[10]**filières** *fields* [11]**éventail** *range* [12]**fraiseur** *metal cutter*
[13]**géomètre** *surveyor* [14]**métreur** *quantity surveyor*
[15]**peintre en bâtiment** *house painter*
[16]**réparateur électroménager** *electric appliance repairer*

EXERCICE 1

_____ Complétez.

1. Un élève de troisième a _____ ans.
2. Les choix qu'on fera cette année vont déterminer son avenir _____.
3. La plupart des tâches aujourd'hui sont _____.
4. Les cinq métiers vers lesquels les filles pensaient s'orienter ces dernières années sont _____.
5. Le pourcentage de filles parmi les candidats aux B.E.P. électricité, électronique, etc., était _____.
6. Les séries de bacs que préfèrent les filles sont _____.

EXERCICE 2

_____ Répondez.

1. À quel métier pense-t-on quand on pense à ces mots?
   a. soigner
   b. le bureau
   c. aider
   d. la classe
   e. vendre
2. Nommez trois métiers qu'on considérait autrefois comme «masculins».
3. Qu'est-ce qu'on devrait attendre du métier qu'on choisit? (Complétez la phrase avec quatre conditions.)
   Un bon métier me _____.

ACTIVITÉS

1 Quels métiers sont considérés «sanitaires et sociaux»?

2 Pourquoi est-ce que les choix d'études mènent à «de nombreux problèmes» dans l'emploi des jeunes filles et des femmes? Quelles seraient des solutions possibles à ces problèmes?

3 Avez-vous déjà choisi votre métier? Comment l'avez-vous choisi? C'est le même métier qu'exerce votre père/mère? C'est un métier dit «masculin» ou «féminin»?

4 Faites un sondage des filles de votre classe/école. Demandez leur:

- quel métier elles ont choisi (vont choisir)
- pourquoi et comment elles ont fait ce choix
- si elles considèrent ce métier-ci masculin ou féminin ou mixte
- qui les a aidées à faire ce choix
- si elles s'intéressent aux métiers nommés à la fin de l'article (aiguilleur du ciel, etc.)

5

Votre horoscope

VOCABULAIRE

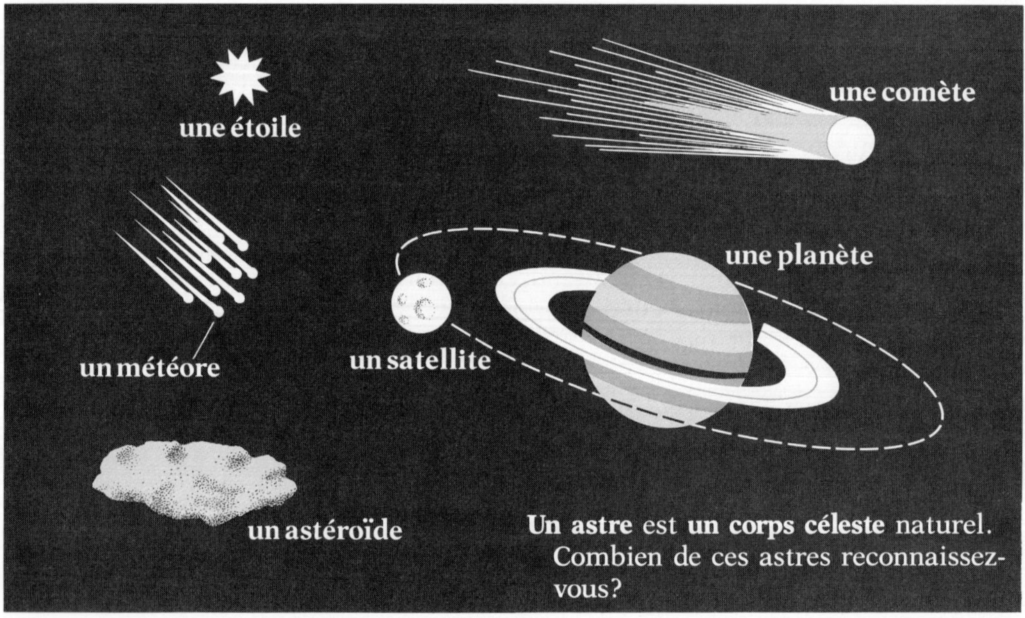

EXERCICE 1

Identifiez.

Nommez le corps céleste:

1. gravite autour d'une planète
2. a une queue gazeuse
3. est un corps céleste du système solaire
4. appelé aussi étoile filante
5. le soleil en est une
6. petite planète, invisible sans instrument

EXERCICE 2 *Personnellement*

Répondez.

1. Sauriez-vous nommer les neuf planètes?
2. Quelle planète est la plus grande? Quelles sont les deux planètes qui ont le plus de satellites?
3. 1985 était l'année de la comète de Halley. L'avez-vous observée?
4. Avez-vous déjà observé l'étoile qui indique le nord? Comment s'appelle-t-elle?
5. Comment s'appelle le satellite de la Terre?
6. Avez-vous déjà vu à la télé le lancement d'un satellite?

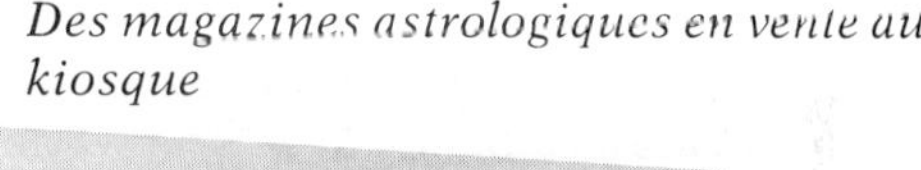

Des magazines astrologiques en vente au kiosque

Préparation à la lecture

Le mot «horoscope» vient du grec et signifie *qui considère l'heure (de la naissance)*. Les astrologues étudient l'état du ciel et les aspects des astres au moment de la naissance d'un individu et peuvent ainsi prédire leur destinée. Beaucoup de personnes croient fermement à ces présages. C'est avec grande impatience qu'ils ouvrent le journal quotidien et cherchent la rubrique des horoscopes pour lire les aventures qui les attendent.

Votre horoscope

Jeudi 30 mai 19––
Naissances: Les enfants de ce jour seront dévoués, combatifs, imaginatifs mais très désordonnés.

Bélier
du 21 mars au 20 avril

Santé: Attention à vos yeux. Prolongez vos heures de sommeil. **Amour:** Prenez votre temps avant de vous jeter dans des bras accueillants.[1] **Affaires:** Des voyages lucratifs[2] mais fatigants en vue. Soyez toutefois attentif.

Taureau
du 21 avril au 20 mai

Santé: Récupérez vos forces au contact de la nature. Profitez du week-end pour partir. **Amour:** Évitez les sujets délicats. Faites les concessions nécessaires. **Affaires:** Recherchez des collaborateurs qui vous aideront à réaliser vos profits.

Gémeaux
du 21 mai au 21 juin

Santé: Ne vous exposez pas trop aux courants d'air. **Amour:** Établissez chez vous une atmosphère harmonieuse et cordiale. **Affaires:** Le dénouement[3] de vos affaires tournera à votre avantage. Rien ne viendra s'opposer à vos projets.

Cancer
du 22 juin au 23 juillet

Santé: Le moment est venu de faire une cure pour éliminer vos toxines.[4] **Amour:** Goûtez[5] chaque moment avec l'être aimé.[6] **Affaires:** N'entreprenez rien d'important cette semaine; mieux vaut vous contenter de ce que vous avez.

Lion
du 24 juillet au 23 août

Santé: Prenez vos repas comme nécessité et non comme plaisir. **Amour:** Attendez le moment propice[7] pour tenter un rapprochement[8] vers l'être aimé. **Affaires:** Vous obtiendrez l'aide nécessaire à l'exécution d'un travail difficile.

Vierge
du 24 août au 23 septembre

Santé: Vous êtes très vulnérable aux intempéries;[9] protégez-vous efficacement.[10] **Amour:** Votre bonheur dépend en grande partie du choix de vos fréquentations.[11] **Affaires:** Pas de raison d'être nerveux[12] car vous vivez dans une grande stabilité. Vous passerez une excellente journée.

---

[1]**accueillants** *welcoming* [2]**lucratifs** qui procurent des profits
[3]**dénouement** *conclusion* [4]**toxines** *toxins; poisons* [5]**Goûtez** *Enjoy*
[6]**l'être aimé** *loved one* [7]**propice** *favorable* [8]**rapprochement** *reconciliation*
[9]**intempéries** *inclement weather* [10]**efficacement** *effectively*
[11]**fréquentations** *company* [12]**nerveux** *on edge*

Balance

du 24 septembre au 23 octobre

Santé: Fréquentez des optimistes et tout ira bien. **Amour:** Certaines personnes abuseront de votre générosité. **Affaires:** Vous avez souvent de bonnes idées mais vous ne les mettez pas en pratique et c'est là où les choses ne vont plus.

Scorpion

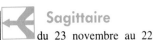

du 24 octobre au 22 novembre

Santé: Soyez très prudent si vous devez prendre le volant le week-end. **Amour:** Cherchez à mieux connaître les intentions de l'être aimé. **Affaires:** Vous êtes hautement apprécié de vos supérieurs.

Sagittaire

du 23 novembre au 22 décembre

Santé: Vous devez toujours mener une vie calme et régulière. **Amour:** Rencontres positives en amour comme en amitié; le soleil illumine vos jours. **Affaires:** Votre travail actuel est vraiment apprécié. Journée particulièrement plaisante et constructive.

Capricorne

du 23 décembre au 20 janvier

Santé: Un bon film vous permettra de vous remettre[13] de votre semaine. **Amour:** Les suppositions que vous faisiez vous seront confirmées. **Affaires:** Votre activité actuelle aura une influence considérable mais vous aurez beaucoup de responsabilités à prendre.

Verseau

du 2 janvier au 21 février

Santé: Diminuez vos consommations de plats riches. **Amour:** Ne vous laissez pas impressionner par les paroles prononcées sous le coup de la colère.[14] **Affaires:** Prenez de fermes résolutions et établissez un emploi du temps très strict.

Poisson

du 20 février au 20 mars

Santé: Vous seriez plus en sécurité en train que sur la route. **Amour:** L'amour est là et vous tend[15] la main. Vous trouverez un cœur attentif. **Affaires:** Évitez de parler de vos problèmes au bureau. Soyez réaliste.

N.B. Ces indications n'ont aucune validité scientifique; nous les publions pour le seul divertissement

[13]**vous remettre** *recover* [14]**colère** *anger* [15]**tend** *extends*

EXERCICE 1

_____ Répondez.

Bélier

1. Nommez les deux problèmes de santé de ceux qui sont nés sous ce signe.
2. Quelle sorte de voyage vont-ils faire?

Taureau

3. Que doivent-ils faire ce week-end?
4. Quels collaborateurs doivent-ils chercher?

Gémeaux

5. Doivent-ils ouvrir ou fermer les fenêtres et les portes?
6. Quelle sorte d'atmosphère doivent-ils établir?

Cancer

7. Nommez trois toxines.
8. Avec qui les Cancers doivent-ils passer du temps?

Lion

9. Est-ce qu'ils auront un bon ou mauvais appétit?
10. Comment est le travail qu'ils vont faire?

Vierge

11. Contre quoi doivent-ils se protéger?
12. Qu'est-ce qui dépend de leurs fréquentations?

Balance

13. Qui doivent-ils fréquenter?
14. Est-ce qu'ils doivent être généreux avec les autres?

Scorpion

15. Quand doivent-ils être prudents?
16. De qui sont-ils appréciés?

Sagittaire

17. Quelle sorte de vie doivent-ils mener?
18. Où auront-ils des rencontres positives?

Capricorne

19. Pourquoi doivent-ils aller au cinéma?
20. Quant aux affaires, est-ce que leur activité actuelle est importante?

Verseau

21. De quoi est-ce qu'ils mangent trop?
22. Qu'est-ce qu'ils doivent établir?

Poisson

23. Doivent-ils voyager en voiture ou en train?
24. Où est-ce qu'ils ne doivent pas parler de leurs problèmes?

EXERCICE 2

____ Répondez.

1. Sous quel signe du zodiaque sont nés les enfants de ce jour?
2. Quels sept noms français des signes du zodiaque sont semblables à l'anglais?
3. De quels trois aspects de la vie traite l'horoscope?
4. Sous quel signe êtes-vous né(e)? Lequel des trois aspects de votre horoscope ne vous plaît pas?
5. De quels signes s'agit-il?
   a. problèmes de santé
   b. doivent faire attention aux voyages
   c. doivent faire attention à ce qu'ils mangent
   d. doivent se calmer ou se reposer
   e. vont réussir en affaires
   f. doivent être moins généreux
   g. seront heureux en amour

EXERCICE 3 *Personnellement*

____ Répondez.

1. Croyez-vous à l'astrologie? Lisez-vous régulièrement votre horoscope? Suivez-vous les indications que vous y trouvez?
2. Quelles rubriques d'un journal intéressent les jeunes Français? Pour les garçons, le numéro un c'est le sport. Pour les filles, c'est la mode et l'horoscope. Et pour vous? Et pour vos copains/copines? Pour les membres de votre famille?

ACTIVITÉS

1 Cherchez les différences entre l'astrologie et l'astronomie. Laquelle est une science?

2 Si vous vous intéressez à l'astronomie, présentez à la classe des renseignements sur les constellations.

3 Faites un sondage de vos camarades de classe et/ou des adultes. Demandez:

- si on croit à l'astrologie
- si on lit son horoscope régulièrement
- où on le lit (journal, hebdo)
- si on fait attention aux présages

Ajoutez d'autres questions de votre inspiration.

6

Gros titres et sous-titres

VOCABULAIRE

EXERCICE 1

____ **Complétez.**

1. La ____ est réservée pour la circulation.
2. Les trottoirs sont réservés pour les ____.
3. Est-ce que les ____ sont admis sur les autoroutes?
4. Une bicyclette est un véhicule à deux ____.

EXERCICE 2 *Les panneaux*

____ **Sauriez-vous choisir la bonne explication des panneaux suivants?**

a. Passage pour piétons
b. Accès interdit aux piétons
c. Accès interdit aux camions de plus de 5,5 tonnes
d. Accès interdit aux camions de plus de 10 mètres de longueur
e. Déviation pour les camions

Préparation à la lecture

On veut s'informer de la grande nouvelle du jour et des actualités du moment. Que fait-on? Mais on achète un journal! Là, sur la une (la première page) on lit, en gros caractères, la manchette. On continue alors à lire les sous-titres. Si l'article semble intéressant, on lit le premier paragraphe, et, si on veut en savoir tous les détails, on finit par lire tout l'article. Il est impossible de sous-estimer l'importance d'un titre bien écrit!

GROS TITRES ET SOUS-TITRES

1. **Un piéton coincé[1] entre une maison et un camion**
2. **Les Français aiment les bananes**
3. **Un mini-marathon avec maxi-participation**
4. **LES PUCES DE SAINT-OUEN EN TENUE DE GALA[2]**
   Le célèbre marché fête ce soir son centenaire
5. **L'escargot français en crise**

Vous venez de lire les titres de cinq articles divers de journal. Lisez maintenant les premiers paragraphes de ces cinq articles. Sauriez-vous jumeler le titre avec le paragraphe qui le suit?

A.

Jeudi matin, à Blanchet, un tragique accident de la circulation a coûté la vie à un piéton. La victime, M. Jean Duclos, 34 ans, marchait sur le bord de la route départementale qui dessert[3] Blanchet et Saint-Charles. À 7 h 55 une automobile conduite par M. R. Allard, se dirigeant vers Pointe-à-Pitre, entreprend de dépasser le camion qui le précède. Au cours de la manœuvre, la voiture connaît quelques difficultés, tant la route est étroite. En se rapprochant du poids-lourd, la roue avant droite de la voiture va toucher celle de l'avant gauche du camion, conduit par M. Jérôme Bédard. Le chauffeur du camion, surpris, essaye d'éviter[4] la collision. Son véhicule se déporte[5] alors sur le côté droit de la chaussée sur laquelle chemine[6] Duclos. Ce dernier n'aura pas le temps de réagir;[7] il va être coincé entre le mur d'enceinte[8] d'une maison et le poids-lourd. Grièvement blessé,[9] Jean Duclos devait mourir pendant son transport à l'hôpital.

---

[1]**coincé** *caught* [2]**en tenue de gala** *dressed up* [3]**dessert** *serves*
[4]**éviter** *avoid* [5]**se déporte** *swerves* [6]**chemine** marche [7]**réagir** *react*
[8]**d'enceinte** *surrounding* [9]**blessé** *hurt*

B.
Le Ve arrondissement organise samedi son mini-marathon. Cette manifestation, destinée à tous les coureurs dès l'âge de huit ans, comprend quatre parcours[10] correspondant à quatre tranches d'âges.[11] Les départs se feront à partir de 14 h 30, place Monge. Toutes les arrivées s'effectueront[12] place du Panthéon. En 1985 cette manifestation a rassemblé plus de deux mille coureurs. Chaque participant au mini-marathon recevra un diplôme et une médaille; les premiers de chaque catégorie recevront coupes et médailles.

C.
Chaque année les Français consomment 35 000 tonnes d'escargots. Malheureusement ces précieuses petites bêtes deviennent de plus en plus rares dans les campagnes françaises. L'an dernier la France a dû importer 16 000 tonnes d'escargots des pays de l'Est, d'Afrique du Nord, d'Indonésie et même de Chine.

D.
Le plus grand marché mondial du souvenir fête ses cent ans. Un siècle de légendes et de folklore, un siècle de bonheur pour ceux qui ont su y dénicher[13] (avec beaucoup de chance), noirs de crasse,[14] un Renoir ou un Picasso! Un siècle d'espoir pour les autres qui n'ont pas trouvé grand-chose, un siècle de chemises grand-père qui nous ont habillés et de vieux meubles[15] qui décorent nos appartements... Un siècle d'histoire qui n'appartient qu'à Paris! Car ils ont eu beau,[16] de par le monde,[17] recréer des *Flea Markets* ou des *Mercados de las Pulgas*, les Puces de Paris restent uniques. Et elles peuvent se permettre de fêter leur anniversaire avec prestige!

---

[10]**parcours** itinéraires [11]**tranches d'âges** *age groups*
[12]**s'effectueront** *will be accomplished* [13]**dénicher** trouver; découvrir
[14]**crasse** *dirt* [15]**meubles** *furniture* [16]**ont eu beau** *tried in vain*
[17]**de par le monde** *everywhere*

E.

La consommation annuelle de bananes en France est de plus de huit kilos par habitant. Les Français sont des gros mangeurs de bananes. L'an dernier, nous avons importé 442 906 tonnes de bananes et consommé 8,05 kilos par habitant. Nous talonnons[18] de près la R.F.A.[19] (540 000 tonnes et 8,85 kilos par habitant), et nous sommes loin devant les Néerlandais, troisièmes mangeurs avec 6,55 kilos par personne. Deux tiers[20] de nos achats sont effectués[21] dans les Antilles et un tiers en Afrique (Cameroun et Côte-d'Ivoire). En 1984 on en a importé aussi 28 000 tonnes d'Amérique latine.

[18]**talonnons** suivons de près [19]**la R.F.A.** la République Fédérale Allemande *(West Germany)* [20]**deux tiers** ⅔ [21]**effectués** *made*

EXERCICE 1

Répondez.

1. En quelle ville a eu lieu le «tragique accident»?
2. Identifiez les trois messieurs: Jean Duclos, Roland Allard, Jérôme Bédard.
3. Où est mort Jean Duclos?
4. Qui va recevoir une médaille? Qui va recevoir une coupe?
5. Pourquoi est-ce que l'escargot est en crise?
6. D'où est-ce que la France importe les escargots?
7. Un siècle est l'équivalent de combien d'années?
8. Nommez trois articles qu'on a dénichés au marché aux Puces.
9. Les habitants de quels trois pays sont gros mangeurs de bananes?

EXERCICE 2 *Personnellement*

Répondez.

1. Avez-vous jamais participé à un marathon? Avez-vous reçu une médaille ou une coupe? Avez-vous dû acheter un tee-shirt?
2. Avez-vous déjà mangé des escargots? Les aimez-vous? Comprenez-vous pourquoi les Français les adorent?
3. Y a-t-il un marché aux puces près de chez vous? Qu'est-ce que vous y avez acheté?
4. Mangez-vous huit kilos de bananes par an? Les aimez-vous? Quel animal aime bien les bananes?

ACTIVITÉS

1 Lisez-vous un journal tous les jours? Lisez-vous tout simplement la manchette de la une? Quelle sorte d'article ne finissez-vous pas de lire? Lisez-vous seulement la grande nouvelle du jour?

2 Vous êtes le policier chargé d'expliquer les circonstances du tragique accident et de la mort de Jean Duclos. Pour vous aider à expliquer les détails, faites un dessin où vous indiquerez les véhicules, la maison, la position de la victime, etc.

3 Lequel des cinq articles avez-vous trouvé le plus intéressant? Pourquoi? Lequel vous a intéressé(e) le moins? Pourquoi?

7

Les Belges en France

VOCABULAIRE

EXERCICE 1

____ Répondez.

1. Nommez les frontières de la Belgique.
2. Quelle est la capitale de la Belgique?
3. La partie sud du pays est francophone. Quelle langue est parlée dans le Nord?
4. Quelle ville est bilingue?
5. Nommez quatre villes principales.

Les fanas de la vedette lui restent **fidèles.**

EXERCICE 2

____ **Complétez.**

1. Regarde! Il y a des ____ là-bas! Qu'est-ce qu'on va filmer?
2. Tu ne connais pas Bruce Springsteen? Mais c'est une des plus grandes ____ du rock américain!
3. Tous les jeunes adorent sa musique, surtout cette chanson-là. C'est le ____ de cette saison, tu sais!
4. Springsteen a beaucoup de fanas qui lui sont dévoués et ____.

Préparation à la lecture

Quand on entend l'expression «melting pot», on pense aux États-Unis. Mais la France aussi peut être considérée comme un «melting pot» parce qu'à toutes les époques la France a attiré de nombreux étrangers qui s'y sont installés. Naguère c'était une immigration de réfugiés et de travailleurs italiens, polonais et espagnols, mais depuis récemment ce sont surtout des Portugais et des Nord-Africains. Parmi ces ressortissants[1] étrangers on compte 65 000 Belges. Qui sont ces Belges qui «ont fait la France»?

Des travailleurs immigrés célèbres

Ces Belges qui ont fait la France

Ce sont tous des travailleurs immigrés: Christine Ockrent, André Castelot,[2] Annie Cordy, Johnny Hallyday, Françoise Mallet-Joris, Régine, Jacques Brel. Tout comme le dessinateur Hergé, créateur de Tintin, le romancier Georges Simenon, le grammairien Maurice Grevisse, le peintre Paul Delvaux et l'auteur Félicien Marceau. Célèbres en France, ils sont tous nés en Belgique de parents belges.

Ces personnalités ont rejoint une longue et prestigieuse liste de Belges qui ont conquis la notoriété en France en enrichissant le patrimoine[3] culturel de leurs voisins du sud.

«Ces Belges qui ont fait la France»

Si quelques-uns ont troqué[4] leur passeport belge pour la nationalité française, nombre d'entre eux sont restés fidèles à leurs origines et figurent parmi les membres les plus illustres de la communauté belge de France, forte de plus de 65 000 personnes.

Un livre intitulé *Ces Belges qui ont fait la France* dresse une liste exhaustive de ces personnages. Son auteur, Nœl Anselot, souhaite «rendre à ses compatriotes la fierté[5] de leur origine belge et l'orgueil[6] de leur passé, mais

[1]**ressortissants** *nationals* [2]**Christine Ockrent, André Castelot** journalistes
[3]**patrimoine** *heritage* [4]**troqué** *exchanged* [5]**fierté** *pride* [6]**orgueil** *pride*

Jacques Brel

Johnny Hallyday

Christine Ockrent

aussi et surtout, montrer aux Français ce que la Belgique a apporté à sa voisine du sud à travers près de deux mille ans d'histoire commune».

Ainsi Clovis[7] naquit à Tournai, capitale des Francs. Ce n'est qu'à la fin de sa vie qu'il s'installera à Paris. Charlemagne,[8] qui règna sur un empire englobant[9] la France, était né à Liège.

Si Astérix le Gaulois[10] est bien de père français, la bande dessinée francophone doit énormément aux maîtres belges. Hergé crée Tintin, Morris crée Lucky Luke, Franquin est le père de Spirou et Gaston Lagaffe, tandis que Peyo a mis en scène les Schtroumpfs.

[7]**Clovis** roi des Francs et de la Gaule (481–511) [8]**Charlemagne** Empereur d'Occident (800–814) [9]**englobant** *including* [10]**Astérix le Gaulois, Tintin, Lucky Luke, Spirou, Gaston Lagaffe, Schtroumpfs** héros des bandes dessinées

Des variétés à la littérature

Mais l'un des domaines où la Belgique a toujours brillé le plus est sans nul doute[11] celui des variétés. Le grand Jacques Brel côtoie[12] la pétulante[13] Annie Cordy, Régine, Johnny Hallyday, auxquels on peut ajouter les italo-belges Adamo et Claude Barzotti.

Malheureuse vedette d'une seule chanson, Sœur Sourire, qui vient de se donner la mort dans l'oubli[14] général près de Bruxelles, était l'auteur-vedette du «tube» des années 60, «Dominique, nique, nique».

Nombre de Belges ont «brûlé les planches»[15] parisiennes et conquis les plateaux[16] de cinéma, tels la tragédienne Rachel, Victor Francen, Raymond Rouleau, Roger Dutoit, Jean Servais, Catherine Spaak, etc...

Jacques Feyder («La kermesse héroïque»), André Delvaux («Un soir un train», «Femme entre chien et loup»), se sont illustrés derrière la caméra, alors que la Belgique ne produit que peu de films.

La littérature française compte aussi de nombreux ressortissants du plat pays,[17] tels Maurice Maeterlinck, Prix Nobel de littérature en 1911, qui partagea sa vie entre Gand, Paris et Monaco, les romancières Marguerite Yourcenar (née à Bruxelles), membre de l'Académie française, Françoise Mallet-Joris (née à Anvers), le poète Henri Michaux (né à Namur).

Journal Français d'Amérique

Hergé et ses créations

EXERCICE 1 *Vrai ou faux?*

____ **Corrigez les phrases incorrectes.**

1. Les Belges en France sont des travailleurs immigrés.
2. Ils sont nés en Belgique de parents français.
3. Il y a très peu de Belges qui ont enrichi le patrimoine culturel français.
4. Tous ces Belges sont devenus français.
5. Les Belges ont toujours brillé dans le domaine des variétés.
6. Aucun Belge n'a reçu le Prix Nobel.
7. Aucun Belge n'a été élu à l'Académie française.

---

[11]**sans nul doute** *without a doubt* [12]**cotoie** *is in company with* [13]**pétulante** *irrepressible* [14]**dans l'oubli** *forgotten* [15]**ont «brûlé les planches»** *were a hit in the theater* [16]**plateaux** *stage sets* [17]**plat pays** *flat country* (Belgique)

EXERCICE 2

____ Répondez.

1. Qui est Nœl Anselot?
2. D'après Anselot, de quoi doivent être fiers ces Belges?
3. Combien d'années d'histoire commune ont eu la France et la Belgique?
4. Où est né Clovis?
5. Où est né Charlemagne?
6. Nommez six héros de bandes dessinées.
7. Qui sont Adamo et Claude Barzotti?
8. Qui était l'auteur-vedette du «tube» *Dominique, nique, nique?*
9. Nommez trois films produits par des Belges.

Charlemagne

ACTIVITÉS

____ 1 Bruxelles est depuis longtemps la capitale européenne de la bande dessinée. Mais c'est à Angoulème, à 440 km au sud-ouest de Paris, que la fête de la B.D. a lieu chaque année en janvier. C'est là où est situé un musée de la B.D.; c'est là que s'est établi le centre national de la B.D. Il n'y a pas de doute; les Français sont «bédémaniaques»! En 1984 ils ont acheté plus de 31 millions d'albums; plus de 40 pour 100 d'entre eux ont lu au moins un album. Les héros les plus populaires sont Tintin, Astérix, Lucky Luke, Spirou et Gaston Lagaffe et les Schtroumpfs. Avec vos camarades de classe, préparez des arguments pour et contre la question: Est-ce que la B.D. est de la vraie littérature ou est-elle simplement une forme de *sous*-littérature?

____ 2 À cause de leurs différences linguistiques, les relations entre la Flandre et la Wallonie n'ont pas toujours été bonnes. En effet, en 1980 le gouvernement a accordé aux deux régions une autonomie limitée. De plus, le cabinet du gouvernement doit consister d'un nombre égal de Wallons et de Flamands. Que pensez-vous de ces décisions? Préférez-vous que tous les habitants d'un pays parlent la même langue? Quels autres pays bilingues ou trilingues connaissez-vous? Que font ces autres pays pour améliorer les communications entre leurs habitants?

____ 3 Cherchez des renseignements sur un aspect de la Belgique et apportez vos renseignements en classe:

- La géographie
- L'histoire
- L'économie
- Les habitants

8

Un sondage international

VOCABULAIRE

la guerre

Pascale **dépense** beaucoup d'argent pour ses vêtements.

Un ouvrier qui n'a pas de travail est **un chômeur.**
Il est **au chômage.**

redouter avoir peur de
Il est tout naturel que les parents redoutent la guerre.

un sondage une investigation pour déterminer les opinions sur une question
Ce sondage nous enseigne des choses très intéressantes.

EXERCICE 1

____ Complétez.

1. Les petits enfants ____ les chiens grands et méchants.
2. Tu dois maintenir un budget, Henri. Tu ____ trop d'argent.
3. George Gallup a réalisé des ____ importants.
4. On déclare l'armistice à la fin d'une ____.
5. Les usines sont fermées; tous ces ouvriers sont au ____.

EXERCICE 2 *Personnellement*

____ **Répondez.**

1. Nommez au moins un autre organisateur de sondage. Avez-vous déjà participé à un sondage? De quoi s'agissait-il?
2. Redoutez-vous les rats? les serpents? les tempêtes? les examens difficiles?
3. Savez-vous combien d'argent vous dépensez par semaine? Maintenez-vous un budget pour régler vos dépenses?

Mots apparentés

En parlant de politique et d'économie, il y a beaucoup de mots et d'expressions qui sont identiques en français et en anglais. Vous reconnaîtrez facilement les mots suivants.

les armes nucléaires	l'excès	la préoccupation
budgétaire	le gouvernement	la sécurité (l'insécurité)
la crise	l'inégalité	le terrorisme
le déficit	l'inflation	la violence
l'énergie	la menace	

EXERCICE 3

____ **Parmi les mots de la liste ci-dessus, choisissez un mot de même origine.**

1. gouverner
2. violent
3. la terreur
4. égal
5. menacer
6. le budget
7. l'armée
8. préoccuper
9. excessif
10. énergique

Préparation à la lecture

Les résultats de ce sondage, réalisé par Louis Harris, ont été publiés par beaucoup de journaux, parmi lesquels *Le Figaro* (France) et *U.S.A. Today* (États-Unis). La question qu'on a posée?

«Quelles sont, sur cette liste, vos plus grandes préoccupations en ce qui vous concerne vous-même et en ce qui concerne votre pays à l'heure actuelle?»[1]

- Les menaces de guerre
- La crise de l'énergie
- L'inflation
- L'insuffisance des moyens de défense
- Le chômage
- Les inégalités sociales
- L'ordre et l'insécurité publique
- Les armes nucléaires
- L'excès des dépenses de l'État
- La médiocrité du gouvernement

Voyons maintenant les réponses!

[1]**actuelle** *present*

Les Français craignent plus le chômage que la guerre

À l'Agence nationale pour l'Emploi

Les Italiens redoutent l'insécurité, les Japonais sont préoccupés par la crise de l'énergie, les Américains trouvent que leur gouvernement dépense trop, les Espagnols sont les plus inquiets.

Huit Français sur dix considèrent que leur plus grande préoccupation est aujourd'hui le chômage. Des inquiétudes, ils en ont d'autres, telles les menaces de guerre, les inégalités sociales, l'inflation, les armes nucléaires ou l'insécurité, mais elles ont tendance à s'atténuer[2] depuis trois ans et, en tout cas, angoissent,[3] semble-t-il, beaucoup moins les Français que le sous-emploi.

Voilà un des enseignements majeurs que l'on peut tirer du sondage exclusif Louis Harris que nous publions aujourd'hui.

C'est le chômage qui est la plus grande préoccupation dans tous les grands pays sauf au Japon et aux États-Unis. En Italie, en Allemagne et en Grande Bretagne près de sept personnes sur dix redoutent le chômage. En Espagne plus de 20% de la population active est au chômage.

Au deuxième rang des préoccupations importantes se trouvent l'ordre et la sécurité publique, cités par les Américains, les Britanniques, les Italiens et les Allemands. Les violences quotidiennes et le terrorisme international préoccupent plus de 40% des personnes interrogées dans ces pays-ci. Il est curieux qu'en Espagne ce problème soit considéré comme le quatrième.

Les armes nucléaires font peur. Dans tous les pays (Allemagne et Norvège exceptées) elles sont citées par plus du tiers des personnes interrogées, comme une préoccupation importante.

L'excès des dépenses de l'État est considéré comme un grand problème aux États-Unis. Le déficit budgétaire américain est un thème majeur du débat politique et, selon de nombreux experts, est la cause de bien des maux.[4]

---

[2]**s'atténuer** diminuer [3]**angoissent** inquiètent [4]**maux** *ills*

EXERCICE 1

_____ **Répondez.**

1. Nommez les huit pays qui ont pris part à ce sondage.
2. Qu'est-ce que les Français considèrent comme leur plus grande préoccupation? Sont-ils les seuls à le craindre?
3. En Italie, quel pourcentage de la population redoute le chômage?
4. Pour quels peuples la violence et le terrorisme sont-ils des préoccupations?
5. Qu'est-ce qui fait peur dans tous les pays sauf en Allemagne et en Norvège?
6. Qu'est-ce que les Américains considèrent comme un grand problème?

ACTIVITÉS

1 Répondez personnellement à la question posée au sondage. Faites une liste des dix préoccupations nommées, dans leur ordre d'importance pour vous.

2 Faites un sondage de vos camarades de classe ou des adultes que vous connaissez au sujet de leurs préoccupations.

3 D'après le sondage, en France ce sont les jeunes qui redoutent le plus les armes nucléaires. Pourriez-vous justifier cette réaction?

4 Expliquez pourquoi l'excès des dépenses par le gouvernement est considéré comme une préoccupation importante aux États-Unis. Qu'en pensez-vous?

Manifestation d'ouvriers

9

Petites annonces

VOCABULAIRE

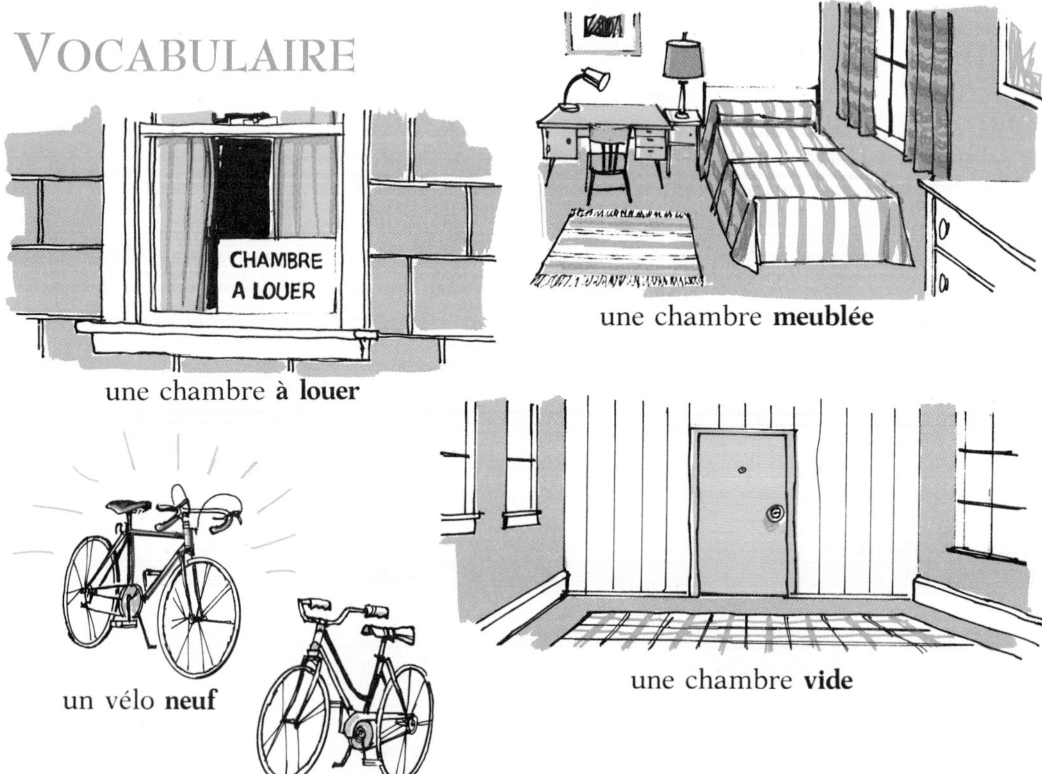

une chambre **à louer**

une chambre **meublée**

un vélo **neuf**

une chambre **vide**

un vélo **d'occasion** (de seconde main)

EXERCICE 1

_____ **Complétez.**

1. Ces étudiants universitaires veulent louer une chambre _____; ils ne veulent pas de chambre _____ parce qu'ils n'ont pas de meubles.
2. —Montre-moi un peu tes achats! Ah, tu as acheté une guitare neuve!
   —Mais non! C'est une guitare _____; je l'ai achetée aux Puces.
   —Cette belle guitare était en vente aux Puces! Incroyable!
3. —Ton frère est le propriétaire de cette maison?
   —Non. Il n'a pas acheté la maison; il est locataire. Il l'a _____ et il paye un tout petit loyer.

H.L.M. à Paris

EXERCICE 2

Lisez et répondez.

Les appartements modernes appelés H.L.M. (Habitation à Loyer Modéré) sont construits avec l'argent de l'État. Ils sont loués aux Français dont les revenus sont très limités, par exemple les familles nombreuses, qui s'inscrivent sur une liste d'attente. Les loyers dans les H.L.M. ne sont pas élevés; au contraire ils sont assez bas.

1. À qui sont loués les H.L.M.?
2. Comment sont les loyers des H.L.M.?

EXERCICE 3 *Personnellement*

Répondez.

1. Nommez les meubles dans votre chambre.
2. Avez-vous peur d'entrer dans une maison vide?
3. Avez-vous déjà acheté à l'occase (à l'occasion)? Qu'est-ce que vous avez acheté? Si oui, avez-vous été satisfait(e) ou non?
4. Est-ce qu'il y a des marchés qui vendent des articles d'occasion près de chez vous? Les fréquentez-vous?

Préparation à la lecture

On veut louer un appartement? On cherche un emploi? On a perdu un objet de valeur? On veut acheter une télé d'occasion? On veut se débarrasser[1] d'un piano dont on ne joue plus? Comment faire? Mais c'est simple comme bonjour! On rédige[2] une petite annonce et on l'envoie, par téléphone ou par correspondance, au journal. Quel journal? N'importe lequel! Dans tous les journaux, les grands quotidiens, les journaux spécialisés, même les «feuilles de chou»,[3] la petite annonce prolifère! Remarquez bien le style particulier qu'on utilise pour rédiger une petite annonce!

[1]**se débarrasser de** *to get rid of* [2]**rédige** écrit [3]**«feuille de chou»**

PETITES ANNONCES

Demandes d'emplois

Emplois divers

J.F. cherche emploi en qualité de serveuse ds un restaurant, gardienne enfts ou femme de ménage, du lundi au vendredi, de 8 h à 15 h ou de 7 h 30 à 12 h. Pour renseignements, Tél 843-10-26, Louise

Secrétaires sténodactylos

J.F. active, dynamique, connaissance anglais + 3 ans expér professionnelle; recherche place stable pour tout secrétariat, comptabilité[4] etc. Bonnes réf. Libre de suite.[5]
Tél: 632-65-93.

Vendeurs

J.H. bilingue, sérieux, plusieurs années expér, vente bout[6] prêt-à-porter luxe, rech emploi stable. Tél. le matin de préférence
520-90-29

Cadres[7] commerciaux

J.F. allemande. 24 ans, diplômée gde école de commerce (filière[8] marketing international) trilingue allemand-français-anglais, expér dans multinationales, rech emploi, disponible[9] de suite.
Tél-720-20-49

Journalistes

J.H. 25 ans, photographe, permis de conduire, accepterait proposition de travail même à l'étranger. Faire offre.
365-41-19

journal de peu de valeur [4]**comptabilité** *bookkeeping* [5]**de suite** *immediately*
[6]**bout** boutique [7]**cadres** *managerial staff* [8]**filière** *field* [9]**disponible** *available*

Offres d'emploi

Recherchons vendeurs H./F. début. mais gagneurs. Entreprise dynamique liée à un important groupe commercial. Vous êtes fortement motivés, décidés à vous reconvertir;[10] âgés de plus de 23 ans. Votre objectif de rémunérat. est de 10 000 à 15 000 F mensuel Se prés. le vendredi 24 mai de 9 h à 12 h au ROCHE, 36 rue Alemane

Vendeuse

Expérimentée en parfumerie, anglais absolument nécessaire Pour Shopping Centre Paris Ecrire avec c.v.[11] et photo 33, rue Bonaparte, 6e

Aides familiales

Cherche J.F. au pair,[12] région San Francisco, jeune famille, 4 enfants, âge scolaire, min 20 ans, permis de conduire indispens. Non fumeur. Env. photo + c.v. à Mrs. Robert Edwards, 583 Burbank Ave. Arthursville, California 94026 USA

IMMOBILIER[13] locations

LOCATIONS

demandes vides

Cherchons appt. 3 ou 4 P, à louer ou à acheter, 4e, 5e, 6e, 7e, 9e ardt pour septembre R. Martin, 14, rue Clovis 4 000 Liège, Belgique

offres vides 15e

6 rue Vaugirard, 5 P, 110 m², très ensoleillé, cuis équipée, s de bains, w.c., parking 5 000 F 578-99-21

offres meublés 16e

Près Foch, entrée, cuis équipée, grd lv, 2 chbres, s de bains, wc, chf[14] cent, terrasse, très bon stand, 6 500 F 218 rue Laurent-Pichot

Appartements

ventes 19e ardt

Sur parc Buttes-Chaumont, vaste 6 P, vue exceptionnelle, 10e ét. asc., living dble., terrasse, 1 800 000 F Tél: 355-57-75

Maisons

ventes, province

100 km Paris, région Loiret, sortie autoroute Courtenay, fermette rénovée, habitable de suite, entrée, gde cuis, séj. avec cheminée, 3 chbres., bains, wc, chf cent, dépend,[15] 2 000 m², 350 000 F (38) 94-15-37

---

[10]**reconvertir** changer de métier [11]**c.v. (curriculum vitae)** détails de la carrière
[12]**au pair** échanger un travail contre le logement et la nourriture (sans salaire)
[13]**immobilier** *real estate* [14]**chf (chauffage)** *heating* [15]**dépend (dépendances)** *outbuildings*

Automobiles

ventes

Particulier[16] vend Renault 6, modèle 77, très bon état, 72 000 km, prix 45 000 F à débattre[17]
Tél: 096-98-71 après 20 h.

ALFA Roméo Giulietta, modèle 1976, bleu marine, 125 000 km, excellent état, Prix intéressant, Tél: 535-45-76

Perdu-trouvé

Perdu jeudi 11 juin à Paris, collier de perles double rang, fermoir or et diamants.
Récompense 10% de la valeur
Tél. (3) 551-45-24

Invalide rech. berger allemand femelle de taille moyenne, gdes oreilles. Gros grain de beauté sous le menton. Perdu le 6 juin. Très grosse récompense.
Tél. 433-62-63

Guide touristique

Mer

Bretagne 12 km côte, 2 abbayes,[18] tout confort, calme, forêt, piscine, tennis, cheval, golf
1/2 pension[19] de 125 F à 175 F
Tél: (99) 47-83-12

Occasions

Canapé-Lit, velours vert amande avec fauteuil. État neuf. Valeur 10 000 F, Vendus cause départ 5 000 F
Tél: 337-88-44 le matin

Flûte, Yamaha, métal argenté, État impeccable.
Valeur 4 000 F
Prix demandé 2 300 F
Tél. le soir 526-53-34

Vacances offres

Corse du Sud, très jolie maison rustique 1 pièce + bungalow + grandes terrasses. 50 m mer, douche extérieure, frigidaire et eau chaude, sans électricité. Juin, juillet, sept 9 000 F – 11 000 F – 9 000 F
Tél: 745-15-56

Jeunes

Echange d'élèves

Nous recherchons une famille pour accueillir notre fils (17 ans) ou notre fille (15 ans) en août. En retour, nous accueillerons bien volontiers votre enfant.
Ecrivez à
M. et Mme Grenier,
584 rue St-Jacques,
88000 Genève, Suisse

Animaux

Vous aimez les chiens, apprenez un métier lucratif et passionnant. Devenez toiletteur.[20]
MEDOR
55, rue des Anciens
(17e)

---

[16]**Particulier** *Private sale* [17]**à débattre** *negotiable* [18]**abbayes** monastères
[19]**½ pension** formule qui comprend le prix du déjeuner ou plus souvent du dîner
[20]**toiletteur** *groomer*

EXERCICE 1

____ **Répondez.**

Demandes d'emplois

1. Nommez les quatre emplois que cherche Louise.
2. Quand est-ce que la jeune secrétaire-sténodactylo pourra commencer à travailler?
3. Où le jeune vendeur a-t-il déjà travaillé?
4. Où la jeune Allemande a-t-elle étudié?
5. Le jeune photographe est-il prêt à voyager?

Offres d'emploi; Aides familiales

6. Combien par mois vont recevoir les vendeurs débutants?
7. Pourquoi est-ce que la vendeuse pour le Shopping Centre doit parler anglais?
8. Qu'est-ce qu'elle doit envoyer?
9. Qu'est-ce que la jeune fille au pair doit absolument savoir faire?
10. Qu'est-ce qu'il faut qu'elle ne fasse pas?

Immobilier

11. Quels arrondissements de Paris préfère la famille belge?
12. Combien de pièces est-ce qu'il y a dans l'appartement de la rue Vaugirard?
13. Comment savez-vous que l'appartement de la rue Laurent-Pichot est élégant?
14. À quel étage se trouve l'appartement du 19e arrondissement?
15. Est-ce qu'il sera nécessaire de faire beaucoup de réparations à la fermette?

EXERCICE 2 *Vrai ou faux?*

____ **Corrigez les phrases incorrectes.**

Automobile; Perdu-trouvé; Guide touristique

1. On va insister sur le prix demandé pour la Renault.
2. L'Alfa Roméo est en mauvais état.
3. Le collier qu'on a perdu est un collier de diamants.
4. Un berger allemand est un cheval.
5. On sert trois repas par jour dans les abbayes aménagées pour les touristes en Bretagne.

Occasions; Vacances; Jeunes; Animaux

6. On vend le canapé-lit et le fauteuil parce qu'on vient d'en acheter des nouveaux.
7. La flûte qu'on vend est suédoise.
8. Il y a deux téléviseurs dans la maison et le bungalow en Corse.
9. La famille suisse a deux filles.
10. Un toiletteur gagne très peu d'argent.

EXERCICE 3 *Les abréviations*

Expliquez les abréviations soulignées.

1. Appt de grd stand ds 7e ardt, 5 P, cuis équipée, chf. cent., 6 ét. asc. Tél. 521-73-40.
2. Comptables H./F. début. ou expér. Env. c.v. ou se prés. au NADEX, 21 rue de Londres.

ACTIVITÉS

1 Dans un journal, trouvez des petites annonces ou des publicités pour acheter ou louer des appartements ou des maisons. Comparez-les à celles du texte.

2 Rédigez une petite annonce pour un journal français. Choisissez un des sujets suivants:

- Vous voulez vendre un objet d'occasion.
- Vous cherchez un emploi (faire du baby-sitting ou donner des leçons particulières aux enfants).

Donnez tous les détails nécessaires. Évitez les phrases longues et compliquées.

3 Rédigez une petite annonce où vous louez ou vendez votre appartement ou maison. En vous inspirant des annonces dans le texte, précisez les indications importantes.

RETOURNEZ CE BON ACCOMPAGNE DU REGLEMENT VOTRE ANNONCE PARAITRA 48 HEURES APRES RECEPTION A NOS BUREAUX.

DATE DE PARUTION SOUHAITEE

RUBRIQUE

TEXTE (une case par lettre, signe ou espace)

LIGNES SUPPLEMENTAIRES

NOM

ADRESSE TEL.

Signature :

REGLEMENT : C.C.P. ☐ CHÈQUE BANCAIRE ☐ MANDAT-LETTRE ☐

Majorez votre règlement de 59,30 F T.T.C. si vous désirez conserver l'anonymat (courrier réexpédié par les P.T.T.).

10
Le «crime» du routier

VOCABULAIRE

Il **s'est cassé** le bras.
Il a le bras **plâtré (dans le plâtre).**

un semi-remorque
un routier

des blessures:

une bosse **une plaie**

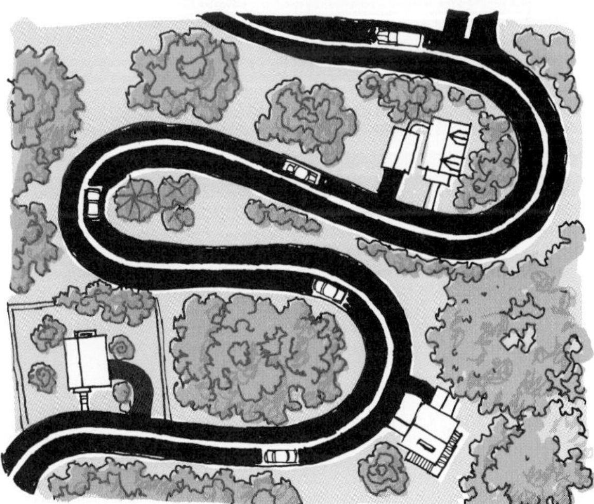

les lacets

l'autocar (le car)

EXERCICE 1

____ Complétez.

1. Le pauvre Paul! Il s'est ____ la jambe; c'est pour cela qu'il a la jambe ____.
2. Le ____ conduisait un ____. Ce chemin de montagne avait beaucoup de ____ dangereux. Tout à coup le camion est tombé dans un ravin, mais le routier est sorti indemne. Il n'avait que quelques petites blessures—des ____ et des ____.

EXERCICE 2 *Personnellement*

Répondez.

1. Est-ce que vous vous êtes jamais cassé le bras ou la jambe? Comment avez-vous fait?
2. Est-ce que les skieurs se cassent souvent la jambe? Combien de temps généralement ont-ils la jambe plâtrée?
3. Avez-vous déjà pris un repas dans un restaurant de routiers? Qu'est-ce que vous avez choisi?
4. Voudriez-vous conduire un semi-remorque ou un poids lourd? Dites pourquoi ou pourquoi pas.
5. Aimez-vous passer les vacances à la montagne? Avez-vous peur de voyager sur une route de montagne avec beaucoup de lacets?

Préparation à la lecture

Les faits divers d'un journal ne sont pas les nouvelles les plus importantes de la journée, mais ils peuvent être aussi intéressants que des romans ou des contes. Vous allez faire la connaissance d'un jeune routier, sincère et sérieux, qui travaillait tous les week-ends pour gagner assez d'argent pour faire vivre sa famille. Le «crime» qu'il a perpétré? C'est à vous de décider s'il est coupable ou innocent.

Le «crime» du routier

Parce qu'il ne voulait pas qu'on sache qu'il conduisait avec une main plâtrée, un chauffeur de camion a pris la fuite[1] après avoir provoqué un accident de car (30 blessés) hier, près de Chamonix.

Pour les gendarmes, comme pour les pompiers,[2] c'est un miracle qu'il n'y ait pas eu de morts ni de blessés graves, l'autre nuit, vers 23 heures au lieu-dit[3] les «Bossons», sur la «route blanche», à quelques kilomètres de Chamonix (Haute-Savoie). Au cours d'un dépassement[4] hasardeux, dans les lacets descendant vers les Houches, un poids lourd de 38 tonnes a accroché[5] et expédié dans le ravin un autocar transportant

[1]**a pris la fuite** *fled* [2]**pompiers** *fire fighters* [3]**lieu-dit** *place called* [4]**dépassement** *passing maneuver* [5]**accroché** *bumped into*

trente personnes. Après plusieurs tonneaux,[6] le car s'est immobilisé sur ses roues, six mètres plus bas, dans une prairie.[7]

Bousculés,[8] assommés,[9] tous ses passagers étaient pratiquement indemnes. Ils devraient tous avoir quitté l'hôpital aujourd'hui. Quant au conducteur du camion, Jean-Marie Parra, domicilié à Loisy-sur-Marne (Marne), il avait pris la fuite après l'accident. Bêtement.[10] Par peur. Parce qu'il conduisait alors qu'il avait l'avant-bras et la main gauche dans le plâtre. Trente kilomètres plus loin, il était arrêté par les gendarmes, au poste de péage de La Cluze.

Et une fois de plus, on va reparler des cadences infernales,[11] des routiers, obligés d'avaler[12] des kilomètres pour s'assurer des primes[13] et un salaire décent. Car Jean-Marie Parra n'est pas un chauffard.[14] Il a passé son permis poids lourd à dix-neuf ans, à l'armée, et n'a jamais eu d'accident grave, ni au volant de sa voiture ni à celui de son camion. Marié, père de quatre enfants, routier professionnel depuis cinq ans, ses employeurs n'avaient qu'à se louer de[15] ses services. Trop peut-être.

Car l'autre jour, Jean-Marie Parra s'est fracturé l'auriculaire[16] de la main gauche. Il a fallu lui plâtrer la main et l'avant-bras. Mais pas question pour lui de réclamer[17] un arrêt de travail. Les traites[18] de la maison et de la voiture, achetées à crédit, continuaient à courir et les affaires marchaient bien : ce n'était pas le moment de flemmarder.[19] Voilà cinq semaines que Jean-Marie travaillait tous les week-ends pour transporter des pizzas surgelées[20] d'Italie en France. Des voyages qui rapportaient[21] gros et arrondissaient[22] bien les fins de mois.

Fausse manœuvre

Avant un nouveau départ pour l'Italie, Jean-Marie Parra rassure donc son employeur, minimisant la blessure : «*Il m'a dit qu'il ne s'agissait que d'une foulure*[23] *et qu'il pouvait parfaitement conduire*, nous a déclaré ce dernier hier, *moi je ne suis pas médecin et aucun certificat de travail ne m'a été présenté.*»

C'est donc avec son plâtre que Jean-Marie s'installe au volant de son semi-remorque de trente-huit tonnes. Tout va bien jusqu'à ces lacets de la «route blanche». Là, la fatigue joue peut-être. En doublant[24] un autocar, qui ramenait de Venise un groupe de touristes de la région de St-Ours (Savoie), Jean-Marie Parra commet une fausse manœuvre. Sa main plâtrée le handicape peut-être. Toujours est-il que sa remorque flotte et accroche l'autocar, l'envoyant au fossé.[25] Le véhicule pique[26] dans le ravin, se retourne.[27] Son conducteur, Ferdinand Gillet, est éjecté. Quelques secondes plus tard il se relève,

---

[6]**tonneaux** *flips* [7]**prairie** *meadow* [8]**Bousculés** *Shaken up* [9]**assommés** *stunned* [10]**Bêtement** Stupidement [11]**cadences infernales** *terrible schedules* [12]**avaler** *"eat up"* [13]**primes** *bonuses* [14]**chauffard** *hit-and-run driver* [15]**se louer de** *praise* [16]**auriculaire** *little finger* [17]**réclamer** *demand* [18]**traites** *payments* [19]**flemmarder** *"goof off"* [20]**surgelées** *frozen* [21]**rapportaient** *brought in (money)* [22]**arrondissaient** *rounded out* [23]**foulure** *sprain* [24]**doublant** *passing* [25]**fossé** *ditch* [26]**pique** *tombe* [27]**se retourne** *overturns*

indemne, et court vers son car immobilisé dans une prairie. A bord, il n'y a pas de blessés graves. Des bosses, des contusions, quelques plaies; et c'est tout.

Jean-Marie Parra, lui, a continué sa route. Affolé,[28] il alerte par sa «C.B.» de bord un collègue de son entreprise qui roule une vingtaine de kilomètres derrière lui : *«Il a dû se passer quelque chose, je crois que j'ai «touché», je ne vois plus les phares du car derrière moi.»* Aussitôt, son ami lui ordonne de prévenir[29] les gendarmes : *«Arrête-toi au premier téléphone et donne l'alerte, si tu penses qu'il y a eu un accident.»*

Alcootest négatif

Jean-Marie Parra se range à cet avis, mais de toute façon les gendarmes, eux aussi, ont capté le message, et ils attendent le routier au péage de La Cluze. Arrêté, celui-ci ne cherche absolument pas à contester les faits. Fatigué, abattu,[30] il s'excuse : *«Je n'étais pas sûr...»*

Un alcootest est effectué : totalement négatif. Mais surtout, il y a cette main que le routier aimerait cacher.[31] Parce qu'au niveau du Code de la route et des assurances,[32] il ne sait pas trop s'il avait le droit[33] de conduire ou non. En fait, ce sont les experts qui détermineront s'il y avait ou non incapacité de conduite, mais il est certain qu'un trente-huit tonnes ne se manie pas comme une 2 CV.[34]

Malgré cela, après audition,[35] Jean-Marie Parra était relâché[36] hier matin, à dix heures, après avoir été averti[37] qu'il serait poursuivi[38] pour délit[39] de fuite et blessures involontaires. Dans le même temps, l'assureur[40] de son entreprise arrivait sur les lieux. Il va maintenant falloir déterminer les responsabilités de l'accident.

Pour des traites à payer, pour quelques billets de plus, Jean-Marie Parra avait-il le droit de prendre la route? Son employeur devait-il le laisser partir avec sa main dans le plâtre? Les cadences sont là, l'entreprise doit tourner, l'argent doit rentrer. Mais à quel prix?

L'accident de la «route blanche», finalement, se termine bien, mais il s'en est fallu de peu que l'on relève des cadavres,[41] au lieu-dit «Bossons». Bossons : quel nom. C'est à la fois le nom et la clef[42] du drame.

Jacques LESINGE.
Le Figaro

EXERCICE 1

Décrivez:

1. Les circonstances de l'accident:
   a. L'heure
   b. Le lieu
   c. Les véhicules
   d. Les personnes

[28]**Affolé** *Frantic* [29]**prévenir** *inform* [30]**abattu** *dejected* [31]**cacher** *hide* [32]**assurances** *insurance* [33]**le droit** *the right* [34]**2 CV** *very small model Citroën* [35]**audition** *court hearing* [36]**relâché** *released* [37]**averti** *warned* [38]**poursuivi** *prosecuted* [39]**délit** *misdemeanor* [40]**assureur** *insurer* [41]**il s'en est... cadavres** *they very nearly had bodies to pick up* [42]**la clef** *key (explanation)* («Bosser» est l'argot pour «travailler dur».)

2. Le conducteur du camion:
   a. Son nom
   b. Son domicile
   c. Sa famille
   d. Son travail (ce qu'il transportait)
3. Les passagers de l'autocar:
   a. Leur nombre
   b. D'où ils revenaient
   c. Où ils sont tombés
   d. Leurs blessures
4. La réaction:
   a. Des gendarmes et des pompiers
   b. Du collègue de Jean-Marie
   c. Des experts

EXERCICE 2

_____ **Répondez.**

1. Quelles deux raisons possibles donne le journaliste pour expliquer «la fausse manœuvre» de Jean-Marie?
2. Pourquoi est-ce que Jean-Marie ne s'est pas arrêté?
3. Qui a-t-il alerté par sa «C.B.»?
4. Où est-ce que les gendarmes l'attendaient?

EXERCICE 3

_____ **Expliquez.**

1. «les lacets de la route blanche»
2. «un trente-huit tonnes ne se manie pas comme une 2 CV»
3. «les cadences infernales des routiers obligés d'avaler des kilomètres»
4. «des voyages qui rapportaient gros et arrondissaient bien les fins de mois»

ACTIVITÉS

_____ 1 Sur une carte de la France (préférablement une carte routière), cherchez les départements et les villes nommés dans l'article. (Il y en a neuf.)

_____ 2 Préparez une réponse à la question du journaliste: «Jean-Marie avait-il le droit de prendre la route?»

_____ 3 Expliquez la dernière phrase de l'article: «Bossons: quel nom. C'est à la fois le nom et la clef du drame.»

_____ 4 Voilà quelques expressions du jargon cibiste. Lesquelles ressemblent à leurs équivalents anglais?

MIKE: Micro
BAC: Poste C.B.
CANNE À PÊCHE: Antenne
COPIER: Recevoir
BREAK: Demande de QSO (contact radio)
STAND-BY: Attente
ROGER: Compris
CHEERIO BY: Au revoir
VISU: Rencontre sympa
GASTRO: Repas
PUSH-PULL 4 PATTES: Voiture
PUSH-PULL 1000 PATTES: Camion

11

Les piqûres d'insectes

VOCABULAIRE

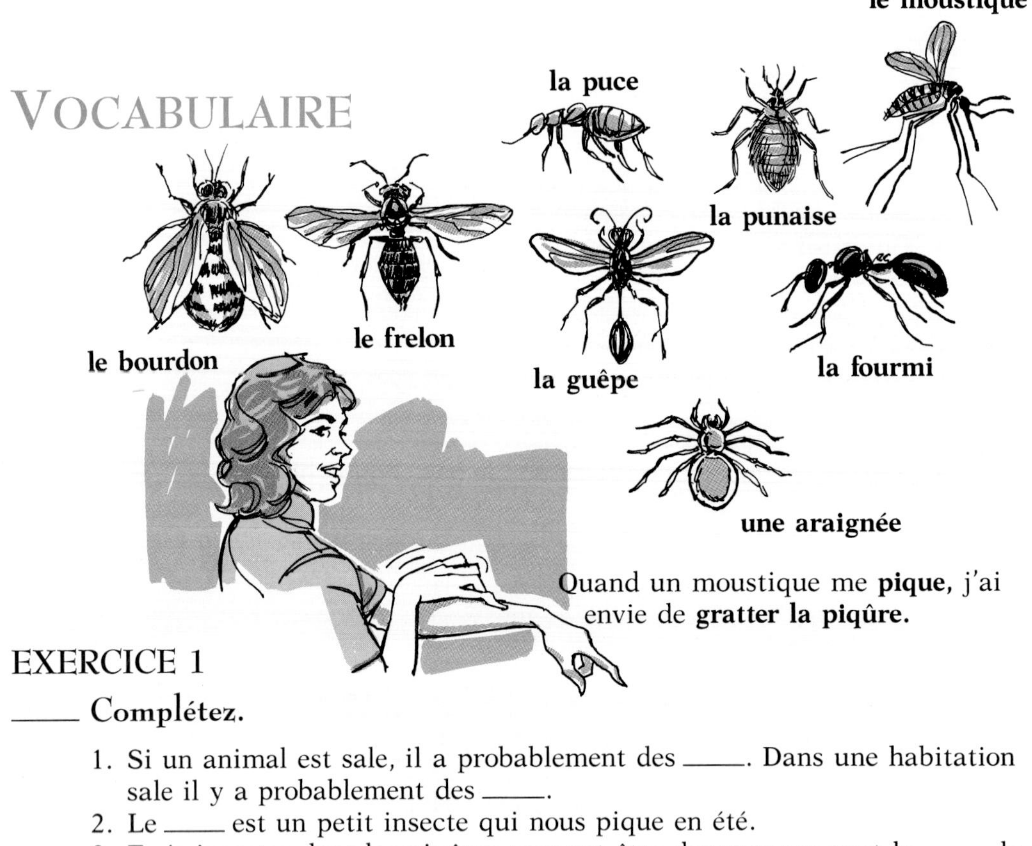

Quand un moustique me **pique,** j'ai envie de **gratter la piqûre.**

EXERCICE 1

____ **Complétez.**

1. Si un animal est sale, il a probablement des ____. Dans une habitation sale il y a probablement des ____.
2. Le ____ est un petit insecte qui nous pique en été.
3. Trois insectes dont les piqûres peuvent être dangereuses sont le ____, le ____ et la ____.
4. L' ____ attrape de petits insectes dans sa toile *(web).*
5. Si un insecte vous pique, il ne faut pas ____ la piqûre.

EXERCICE 2 *Personnellement*

____ **Répondez.**

1. Est-ce que votre chat ou votre chien a des puces? Est-ce qu'il porte un collier anti-puces?
2. Est-ce que les moustiques vous piquent en été? Grattez-vous les piqûres?
3. Êtes-vous allergique aux piqûres de bourdons, frelons ou guêpes?
4. Avez-vous déjà regardé une araignée tisser sa toile?

Préparation à la lecture

C'est la fin de l'année scolaire et le commencement des vacances d'été. On va à la campagne; on va à la montagne; on va à la mer. On cherche la verdure, la nature et le soleil. Et qu'est-ce qu'on trouve partout—à la campagne, à la montagne, à la mer? Qu'est-ce qui gâche[1] le plaisir de plus d'un vacancier? C'est ça! Vous avez bien raison! Ce sont les insectes, surtout les moustiques! Bien sûr, il est impossible de les éliminer. Par conséquent, il est nécessaire de savoir soigner les piqûres douloureuses[2] d'insectes.

Soigner les piqûres d'insectes

Les piqûres d'insectes (moustiques, puces, punaises) ou d'araignées sont peu douloureuses et bénignes. Dans la plupart des cas, elles ne nécessitent que peu de soins. En piquant la peau,[3] l'insecte «injecte» une infime[4] quantité de «liquide» qui provoque une réaction inflammatoire plus ou moins étendue selon la piqûre et la fragilité de la peau. Résultat: une rougeur[5] avec œdème,[6] ou un bouton.[7]

Que faut-il faire?

- Les personnes sensibles[8] peuvent se protéger contre les piqûres en appliquant un produit anti-insecte: crème, spray, essence de citronnelle, etc.
- En cas de piqûre: appliquez une pommade désinfectante et calmante, et évitez de gratter. Si les boutons s'infectent, désinfectez localement avec un produit antiseptique.
- Les piqûres de guêpes, bourdons, frelons sont plus douloureuses et peuvent être plus graves. Ne retirez le dard[9] qu'avec précaution et avec l'ongle. Évitez surtout d'utiliser une pince[10] qui risque d'écraser[11] la poche à venin qui y adhère parfois. Appliquez ensuite une compresse d'eau vinaigrée ou d'alcool à 90°.

Chez les sujets allergiques

En principe, les personnes allergiques connaissent leurs allergies. Les piqûres de guêpes, frelons, bourdons peuvent entraîner[12] des réactions sérieuses: état de choc,[13] problèmes respiratoires, œdèmes à la glotte[14] (en cas de piqûre à la gorge

---

[1]**gâche** *spoils* [2]**douloureuses** *painful* [3]**peau** *skin* [4]**infime** tout petit [5]**rougeur** coloration rouge [6]**œdème** *swelling* [7]**bouton** *insect bite bump* [8]**sensible** *sensitive* [9]**dard** *stinger* [10]**pince** *tweezers* [11]**écraser** *crush* [12]**entraîner** causer [13]**choc** *shock* [14]**glotte** *opening of the larynx*

ou à la langue). Consultez immédiatement un médecin, qui fera une injection de cortisone.

Piqûres multiples

En cas de piqûres multiples, et chez l'enfant, les quantités de venin introduites dans le sang[15] peuvent entraîner une grave réaction de l'organisme. Il faut calmer le patient, le rassurer et le transporter vers l'hôpital le plus proche, si un médecin ne peut intervenir sur place.

Femme Actuelle

EXERCICE 1

____ **Répondez.**

1. Nommez les insectes dont les piqûres sont bénignes.
2. Quels sont les résultats de la réaction inflammatoire provoquée par une piqûre?
3. Comment les personnes sensibles peuvent-elles se protéger contre les piqûres?
4. Qu'est-ce qu'il faut appliquer en cas de piqûre?
5. Quelles piqûres sont douloureuses?
6. Pourquoi est-ce que certaines piqûres peuvent être dangereuses?
7. Quelle sorte d'injection fera le médecin dans ces cas?

EXERCICE 2

____ **Décrivez:**

1. La façon de retirer le dard de la piqûre
2. Les réactions dont peuvent souffrir les personnes allergiques
3. Ce qu'il faut faire en cas de piqûres multiples

ACTIVITÉS

1 Avez-vous déjà été présent(e) quand un bourdon, un frelon ou une guêpe a piqué une personne allergique? Quelles ont été ses réactions? Quel médicament a-t-il (elle) pris? Est-ce qu'un médecin lui a fait une injection de cortisone?

---

[15]**sang** *blood*

2 Le mot «pique-nique» vient du mot «piquer» que vous connaissez déjà, et du mot «nique» qui signifiait autrefois «petite chose». Vous savez bien qu'aujourd'hui un pique-nique signifie un repas en plein air. Aimez-vous faire un pique-nique? Est-il déjà arrivé que des moustiques, des mouches, des bourdons ou des fourmis vous aient gâché un pique-nique? Décrivez ce qui s'est passé, les réactions des pique-niqueurs, comment vous avez lutté contre «l'invasion».

3 Si vous vous intéressez à l'entomologie (la partie de la zoologie qui traite des insectes), cherchez des renseignements sur les insectes mentionnés dans le texte. Présentez à la classe les résultats de vos recherches.

- les classifications d'insectes
- les façons de piquer
- les dards
- le venin et ses effets
- pourquoi l'araignée n'est pas, à proprement parler, un insecte

12

Lettre ouverte

décerner (les Oscars et les Césars)

élire* (Aux élections nationales on élit le président.)

EXERCICE 1

____ **Complétez.**

1. C'est au mois d'avril que l' «Academy of Motion Pictures» ____ les Oscars. En France on ____ les Césars.
2. —Les élections auront lieu mardi. Va-t-on ____ le même gouverneur qu'on a élu l'an dernier?
   —Sans doute! Nous ____ toujours le meilleur candidat!

EXERCICE 2

____ **Devinez.**

1. Un anglicisme est un mot emprunté (pris) à l'anglais. Alors...
   Un latinisme est un mot emprunté ____.
   Un arabisme est un mot emprunté ____.
   Un gallicisme est un mot emprunté ____.
   Un hellénisme est un mot emprunté ____.
2. Sauriez-vous expliquer les mots suivants?
   Un barbarisme
   Un néologisme

**Élire* se conjugue comme *lire*.

EXERCICE 3 *Personnellement*

_____ **Répondez.**

1. Avez-vous déjà vu à la télé la présentation des Oscars? La regardez-vous tous les ans? Êtes-vous toujours d'accord avec les choix qu'on fait?
2. Est-ce que vous vous intéressez aux élections de votre ville? De votre État? De la nation? Aurez-vous plus d'intérêt quand vous pourrez voter?

Préparation à la lecture

Vous allez lire une lettre écrite par Georges Cravenne, membre de l'Académie des Arts et Techniques du Cinéma, aux membres de l'Académie française. C'est le cardinal Richelieu, ministre de Louis XIII, qui a fondé l'Académie française en 1635. Elle comprend 40 membres, appelés «les Immortels», qui sont écrivains, diplomates, savants, militaires, etc., et sont élus par les académiciens. L'Académie est chargée d'épurer[1] et de fixer la langue française et de rédiger[2] le Dictionnaire de l'Académie.

Quand Cravenne a écrit cette lettre, Marguerite Yourcenar venait d'être élue en 1981 la première femme membre et il restait, cette année-là, un académicien à élire.

LETTRE OUVERTE À MADAME ET MESSIEURS LES 39 IMMORTELS

par Georges Cravenne père des Césars

Au cours d'un de vos jeudis[3], vous avez interdit[4] l'entrée du dictionnaire, ce paradis grammatical, au mot «nominé». Notre Académie, celle des Arts et Techniques du Cinéma, qui décerne les Césars, n'a jamais employé ce mot dans ses communiqués. Les journalistes, eux, en revanche, l'emploient quasi[5] systématiquement. C'est qu'il n'existe pas dans la langue française de mot qui exprime aussi précisément que «nominees» en anglais, ou nominés en français, ce que sont les nominations en vue de l'attribution des Oscars ou des Césars.

Il y a longtemps que la langue anglaise a envahi la nôtre, qu'anglicisme n'est plus synonyme de néologisme et encore moins de barbarisme.

---

[1]**épurer** rendre pur [2]**rédiger** écrire [3]**jeudis** *regular meetings, held on Thursdays* [4]**avez interdit** *forbade* [5]**quasi** presque

Et je mets quiconque au défi[6] d'écrire dans un autre «français» le récit qui va suivre:

C'est en «tramway» que je suis arrivé devant le «hall» de la gare où j'ai failli tomber[7] sur les «rails» en rejoignant mon «wagon». Je me rendais pendant le «week-end» à la vente des «yearlings» destinés au «steeple-chase» de Longchamp et au «jumping» du «polo» de Bagatelle.

En arrivant, j'ai déjeuné au «club-house» où ma fille Rebecca m'a parlé de la «surprise-party» qu'elle comptait organiser soit[9] au «Racing-Club» de Paris, soit au «Country-Club» de Saint-Cloud.

Au «bar», me dit-elle, on servira des «cocktails» de fruits et du «popcorn» et pendant que l'orchestre de «jazz», éclairé par des «spots», jouera des «slows» et des «blues», et que le «pick-up» diffusera de la musique «rock», on mangera des «sandwiches» au «roastbeef».

Georges Cravenne avec un César

De son côté, mon fils François-David, «baskets» aux pieds, «t-shirt» et «pullover» sur le dos, avec son «blue-jean» délavé, est allé au «parking» prendre sa moto garée près d'un «side-car». Après quelques ennuis[10] de «starter», il est allé faire du «shopping» dans un «self-service» équipé d'un «escalator» permettant d'atteindre l'étage du «fast-food» où il a dévoré un «hot dog».

Pour lui, le loto[11] «sportif» est un véritable «puzzle», mais comme il connaît mieux les joueurs de «football» que ceux de «rugby» ou de «volleyball», c'est en

---

[6]**je mets quiconque au défi** *I defy anyone* [7]**j'ai failli tomber** *I almost fell*
[8]**vente** *sale* [9]**soit... soit** *either... or* [10]**ennuis** problèmes [11]**loto** *lotto; bingo*

mâchant[12] du «chewing-gum» qu'il va suivre les «matchs» et parier[13] sur les «outsiders», malgré leur «handicap».

Et cætera... Et cætera... Et cætera.

De quoi est faite la langue française? De gallicismes, certes, mais aussi de latinismes, d'hellénismes, d'arabismes, etc. Elle s'est enrichie au fil des siècles[14]; quoi de plus normal si, en cette fin de XXe siècle, c'est principalement d'Angleterre et d'Amérique que nous vient cet enrichissement.

Mieux que personne, Madame, Messieurs, chers Maîtres, vous savez que l'anglais compte plus de 100 000 mots, alors que l'écrivain français ne dispose, lui, que d'un vocabulaire de 35 000 mots.

Prenons encore l'exemple bien contemporain du mot «sponsor». Quand vous serez à la lettre «S» vous allez sans doute le rejeter du dictionnaire. Et vous n'aurez peut-être pas raison. Vous aurez tort pour la simple raison qu'il n'existe aucun mot dans la langue française pour dire... «sponsor» ou «sponsoring».

À partir du moment où il existe un mot, un seul, «sponsor»—et qui vient automatiquement sous la plume de ceux qui écrivent—pour dire ce qui en exige[15] au moins trois ou quatre dans la langue française, pourquoi ne pas vite le faire entrer dans le dictionnaire.

Écririez-vous: «élément-de-mobilier-servant-à-s'allonger-pour-dormir» si vous aviez à parler d'un lit?

Le «sponsoring» est un aspect nouveau de la vie moderne. Les Latins, les Grecs, les Arabes ne pouvaient pas l'avoir inventé.

Et puis, vous avez bien fini par accueillir le mot interview, le mot major, le mot gentleman... Pourquoi ne pas accepter «nominé» et «sponsor»?

En vous adressant mes respectueuses salutations, je vous prie, Madame, Messieurs, chers Maîtres, de bien vouloir excuser mon impertinence.

Paris Match

EXERCICE 1

Répondez.

1. Qui est Georges Cravenne?
2. Pourquoi est-ce qu'on l'appelle le «Père des Césars»?
3. Quel mot propose-t-il que l'Académie accepte?
4. Est-ce que Cravenne croit que les anglicismes sont des néologismes ou des barbarismes?
5. Combien d'anglicismes est-ce que Cravenne utilise dans son récit?
6. D'après Cravenne, de quoi est faite la langue française?

---

[12]**mâchant** *chewing* [13]**parier** *bet* [14]**au fil des siècles** *through the centuries*
[15]**exige** *requires*

EXERCICE 2

____ **Complétez les phrases avec les arguments que donne Cravenne en faveur des mots « sponsor » et « nominé ».**

1. L'enrichissement de la langue française au XXe siècle devrait venir de ____.
2. Le vocabulaire français est moins ____.
3. Il n'existe aucun mot ____.
4. Il est impossible d'employer un latinisme, un hellénisme ou un arabisme parce que ____.
5. L'Académie devrait accepter «nominé» et «sponsor» parce que ____.

L'Académie française à l'occasion de son 350e anniversaire (1985)

Activités

____1 Faites une liste de gallicismes en anglais. (Vous en trouverez beaucoup en parlant de cuisine, de diplomatie, et de technologie.)

____2 Que pensez-vous du récit de Cravenne? Va-t-il réussir, par cette longue liste, à persuader les académiciens d'accepter «nominé» et «sponsor»?

3 Est-ce qu'il existe aux États-Unis ou en Grande Bretagne l'équivalent de l'Académie française? Qui décide si un mot nouveau doit être accepté? Avons-nous besoin d'un Dictionnaire de l'Académie pour la langue anglaise?

4 Avec un camarade de classe, préparez une conversation où vous utiliserez au moins six anglicismes.

5 Préparez une réponse de l'Académie française à Georges Cravenne. À vous de décider si on va accepter ou rejeter ces deux mots. Donnez plusieurs raisons pour votre décision.

CHRISTIAN RUBIO
le coiffeur des STARS
164, Rue d'Alésia
75014 PARIS - Tél : 45.43.6
les Nouveaux Dimanches du Méridien
Samba, Salsa, Bossa et "Brunch"
Déjeuner Tropical en Musique
Tous les dimanches de l'été
12h30 à 16h00 au Patio de L'Hôtel

La publicité française abonde en mots empruntés à l'étranger.

LANGAGE DE LA
CONVERSATION

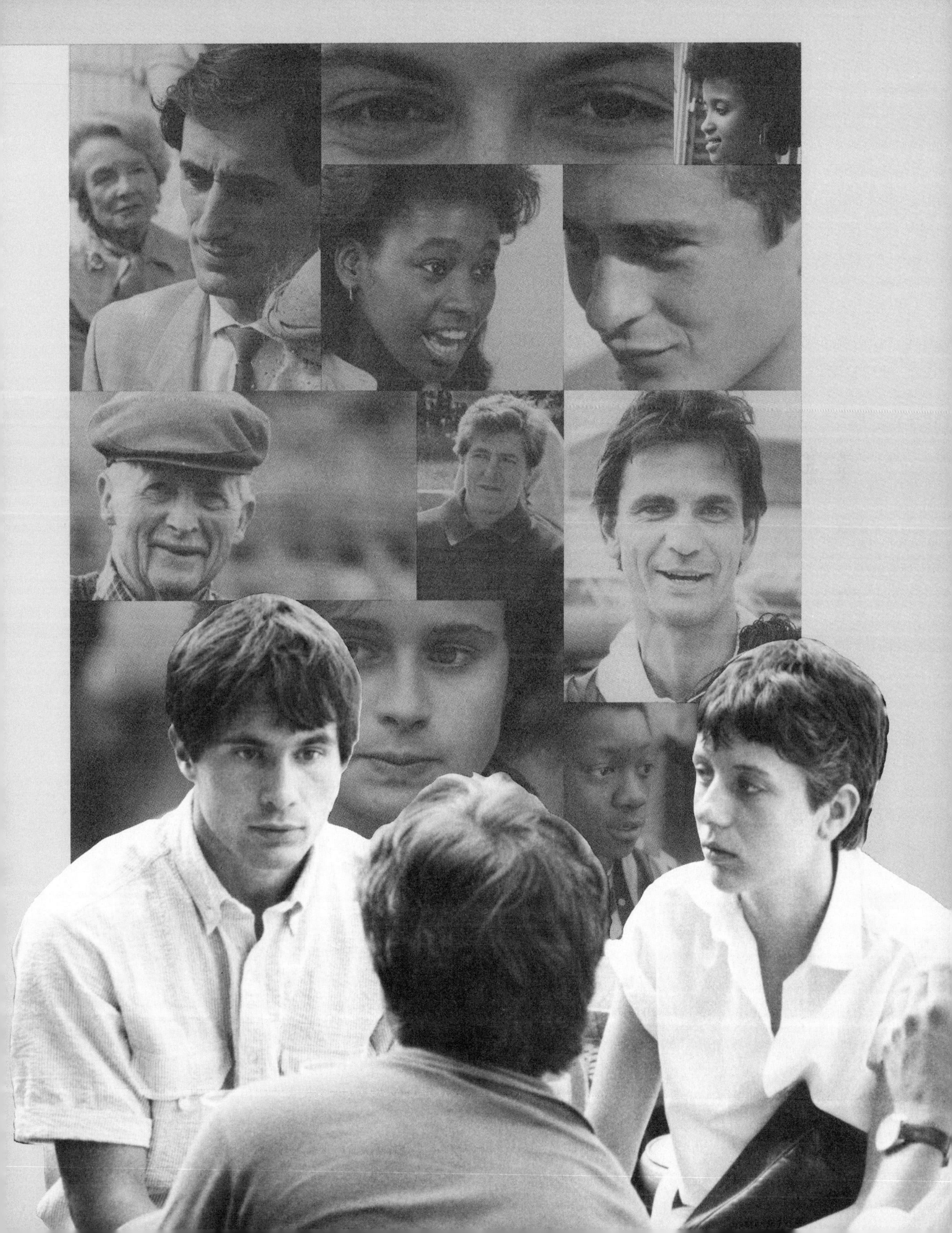

1

Les goûts et les intérêts

LANGAGE CONVENTIONNEL

NOTE In French, as in English, there are several expressions that convey the idea of *to like, to adore,* or *to appreciate.* Note the similarity of many of the French words to their English equivalents.

J'aime beaucoup ton nouveau chemisier. Il est très joli. Il me plaît beaucoup.
J'adore ton petit chien. Il est vraiment mignon.
BEETHOVEN
Pathétique
J'apprécie la musique classique.

EXERCICE 1 *Mini-conversations*

_____ **Complétez et pratiquez.**

1. Je viens de remercier Jacques.
   Tu l'as remercié? Pourquoi?
   Il m'a beaucoup aidé quand j'étais malade et j'_____ tous ses efforts.

2. Tu ____ ce bracelet?
   Oui. Il est très chouette. Tu viens de l'acheter?
   Non. Papa me l'a donné pour mon anniversaire.
3. Qu'est-ce qu'il est mignon, ton chien!
   Tu crois? Je l'____, cette bête.
   Ce n'est pas difficile. Il est vachement adorable.

EXERCICE 2 *Ce que j'aime*

____ **Précisez cinq choses que vous aimez.**

EXERCICE 3 *Ce que j'adore*

____ **Précisez cinq choses que vous adorez.**

EXERCICE 4 *Ce que j'apprécie*

____ **Précisez cinq choses que vous appréciez.**

NOTE There are many adjectives in French to describe something that you really like.

—Tu as vu le film?
—Oui, et je l'ai beaucoup aimé.
—Moi aussi. Il m'a plu. Je l'ai trouvé très bien.

EXERCICE 5 *Un très bon film*

____ **Avec un(e) camarade, refaites le dialogue de la note en remplaçant *très bien* par les mots suivants.**

1. formidable
2. extraordinaire
3. superbe
4. merveilleux
5. magnifique
6. sublime
7. génial
8. sensationnel

EXERCICE 6 *Il m'a plu.*

____ **Répondez.**

1. Le livre que tu as lu, il t'a plu?
   Pourquoi? Comment l'as-tu trouvé?
2. Le film que tu as vu, il t'a plu?
   Pourquoi? Comment l'as-tu trouvé?
3. La lettre que tu as reçue, elle t'a plu?
   Pourquoi? Comment l'as-tu trouvée?
4. La nouvelle que tu as reçue, elle t'a plu?
   Pourquoi? Comment l'as-tu trouvée?

NOTE When something actually amazes or astonishes you, you can use the following expressions.

J'ai été émerveillé(e) par sa beauté.
Et j'ai été également étonné(e) par son charme.

EXERCICE 7 *Elle m'a plu.*

Exprimez d'une autre façon.

1. La pièce de théâtre m'a beaucoup plu.
2. J'ai trouvé la musique formidable.
3. Et j'ai trouvé les costumes sublimes.
4. J'ai été émerveillé(e) par la beauté des acteurs et des actrices.
5. C'était extraordinaire.
6. Comme je t'ai dit, j'ai beaucoup aimé la pièce.

NOTE The following expressions can be used when speaking of things that interest or attract you, or that pique your curiosity.

Je m'intéresse au théâtre.
Le théâtre m'intéresse beaucoup.
Ça me tente.
Ça m'attire.
Ça excite ma curiosité.

EXERCICE 8 *Ça m'intéresse.*

Précisez cinq choses qui vous intéressent.

EXERCICE 9 *Les activités qui m'attirent*

Pendant vos loisirs, quelles sont les activités qui vous attirent?

EXERCICE 10 *Ça excite ma curiosité.*

Il y a bien sûr des choses que vous n'avez jamais faites mais que vous voudriez faire car elles excitent votre curiosité. Précisez-les.

CONVERSATION

Une émission superbe

Richard Madame Chenu, avez-vous vu l'opérette à la télévision hier soir? Tout le monde en parle.

Mme Chenu Ah oui, et j'ai trouvé ça formidable. La mise en scène était merveilleuse. Et j'ai été émerveillée par la qualité de la voix des chanteurs.

Richard	Effectivement. Je l'ai beaucoup aimée moi-même. J'ai apprécié les qualités de ce spectacle que la critique d'ailleurs porte aux nues.*
Mme Chenu	Richard, il me semble que tu t'intéresses beaucoup au théâtre.
Richard	Ah oui! C'est vrai, madame. Tout ce qui concerne le théâtre m'attire et excite ma curiosité.
Mme Chenu	Un de ces jours tu seras peut-être une grande vedette.

EXERCICE 11 *Un spectacle extraordinaire*

Répondez.

1. Qu'est-ce que Richard et Mme Chenu ont vu hier soir?
2. Comment Mme Chenu a-t-elle trouvé cette émission?
3. Comment était la mise en scène?
4. Par quoi a-t-elle été émerveillée?
5. Et Richard, comment a-t-il trouvé l'émission?
6. Qu'est-ce qu'il a beaucoup apprécié?
7. Qu'est-ce que Mme Chenu a remarqué?
8. Qu'est-ce qui attire Richard?
9. Que sera-t-il un jour?

EXERCICE 12 *Les opinions de Mme Chenu*

Comment Mme Chenu a-t-elle exprimé les idées suivantes?

1. Elle a trouvé le spectacle superbe.
2. Elle a beaucoup aimé le spectacle.
3. La mise en scène était extraordinaire.
4. Elle a beaucoup apprécié la voix des chanteurs.

LANGAGE FAMILIER

NOTE As is the case with speakers of all the world's languages, French people tend to use a less formal type of speech when talking to family members or close friends. Young French people, the same as young Americans, tend to address one another in rather informal language as soon as they meet.

The following are informal expressions you will frequently hear people use to express what they like or what they are really crazy about.

Je suis dingue de cette musique.
Je suis également un(e) fana de danse.

***porte aux nues** *praises to the sky*

«C'est super, cette chanson!»

Some informal adjectives you will hear people use to describe something really great are:

C'est vachement chouette.
C'est super.
C'est extra.
C'est super-bon.
C'est géant.
C'est terrible.
C'est sensas.

Note that **terrible** can have a positive as well as a negative meaning.

The following informal expressions both mean that the speaker is astonished or flabbergasted.

Je suis épaté(e) par sa beauté.
J'en suis baba.

EXERCICE 13 *Tout le monde en est dingue!*

____ Complétez avec des synonymes de *superbe*.

1. Le rock, je le trouve ____.
2. Tu as raison. C'est vraiment ____.
3. Et tu sais, mon père le trouve ____ également.
4. Ton père le trouve ____? C'est dingue ça.

EXERCICE 14 *Personnellement*

____ Complétez.

1. Je suis un(e) fana de ____.
2. C'est ____.
3. Je suis dingue de ____.
4. Je suis épaté(e) par ____.
5. Je suis baba de ____.

EXERCICE 15 *Un fana*

____ Complétez et pratiquez la conversation.

—Robert est très enthousiaste pour le sport, n'est-ce pas?
—Ah oui. Il est très ____ de sport.
—Il aime le foot.
—Oui. Il est ____ de foot. Il en est ____.

NOTE **Dingue** (or **dingo**) is a fun word that is used in many different contexts.

Elle est dingue de cette musique.	*She's crazy about this music.*
Ce mec est dingue de cette nana.	*This guy is crazy about (nuts over) that gal.*
Il devient dingue quand il la voit.	*He goes nuts (ape, bananas, bonkers) every time he sees her.*
Cette histoire est dingue.	*That story is crazy (in the sense of unbelievable).*
Il est dingue, ce mec.	*That guy's crazy.*

As with the English *crazy,* **dingue** as used in the last case can have a fun meaning or a negative meaning depending upon the intonation.

EXERCICE 16 *Dingo*

Exprimez en français.

1. He's crazy and she's crazy too.
   Il est ____ et elle est ____.
2. She's crazy about that guy.
   Elle est ____ de ce mec.
3. I know. And he flips out every time he sees her.
   Je le sais. Et lui, il devient ____ quand il la voit.
4. The whole thing's crazy. I can't believe it.
   C'est ____ ça. Je ne peux pas le croire.

CONVERSATION

Une super-expo

Lulu Salut! Je ne t'ai pas rencontrée à la super-exposition de photos au centre Pompidou. J'en étais baba. J'y suis allée avec Sophie qui est une fana de photographie.

Mimi J'ai été voir cette expo hier matin. C'est à se mettre à genoux.* Comment dire? Super! Je veux y aller encore avec Jean-Yves. Il est dingue de photos.

*__C'est à se mettre à genoux__ C'est admirable

EXERCICE 17 *Une expo extra*

____ **Répondez.**

1. Qu'est-ce que Lulu a vu hier?
2. Comment a-t-elle trouvé l'expo?
3. Avec qui est-elle allée à l'expo?
4. De quoi est-elle une fana?
5. Est-ce que Mimi a vu l'exposition?
6. Comment l'a-t-elle décrite?
7. Pourquoi veut-elle aller voir l'expo avec Jean-Yves?

ACTIVITÉS

1 Imaginez que vous êtes en train de parler avec votre prof de français. Vous lui parlez d'un autre cours que vous suivez cette année et que vous aimez beaucoup. Qu'est-ce que vous lui dites?

2 Maintenant vous parlez avec votre meilleur(e) ami(e). Vous lui parlez d'un cours que vous suivez cette année et que vous trouvez super. Qu'est-ce que vous lui dites?

3 Précisez quelque chose dont vous êtes un(e) fana. Dites à un(e) camarade pourquoi vous en êtes dingue.

4 Hier soir vous avez vu une émission de télévision qui vous a beaucoup plu. Décrivez l'émission à votre prof d'anglais et dites-lui pourquoi vous la portez aux nues.

5 De toutes les matières que vous étudiez ou que vous avez étudiées, lesquelles vous intéressent beaucoup? Expliquez pourquoi elles vous attirent.

6 De tous les sports, lesquels vous attirent le plus, les sports d'équipe ou les sports individuels? Expliquez pourquoi.

2

Les antipathies

LANGAGE CONVENTIONNEL

NOTE To say that you do not like something, you can use the following expressions.

Je n'aime pas cette musique.
Cette musique ne me plaît pas.
Je déteste cette musique.
Elle me déplaît.

EXERCICE 1 *Ce que je n'aime pas*

_____ **Précisez cinq choses que vous n'aimez pas en complétant le monologue suivant.**

Je n'aime pas _____. Je _____ déteste. Vraiment.

EXERCICE 2 *Ça me déplaît.*

_____ **Precisez trois choses qui vous déplaisent.**

NOTE Some adjectives you may use to describe something you don't like because you think it's awful or disgusting are:

C'est affreux.
C'est horrible.
C'est effrayant.
C'est épouvantable.
C'est dégoûtant.

EXERCICE 3 *Tu l'aimes ou tu le détestes?*

_____ **Donnez une phrase d'après le modèle.**

Cette musique est affreuse.
Je la déteste.

1. Ce disque est épouvantable.
2. Cette musique est sublime.
3. Sa voix est horrible.
4. Je trouve sa voix charmante.

5. Ces bruits sont effrayants.
6. Ces bruits sont très agréables.
7. Ces remarques sont dégoûtantes.
8. Ce plat est délicieux.
9. Ce plat est dégoûtant.
10. Je trouve ses manières épouvantables.

EXERCICE 4

Donnez une phrase avec chacun des mots suivants.

1. affreux
2. désagréable
3. épouvantable
4. effrayant
5. dégoûtant

NOTE Expressions you can use to describe something that you do not like or that does not interest you because it is boring or annoying are:

C'est ennuyeux.
C'est fatigant.
C'est embêtant.
Je le trouve sans intérêt.

EXERCICE 5 *Mini-conversations*

Complétez et pratiquez.

1. —Je n'aime pas du tout l'histoire.
   —Le passé ne vous intéresse pas?
   —Non. Je le trouve ____.
   —C'est dingue. Moi, je le trouve passionnant.
2. —Son ami est très gentil mais le pauvre, il parle sans cesse et il ne dit rien.
   —C'est vrai. Je le trouve très ____.
   —Il est tellement ____ que j'ai envie de dormir quand il parle.

NOTE If there is someone or something you cannot stand, you can use the following expression.

Je ne peux pas supporter cette musique.
Je ne peux pas supporter (sentir) cette personne.

EXERCICE 6

Précisez trois choses que vous ne pouvez pas supporter.

Dites comment vous les trouvez.

Une émission affreuse

Mme Chauvet Alors, cher monsieur. Comment avez-vous trouvé l'émission d'hier soir à la télé?

M. Maçon Ah, chère madame. Comment vous dire? Que ce spectacle m'a déplu! Une mise en scène triste, des gestes horribles. Et je n'ai pas apprécié la musique. Je déteste tous ces sons électroniques.

Mme Chauvet Ah, Monsieur Maçon, je suis d'accord avec vous. J'ai trouvé cette émission sans intérêt. C'était vraiment épouvantable. Je ne peux pas supporter le bruit de cette musique. C'est effrayant.

EXERCICE 7 *Une émission épouvantable*

Corrigez les phrases incorrectes.

1. Le spectacle a beaucoup plu à Monsieur Maçon.
2. Il a trouvé la mise en scène superbe.
3. Le jeu des acteurs était merveilleux.
4. Il a beaucoup aimé la musique.
5. Il apprécie beaucoup les sons électroniques.
6. Mme Chauvet a trouvé l'émission superbe.
7. À son avis, c'était vraiment formidable.
8. Elle trouve le son de cette musique sublime.

LANGAGE FAMILIER

NOTE Some informal expressions you will hear people use to express dislike or lack of interest are:

Je ne suis pas fana de boxe.
C'est un sport qui me rend dingue (fou, folle).
Ça me laisse froid(e).
Ça me laisse de glace.
Je n'en ai rien à faire.

The expression below is one that you will hear people use to describe something annoying or unpleasant.

C'est emmerdant.

As a foreigner, you should avoid using certain expressions that you will hear native speakers use among themselves, since you could easily misuse them and be considered rude. Rather than use the word **emmerdant,** you should use the words **ennuyeux** or **embêtant.**

A common informal expression that describes anything that is unpleasant, rotten, lousy, is:

C'est moche.

A slang expression used to state that you cannot stand someone is:

Je ne peux pas le (la) blairer.

EXERCICE 8 *Le pauvre Adrien*

____ **Répondez.**

1. Tu peux le blairer, cet Adrien?
2. Il te rend dingue?
3. Est-ce que tu trouves son comportement moche?
4. Tu trouves ses actions embêtantes?
5. Tu n'as rien à faire avec lui?

EXERCICE 9

____ **Exprimez les idées suivantes d'une façon plus familière.**

1. Ces sons électroniques me *déplaisent.*
2. Je *déteste* cette musique.
3. Je la trouve *affreuse.*
4. Et ce mec qui chante maintenant, je ne peux pas le *supporter.*

NOTE **Bof!** is a useful exclamation to use with close friends to say that you have little or no enthusiasm for something.

Tu es fana de danse?
Bof!

EXERCICE 10 *Personnellement*

____ **Répondez avec *Bof!* ou *oui.* Dites pourquoi vous avez choisi votre réponse.**

1. Tu aimes la boxe?
2. Tu aimes la musique classique?
3. Tu aimes le rock?
4. Tu aimes la poésie?
5. Tu aimes les romans policiers?

Conversation

Une expo de photos

Fanny Tu ne parais pas en forme. J'espère que ce n'est pas à cause de cette embêtante exposition de photos. Elle t'a plu?

Riri Bof! J'ai trouvé cette expo emmerdante. Je ne suis pas très fana de photo, tu sais. Et en plus, toutes ces photos de guerre me laissent froid.

EXERCICE 11 *Une expo embêtante*

____ **Répondez.**

1. Qui ne paraît pas en forme?
2. Comment Fanny a-t-elle trouvé l'exposition de photos?
3. Est-ce que Riri était d'accord avec elle?
4. Comment l'a-t-il trouvée?
5. Est-ce que Riri aime beaucoup la photographie?
6. Quelles photos le laissent froid?

Activités

1 Imaginez que vous parlez à la mère de votre copain. Vous discutez avec elle d'un livre ou d'un magazine que vous venez de lire. Vous l'avez trouvé épouvantable. Expliquez à la mère de votre copain ce que vous pensez du livre ou du magazine.

2 Imaginez que vous parlez à un copain d'une émission de télévision que vous avez trouvée vraiment moche. Dites-lui pourquoi.

3 Vous êtes en train de discuter avec un ami d'un sport dont vous êtes dingue. Vous le trouvez extra mais votre ami(e) n'aime pas du tout ce sport. Il le (la) rend dingue. Il (elle) le trouve affreux. Préparez la conversation entre vous et votre ami(e).

4 Faites une liste des choses que vous trouvez embêtantes. Dites à un copain pourquoi elles vous laissent de glace.

5 Faites une liste des choses que vous trouvez assez désagréables. Dites à un ami de vos parents pourquoi ces choses vous déplaisent.

3

Le bonheur

LANGAGE CONVENTIONNEL

NOTE To say that you are happy or glad about something, you can use the following expressions.

Je suis content(e) **Je suis heureux (-euse)** **Je suis enchanté(e)** **Je suis ravi(e)** **Je suis fou (folle) de joie**	**d'avoir de vos nouvelles.**

When someone is happy about something because of the effort made, the word **satisfait** is often used.

Le prof est satisfait du travail que nous faisons.

EXERCICE 1 *Comme je suis content(e)!*

Répondez.

1. Tu es content(e) de faire le voyage?
2. Tu es heureux (-euse) d'être en France?
3. Tu es ravi(e) de faire la connaissance de beaucoup de Français?
4. Tu es fou (folle) de joie d'être à Paris?
5. Tu es enchanté(e) quand tu te promènes dans les rues de Paris?
6. Tu es satisfait(e) de ton itinéraire?

NOTE To say that you are extremely happy or enthusiastic about something, you can use the following expressions.

Je suis extrêmement content(e) de **Je suis joyeux (-euse) de** **Je me réjouis de** **J'ai beaucoup de plaisir à**	**vous annoncer que j'ai réussi mon bac.**

Jacques est très enthousiaste pour ce sport.
Il nage en plein bonheur.
Tout va bien et je me sens (je suis) de très bonne humeur.

EXERCICE 2 *Personnellement*

_____ **Complétez.**

1. Je suis extrêmement content(e) parce que...
2. Je suis joyeux (-euse) de savoir...
3. Je suis très enthousiaste pour...
4. Je me sens de très bonne humeur quand...
5. Je nage en plein bonheur car...
6. J'ai beaucoup de plaisir à vous dire que...
7. Je me réjouis d'apprendre que...

EXERCICE 3 *La joie*

_____ **Exprimez les idées suivantes d'une autre façon.**

1. Mon ami est extrêmement content.
2. Il est très heureux.
3. Il est ravi.

NOTE If you receive a piece of good news or if someone tells you something that makes you happy, you can respond with the following.

C'est très bien.
Parfait!
Formidable!
Tant mieux!

EXERCICE 4 *Formidable!*

_____ **Dites ce que vous en pensez.**

1. Mon frère a été accepté à l'université.
2. Notre équipe a gagné le match.
3. Lola a accepté mon invitation.
4. J'ai trouvé une bonne situation.
5. Mon ami Charles va se marier.

CONVERSATION

Une voisine célèbre

Élisabeth Madame Debrissac, je suis contente de vous rencontrer. J'ai été enchantée de voir votre photo dans le journal. Vous devez être heureuse de votre nomination à l'Académie d'Architecture.

Mme Debrissac Élisabeth, tu es très gentille. C'est vrai; je suis ravie. Je suis folle de joie de voir que ma carrière prend cette direction.

EXERCICE 5

_____ **Exprimez les idées suivantes d'une autre façon.**

1. Je suis heureuse de vous rencontrer, madame.
2. J'ai été très contente de voir votre photo dans le journal.
3. Je sais que vous êtes contente de votre nomination.
4. Je suis ravie de savoir que ma carrière prend cette direction.

EXERCICE 6 *De bonnes nouvelles*

_____ **Répondez.**

1. Pourquoi Élisabeth est-elle contente?
2. Qu'est-ce qu'elle avait vu dans le journal?
3. Pourquoi Madame Debrissac doit-elle être très heureuse?
4. Comment se sent-elle?
5. Pourquoi est-elle tellement heureuse?

LANGAGE FAMILIER

NOTE Some familiar phrases to express happiness are:

Je suis vachement heureux (-euse).
Je suis fou (folle) de joie.

To say that you are in an extremely good mood or that everything is fine in more familiar language, you can use the following expressions.

Tout va bien?
Ah, oui, j'ai la pêche.
Ah, oui, j'ai une pêche du tonnerre.

Ça va?
Ça gaze!
Ça gaze au poil!
Ça boume!

EXERCICE 7

_____ **Exprimez les idées suivantes d'une façon plus familière.**

—Je suis très heureuse de savoir que Ginette va nous rendre visite.
—Et moi aussi. Je suis joyeuse de savoir que son frère viendra avec elle.

Conversation

Une bonne nouvelle

Anatole Salut, Pierre. Tu sembles avoir une pêche du tonnerre.

Pierre Tu mets dans le mille,[1] coco![2] Ça gaze au poil.

Anatole Mais qu'est-ce qui se passe?

Pierre C'est que je viens de recevoir une lettre de Cynthia. Elle arrive de Philadelphie la semaine prochaine.

Anatole Ça pour une bonne nouvelle, c'est une bonne nouvelle. Je suis vachement heureux pour toi. Tu vas péter le feu[3] pendant son séjour.

Pierre C'est bien ça. Et samedi soir je vais faire une boum pour tous les potes.[4]

EXERCICE 8 *Il est de bon poil, Pierre.*

Expliquez pourquoi Pierre semble avoir une pêche du tonnerre.

EXERCICE 9

Exprimez d'une autre façon.

1. Tu sembles très joyeux.
2. Tu as raison.
3. Tu vas bien t'amuser.
4. Il a de bons amis.

Activités

1 Un journaliste est en train de vous interviewer parce que vous venez de gagner une course cycliste. Décrivez votre joie.

2 Imaginez que vous venez de recevoir une lettre de l'université de votre choix. L'université vous a accepté(e) pour l'année prochaine et vous a offert une bourse qui paiera tous vos frais d'inscription. Décrivez à un très bon ami (une très bonne amie) comment vous vous sentez.

---

[1]**mettre dans le mille** *to be right on target* [2]**coco** *term of endearment among close friends* [3]**péter le feu** *go all out and have a blast* [4]**potes** amis

4

Le mécontentement

LANGAGE CONVENTIONNEL

NOTE When you are unhappy about something, you can use the following expressions.

Je ne trouve pas ça bien.
Je ne suis pas content(e).
Je suis mécontent(e) du mauvais temps.
Elle est maussade quand il pleut.

When something bothers, annoys, or angers you, you can use the expressions below. The degree of annoyance or anger is indicated by the illustration.

Il est agacé.
Il est énervé.

Elle est fâchée.
Elle est ennuyée.

Il est furieux.
Il est en colère.

Elle est agacée
Elle est énervée
Elle est fâchée
Il est ennuyé
Il est furieux
Il est en colère

de savoir que tu as menti.

Note the following constructions.

Je suis agacé(e) par son comportement. Ça m'agace.
Je suis énervé(e) par son comportement. Ça m'énerve.
Je suis fâché(e) avec lui. (Je ne lui parle plus.)
Je suis fâché(e) contre lui. (Je suis vraiment irrité(e).)
Je suis ennuyé(e) de (par) son impatience. Ça m'ennuie.
Je suis furieux (-euse) contre lui.
Je suis furieux (-euse) de ses actions.

EXERCICE 1 *Observations*

____ Based on the preceding examples, answer the following grammatical questions.

1. When the expressions **agacé, énervé, fâché, ennuyé,** and **furieux** are followed by an infinitive, what preposition precedes the infinitive?
2. The adjective **furieux (-euse)** can be followed by either the preposition **contre** or **de.** Which of these prepositions is used with a person? Which is used with things?
3. The expression **fâché(e)** can be followed by either the preposition **avec** or **contre.** The use of the preposition changes the meaning, however. Which of these two prepositions would you use to convey the meaning that the person is really irritated with someone but they still speak and see each other? Which preposition indicates that the people have actually broken with each other and they no longer speak?

EXERCICE 2 *Je suis maussade.*

____ Complétez avec des choses qui vous ennuient.

1. Je suis mécontent(e) de...
2. Je suis maussade quand...
3. Je suis agacé(e) par...
4. Je suis fâché(e) de savoir...
5. Je me mets en colère quand...
6. Je suis furieux (-euse) de...

EXERCICE 3 *Personnellement*

____ Complétez.

1. Je connais bien mon prof de français. Il sera fâché si je...
2. Mes parents deviennent furieux quand...
3. Ça m'ennuie quand mes amis...

EXERCICE 4 *Personnellement*

____ Répondez.

1. Est-ce que tes copains t'agacent de temps en temps?
2. Qu'est-ce qu'ils font pour t'agacer?
3. Si tu es fâché(e) contre quelqu'un, est-ce que tu lui dis pourquoi tu es fâché(e)?
4. Et toi, est-ce que tu ennuies tes amis de temps en temps?
5. Comment les ennuies-tu?

NOTE The verb **ennuyer** is frequently used in French. This verb takes on several different meanings according to the context.

Cette conférence m'ennuie.	*This speech bores me.*
Il fait des choses qui m'ennuient.	*He does things that annoy me.*
Ça m'ennuie de vous demander de l'argent.	*It bothers (upsets, disturbs) me to ask you for money.*
Ça m'ennuie de refaire ce que je viens de faire.	*I don't like to redo what I have just done.*

«Ça m'ennuie de refaire...»

CONVERSATION

Madame Joubert est fâchée

Mme Joubert Je suis fâchée d'entendre qu'il y aura une coupure d'électricité ce soir. Cela m'ennuie car j'ai des invités. Qu'est-ce que je vais faire? Je suis en colère de savoir que la coupure durera jusqu'à demain.

M. D'Aumale Chère madame, je suis moi-même très agacé par cela. Je suis furieux de la lenteur des réparations. Nous allons avoir une soirée bien maussade.

EXERCICE 5

_____ Répondez.

1. Pourquoi Mme Joubert est-elle fâchée?
2. Pourquoi la coupure l'ennuie-t-elle beaucoup?
3. Pourquoi est-elle en colère?
4. Est-ce que M. D'Aumale est agacé également?
5. De quoi est-il furieux?
6. Comment sera la soirée sans électricité?

EXERCICE 6

____ Donnez le contraire.

1. Je suis content(e) de savoir qu'il y aura une coupure d'électricité.
2. Nous aurons une soirée très gaie sans électricité.
3. Je suis enchanté(e) de savoir qu'il n'y aura pas d'électricité avant demain.
4. Je suis heureux (-euse) de la lenteur des réparations.

LANGAGE FAMILIER

NOTE Following are some informal expressions you will hear people use to express displeasure, annoyance, or anger.

Il me répète mille fois la même chose. Ça me casse les pieds.
C'est pas* la joie, je t'assure.
Je l'ai déjà fait dix fois. J'en ai marre. C'est fini.
Je rouspète contre ses accusations qui sont tellement injustes.
C'est pas* réglo, tout ça.

	contre toi.
Je suis furax (furibard)	**de savoir que tu ne m'as pas dit la vérité.**
	quand tu me regardes comme ça.

EXERCICE 7 *Je suis furax.*

____ Complétez le monologue.

Je sais que tu me taquines et que tu ne me dis pas la vérité.
Tu trouves ça amusant mais ce n'est pas ____, tu sais.
Ça me casse ____ et j'en ai ____.
Je suis ____ contre toi. Je ____ contre tes bêtises.
J'en ai assez.

EXERCICE 8

____ Exprimez les idées suivantes d'une façon plus familière.

1. Je suis furieux contre toi.
2. Je ne trouve pas ça bien.
3. Ça m'ennuie, vraiment.
4. Je suis en colère.

---

*In informal conversation, the **ne** of **ne . . . pas** is often omitted.

CONVERSATION

Roro est furibard

Roro Je suis furax d'apprendre que tu as loupé[1] ton examen. C'est pas la joie dans la famille de savoir que tu vas repasser cet examen l'année prochaine. Ça me casse les pieds.

Jacquot Tu parles! Moi aussi, je suis furibard. Ça me tue d'avoir loupé cet examen pour deux points. Ce prof est une peau de vache.[2]

EXERCICE 9

_____ **Répondez.**

1. Qui est le frangin (frère) de Jacquot?
2. Comment est-il?
3. Pourquoi est-il furieux?
4. Qu'est-ce qui lui casse les pieds?
5. Et Jacquot? Comment est-il?
6. Pourquoi est-il en colère?
7. Comment décrit-il le prof?

ACTIVITÉS

1 M. Forgeron est furieux. Il doit donner un coup de fil urgent. Il essaie d'utiliser le téléphone mais il est en panne. C'est la deuxième fois cette semaine que son téléphone est hors de service. Préparez une conversation entre Monsieur Forgeron et un(e) employé(e) des P.T.T. (Postes et Télécommunications).

2 La sœur de Jacquot a entendu la conversation entre Jacquot et son frère. Elle est furax contre Jacquot car il n'a pas accepté la responsabilité d'avoir loupé son examen et il a essayé de rejeter la faute sur son prof. Préparez la discussion entre Jacquot et sa sœur.

---

[1]**loupé** raté, échoué à [2]**peau de vache** *stinker*

5

La tristesse

Langage conventionnel

NOTE When you receive bad news or something extremely unpleasant or tragic happens to you, you can express your sadness or depression with the following phrases.

Je suis triste.
Je suis chagriné(e).
Je suis désolé(e).*
Je suis peiné(e).
Je suis déprimé(e). Je n'ai envie de rien.

Other expressions that are frequently used to describe sadness are:

Le pauvre Yves vient de perdre sa mère.
Il a beaucoup de peine.
Il a le cœur gros.

Other expressions used to describe depression are:

Il n'a pas le moral.
La pauvre Geneviève. Elle a beaucoup d'ennuis.
Elle est dans tous ses états.
Elle a des idées noires.

EXERCICE 1 *Je suis désolé(e).*

Décrivez comment chaque personne se sent.

1. Charles a beaucoup d'ennuis.
2. Lucie vient d'apprendre que son adorable petit chien est mort.
3. François vient de recevoir la nouvelle que son grand-père est très malade.
4. Claude vient d'apprendre que son meilleur ami a eu un accident très grave.
5. Marie vient d'apprendre qu'elle a besoin d'une opération.
6. Hélène sait qu'elle va rater quelques cours.

*Note that **être désolé** is also used in polite conversation to mean *to be sorry.* «Marie est là?» «Je suis désolé, mais elle n'est pas là.» «Je suis désolé, mais il n'y a plus de pain.»

J'ai beaucoup de peine

Mme Cornabé J'ai beaucoup de peine d'apprendre la mort de votre petit chien.

M. Lilavois Je suis déprimé car j'aimais beaucoup cette bête. Depuis sa mort je suis dans tous mes états. J'ai le cœur gros.

Mme Cornabé Oh! M. Lilavois, ne soyez pas triste! Nous regrettons tous ce chien tellement gentil.

EXERCICE 2

____ Répondez.

1. Pourquoi Mme Cornabé a-t-elle beaucoup de peine?
2. Quelles sont les expressions que M. Lilavois utilise pour exprimer sa tristesse?

EXERCICE 3 *M. Lilavois, je regrette . . .*

____ **Préparez une conversation avec M. Lilavois dans laquelle vous lui exprimez combien vous regrettez la mort de son petit chien.**

LANGAGE FAMILIER

NOTE Following are some familiar expressions you will hear people use to say that they are down in the dumps or in a bad mood.

Je n'ai pas la pêche.
Je suis de mauvais poil. (indique un certain degré d'agressivité)

Informal expressions that indicate a state of depression are:

J'ai le moral à zéro.
Je me sens tout raplapla.
J'ai le cafard.

EXERCICE 4 *Leur moral est au plus bas, les pauvres!*

_____ **Répondez.**

1. Le pauvre Paul, il n'a pas la pêche. Qu'est-ce qui lui est arrivé?
2. La pauvre Carole, elle est de mauvais poil. Qu'est-ce qui lui est arrivé?
3. Le pauvre Étienne, il se sent tout raplapla. Qu'est-ce qui lui est arrivé?
4. La pauvre Suzanne. Elle a le cafard. Qu'est-ce qui lui est arrivé?
5. Le pauvre Henri. Il a le moral à zéro. Qu'est-ce qui lui est arrivé?

CONVERSATION

Pourquoi tant de tristesse?

Sandrine Sylvia. Qu'est-ce qui se passe? Tu as l'air tout raplapla.

Sylvia Hélas, Sandrine. Tu as raison. J'ai le cafard.

Sandrine Mais pourquoi?

Sylvia Luc part en voyage pour deux mois. Il va faire un stage* aux États-Unis.

Sandrine Ça me semble une bonne nouvelle.

Sylvia Ah, oui. Je le sais. Mais il va me manquer.

EXERCICE 5

_____ **Répondez.**

1. Qu'est-ce que Sandrine a remarqué?
2. Qui a l'air raplapla?
3. Pourquoi a-t-elle le cafard?
4. Où va Luc?
5. Pourquoi va-t-il là?

ACTIVITÉ

_____ Vous aviez l'intention de faire un séjour en France cet été. Malheureusement, votre père est tombé malade et vous ne pourrez pas y aller. Écrivez à votre ami(e) français(e) que vous ne pourrez pas lui rendre visite et expliquez comment vous vous sentez.

---

*__stage__ *apprenticeship, training period*

6

L'accord et le désaccord

LANGAGE CONVENTIONNEL

NOTE The following expressions can be used to indicate that you are in accord or agreement with someone.

Je suis d'accord.
Je suis d'accord avec vous.
Je suis d'accord avec vous pour prendre cette décision.
Je suis de votre avis.
C'est aussi mon avis.

If an idea or a suggestion suits you, you can say:

Ça me convient.

In order to express your disagreement or disapproval of something, you can use the following expressions.

Je ne suis pas d'accord avec Jean-Luc.
Franchement, je me trouve en désaccord avec lui.
Je suis contre son idée.
Je désapprouve ce projet.
Je ne suis pas convaincu(e) de son opportunité.

EXERCICE 1 *On est d'accord ou pas?*

Dites de plusieurs façons si vous êtes d'accord avec les idées suivantes.

1. Il vaut mieux vivre dans une région où le climat est doux.
2. On devrait diminuer les heures de travail de quarante à trente-cinq heures par semaine.
3. On devrait faire tout son possible pour que la faim dans le monde soit supprimée.
4. Le gouvernement doit soutenir les universités pour qu'il n'y ait plus de frais d'inscription.
5. On devrait permettre aux jeunes d'obtenir leur permis de conduire à l'âge de quinze ans.
6. On devrait avoir des cours six jours par semaine.
7. On devrait avoir des cours en été.

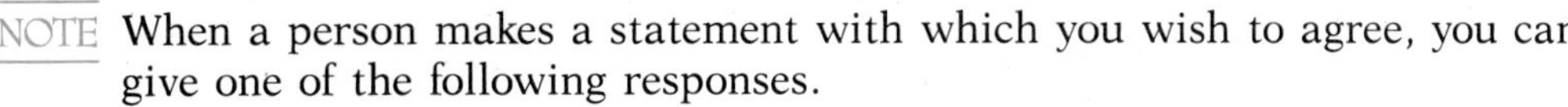

NOTE When a person makes a statement with which you wish to agree, you can give one of the following responses.

Oui.
C'est vrai.
Absolument.
Tout à fait.
Bien sûr.
Sans aucun doute.
Exactement.
Parfaitement.
Effectivement.
C'est entendu.
Bien entendu.
Vous avez (tout à fait) raison.

Sometimes you will hear a statement and you do not know whether to agree with it or not. The following responses can be given to indicate you are somewhat in accord although not completely so.

Peut-être.
Pourquoi pas?
C'est possible.
On verra.
Si vous voulez (tu veux).
Si vous le dites (tu le dis).
Vous pensez? (Tu penses?)

When someone makes a statement and you want to disagree completely with the statement, you can use the following expressions.

Ça, c'est à voir.
Absolument pas.
Pas du tout.
Il n'en est pas question.
C'est exclus.
C'est hors de question.

EXERCICE 2 *Qu'en pensez-vous?*

Donnez une réponse convenable.

1. L'année prochaine il y aura des cours le samedi.
2. Il n'y aura pas de cours le lundi et le mardi.
3. On va supprimer les vacances d'été.

4. Il y aura une soirée dansante tous les samedis dans le gymnase.
5. Les garçons devront porter une veste et une cravate en classe.
6. Les cours commenceront à midi.
7. Il n'y aura plus de bus scolaires et tous les élèves iront à l'école à pied.
8. Les garçons et les filles seront séparés.

«Ça, c'est à voir!»

CONVERSATION

Nous sommes du même avis

M. Dumas Chère madame, je sais que tous les locataires ne sont pas d'accord, mais je voudrais bien que vous sachiez que j'approuve votre façon de gérer[1] cet immeuble.

Mme Goldfarb Je vous remercie, M. Dumas. Vous êtes très gentil.

M. Dumas Et je suis de votre avis sur les couleurs des tissus[2] à poser dans l'entrée.

Mme Goldfarb Ce matin même j'ai donné mon autorisation pour que tous les travaux soient faits au plus vite.

M. Dumas J'en suis content.

EXERCICE 3 *Monsieur est d'accord.*

M. Dumas, un locataire, parle à Madame Goldfarb qui dirige l'immeuble où il habite. Il est d'accord avec la plupart des idées de Madame Goldfarb. Précisez-les.

EXERCICE 4

Exprimez les idées suivantes d'une autre façon.

1. Je suis d'accord avec votre façon de diriger l'immeuble.
2. J'approuve les couleurs des tissus que vous avez choisis pour l'entrée.
3. Tous les locataires ne sont pas du même avis.

---

[1]**gérer** diriger [2]**tissus** fabric

NOTE More familiar expressions to convey agreement are:

OK.
Ça colle.
Je suis OK avec ça.
Je marche avec.
Je suis pour.

If you want to say that something suits you, you can use one of the following familiar expressions.

Ça me botte.
Ça me va.

EXERCICE 5 *OK!*

Dites d'une façon familière que vous êtes d'accord avec les projets suivants.

1. On va au cinéma ce soir.
2. On va dîner après le cinéma.
3. Ensuite on va dans un petit bistrot à Montmartre.
4. On va prendre le métro.
5. On va inviter Charles et Monique.

NOTE Following are some informal expressions you will hear people use to express disagreement. These expressions are used only among friends.

Je ne marche pas.
Je suis out.
Je suis contre.
Pas question!
C'est fou (dingue) ce que tu dis.

When people disagree with something to the point that they can't even believe what someone has said, they might respond with the following expressions.

Tu n'es pas sérieux (-euse). Tu rigoles.
Tu te fiches de moi.

EXERCICE 6 *Pas question!*

Exprimez les idées suivantes d'une façon plus familière.

1. Je désapprouve cette idée.
2. C'est exclus. C'est vraiment hors de question.
3. C'est ridicule ce que tu dis.
4. Tu te moques de moi.
5. De toute façon, je n'en suis pas.

CONVERSATION

Ça marche

Nana Ah, Anita! Je suis OK avec l'organisation du spectacle à l'école. Ça me botte. Je serais folle de joie de jouer Célimène. Qu'en penses-tu?

Anita Ça colle. Et j'ai parlé avec Patrick. Il est d'accord pour jouer Alceste.

Nana Oh, là, là! On va en faire un tabac.*

EXERCICE 7

Exprimez d'une façon plus familière.

1. Je suis d'accord avec l'organisation du spectacle.
2. Ça me convient.
3. Très bien.

ACTIVITÉS

1 Imaginez que vous avez une vieille chaîne stéréo. Vous voulez acheter une nouvelle chaîne, mais votre père n'est pas d'accord avec votre décision. Il préfère que vous répariez la vieille vous-même ou que vous la fassiez réparer. Préparez une discussion entre vous et votre père.

2 Cherchez un article dans le journal et dites si vous êtes d'accord avec l'auteur.

3 Il y a sans doute une liste de règles de conduite dans votre école. Discutez les règles avec un copain. Dites si vous êtes d'accord avec chacune.

---

*__tabac__ *hit show, "smash"*

7
La personnalité

LANGAGE CONVENTIONNEL

NOTE The following expressions are used to describe a nice, pleasant person.

Il (Elle) est gentil(le).
Il (Elle) est agréable.
Il (Elle) est sympathique.

To describe a polite, courteous, well-mannered person, you can use the following expressions.

Il (Elle) est poli(e).
Il (Elle) est courtois(e).
Il (Elle) est bien élevé(e).
Il (Elle) a beaucoup de savoir-vivre.

The following expressions can be used to describe:

a person who is understanding:	**Il (Elle) est compréhensif (-ive).**
a person who is likable:	**Il (Elle) est aimable.**
a person who is friendly:	**Il (Elle) est amical(e).**
a person who is shy:	**Il (Elle) est timide.**
a person who is outgoing:	**Il (Elle) est sociable.**
a person who is self-confident:	**Il (Elle) est sûr(e) de soi.**

EXERCICE 1

Complétez.

1. Elle est toujours ____. Elle dit «bonjour» à tout le monde.
2. Elle se sent toujours à l'aise. Elle est très ____ de soi.
3. Sa délicatesse et son charme plaisent à tout le monde. Il est très ____.
4. Elle est ____ et indulgente. Elle comprend les autres et excuse très volontiers leurs petits défauts.
5. Elle n'est pas du tout timide. Elle est très ____.
6. M. Legrand est très ____. Il est aimable, poli et accueillant.
7. Il sait ce qu'on doit faire dans n'importe quelle circonstance. Il est ____ et il a beaucoup de ____.
8. Pierre voudrait bien inviter Marie-Aude au cinéma, mais il est trop ____.

«On dit qu'il est...»

NOTE The following adjectives can be used to describe a rather disagreeable, nasty, or spiteful individual.

Il (Elle) est désagréable.
Il (Elle) est antipathique.
Il (Elle) est méchant(e).

The following expression can be used for people who are callous or insensitive.

Il (Elle) est dur(e).

Individuals who like to pick a fight can be described as follows.

Il (Elle) est agressif (-ive).
Il (Elle) est querelleur (-euse).

The following expressions are used to describe individuals who are impolite or lack manners, or who are crude.

Il (Elle) est impoli(e).
Il (Elle) est mal élevé(e).
Il (Elle) est grossier (-ière).

Some people say unpleasant things to or about others. The following expressions can be used to describe such verbal nastiness.

Il (Elle) provoque.
C'est une mauvaise langue.
Il (Elle) a une langue de vipère.

EXERCICE 2 *Absolument pas*

Répondez d'après le modèle.

Est-il gentil?
Absolument pas. Au contraire. Il est très agressif.

1. Est-il poli?
2. Est-elle sympathique?
3. Est-il bien élevé?
4. Est-elle agréable?
5. A-t-il beaucoup de savoir-vivre?

EXERCICE 3

____ Complétez.

1. Je vous conseille de ne rien dire à ce type. Il est vraiment ____. Je vous assure qu'il est sans pitié.
2. J'ai horreur de parler avec Delphine. Elle est ____ et ____. Elle adore discuter. Elle ____ tout le monde.
3. Faites très attention. Il dit toujours du mal des gens. Il a ____.
4. Je ne la présenterais pas à mes parents. Elle est ____.

Elle a une langue de vipère

Mme Fautrier Je n'ai jamais vu de personne aussi méchante que notre concierge. J'en ai assez de sa langue de vipère. Elle n'arrête pas de dire des mensonges sur moi.

Mme Lenôtre Ah, calmez-vous, madame! C'est vrai que c'est une mauvaise langue. Mais ne soyez pas dure avec elle. Sa vie n'est pas agréable. Elle a des raisons d'être amère.*

EXERCICE 4

____ Répondez.

1. De qui Mme Fautrier parle-t-elle?
2. Est-ce qu'elle aime la concierge?
3. Comment la décrit-elle?
4. Qu'est-ce que la concierge fait toujours?
5. Qui essaie de calmer Mme Fautrier?
6. Comment explique-t-elle l'agressivité de la concierge?
7. Qu'est-ce qu'elle conseille à Mme Fautrier?

---

*__amère__ *bitter*

LANGAGE FAMILIER

NOTE Informal expressions that are used to describe nice, pleasant, friendly people are:

Il (Elle) est extra.
Il (Elle) est super.
Il (Elle) est chic.
Il (Elle) est sympa.
Il (Elle) est mignon(ne).
Il (Elle) est chou.
C'est un(e) bon(ne) pote.

«C'est un bon pote!»

Expressions used to describe a grouch or crab and his or her actions are:

Il (Elle) est râleur (-euse). Il (Elle) râle toujours.
Il (Elle) est rouspéteur (-euse). Il (Elle) rouspète toujours.

Familiar expressions used to describe a person who has a vicious tongue are:

Il (Elle) a la dent dure.
Il (Elle) attaque ferme.

EXERCICE 5

Complétez.

1. C'est un bon pote? Ça veut dire qu'il est très aimable ou qu'il est très beau? Ça veut dire qu'il est ____.
2. Elle est toujours contente et satisfaite. Elle ne ____ jamais.
3. Je ne peux pas blairer ce type. Il dit toujours des bêtises sur moi. Il a ____.
4. Il est ____, ce mec. Fais très attention si tu lui parles.
5. Elle n'est jamais satisfaite. Elle se plaint de tout. Elle ____ souvent.

CONVERSATION

Je sais que je râle

Jacques Je suis furax.

Claude Pourquoi rouspètes-tu?

Jacques Je râle, tu sais, parce que mon frère—je ne le comprends pas. Il m'attaque ferme pour des choses qui ne le regardent pas.[1]

Claude Oui, j'ai remarqué moi-même qu'il est souvent de mauvais poil. Je ne sais pas ce qu'il a.

Jacques Ce qui est embêtant de sa part, c'est qu'il n'arrête pas de m'attaquer pour des bricoles.[2]

EXERCICE 6

Répondez.

1. Contre qui Jacques est-il furax?
2. Pourquoi râle-t-il?
3. Comment est souvent le frère de Jacques?
4. Qu'est-ce qui est embêtant de sa part?

ACTIVITÉS

1 Décrivez un(e) ami(e) ou une connaissance qui est très gentil(le). Expliquez pourquoi vous le (la) trouvez sympathique, aimable, compréhensif (-ive) et bien élevé(e).

2 Pensez à une personne que vous connaissez qui est très agressive et désagréable. Décrivez cette personne et expliquez les choses désagréables qu'elle fait.

[1]**ne le regardent pas** n'ont rien à faire avec lui, ne sont pas ses oignons
[2]**bricoles** choses sans aucune importance, bêtises

8

Questions d'argent

NOTE Read the following short selection to learn some expressions used to describe a rich person.

M. Boivin a ce qu'on appelle une belle fortune. Pendant toute sa vie il a gagné beaucoup d'argent. Son compte en banque est considérable et son crédit est sans limite. En plus, il vient de faire un gros héritage. Il est milliardaire. Il est riche comme Crésus.[1]

EXERCICE 1 *Il est très riche.*

Répondez.

1. Qui a une fortune?
2. Qu'est-ce qu'il a gagné pendant toute sa vie?
3. Comment est son compte en banque?
4. Et son crédit?
5. Qu'est-ce qu'il vient de faire?

EXERCICE 2 *Il a une fortune.*

Exprimez d'une autre façon.

1. Il a beaucoup d'argent.
2. Il vient de recevoir une grande quantité d'argent.
3. Il a beaucoup d'argent en banque.
4. Il a plus d'un million de dollars.
5. Il est très, très riche.

NOTE The following paragraph contains some expressions that describe a poor person.

Mme Boileau est vraiment pauvre. Elle gagne très mal sa vie. Elle a très peu d'argent (de ressources). On se doute[2] bien qu'elle ne roule pas sur l'or. Elle a de la peine à joindre les deux bouts. Elle est pauvre comme Job.

---

[1]**Crésus** roi de Lydie en Asie, devenu légendaire pour sa richesse
[2]**On se doute** *One suspects*

EXERCICE 3 *Elle est assez pauvre.*

___ **Exprimez les idées suivantes en français.**

1. She doesn't earn a decent living.
2. She has very little money.
3. She doesn't walk on gold.
4. She has trouble making ends meet.
5. She's as poor as a church mouse.

NOTE In French, as in English, there are many slang words that refer to money. Some of the most commonly used expressions that mean **Il a beaucoup d'argent are:**

Il (Elle) a plein de fric.
Il (Elle) a plein de pèze.
Il (Elle) a plein de flouse.
Il (Elle) a plein de pognon.
Il (Elle) a de la galette.

Slang expressions that mean **Il est très riche are:**

C'est un(e) rupin(e).
C'est un(e) richard(e).
Il (Elle) est cousu(e) d'or.

EXERCICE 4 *Un milliardaire*

___ **Exprimez les idées suivantes d'une autre façon.**

1. Il est très riche.
2. Elle a beaucoup d'argent.
3. Il roule sur l'or.

NOTE Slang or informal expressions to describe a poor person are:

Il (Elle) est fauché(e).
Il (Elle) est sans le rond (n'a pas le rond).
Il (Elle) n'a pas une thune.
Il (Elle) vit d'amour et d'eau fraîche.
Il (Elle) tire le diable par la queue.

EXERCICE 5 *Elle n'a pas une thune.*

_____ Exprimez les idées suivantes en français.

1. She doesn't have a sou.
2. She's broke.
3. He lives on love.

EXERCICE 6

_____ Complétez.

1. C'est vrai. Il n'a pas le rond. Il est complètement _____.
2. Elle n'a pas grand-chose pour vivre. Elle _____.

NOTE There are many expressions to convey how someone spends his or her money. The following are expressions that indicate that a person spends money freely.

Il (Elle) est généreux (-euse).
Il (Elle) dépense sans compter.
L'argent lui brûle les doigts.
Il (Elle) jette l'argent par les fenêtres.

Slang or less formal expressions to describe someone who spends money freely are:

C'est un panier percé.
Il (Elle) claque du fric.
C'est lui (elle) qui arrose.

EXERCICE 7

Exprimez les idées suivantes en français.

1. He lives high (on the hog).
2. She spends her money without counting it.
3. He spends money like water.
4. Money burns a hole in her pocket.
5. He throws money away.

EXERCICE 8

Exprimez d'une autre façon.

1. Elle dépense assez d'argent pour mener un train de vie élevé.
2. Aussitôt qu'elle reçoit de l'argent, elle le dépense.
3. Il donne très volontiers son argent aux pauvres.
4. Il dépense beaucoup d'argent sans faire attention.

NOTE The following expressions are used to describe someone who does not spend money very freely.

Il (Elle) se serre la ceinture.
Il (Elle) met son argent de côté.
Il (Elle) crie misère.
Il (Elle) est avare.
C'est un grippe-sou.

Some slang expressions that convey the meaning that a person is a cheapskate are:

Il (Elle) est radin(e).
Il (Elle) dépense pas un rond.
Il (Elle) planque (cache) son fric.
Il (Elle) fait gaffe (attention) à son pognon.

EXERCICE 9

Exprimez d'une autre façon.

1. Elle aime mettre son argent en banque.
2. Elle est obligée de limiter ses dépenses. Elle ne peut pas jeter son argent par les fenêtres.
3. Il se plaint toujours d'être sans argent.
4. Il ne dépense rien.

ACTIVITÉS

1 Décrivez un milliardaire.

2 Décrivez les mœurs d'une personne qui a assez d'argent et qui le dépense très vite. Peut-être que sa façon de dépenser son argent est en réalité un défaut.

3 Préparez une conversation avec un(e) comarade de classe dans laquelle vous parlez d'une personne dont l'argent lui brûle les doigts.

4 Préparez une conversation avec un(e) camarade de classe dans laquelle vous parlez de quelqu'un qui a plein de fric mais qui est radin.

9

Questions d'amour

LANGAGE CONVENTIONNEL

NOTE The verb **aimer** can mean *to like* but it can also be used to express *love.* Note the following sentences.

Il aime Thérèse.
Il aime bien Pierre.

In the first sentence above, **aimer** is used alone and in this case it means *love.* Note that in the second sentence, **bien** has been used with **aimer.** This use of **bien** softens the meaning of **aimer,** and the idea conveyed is that he likes Pierre. When adverbs other than **bien,** such as **beaucoup** or **énormément,** are used with **aimer,** the meaning can be either *like* or *love* depending on the context.

Il (Elle) aime beaucoup sa famille.
Il (Elle) aime énormément sa grand-mère.

Il (Elle) chérit ses grands-parents.
Il (Elle) a beaucoup d'affection pour les enfants.
Il (Elle) a beaucoup de tendresse pour sa petite sœur.

Il aime Thérèse.	**Elle aime Pierre.**
Il adore Thérèse.	**Elle adore Pierre.**
Il est tombé amoureux de Thérèse.	**Elle est tombée amoureuse de Pierre.**
Il est amoureux de Thérèse.	**Elle est amoureuse de Pierre.**
Il est très épris de cette jeune fille.	**Elle est très éprise de ce garçon (jeune homme).**
Il brûle d'amour.	**Elle brûle d'amour.**

EXERCICE 1 *L'amour est divin.*

____ Complétez.

1. Pierre aime Thérèse et Thérèse ____ Pierre.
2. Tous deux s'aiment beaucoup. Ils s' ____.
3. Le premier jour qu'il l'a vue, il est tombé ____ d'elle.
4. Et ça se voit qu'elle est très ____ de lui.
5. Les deux ____ d'amour.

EXERCICE 2

Répondez.

1. Qui aimes-tu?
2. Qui aimes-tu bien?
3. Qui adores-tu?
4. Qui chéris-tu?
5. Pour qui as-tu beaucoup d'affection?
6. Pour qui as-tu beaucoup de tendresse?

LANGAGE FAMILIER

NOTE Following are some slang or more familiar expressions to describe one's love for another.

Il a le coup de foudre pour cette nana.
Et elle a le coup de foudre pour ce mec.
Il est baba (dingue) de Thérèse.
Elle est baba (dingue) de Pierre.
Il a la tête chamboulée par cette nana.
Elle a la tête chamboulée par ce mec.

Terms of endearment used between boyfriends and girlfriends are:

ma nana, ma poule, ma poulette, ma bichette, ma bibiche, ma biquette
mon chou, mon lapin, mon biquet, mon nounours

EXERCICE 3

Exprimez d'une autre façon.

1. Il est tombé amoureux de cette nana tout de suite.
2. Et elle est très amoureuse de lui aussi.
3. Il est très épris d'elle.

CONVERSATION

C'est le coup de foudre

Gonzague Tu sais, Gigi. À cette boum de Thérèse, Jules a rencontré une super nana.

Gigi Oui, je sais. Il en est dingue. Il a la tête complètement chamboulée.

Gonzague Je ne l'ai jamais vu aussi accro* à une nana. C'est sérieux. J'espère que son coup de foudre ne va pas lui faire rater son bac.

Gigi Ce mec est devenu dingue. On ne sait jamais.

EXERCICE 4 *Il est devenu dingue.*

____ Répondez.

1. Qui a rencontré une super nana?
2. Où l'a-t-il rencontrée?
3. Est-il amoureux d'elle?
4. Que se passe-t-il dans sa tête?
5. Est-il souvent comme ça?
6. De quoi ses copains ont-ils peur?
7. Qu'est-il devenu, ce mec?

***accro** *taken by*

LITTÉRATURE

1

Comptines de langue française

VOCABULAIRE

le grenier

La poule a **pondu un œuf.**

une église

Pierre a le bras **cassé.**
Le médecin lui **tâte le pouls.**

EXERCICE 1

Complétez.

1. La femelle du coq est une ____; c'est elle qui ____ des œufs.
2. —Tu as perdu ton chat?
   —Oui. Je l'ai cherché partout, de la cave au ____.
3. Tous les dimanches les villageois vont à ____.
4. —Alain est malade?
   —Non. Il s'est ____ la jambe. Le docteur lui tâte le ____ maintenant.

EXERCICE 2

_____ **Choisissez un mot du vocabulaire pour compléter ces proverbes ou locutions.**

1. On ne fait pas d'omelette sans _____ des œufs.
2. Ce fermier se lève et se couche très tôt, avec les _____.
3. Il faut séparer _____ et l'État.
4. Il ne faut pas mettre tous les _____ dans le même panier.
5. C'est Henri IV, roi de France de 1589 à 1610, qui a dit: «Je veux qu'il n'y ait si pauvre paysan en mon royaume qu'il n'ait tous les dimanches sa _____ au pot.»

Préparation à la lecture

Les mots «poème» et «poésie» font peur à beaucoup de personnes. Pourquoi? Parce qu'on ne comprend pas qu'un poème est tout simplement un ouvrage en vers qui exprime une idée par le rythme et l'harmonie des mots. Rien de plus compliqué! Vous allez lire des poèmes sous la forme la plus simple possible! Ce sont des comptines pour les enfants. Une comptine est une chanson, chantée ou parlée, qui sert à compter, à désigner quel enfant devra sortir du jeu ou courir après les autres. Une des mieux connues en français c'est: «Am, stram, gram. Pic et pic et colegram». Lisez ces comptines à haute voix. Lisez-les plusieurs fois pour mieux sentir le rythme et pour remarquer les sons dominants. Amusez-vous bien!

COMPTINES DE LANGUE FRANÇAISE

Un hélicoptère
Se pose par terre
Tourne ses grands bras.
Un deux trois
Ce sera toi.

Une pomme verte
Une pomme rouge
Une pomme d'or
C'est toi qui es dehors.[1]

Pêche, pomme, poire, abricot,
Y en a une Y en a une;
Pêche, poire, pomme, abricot,
Y en a une de trop[2]
Qui s'appelle Marie-Margot.

C'est la poule grise
Qui pond dans l'église;
C'est la poule noire
Qui pond dans l'armoire;
C'est la poule brune
Qui pond dans la lune;
C'est la poule blanche
Qui pond sur la planche.[3]

Les petits poissons dans l'eau
Nagent, nagent, nagent, nagent;
Les petits poissons dans l'eau
Nagent, nagent comme il faut;
Les petits poissons dans l'eau
Nagent aussi bien que les gros.

Rabidi, bidou,[4]
Une cope, une cope!
Rabidi, bidou,
Une cope, cinq sous![5]
La petite chatte à ma tante José
Est bien malade, en grand danger.
Le docteur lui tâte le pouls.
Pauvre petite chatte, elle a mal partout.
Rabidi, bidou,
Une cope, une cope
Rabidi, bidou,
Une cope, cinq sous!

C'est la poule à ma grand-mère
Qui a pondu trois œufs par terre,
Un cassé, un volé,[6] un perdu,
Pars le chercher.

Alleluia!
Martin s'en va
Dans son grenier
Chercher des rats;
C'est pas pour lui,
C'est pour son chat,
Alleluia!

À la queue leu leu,[7]
Mon petit chat bleu,
S'il est bleu,
Tant mieux;[8]
S'il est gris,
Tant pis.[9]

---

[1]**dehors** *outside (out)* [2]**une de trop** *one too many* [3]**planche** *board*
[4]**rabidi, bidou, cope** *nonsense words used for sound and rhythm*
[5]**sou** le 20e d'un franc [6]**volé** *stolen* [7]**À la queue leu leu** l'un dernier l'autre *(used here for sound)* [8]**Tant mieux** *Good!* [9]**Tant pis** *Too bad!*

EXERCICE

Répondez.

1. Nommez tous les fruits mentionnés dans les comptines.
2. Nommez tous les animaux mentionnés dans les comptines.
3. Nommez toutes les couleurs mentionnées dans les comptines.
4. Quelles comptines racontent une histoire? Faites un résumé de ces histoires.

ACTIVITÉS

1 Connaissez-vous des comptines en anglais? Est-ce qu'on les emploie pour jouer ou pour compter? Demandez à vos parents et à vos grands-parents s'ils en connaissent. Présentez-les à la classe.

2 Retrouvez-vous facilement la rime dans ces comptines? Dites quelles voyelles et quelles consonnes dominent et sont répétées dans chaque comptine.

3 Est-ce que le rythme des comptines est lent? Est-il marqué? Est-il plus facile de compter si le rythme est marqué?

4 Quelles comptines préférez-vous? Pourquoi avez-vous choisi celles-ci—pour les sons, pour le rythme, pour les mots? Préparez-vous à lire une ou plusieurs comptines devant la classe.

2

Trois Poèmes

JACQUES PRÉVERT

Préparation à la lecture

Jacques Prévert est né en 1900. On l'appelle «le poète de la vie de tous les jours». Il décrit des choses et des sentiments familiers avec des mots simples de tous les jours. Il aime surtout la vie et la liberté. Plusieurs de ses poèmes sont devenus des chansons populaires. Vous comprendrez pourquoi quand vous lirez les trois poèmes qui suivent. Lisez-les plusieurs fois à haute voix.

TROIS POÈMES DE JACQUES PRÉVERT

LA VIE LE MATIN

Quand la vie est un collier...[1]
chaque jour est une perle
Quand la vie est une cage
chaque jour est une larme[2]
Quand la vie est une forêt
chaque jour est un arbre
Quand la vie est un arbre
chaque jour est une branche
Quand la vie est une branche
chaque jour est une feuille...[3]

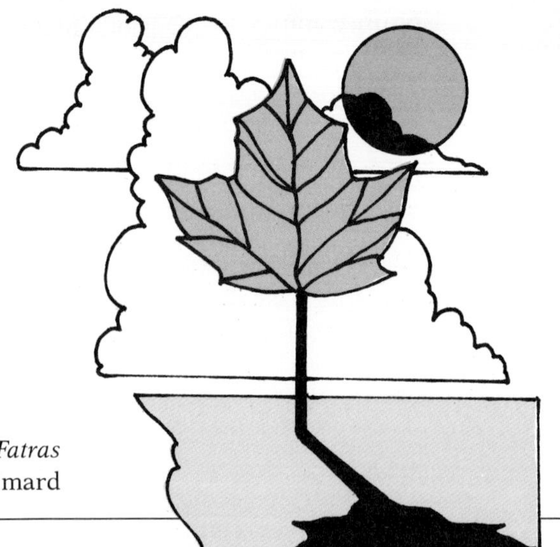

Extrait de *Fatras*

[1]**collier** *necklace* [2]**larme** *tear* [3]**feuille** *leaf*

LE BOUQUET

Que faites-vous là petite fille
Avec ces fleurs fraîchement coupées
Que faites-vous là jeune fille
Avec ces fleurs ces fleurs séchées[4]
Que faites-vous là jolie femme
Avec ces fleurs qui se fanent[5]
Que faites-vous là vieille femme
Avec ces fleurs qui meurent

J'attends le vainqueur.[6]

Paroles

CHANSON

Quel jour sommes-nous
Nous sommes tous les jours
Mon amie
Nous sommes toute la vie
Mon amour
Nous nous aimons et nous vivons
Nous vivons et nous nous aimons
Et nous ne savons pas ce que c'est que la vie
Et nous ne savons pas ce que c'est que le jour
Et nous ne savons pas ce que c'est que l'amour

Paroles

EXERCICE 1 *«La vie le matin»*

Analysez en répondant.

1. Est-ce que ce poème est rimé?
2. Avec quelles cinq choses est-ce que Prévert compare la vie?
3. Avec quoi est-ce qu'il compare chaque jour?
4. Beaucoup de perles forment un collier; beaucoup d'arbres forment une forêt, etc. Quel rapport le poète voit-il entre une cage et les larmes? Peut-on voir ici l'amour du poète pour la liberté?

---

[4]**séchées** *dried* [5]**se fanent** *are fading* [6]**vainqueur** *victor, conqueror*

EXERCICE 2 *«Le Bouquet»*

_____ **Analysez en répondant.**

1. Quelle phrase est répétée quatre fois?
2. Nommez les quatre personnages auxquels s'adresse le poète.
3. Comment sont les fleurs de chacune?
4. Quel rapport est-ce qu'il y a entre la personne à qui le poème est adressé et la condition des fleurs?
5. Comment expliquez-vous le titre?
6. Qui pourrait être le vainqueur—le bien-aimé, le destin, la mort?

EXERCICE 3 *«Chanson»*

_____ **Analysez en répondant.**

1. Quelle sorte de poème est-ce?
2. À qui s'adresse le poète?
3. Par quels deux noms est-ce qu'il l'appelle?
4. Quel contraste est-ce qu'il y a entre la question et la réponse?
5. C'est un amour passionnant que le poète décrit?
6. Pourquoi est-ce qu'on a une impression de désillusion?

ACTIVITÉS

_____ 1 Quel est le thème de chacun de ces poèmes? Dites pourquoi le poète a écrit chaque poème: pour illustrer une leçon? pour exprimer une vision de la vie? pour exprimer un état d'âme *(soul)*?

_____ 2 Lequel de ces trois poèmes vous a plu? Est-ce qu'il y en a un qui vous a déplu? Lequel? Dites pourquoi.

_____ 3 Apprenez un de ces poèmes par cœur et présentez-le devant la classe.

Jacques Prévert

3
La petite Marie

GEORGE SAND

VOCABULAIRE

un labooureur

Un époux et **une épouse** sont deux personnes qui se sont **épousés (mariés).**

Un veuf est un homme dont l'épouse est morte.

Une veuve est une femme dont l'époux est mort.

EXERCICE

_____ **Dites d'une autre façon.**

1. Elle aime bien son mari.
2. Ce monsieur a perdu sa femme.
3. Charlot adore sa femme.
4. Diane veut se marier avec un prince.
5. Ma tante a perdu son mari.
6. Mon oncle travaille dans une ferme. Il cultive la terre.

Préparation à la lecture

George Sand, pseudonyme d'Aurore Dupin, a fait ses études dans un couvent parisien. Elle a épousé un baron et a eu deux enfants. Pendant sa longue carrière littéraire, elle a produit une œuvre[1] très abondante et elle est devenue une romancière célèbre. *La Mare au Diable (The Devil's Pond)* est un de ses meilleurs romans régionalistes. George Sand peint des paysans du Berry (au sud du Bassin parisien) avec leurs traditions rustiques, leur simplicité, leurs cœurs purs; elle nous fait sentir la fraternité humaine.

Germain, un jeune laboureur, est veuf avec trois petits enfants. Le père et la mère Maurice, les parents de son épouse morte, décident Germain à chercher une femme pour s'occuper des petits. Germain va voir une veuve qu'ils recommandent, mais elle est coquette et elle lui déplaît. Quand Germain fait la connaissance de la petite Marie, la fille d'une pauvre veuve, il la trouve douce, calme et charmante. Mais Marie repousse ses avances en disant qu'elle est trop pauvre. La mère Maurice conseille à Germain d'aller voir Marie encore une fois.

LA PETITE MARIE

(La Mare au Diable, XVII)

GEORGE SAND

La petite Marie était seule au coin du feu, si pensive qu'elle n'entendit pas venir Germain. Quand elle le vit devant elle, elle sauta[2] de surprise sur sa chaise et devint toute rouge.

—Petite Marie, lui dit-il en s'asseyant auprès d'elle, je viens te faire de la peine[3] et t'ennuyer,[4] je le sais bien: mais *l'homme et la femme de chez nous* (désignant ainsi, selon l'usage, les chefs de famille) veulent que je te parle et que je te demande de m'épouser. Tu ne le veux pas, toi, je m'y attends[5].

—Germain, répondit la petite Marie, c'est donc décidé que vous m'aimez?

—Ça te fâche,[6] je le sais, mais ce

[1]**œuvre** *body of work* [2]**sauta** *jumped, started* [3]**faire de la peine** *to distress*
[4]**ennuyer** *annoy* [5]**je m'y attends** *I expect* [6]**fâche** *angers, annoys*

n'est pas ma faute: si tu pouvais changer d'avis,[7] je serais trop content, et sans doute je ne mérite pas que cela soit. Voyons, regarde-moi, Marie, je suis donc bien affreux?

—Non, Germain, répondit-elle en souriant, vous êtes plus beau que moi.

—Ne te moque[8] pas; regarde-moi avec indulgence; il ne me manque encore ni un cheveu ni une dent. Mes yeux te disent que je t'aime. Regarde-moi donc dans les yeux, ça y est écrit, et toute fille sait lire dans cette écriture-là.

Marie regarda dans les yeux de Germain avec son assurance enjouée:[9] puis, tout à coup, elle détourna la tête et se mit à trembler.

—Ah! mon Dieu! je te fais peur, dit Germain, tu me regardes comme si j'étais le fermier des Ormeaux.[10] Ne me crains pas, je t'en prie, cela me fait trop de mal. Je ne te dirai pas de mauvaises paroles, moi; je ne t'embrasserai pas malgré toi,[11] et quand tu voudras que je m'en aille, tu n'auras qu'à me montrer la porte. Voyons, faut-il que je sorte pour que tu finisses de trembler?

Marie tendit la main au laboureur, mais sans détourner sa tête penchée vers le foyer,[12] et sans dire un mot.

—Je comprends, dit Germain; tu me plains,[13] car tu es bonne; tu es fâchée de me rendre malheureux: mais tu ne peux pourtant pas m'aimer?

—Pourquoi me dites-vous de ces choses-là, Germain? répondit enfin la petite Marie; vous voulez donc me faire pleurer? [...]

La petite Marie tremblait toujours; mais comme il tremblait encore davantage, il ne s'en apercevait plus. Tout à coup elle se retourna; elle était toute en larmes et le regardait d'un air de reproche. Le pauvre laboureur crut que c'était le dernier coup, et, sans attendre son arrêt, il se leva pour partir; mais la jeune fille l'arrêta en l'entourant de ses deux bras,[14] et, cachant sa tête dans son sein:[15]

—Ah! Germain, lui dit-elle en sanglotant,[16] vous n'avez donc pas deviné que je vous aime?

Germain serait devenu fou,[17] si son fils qui le cherchait et qui entra dans la chaumière[18] au grand galop sur un bâton,[19] avec sa petite sœur en croupe[20] qui fouettait[21] avec une branche d'osier[22] ce coursier[23] imaginaire, ne l'eût rappelé[24] à lui-même. Il le souleva dans ses bras, et le mettant dans ceux de sa fiancée:

—Tiens, lui dit-il, tu as fait plus d'un heureux en m'aimant![25]

---

[7]**changer d'avis** *change your mind* [8]**te moque** *make fun* [9]**enjouée** *vivacious*
[10]**le fermier des Ormeaux** *a mean farmer from whom Germain had saved Marie*
[11]**malgré toi** *against your will* [12]**penchée vers le foyer** *turned toward the fireplace*
[13]**plains** *pity* [14]**l'entourant de ses deux bras** *putting her arms around him*
[15]**sein** *chest* [16]**sanglotant** *sobbing* [17]**serait devenu fou** *would have gone mad*
[18]**chaumière** *thatched cottage* [19]**bâton** *stick* [20]**en croupe** *riding behind him*
[21]**fouettait** *was whipping* [22]**osier** *willow* [23]**coursier** cheval
[24]**ne l'eût rappelé** *hadn't brought him to* [25]**en m'aimant** *in loving me*

EXERCICE

___ Complétez.

1. La petite Marie était assise ___.
2. Quand elle a vu Germain, elle a sauté de ___ et elle est devenue ___.
3. Germain est venu lui demander de ___.
4. Marie lui a demandé s'il ___.
5. Quand Germain lui a demandé s'il était affreux, Marie a ___ et a répondu qu'il était ___.
6. Quand Marie a commencé à trembler, Germain était sûr qu'il lui ___.
7. Marie lui a tendu la ___ mais elle n'a ___ dit.
8. Germain était sûr que Marie ne pouvait pas ___.
9. Enfin Marie lui a dit qu'elle l'aimait, et Germain est devenu presque ___.
10. Il a mis son fils dans ___.

ACTIVITÉS

1 Marie a refusé Germain parce qu'elle se croyait trop pauvre. Retrouvez les expressions dans cet extrait qui indiquent que Germain aussi était humble et croyait qu'il ne méritait pas l'amour de Marie.

2 Expliquez pourquoi, quand Marie a regardé dans les yeux de Germain, elle a commencé à trembler. Pourquoi est-ce que lui aussi tremblait? C'était par peur, émotion, honte?

3 Est-il possible que cette scène entre Marie et Germain puisse avoir lieu aujourd'hui aux États-Unis? en France? Est-ce que les réactions de Marie sont démodées? Et celles de Germain? Préparez des arguments pour et contre.

Le château de Nohant (dessin de Maurice Sand)

4

Un chansonnier canadien

VOCABULAIRE

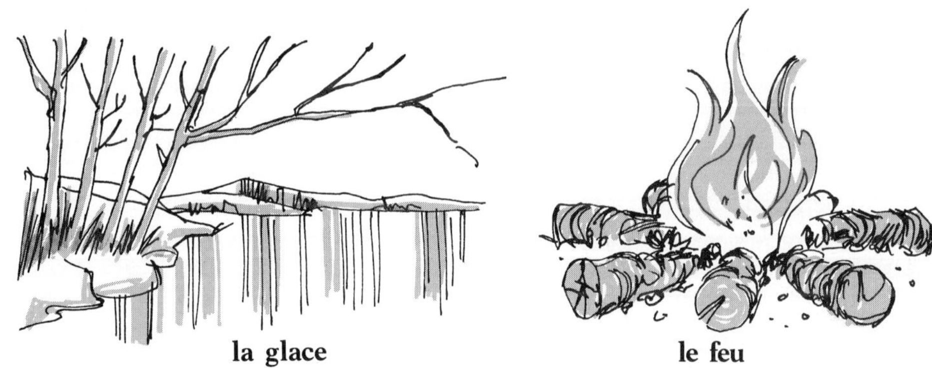

la glace

le feu

EXERCICE 1 *Personnellement*

Répondez.

1. Savez-vous patiner sur glace? Est-ce plus difficile que de patiner à roulettes?
2. Regardez-vous les matchs de hockey sur glace à la télé?
3. Quand vous avez froid, avez-vous les pieds comme de la glace?
4. En hiver, aimez-vous faire du feu dans la cheminée?
5. Vous êtes-vous déjà assis(e) autour d'un feu de camp pour chanter?

EXERCICE 2

Appariez.

A	B
1. Il m'a donné le feu vert.	a. Il a très froid.
2. Ne jouez pas avec le feu!	b. Il y a quelque chose de vrai ici!
3. Au feu! Au feu!	c. Au secours! Il y a un incendie!
4. Il est glacé jusqu'aux os.	d. Il l'a autorisé officiellement.
5. Il n'y a pas de fumée sans feu.	e. Attention! Il y a du danger!

Préparation à la lecture

Il n'est pas rare qu'un poète soit aussi chansonnier; après tout, une chanson est une forme de poésie, n'est-ce pas? Le plus connu des poètes-chansonniers franco-canadiens est Gilles Vigneault. Comme tous les Québécois, il aime bien sa patrie et la langue française. Vigneault, qui est connu en France comme «l'oiseau du Grand Nord», chante sa terre natale avec ses traditions, sa façon de vivre et les événements de tous les jours de la vie au Québec. Dans la chanson «Mon Pays» Vigneault compare son pays à l'hiver; il décrit la vie pendant cette saison froide où il est facile de se sentir très seul, solitaire, entre les «quatre murs de glace». Il exprime son besoin d'amitié et d'amour.

MON PAYS

GILLES VIGNEAULT

Mon pays ce n'est pas un pays c'est l'hiver
Mon jardin ce n'est pas un jardin c'est la plaine
Mon chemin ce n'est pas un chemin c'est la neige
Mon pays ce n'est pas un pays c'est l'hiver

Dans la blanche cérémonie
Où la neige au vent se marie
Dans ce pays de poudrerie[1]
Mon père a fait bâtir maison
Et je m'en vais être fidèle[2]
À sa manière à son modèle
La chambre d'amis sera telle
Qu'on viendra des autres saisons
Pour se bâtir à côté d'elle

---

[1]**poudrerie** *wind-driven snow* [2]**fidèle** *faithful*

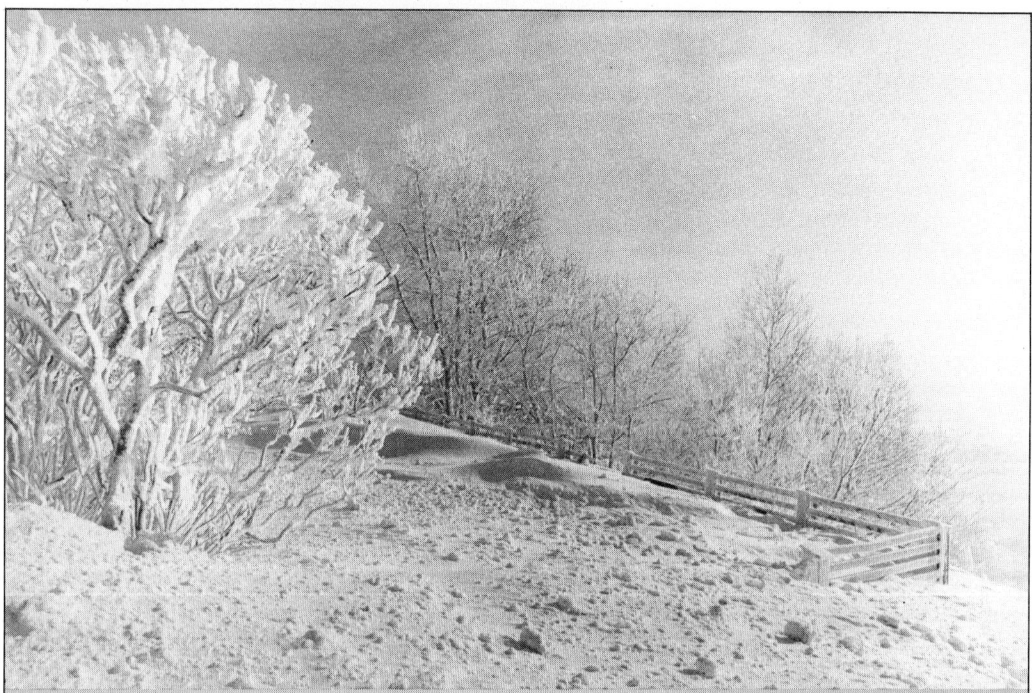

Mon pays ce n'est pas un pays c'est l'hiver
Mon refrain ce n'est pas un refrain c'est rafale[3]
Ma maison ce n'est pas ma maison c'est froidure[4]
Mon pays ce n'est pas un pays c'est l'hiver

De mon grand pays solitaire
Je crie avant que de me taire
À tous les hommes de la terre
Ma maison c'est votre maison
Entre mes quatre murs de glace
Je mets mon temps et mon espace[5]
À préparer le feu, la place
Pour les humains de l'horizon
Et les humains sont de ma race

Mon pays ce n'est pas un pays c'est l'envers[6]
d'un pays qui n'était ni pays ni patrie[7]
Ma chanson ce n'est pas ma chanson c'est ma vie
C'est pour toi que je veux posséder mes hivers...

Avec les Vieux Mots

Paroles: Gilles Vigneault
Musique: Gilles Vigneault et Gaston Rochon

---

[3]**rafale** *wind gust* [4]**froidure** le temps froid [5]**espace** *space*
[6]**envers** *the opposite* [7]**patrie** *native land*

EXERCICE 1

Répondez.

1. À quoi est-ce que Vigneault compare son pays, son jardin et son chemin?
2. La blanche cérémonie est évidemment un mariage. Qu'est-ce qui se marie?
3. Où est-ce que le père a fait bâtir une maison?
4. Comment sera la chambre d'amis?
5. Où est-ce qu'on va bâtir d'autres maisons?
6. À quoi est-ce que le poète compare son refrain et sa maison?
7. Qui est-ce que Vigneault va accueillir dans sa maison? Qu'est-ce qu'il va leur préparer?
8. À qui s'adresse le poète dans la dernière strophe?

EXERCICE 2

Analysez.

1. Combien de strophes est-ce qu'il y a dans cette chanson?
2. Combien de rimes est-ce qu'il y a dans la deuxième strophe? Et dans la quatrième?
3. Où se trouve le seul signe de ponctuation? Est-il difficile de comprendre le poème à cause de l'absence de ponctuation?
4. Quels mots utilise le poète pour décrire l'hiver?
5. Quels termes montrent que Vigneault aime également son pays et l'hiver?

ACTIVITÉS

1 Cherchez des renseignements météorologiques sur les hivers au Canada, surtout au Québec. Dites combien de neige y tombe, le froid qu'il y fait, le vent qui y souffle, le temps que l'hiver dure.

2 Quelle est votre saison favorite? Pourquoi l'aimez-vous? Inspirez-vous de la chanson de Vigneault et écrivez un petit poème ou une petite chanson qui exprime vos sentiments. Si cela est plus facile, choisissez une chanson que vous aimez et écrivez des paroles sur cette mélodie.

5

En attendant Godot

SAMUEL BECKETT

VOCABULAIRE

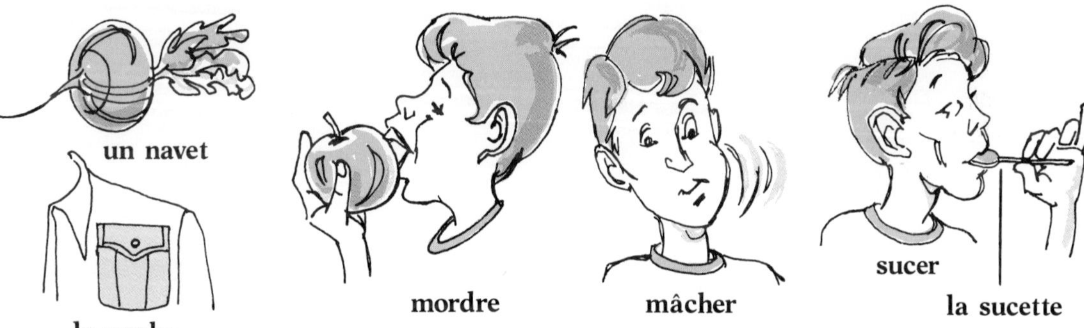

EXERCICE 1 *Définitions*

De quoi est-ce qu'on parle?

1. Partie d'un vêtement où l'on met des objets
2. En tirer le liquide avec la langue et les lèvres
3. Une racine comestible
4. Saisir avec les dents
5. Écraser avec les dents

EXERCICE 2 *Personnellement*

Répondez.

1. Aimez-vous les navets? En quel mois surtout est-ce qu'on mange des navets aux États-Unis?
2. Est-ce qu'un chien vous a déjà mordu(e)?
3. Mâchez-vous souvent du chewing-gum?
4. Est-ce que vous avez sucé votre pouce quand vous étiez enfant? Sucez-vous toujours des sucettes?
5. Est-ce qu'il y a cinq poches dans tous vos jeans? Qu'est-ce que vous mettez dans vos poches?

Préparation à la lecture

Avec la première représentation de *En attendant Godot* en 1953, Samuel Beckett est devenu tout à coup célèbre. Il a écrit des romans et des pièces de théâtre en français et en anglais et a reçu le prix Nobel en 1969. Beckett tient une place essentielle dans le développement du théâtre de l'absurde. C'est dans ses œuvres qu'on trouve un point de référence qui sert de modèle pour ce nouveau théâtre. Tout y est limité—le décor, le temps, les personnages, l'action et même le langage. Estragon et Vladimir, les deux personnages principaux de *En attendant Godot,* sont deux clochards[1] qui attendent Godot.[2] Ils ne savent pas qui il est, ni pourquoi ils l'attendent; ils prononcent des mots absurdes; ils parlent de trivialités et ils attendent. Ils attendent sans espoir, sans fin!

EN ATTENDANT GODOT

(extrait)

SAMUEL BECKETT

VLADIMIR
Alors, quoi faire?

ESTRAGON
Ne faisons rien. C'est plus prudent.

VLADIMIR
Attendons voir ce qu'il va nous dire.

ESTRAGON
Qui?

VLADIMIR
Godot.

ESTRAGON
Voilà.

VLADIMIR
Attendons d'être fixés[3] d'abord.

ESTRAGON
D'un autre côté, on ferait peut-être mieux de battre le fer avant qu'il soit glacé.[4]

VLADIMIR
Je suis curieux de savoir ce qu'il va nous dire. Ça ne nous engage[5] à rien.

---

[1]**clochards** *hoboes* [2]**Godot** Il est possible que ce soit le mot anglais *God* plus la terminaison française «-ot», comme dans «Pierrot». [3]**d'être fixés** *until we know where we stand* [4]**battre... glacé** *strike before the iron grows cold* [5]**engage** *commit*

ESTRAGON
Qu'est-ce qu'on lui a demandé au juste?[6]

VLADIMIR
Tu n'étais pas là?

ESTRAGON
Je n'ai pas fait attention.

VLADIMIR
Eh bien... Rien de bien précis.

ESTRAGON
Une sorte de prière.[7]

«Et qu'a-t-il répondu?»

VLADIMIR
Voilà.

ESTRAGON
Une vague supplique.[8]

VLADIMIR
Si tu veux.

ESTRAGON
Et qu'a-t-il répondu?

VLADIMIR
Qu'il verrait.

---

[6]**au juste** *exactly* [7]**prière** *prayer* [8]**supplique** *entreaty*

ESTRAGON
Qu'il ne pouvait rien promettre.
VLADIMIR
Qu'il lui fallait réfléchir.
ESTRAGON
À tête reposée.[9]
VLADIMIR
Consulter sa famille.
ESTRAGON
Ses amis.
VLADIMIR
Ses agents.
ESTRAGON
Ses correspondants.
VLADIMIR
Ses registres.
ESTRAGON
Son compte en banque.
VLADIMIR
Avant de se prononcer.
ESTRAGON
C'est normal.
VLADIMIR
N'est-ce pas?
ESTRAGON
Il me semble.
VLADIMIR
À moi aussi.

Repos.[10]

ESTRAGON *(inquiet).*
Et nous?
VLADIMIR
Plaît-il?[11]
ESTRAGON
Je dis, Et nous?
VLADIMIR
Je ne comprends pas.
ESTRAGON
Quel est notre rôle là-dedans?
VLADIMIR
Notre rôle?

«Monsieur a des exigences à faire valoir?»

[9]**À tête reposée** *At leisure* [10]**Repos** *Pause* [11]**Plaît-il?** *What did you say?*

ESTRAGON
Prends ton temps.
VLADIMIR
Notre rôle? Celui du suppliant.
ESTRAGON
À ce point-là?
VLADIMIR
Monsieur a des exigences à faire valoir?[12]
ESTRAGON
On n'a plus de droits?

Rire[13] de Vladimir, auquel il coupe court comme au précédent. Même jeu,[14] moins le sourire.

VLADIMIR
Tu me ferais rire, si cela m'était permis.
ESTRAGON
Nous les avons perdus?
VLADIMIR *(avec netteté[15]).*
Nous les avons bazardés.[16]

Silence. Ils demeurent immobiles, bras ballants,[17] tête sur la poitrine, cassés aux genoux.[18]

ESTRAGON *(faiblement).*
On n'est pas liés?[19] *(Un temps.)* Hein?
VLADIMIR *(levant la main).*
Écoute!

Ils écoutent, grotesquement figés.[20]

ESTRAGON
Je n'entends rien.
VLADIMIR
Hsst! *(Ils écoutent. Estragon perd l'équilibre, manque de tomber.[21] Il s'agrippe au bras de Vladimir qui chancelle.[22] Ils écoutent, tassés[23] l'un contre l'autre, les yeux dans les yeux.)* Moi non plus.

Soupirs de soulagement.[24] Détente.[25] Ils s'éloignent[26] l'un de l'autre.

ESTRAGON
Tu m'as fait peur.
VLADIMIR
J'ai cru que c'était lui.

---

[12]**Monsieur... valoir?** *Can the gentleman make any claim?* [13]**Rire** *Laughter* [14]**jeu** *stage business* [15]**avec netteté** *distinctly* [16]**bazardés** *sold* [17]**ballants** *dangling* [18]**cassés aux genoux** *weak in the knees* [19]**liés** *tied up* [20]**figés** *rigid* [21]**manque de tomber** *almost falls* [22]**chancelle** *totters* [23]**tassés** *huddled* [24]**Soupirs de soulagement** *Sighs of relief* [25]**Détente** *Easing of tension* [26]**s'éloignent** *separate*

ESTRAGON
Qui?

VLADIMIR
Godot.

ESTRAGON
Pah! Le vent dans les roseaux.[27]

VLADIMIR
J'aurais juré[28] des cris.

ESTRAGON
Et pourquoi crierait-il?

VLADIMIR
Après son cheval.

Silence.

ESTRAGON
Allons-nous-en.

VLADIMIR
Où? *(Un temps.)* Ce soir on couchera peut-être chez lui, au chaud, au sec,[29] le ventre plein, sur la paille.[30] Ça vaut la peine qu'on attende.[31] Non?

ESTRAGON
Pas toute la nuit.

VLADIMIR
Il fait encore jour.

Silence.

ESTRAGON
J'ai faim.

VLADIMIR
Veux-tu une carotte?

ESTRAGON
Il n'y a pas autre chose?

VLADIMIR
Je dois avoir quelques navets.

ESTRAGON
Donne-moi une carotte. *(Vladimir fouille[32] dans ses poches, en retire un navet et le donne à Estragon.)* Merci. *(Il mord dedans. Plaintivement.)* C'est un navet!

VLADIMIR
Oh pardon! j'aurais juré une carotte. *(Il fouille à nouveau dans ses poches, n'y trouve que des navets.)* Tout ça c'est des navets. *(Il cherche toujours.)* Tu as dû manger la dernière. *(Il cherche.)* Attends, ça y est. *(Il sort enfin une carotte et la donne à Estragon.)* Voilà, mon cher. *(Estragon*

---

[27]**roseaux** *reeds* [28]**juré** *sworn* [29]**au sec** *where it's dry* [30]**paille** *straw*
[31]**Ça vaut... attende** *It's worth waiting for* [32]**fouille** *searches*

l'essuie sur sa manche et commence à la manger.) Rends-moi le navet. *(Estragon lui rend le navet.)* Fais-la durer, il n'y en a plus.

ESTRAGON *(tout en mâchant).*
Je t'ai posé une question.

VLADIMIR
Ah.

ESTRAGON
Est-ce que tu m'as répondu?

VLADIMIR
Elle est bonne, ta carotte?

ESTRAGON
Elle est sucrée.

VLADIMIR
Tant mieux, tant mieux. *(Un temps.)* Qu'est-ce que tu voulais savoir?

ESTRAGON
Je ne me rappelle plus. *(Il mâche.)* C'est ça qui m'embête.[33] *(Il regarde la carotte avec délectation, la fait tourner en l'air du bout des doigts.[34])* Délicieuse, ta carotte. *(Il en suce méditativement le bout.)* Attends, ça me revient. *(Il arrache[35] une bouchée.)*

VLADIMIR
Alors?

ESTRAGON *(la bouche pleine, distraitement).*
On n'est pas liés?

VLADIMIR
Je n'entends rien.

ESTRAGON *(mâche, avale[36]).*
Je demande si on est liés.

VLADIMIR
Liés?

ESTRAGON
Li-és.

VLADIMIR
Comment, liés?

ESTRAGON
Pieds et poings.[37]

VLADIMIR
Mais à qui? Par qui?

ESTRAGON
À ton bonhomme.[38]

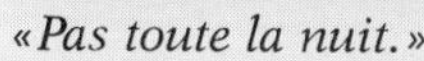

«Pas toute la nuit.»

VLADIMIR
À Godot? Liés à Godot? Quelle idée? Jamais de la vie! *(Un temps.)* Pas encore. *(Il ne fait pas la liaison.)*

[33] **m'embête** *annoys me* [34] **bout des doigts** *tips of his fingers* [35] **arrache** *bites off*
[36] **avale** *swallows* [37] **Pieds et poings** *Hand and foot* [38] **À ton bonhomme** *To your man*

ESTRAGON
Il s'appelle Godot?

VLADIMIR
Je crois.

ESTRAGON
Tiens! *(Il soulève le restant de carotte par le bout de fane*[39] *et le fait tourner devant ses yeux.)* C'est curieux, plus on va, moins c'est bon.[40]

VLADIMIR
Pour moi c'est le contraire.

ESTRAGON
C'est-à-dire?

VLADIMIR
Je me fais au goût au fur et à mesure.[41]

ESTRAGON *(ayant longuement réfléchi*[42]*).*
C'est ça, le contraire?

VLADIMIR
Question de tempérament.

ESTRAGON
De caractère.

VLADIMIR
On n'y peut rien.

ESTRAGON
On a beau se démener.[43]

VLADIMIR
On reste ce qu'on est.

ESTRAGON
On a beau se tortiller.[44]

VLADIMIR
Le fond[45] ne change pas.

ESTRAGON
Rien à faire. *(Il tend le restant de carotte à Vladimir.)* Veux-tu la finir?

Un cri terrible retentit,[46] *tout proche. Estragon lâche*[47] *la carotte. Ils se figent, puis se précipitent vers la coulisse.*[48] *Estragon s'arrête à mi-chemin, retourne sur ses pas, ramasse la carotte, la fourre*[49] *dans sa poche, s'élance vers Vladimir qui l'attend, s'arrête à nouveau, retourne sur ses pas, ramasse sa chaussure, puis court rejoindre Vladimir. Enlacés,*[50] *la tête dans les épaules,*[51] *se détournant de la menace, ils attendent.*

---

[39]**le bout de fane** *the leafy end* [40]**plus... bon** *the more you eat the worse it gets* [41]**Je me fais... mesure** *I get used to the taste as I eat* [42]**ayant... réfléchi** *having reflected* [43]**On... démener** *No use struggling* [44]**se tortiller** *wriggling* [45]**fond** *essential* [46]**retentit** *resounds* [47]**lâche** *drops* [48]**coulisse** *off stage* [49]**fourre** *stuffs* [50]**Enlacés** *Hugging each other* [51]**la tête dans les épaules** *shoulders hunched*

EXERCICE 1

Répondez.

1. Comment s'appellent les deux personnages? Qui sont-ils?
2. De qui est-ce qu'ils parlent?
3. D'après Vladimir, quelle réponse est-ce que Godot leur a donnée?
4. D'après Estragon et Vladimir, qui et quoi est-ce que Godot doit consulter?
5. Pourquoi est-ce qu'Estragon et Vladimir n'ont plus de droits?
6. Qu'est-ce qu'ils ont entendu?
7. Où et comment est-ce que Vladimir espère passer la nuit?
8. Qui a faim?
9. Qu'est-ce que Vladimir a dans sa poche?
10. Qu'est-ce qu'Estragon veut savoir?
11. À quoi sont-ils résignés?
12. Qu'est-ce qu'ils entendent? Que font-ils?

EXERCICE 2

Analysez.

1. Quelles sont les actions qui ont lieu dans cette scène?
2. Estragon et Vladimir essayent de faire passer le temps. Continuez l'énumération des sujets dont ils parlent.
   a. qu'est-ce qu'ils doivent faire
3. De quels sujets vraiment sérieux discutent-ils?
4. Qu'est-ce que vous avez remarqué quant à la longueur des phrases? Examinez un peu une des plus longues phrases de cet extrait: «Ce soir on couchera peut-être chez lui, au chaud, au sec, le ventre plein, sur la paille.» Que notez-vous?
5. Vous savez déjà que Godot ne va pas venir. Vous le savez parce que vous savez que rien ne se passe dans le drame. Croyez-vous que Vladimir et Estragon pensent sincèrement que Godot viendra ou pas? Dites pourquoi.
6. Vous avez remarqué dans ce petit extrait les nombreuses pauses et silences. De quelle importance sont-elles? Qu'est-ce qu'elles contribuent à la pièce?
7. Le décor de cette pièce est très simple: il n'y a qu'un arbre en scène. Comment ce décor contribue-t-il à l'ambiance de la pièce?

ACTIVITÉS

1 Avec un(e) camarade de classe, jouez la scène de la carotte. Commencez avec: «J'ai faim.» et finissez avec «Délicieuse ta carotte.»

2 Si vous vous intéressez au théâtre, dessinez un décor et des costumes pour *En attendant Godot.*

3 Si cet extrait vous a beaucoup plu, lisez toute la pièce, en français ou en anglais.

6

Trois Poèmes

ROBERT DESNOS

VOCABULAIRE

EXERCICE 1

____ Complétez.

1. C'est la femelle des oiseaux qui ____ des œufs.
2. «Regarde! Là, sur cette fleur! Quel joli ____, n'est-ce pas?»
3. On ne fait pas d'omelette sans casser des ____.
4. «Il fait très chaud; reposons-nous un peu à l' ____ de cet arbre.»

EXERCICE 2 *Personnellement*

____ Répondez.

1. Avez-vous jamais fait la chasse aux papillons? Connaissez-vous quelqu'un qui collectionne les papillons? Avez-vous déjà vu une collection de papillons?
2. Quand est-ce que les ombres sont les plus courtes, le matin, à midi ou l'après-midi?
3. Prenez-vous des œufs au petit déjeuner? Comment aimez-vous les œufs? Avez-vous jamais vu une poule pondre un œuf?

Préparation à la lecture

Robert Desnos est né en 1900. Il a été scénariste de cinéma et a participé au mouvement surréaliste. Le surréalisme était un mouvement intellectuel révolutionnaire qui utilisait les forces psychiques (l'inconscient, le rêve) pour chercher la vraie réalité. «Le Papillon» et «Le Pélican» vous amuseront. «Le Dernier Poème» est la dernière version d'un autre poème intitulé «Poème à la mystérieuse.» Pendant la Seconde Guerre mondiale Desnos était dans un camp de concentration, prisonnier des Nazis. Avant de mourir il a récité cette forme du poème à un jeune étudiant tchèque.

TROIS POÈMES DE ROBERT DESNOS

LE PAPILLON

Trois cents millions de papillons
Sont arrivés à Châtillon
Afin d'y boire du bouillon[1]
Châtillon-sur-Loire,
Châtillon-sur-Marne,
Châtillon-sur-Seine.

Plaignez[2] les gens de Châtillon!
Ils n'ont plus d'yeux[3] dans leur bouillon
Mais des millions de papillons
Châtillon-sur-Seine,
Châtillon-sur-Marne,
Châtillon-sur-Loire.

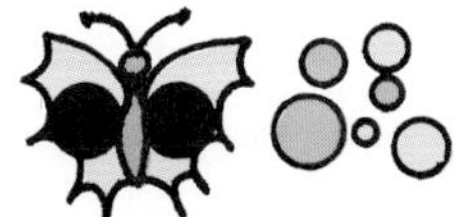

Chantefables
Éditions Gründ

[1]**bouillon** *clear meat or vegetable soup* [2]**Plaignez** *Pity*
[3]**yeux** *specks of fat (on soup)*

LE PÉLICAN

Le capitaine Jonathan
Étant âgé de dix-huit ans,
Capture un jour un pélican
Dans une île de l'Extrême-Orient.[4]

Le pélican de Jonathan
Au matin, pond un œuf tout blanc
Et il sort un pélican
Lui ressemblant étonnament.[5]

Et ce deuxième pélican
Pond, à son tour, un œuf blanc
D'où sort, inévitablement,
Un autre qui en fait autant.[6]

Cela peut durer pendant très longtemps
Si l'on ne fait pas d'omelette avant.

Chantefables
Éditions Gründ

LE DERNIER POÈME

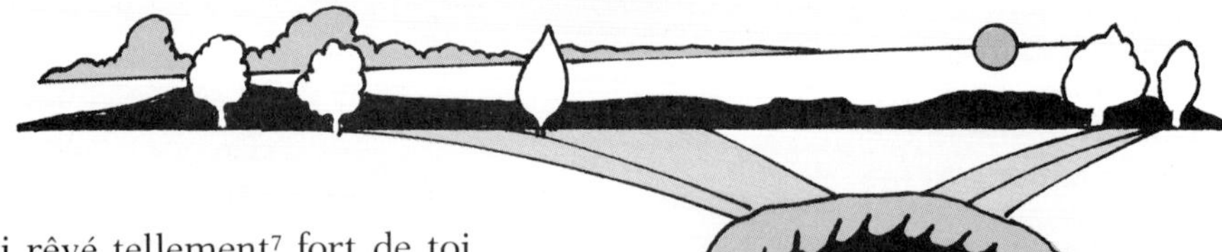

J'ai rêvé tellement[7] fort de toi
J'ai tellement marché, tellement parlé,
Tellement aimé ton ombre,
Qu'il ne me reste plus rien de toi.

Il me reste d'être l'ombre parmi les ombres
D'être cent fois plus ombre que l'ombre
D'être l'ombre qui viendra et reviendra dans ta vie ensoleillée.

(1945)

---

[4]**l'Extrême-Orient** *the Far East* [5]**étonnament** *astonishingly*
[6]**en fait autant** *does the same* [7]**tellement** *so; so much*

EXERCICE 1 *«Le Papillon»*

____ **Analysez en répondant.**

1. Combien de papillons sont arrivés à Châtillon?
2. Avez-vous pu imaginer le bouillon avec les millions de papillons?
3. Pourquoi le poète a-t-il choisi le nombre «millions» et non pas «milles»?
4. Quelle est l'unique rime du poème?
5. Quel changement fait le poète dans les trois derniers vers de la seconde strophe?

EXERCICE 2 *«Le Pélican»*

____ **Analysez en répondant.**

1. En combien de parties se divise le poème?
2. Est-ce que le rythme est bien marqué?
3. Quelle est l'unique rime du poème?
4. Est-ce que la première strophe vous semble réaliste, ou est-ce qu'elle vous donne l'impression d'un conte de fée *(fairy tale)?*
5. Est-ce que le dernier vers provoque une impression de surprise, de réalité?

EXERCICE 3 *«Le Dernier Poème»*

____ **Analysez en répondant.**

1. Qui sont les deux personnages dans le poème?
2. Que fait le poète avec l'ombre de sa bien-aimée?
3. Quel mot est répété six fois?
4. Le rêve du poète est si intense que sa bien-aimée devient ombre, c'est-à-dire fantôme *(ghost);* elle commence à perdre sa réalité. Comment savons-nous que le poète accepte de devenir, lui aussi, ombre pour rejoindre sa bien-aimée?

ACTIVITÉS

1 Lequel de ces trois poèmes vous a plu tout particulièrement? Lequel vous a déplu? Dites pourquoi: à cause du thème, du rythme, de la rime, de vos réactions?

2 Apprenez un de ces poèmes par cœur et présentez-le devant la classe.

3 Si vous aimez dessiner, illustrez un de ces poèmes.

7

L'Éléphant

MARCEL AYMÉ

VOCABULAIRE

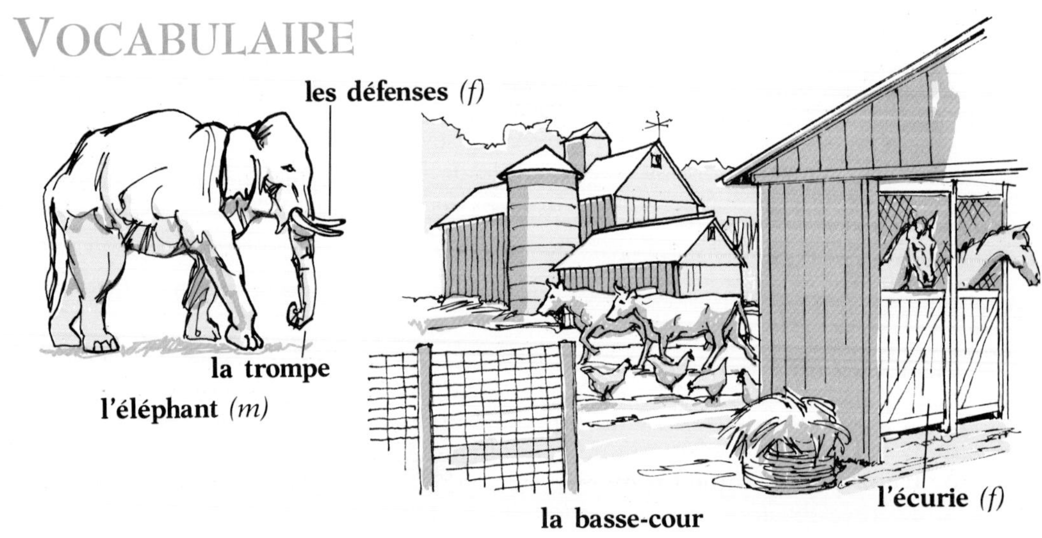

Les bêtes de la basse-cour:

EXERCICE 1

Complétez.

1. Dans la ____ de la ferme on voit des poules et d'autres animaux domestiques.
2. On appelle «porc» la viande du ____.
3. Le ____ est un oiseau originaire d'Amérique.
4. On loge les chevaux dans une ____.
5. Le nez d'un éléphant s'appelle une ____.
6. La ____ donne du lait.
7. Les ____ pondent des œufs.
8. Le ____ est le mâle de la poule.
9. Le bœuf a des ____ sur la tête.
10. De nos jours il n'est pas permis de tuer les éléphants pour l'ivoire de leurs ____.

EXERCICE 2

Expliquez la signification de chacune des expressions suivantes. Est-ce que l'expression équivalente en anglais emploie le même animal?

1. Il travaille comme un bœuf.
2. Elle a une mémoire d'éléphant.
3. Il est sale comme un cochon.
4. Elle écrit comme un chat.
5. Il est fort comme un bœuf.
6. Il est doux comme un mouton.

Préparation à la lecture

Marcel Aymé, né en 1902, est considéré comme un des meilleurs écrivains de sa génération. Il a écrit des romans et des pièces de théâtre, mais ce sont ses contes qui font le ravissement des enfants et des grandes personnes. Les aventures de Delphine et Marinette avec les animaux de la basse-cour sont délicieuses! Restées seules une journée de pluie, les deux petites filles décident de jouer à «l'Arche de Noé». Faites bien attention aux petits détails et à la caractérisation des animaux; remarquez comment l'auteur introduit le merveilleux[1] dans la réalité.

[1] **le merveilleux** *the supernatural*

L'ÉLÉPHANT

MARCEL AYMÉ

I

Les parents mirent leurs habits du dimanche et, avant de quitter la maison, dirent aux deux petites:

— On ne vous emmène pas voir votre oncle Alfred, parce qu'il pleut trop. Profitez-en pour bien apprendre vos leçons.

— Je les sais déjà, dit Marinette, je les ai apprises hier soir.

— Moi aussi, dit Delphine.

— Alors, amusez-vous gentiment, et, surtout, ne laissez entrer personne chez nous.

Les parents s'éloignèrent,[2] et les petites, le nez au carreau[3] de la fenêtre, les suivirent longtemps du regard. La pluie tombait si serrée[4] qu'elles ne regrettaient presque pas de ne pas aller voir leur oncle Alfred. Elles parlaient de jouer au loto, lorsqu'elles virent le dindon traverser la cour en courant. Il se mit à l'abri[5] sous le hangar,[6] secoua ses plumes mouillées[7] et essuya son grand cou dans le duvet de son jabot.[8]

— C'est un mauvais temps pour les dindons, fit observer Delphine, et pour les autres bêtes aussi. Heureusement, ça ne dure jamais longtemps. Mais s'il pleuvait pendant quarante jours et quarante nuits?

— Il n'y a pas de raison, dit Marinette. Pourquoi veux-tu qu'il pleuve pendant quarante jours et quarante nuits?

— Bien sûr. Mais je pensais qu'au lieu de jouer au loto, on pourrait peut-être jouer à l'Arche de Noé.

---

[2]**s'éloignèrent** *went away* [3]**carreau** *window pane* [4]**pluie serrée** *teeming rain* [5]**se mit à l'abri** *took shelter* [6]**hangar** *shed* [7]**secoua ses plumes mouillées** *shook his wet feathers* [8]**le duvet de son jabot** *the down of his crop*

Marinette trouva l'idée très bonne et pensa que la cuisine ferait un excellent bateau. Quant aux bêtes, les petites ne furent pas embarrassées[9] pour les trouver. Elles allèrent à l'écurie et à la basse-cour et décidèrent facilement le bœuf, la vache, le cheval, le mouton, le coq, la poule, à les suivre dans la cuisine. La plupart étaient très contents de jouer à l'Arche de Noé. Il y eut bien quelques grincheux,[10] comme le dindon et le cochon, pour protester qu'ils ne voulaient pas être dérangés,[11] mais Marinette leur déclara sans rire:

— C'est le déluge. Il va pleuvoir pendant quarante jours et quarante nuits. Si vous ne voulez pas venir dans l'Arche, tant pis[12] pour vous. La terre sera couverte par les eaux, et vous serez noyés.[13]

Les grincheux ne se le firent pas dire deux fois et se bousculèrent[14] pour entrer à la cuisine. Pour les poules, il n'y eut pas besoin de leur faire peur. Elles voulaient toutes venir jouer, et Delphine, après en avoir choisi une, fut obligée d'écarter[15] les autres.

— Vous comprenez, je ne peux prendre qu'une poule. Autrement,[16] ce ne serait pas le jeu.

II

En moins d'un quart d'heure, toutes les bêtes de la ferme furent représentées dans la cuisine. On craignait que le bœuf ne put passer par la porte, à cause de ses grandes cornes, mais, en penchant la tête de côté, il entra très bien, et la vache aussi. L'Arche se trouva si pleine qu'il fallut loger sur la table la poule, le coq, la dinde, le dindon et le chat. Il n'y eut pourtant aucun désordre et les bêtes se montrèrent tout à fait raisonnables.[17] D'ailleurs, elles étaient un peu intimidées d'être dans la cuisine, où, sauf le chat, et peut-être la poule, elles n'avaient jamais pénétré. Le cheval, qui se trouvait auprès de l'horloge,[18] regardait tantôt le cadran,[19] tantôt le balancier,[20] et l'inquiétude faisait bouger ses oreilles pointues. La vache n'était pas moins curieuse de tout ce qu'elle apercevait derrière les vitres[21] du buffet. Surtout, elle ne pouvait détacher son regard d'un fromage et d'un pot de lait, qui lui firent murmurer à plusieurs reprises:[22] «Je comprends, maintenant, je comprends... »

Au bout d'un moment, les bêtes commencèrent à prendre peur.[23] Même celles qui savaient que c'était pour jouer, en venaient à se demander s'il s'agissait vraiment d'un jeu. En effet, Delphine, assise sur la fenêtre de la cuisine, au poste de commandement, regardait au-dehors et annonçait d'une voix anxieuse:

— Il pleut toujours... les eaux montent..., on ne voit déjà plus le jardin... Le vent est toujours violent... Barre à droite![24]

---

[9]**ne furent pas embarrassées** *had no difficulty* [10]**grincheux** *grumpy*
[11]**dérangés** *disturbed* [12]**tant pis** *too bad* [13]**noyés** *drowned*
[14]**se bousculèrent** *jostled each other* [15]**écarter** éliminer [16]**Autrement** *Otherwise*
[17]**raisonnables** *sensible* [18]**horloge** *clock* [19]**cadran** *clock face*
[20]**balancier** *pendulum* [21]**vitres** *panes* [22]**à plusieurs reprises** *repeatedly*
[23]**prendre peur** avoir peur [24]**Barre à droite!** *Tiller to the right!*

Marinette, qui était le pilote, tournait la clé de la cuisinière[25] à droite, ce qui faisait fumer[26] un peu.

— Il pleut encore... l'eau vient d'atteindre les premières branches du pommier... Attention aux rochers! Barre à gauche!

Marinette donna un coup de clé à gauche, et la cuisinière fuma moins.

— Il pleut toujours..., on aperçoit encore la cime[27] des plus hauts arbres, mais les eaux montent... C'est fini, on ne voit plus rien...

Alors, on entendit un grand sanglot[28]... C'était le cochon qui ne pouvait plus contenir son chagrin[29] de quitter la ferme.

— Silence à bord! cria Delphine, je ne veux pas de panique. Prenez modèle sur le chat. Voyez comme il ronronne,[30] lui.

En effet, le chat ronronnait comme si de rien n'était, sachant très bien que le déluge n'était pas sérieux.

— Si encore tout ça devait bientôt finir, geignit[31] le cochon.

— Il faut compter encore un peu plus d'un an, déclara Marinette, mais nos provisions sont faites, personne n'aura faim, soyez tranquilles.

III

Le pauvre cochon s'effondra[32] en pleurant tout bas. Il pensait que le voyage serait peut-être beaucoup plus long que les petites ne l'avaient prévu[33] et que les vivres[34] manqueraient un jour. Comme il était gros, il avait une grande peur d'être mangé. Pendant qu'il se morfondait,[35] une petite poule blanche, toute recroquevillée[36] sous la pluie, était grimpée[37] sur le rebord[38] extérieur de la fenêtre. Elle frappa[39] du bec au carreau et dit à Delphine:

— Je voudrais bien jouer aussi, moi.

— Mais, pauvre poule blanche, tu vois bien que ce n'est pas possible. Il y a déjà une poule.

— Surtout que l'Arche est pleine, fit observer Marinette, qui s'était approchée.

La poule blanche parut si contrariée[40] que les deux petites en furent peinées.[41]

Marinette dit à Delphine:

— Tout de même, il nous manque un éléphant. La poule blanche pourrait faire l'éléphant...

— C'est vrai, l'Arche aurait besoin d'un éléphant...

Delphine ouvrit la fenêtre, prit la petite poule dans ses mains et lui annonça qu'elle serait l'éléphant.

— Ah! je suis bien contente, dit la poule blanche. Mais comment est-ce fait un éléphant? Je n'en ai jamais vu.

Les petites essayèrent de lui expliquer ce qu'est un éléphant, mais sans y parvenir.[42] Delphine se souvint alors d'un livre d'images en couleurs, que son oncle Alfred lui avait donné. Il se trouvait dans la pièce voisine, qui était la chambre des parents. Laissant à Marinette la surveillance[43]

[25] **clé de la cuisinière** *stove damper* [26] **faisait fumer** *made it smoke* [27] **cime** *top* [28] **sanglot** *sob* [29] **chagrin** *sadness* [30] **ronronne** *purrs* [31] **geignit** *whined* [32] **s'effondra** *broke down* [33] **prévu** *foreseen* [34] **vivres** *food* [35] **se morfondait** *was moping* [36] **recroquevillée** *huddled* [37] **était grimpée** *had climbed up* [38] **rebord** *sill* [39] **frappa** *hit* [40] **contrariée** *upset* [41] **furent peinées** *felt bad* [42] **sans parvenir** *with no success* [43] **surveillance** *supervision*

de l'Arche, Delphine emporta la poule blanche dans la chambre, ouvrit le livre devant elle, à la page où était représenté l'éléphant, et donna encore quelques explications. La poule blanche regarda l'image avec beaucoup d'attention et de bonne volonté, car elle avait très envie de faire l'éléphant.

— Je te laisse un moment dans la chambre, lui dit Delphine. Il faut que je retourne dans l'Arche. Mais en attendant que je revienne te chercher, regarde bien ton modèle.

IV

La petite poule blanche prit son rôle si à cœur qu'elle devint un véritable éléphant, ce qu'elle n'avait pas osé espérer.[44] La chose arriva si vite qu'elle ne comprit pas tout de suite le changement qui venait de s'opérer. Elle croyait qu'elle était encore une petite poule, perchée très haut, tout près du plafond.[45] Enfin, elle prit connaissance de sa trompe, de ses défenses en ivoire, de ses quatre pieds massifs, de sa peau épaisse et rugueuse[46] qui portait encore quelques plumes blanches. Elle était un peu étonnée, mais très satisfaite. Ce qui lui fit le plus de plaisir, ce fut de posséder d'immenses oreilles, elle qui n'en avait, auparavant,[47] pour ainsi dire point. «Le cochon, qui était si fier des siennes, le sera peut-être moins en voyant celles-ci», pensa-t-elle.

Dans la cuisine, les petites avaient complètement oublié la poule blanche qui préparait si bien son rôle de l'autre côté de la porte. Après avoir annoncé que le vent était tombé[48] et que l'Arche voguait[49] en eau calme, elles se préparaient à pas-

[44]**n'avait pas osé espérer** *hadn't dared to hope* [45]**plafond** *ceiling*
[46]**peau épaisse et rugueuse** *thick, rough skin* [47]**auparavant** *before*
[48]**était tombé** *had died down* [49]**voguait** *was sailing*

ser la revue des animaux pris en charge. Marinette se munit[50] d'un carnet pour inscrire les réclamations[51] des passagers...

— Commençons par le chat. N'as-tu rien à demander, chat?

— Justement, répondit le chat. J'aimerais bien avoir un bol de lait.

— Inscrivez: un bol de lait pour le chat.

Tandis que Marinette notait sur son carnet la réclamation du chat, l'éléphant entrouvrit[52] tout doucement la porte avec sa trompe et jeta un coup d'œil[53] dans l'Arche. Ce qu'il aperçut le réjouit[54] et il eut hâte de se mêler[55] à ces jeux. Delphine et Marinette lui tournaient le dos et, pour l'instant, nul ne regardait de son côté. Il pensa avec plaisir à l'étonnement des petites quand elles le découvriraient. Bientôt, la revue des passagers fut presque terminée, et, comme elles arrivaient près de la vache qui ne cessait pas d'examiner le contenu du buffet, il ouvrit largement la porte et dit, avec une grande voix qu'il ne connaissait pas:

— Me voilà...

Les petites n'en croyaient pas leurs yeux. De stupéfaction, Delphine demeura muette[56] un moment, et Marinette laissa échapper[57] son carnet...

Extrait de *Les Contes du Chat perché*

EXERCICE 1 *Section I*

____ Répondez.

1. Chez qui sont allés les parents des petites?
2. Pourquoi est-ce qu'ils n'ont pas emmené les petites?
3. À quoi est-ce que les petites pensaient jouer?
4. Qu'est-ce qui a inspiré Delphine à jouer à l'Arche de Noé?
5. Quelle pièce allait servir de bateau?
6. Où sont-elles allées pour chercher les bêtes?
7. Quels deux animaux étaient grincheux?
8. Comment est-ce que Marinette les a persuadés d'entrer à la cuisine?

EXERCICE 2 *Section II*

____ Complétez.

1. Le bœuf a eu des difficultés à entrer à cause de ses ____.
2. La poule, le coq, la dinde, le dindon et le chat étaient logés sur la ____.
3. Le seul animal qui n'était pas intimidé dans la maison était le ____.
4. Le cheval était inquiet parce qu'il était près de ____.
5. Delphine était le ____ et Marinette était le ____.
6. L'animal qui sanglottait était le ____; il avait peur d'être ____.
7. Le chat ____ parce qu'il savait que le déluge n'était pas ____.

---

[50]**se munit** *provided herself* [51]**réclamations** *demands* [52]**entrouvrit** ouvrit un peu [53]**coup d'œil** *glance* [54]**réjouit** *delighted* [55]**eut hâte de se mêler** *couldn't wait to join in* [56]**muette** *mute* [57]**laissa échapper** *dropped*

EXERCICE 3 *Section III*

Racontez l'histoire de la petite poule blanche. Employez les expressions suivantes.

vouloir jouer
impossible (a) pleine
(b) il y a déjà
il nous manque
un livre d'images
regarder le modèle

EXERCICE 4 *Section IV*

Vrai ou faux? Corrigez les phrases incorrectes.

1. La petite poule blanche a pris son rôle à cœur et elle est devenue un véritable éléphant.
2. Le changement est arrivé lentement.
3. D'abord la poule croyait qu'elle était perchée dans un arbre.
4. Ce qui lui faisait le plus de plaisir c'étaient les défenses d'ivoire.
5. Marinette a commencé à inscrire les noms des passagers.
6. Les petites n'ont pas vu l'éléphant parce que la porte était entrouverte.
7. Les deux petites sont restées immobiles et stupéfaites quand elles ont enfin vu l'éléphant.

ACTIVITÉS

1 Retrouvez dans le texte des expressions spirituelles *(witty)* qui décrivent et caractérisent les animaux. Commentez-les.

- le cheval / l'horloge
- la vache / le fromage et le lait
- le dindon / grincheux
- le cochon / qui pleure
- le chat / qui ronronne et se sent à son aise
- la petite poule / des oreilles pour la première fois

2 Delphine et Marinette ont une imagination assez vive. Pour elles, la cuisine devient vite l'Arche de Noé et les animaux de la basse-cour deviennent les passagers. Retrouvez dans le texte les expressions, les descriptions et les actions qui contribuent au jeu. (Par exemple, Marinette a déclaré: «La terre sera couverte par les eaux et vous serez noyés.»)

3 Est-ce que la transformation de la poule en éléphant vous a surpris(e)? Le conteur la décrit sans émotion, comme si c'était un événement naturel. Les petites sont étonnées, mais elles aussi semblent l'accepter. Expliquez pourquoi ce mélange de la réalité avec l'imagination et le merveilleux a si bien réussi.

8
Le Pont Mirabeau

GUILLAUME APOLLINAIRE

Préparation à la lecture

Guillaume Apollinaire, né en 1880, a joué un rôle de précurseur[1] en peinture, en sculpture et en poésie. Il a publié des poèmes, des contes, des romans historiques et des nouvelles. Quand la Première Guerre mondiale a éclaté, Apollinaire est allé combattre sur le front. Il a été gravement blessé à la tempe. Il est mort en 1918 pendant l'épidémie de «grippe espagnole».

«Le Pont Mirabeau» est un poème célèbre. Un pont sur la Seine inspire au poète une méditation sur la fuite[2] du temps et de l'amour. Le poème est admirable par sa simplicité et par sa forme parfaite.

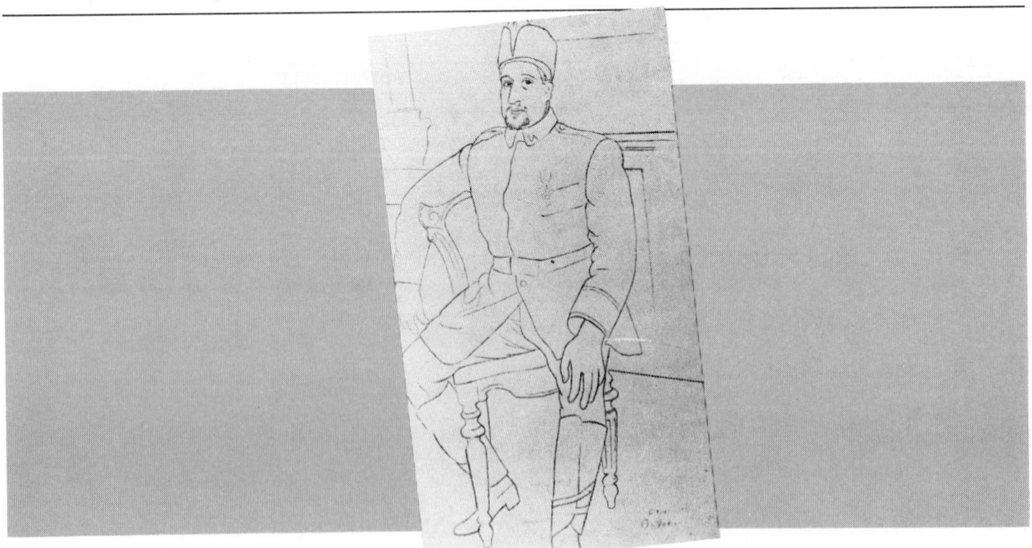

Guillaume Apollinaire par Picasso

[1]**précurseur** *forerunner* [2]**fuite** *passage*

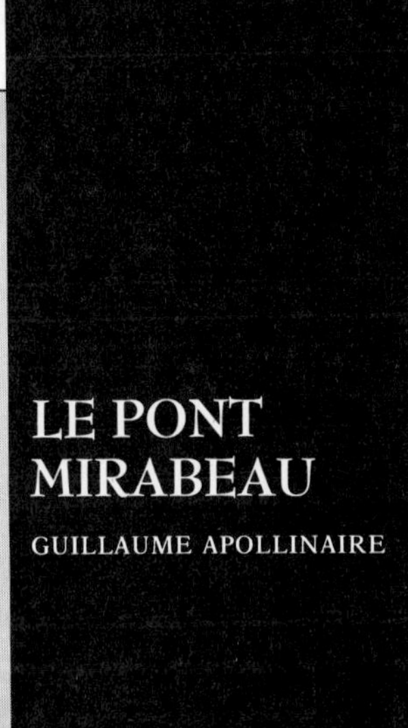

LE PONT MIRABEAU

GUILLAUME APOLLINAIRE

Sous le pont Mirabeau coule[3] la Seine
Et nos amours
Faut-il qu'il m'en souvienne[4]
La joie venait toujours après la peine[5]

Vienne la nuit sonne l'heure[6]
Les jours s'en vont je demeure[7]

Les mains dans les mains restons face à face
Tandis que sous
Le pont de nos bras passe
Des éternels regards l'onde[8] si lasse[9]

Vienne la nuit sonne l'heure
Les jours s'en vont je demeure

L'amour s'en va comme cette eau courante[10]
L'amour s'en va
Comme la vie est lente
Et comme l'Espérance[11] est violente

Vienne la nuit sonne l'heure
Les jours s'en vont je demeure

Passent les jours et passent les semaines
Ni temps passé
Ni les amours reviennent
Sous le pont Mirabeau coule la Seine

Vienne la nuit sonne l'heure
Les jours s'en vont je demeure

Alcools
Librairie Gallimard

---

[3]**coule** *flows* [4]**il m'en souvienne** *I remember* [5]**peine** *sadness*
[6]**sonne l'heure** *let the hour strike* [7]**demeure** *remain* [8]**onde** *wave*
[9]**lasse** *tired* [10]**courante** *running* [11]**Espérance** *Hope*

EXERCICE 1

Répondez.

1. Quel fleuve coule sous le pont Mirabeau?
2. Dans quelle ville se trouve le poète?
3. Qu'est-ce qui coule avec l'eau de la Seine?
4. Avant de sentir la joie, qu'est-ce qu'on doit supporter?
5. Qui sont les deux personnages qui se regardent «les mains dans les mains»?
6. D'après le poète, que forment les bras des amoureux?
7. Avec quoi est-ce que le poète contraste «la vie lente»?
8. Est-ce qu'il espère retrouver l'amour et la joie?
9. Est-ce que le passage du temps rend le poète triste ou heureux?

EXERCICE 2

Analysez.

1. Examinez un peu la forme du poème «Le Pont Mirabeau».
   a. Combien de fois se répète le refrain de deux vers?
   b. Combien de strophes de quatre vers est-ce qu'il y a?
2. Il y a seulement quatre rimes dans ce poème. Dans la première strophe on trouve la rime «Seine», «souvienne» et «peine». Retrouvez les trois autres.
3. Que remarquez-vous sur la ponctuation du poème? Cette absence totale de ponctuation contribue, d'après des critiques, à l'idée de la fluidité de l'eau et du passage du temps et des amours. Êtes-vous d'accord?
4. Relisez les deux vers du refrain. Est-ce que la nuit suggère la joie ou la mélancolie? Par les mots «je demeure», nous comprenons que le poète ne change pas; il reste. Mais est-ce qu'il reste pour souffrir seul après la fuite de son amour? Ou est-ce qu'il continue à vivre pour trouver de nouveaux amours? Qu'en pensez-vous?

ACTIVITÉS

1 Décrivez vos réactions à «Le Pont Mirabeau». Que pensez-vous du poème?

2 Il y a au moins trente ponts sur la Seine. Cherchez des renseignements sur ces ponts. Apportez-les en classe. Quel pont est le plus vieux? le plus artistique? le plus moderne?

9
La Chambre

TAHAR BEN JELLOUN

VOCABULAIRE

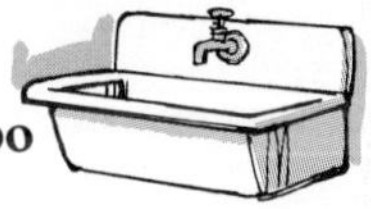

une épingle à linge
le linge
le lavabo
une ampoule
la malle
la boîte
peindre le bâtiment
déménager

EXERCICE 1 *Définitions*

De quoi est-ce qu'on parle?

1. Changer de logement
2. Récipient de porcelaine avec de l'eau courante qui sert à la toilette
3. Globe de verre contenant le filament des lampes à incandescence
4. Objet qui sert à attacher
5. Construction qui sert à loger des hommes, des animaux, des objets
6. Une façon de changer la couleur d'une construction
7. Objet destiné à contenir les effets qu'on emporte en voyage

EXERCICE 2 *Personnellement*

Répondez.

1. Lavez-vous votre linge dans un lavabo ou dans une machine à laver?
2. Séchez-vous le linge sur une corde à linge avec des épingles ou dans un séchoir?

3. Combien de fois avez-vous déjà déménagé? De combien de boîtes vous êtes-vous servi(e)?
4. En quelle couleur est peint le bâtiment (maison ou immeuble) que vous habitez?
5. Est-ce qu'une ampoule à 25 watts donne beaucoup de lumière?

Préparation à la lecture

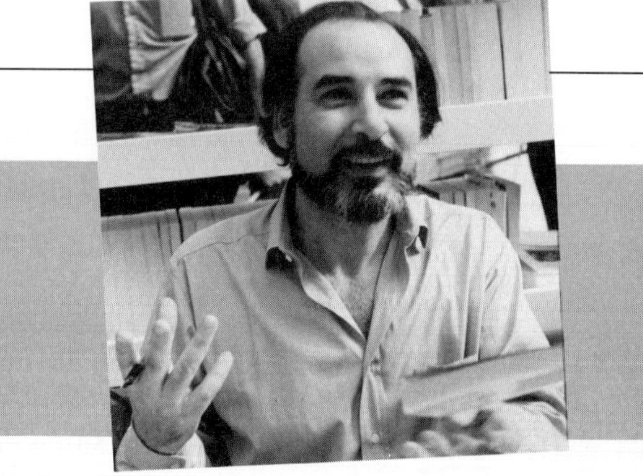

L'écrivain marocain le plus connu en France aujourd'hui, c'est Tahar Ben Jelloun. Né en 1944 à Fès au Maroc, il est poète, romancier, essayiste et journaliste. Il écrit en français et en arabe. *La Réclusion*[1] *solitaire,* son roman d'un travailleur immigré, nous présente l'indifférence, la haine, la violence, l'humiliation et le racisme que rencontre un Arabe qui essaie de gagner sa vie à Paris. Nous sentons la mélancolie de l'isolement, la nécessité «d'être de cette foule», «de sourire à qui voulait bien [le] regarder». Tahar Ben Jelloun y a inclus beaucoup de détails réels et aussi des souvenirs personnels.

LA CHAMBRE

TAHAR BEN JELLOUN

Aujourd'hui je ne travaille pas.

Je laverai mon linge dans le lavabo de la cour. J'irai ensuite au café.

Par arrêté préfectoral[2] (ou autre), je dois abandonner la malle. On me propose une cage dans un bâtiment où les murs lépreux[3] et fatigués doivent abriter[4] quelques centaines de solitudes. Il n'y avait rien à déménager: des vêtements et des images; un savon et un peigne; une corde et quelques épingles à linge.

La chambre.

---

[1]**réclusion** *seclusion* [2]**arrêté préfectoral** *order of the prefect (subdivision of a* département) [3]**lépreux** *leprous* [4]**abriter** *to shelter*

Une boîte carrée[5] à peine éclairée par une ampoule qui colle au plafond.[6] Les couches[7] de peinture qui se sont succédées sur les murs s'écaillent,[8] tombent comme des petits pétales et deviennent poussière.[9]

Quatre lits superposés[10] par deux. Une fenêtre haute. [...]

Le blond aux yeux marron[11] me réveilla, m'offrit du thé et des figues et nous partîmes au travail.

À l'entrée du bâtiment, on nous a donné le règlement:[12]

—Il est interdit[13] de faire son manger dans la chambre (il y a une cuisine au fond du couloir[14]);

—Il est interdit de recevoir des femmes [...]

—Il est interdit d'écouter la radio à partir de neuf heures;

—Il est interdit de chanter le soir, surtout en arabe ou en kabyle;[15]

—Il est interdit d'égorger[16] un mouton dans le bâtiment [...]

—Il est interdit de faire du yoga dans les couloirs;

—Il est interdit de repeindre les murs, de toucher aux meubles, de

[5]**carrée** *square* [6]**colle au plafond** *stuck to the ceiling* [7]**couches** *coats (of paint)* [8]**s'écaillent** *are flaking off* [9]**poussière** *dust* [10]**superposés** *stacked (like bunk beds)* [11]**marron** *chestnut brown* [12]**règlement** *regulations* [13]**Il est interdit** Il est défendu [14]**au fond du couloir** *at the end of the hall* [15]**kabyle** dialecte berbère de Kabylie, région montagneuse d'Algérie [16]**égorger** *slaughter (an animal)*

casser les vitres, de changer d'ampoule, de tomber malade, d'avoir la diarrhée, de faire de la politique, d'oublier d'aller au travail, de penser à faire venir sa famille, [...] de sortir en pyjama dans la rue, de vous plaindre[17] des conditions objectives et subjectives de vie, [...] de lire ou d'écrire des injures[18] sur les murs, de vous disputer, de vous battre, de manier[19] le couteau, de vous venger;[20]

—Il est interdit de mourir dans cette chambre, dans l'enceinte[21] de ce bâtiment (allez mourir ailleurs;[22] chez vous, par exemple, c'est plus commode[23]);

—Il est interdit de vous suicider (même si on vous enferme à Fleury-Mérogis[24]); votre religion vous l'interdit, nous aussi;

—Il est interdit de monter dans les arbres;

—Il est interdit de vous peindre en bleu, en vert ou en mauve;

—Il est interdit de circuler en bicyclette dans la chambre, de jouer aux cartes, de boire du vin (pas de champagne);

—Il est aussi interdit de [...] prendre un autre chemin pour rentrer du boulot.[25]

Vous êtes avertis.[26] Nous vous conseillons[27] de suivre le règlement, sinon c'est le retour à la malle et à la cave, ensuite ce sera le séjour dans un camp d'internement en attendant votre rapatriement.[28]

Dans cette chambre, je dois vivre avec le règlement et trois autres personnes: le blond aux yeux marron, le brun aux yeux rieurs,[29] et le troisième est absent, il est hospitalisé parce qu'il a mal dans la tête.

Extrait de *La Réclusion solitaire*
Éditions Denoël

EXERCICE 1

____ Répondez.

1. Quels projets le narrateur a-t-il faits pour ce jour-ci?
2. Il appelle la première chambre où il habite «une malle». Pourquoi est-ce qu'il doit l'abandonner?
3. Comment sont les murs du bâtiment où il va? Qu'est-ce qu'ils abritent?
4. Quels objets doit-il déménager?
5. Qui l'a réveillé?
6. Qu'est-ce qu'il lui a offert?
7. Qu'est-ce qu'on leur a donné à l'entrée du bâtiment?
8. Avec quoi et avec qui doit vivre le personnage dans la chambre?

---

[17]**vous plaindre** *complain* [18]**injures** *insults* [19]**manier** *handle*
[20]**vous venger** *get revenge* [21]**l'enceinte** *confines* [22]**ailleurs** *elsewhere*
[23]**commode** *convenient* [24]**Fleury-Mérogis** prison près de Paris
[25]**boulot** *slang for "work"* [26]**avertis** *warned* [27]**conseillons** *advise*
[28]**rapatriement** *repatriation (being sent back home)* [29]**rieurs** *laughing*

EXERCICE 2

____ **Décrivez la chambre.**

1. l'éclairage
2. les murs
3. les lits
4. les fenêtres

EXERCICE 3

____ **Complétez.**

1. On doit faire son manger dans ____.
2. On peut écouter la radio jusqu'à ____.
3. Il n'est pas permis de chanter pendant le ____.
4. On peut aller mourir ____.
5. Il est interdit de monter dans ____.
6. Il est interdit de se peindre en ____.
7. Dans le bâtiment il est interdit de ____.
8. Dans les couloirs il est interdit de ____.
9. Sur les murs il est interdit de ____.
10. Dans la rue il est interdit de ____.
11. Dans la chambre il est interdit de ____.

EXERCICE 4

____ **Dites:**

Qu'est-ce qu'il est interdit...
1. de toucher?
2. de manier?
3. de repeindre?
4. de changer?
5. de casser?
6. d'oublier?
7. de recevoir?
8. de prendre?
9. de faire?
10. de lire ou d'écrire?

ACTIVITÉS

____ **1** Dans ce bref extrait Tahar Ben Jelloun a bien réussi à nous faire sentir la souffrance de l'immigré. Retrouvez dans le texte les descriptions, les expressions, les interdictions qui vous ont surtout touché(e). Expliquez pourquoi.

____ **2** Parmi cette longue liste d'interdictions, est-ce qu'il y en a qui vous ont fait rire ou sourire? Retrouvez lesquelles et dites pourquoi vous les trouvez drôles ou comiques.

____ **3** Commentez pourquoi, parmi les règlements, on a inclus qu'il est interdit de se plaindre, de se disputer, de se battre et de se venger. De quoi est-ce que l'autorité a peur? Qu'est-ce qu'on veut éviter?

____ **4** Si la situation des travailleurs immigrés à Paris vous intéresse, cherchez des renseignements dans des journaux, des magazines et des livres sur les conditions de leur vie, leur travail, leur famille, leur logement, leurs aspirations.

10

Deux poèmes

LÉON DAMAS

VOCABULAIRE

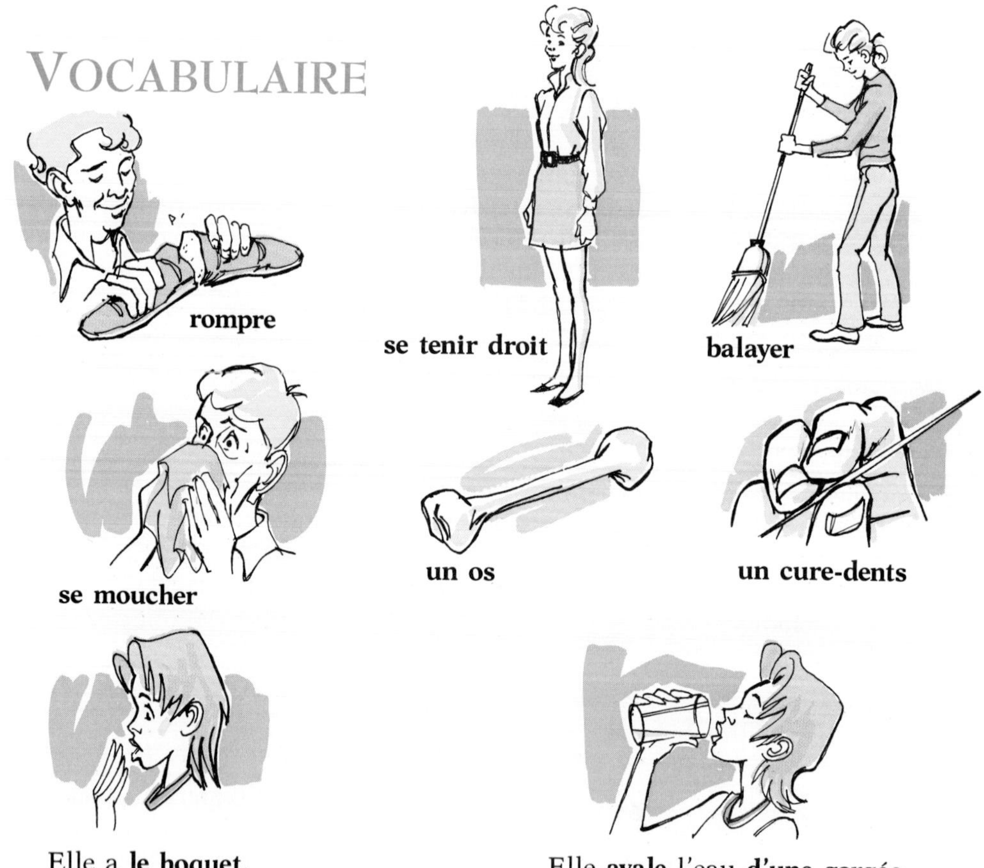

Elle a **le hoquet.**

Elle **avale** l'eau **d'une gorgée.**

se taire cesser de parler
Les élèves se taisent quand le professeur entre dans la salle.

EXERCICE 1

____ Complétez.

1. —Jean-François est très bien élevé. Il se tient toujours ____; il se ____ quand le prof dit «Taisez-vous».
   —C'est vrai. Il ne se ____ jamais à table, et il n'utilise pas sa fourchette comme un ____.

2. Le squelette humain se compose de 206 ____.
3. — Que fais-tu quand tu as le ____?
   — J'avale un verre d'eau d'une seule ____.
4. Tout le monde se taisait. On avait peur de ____ le silence.

EXERCICE 2 *Personnellement*

Répondez.

1. Qui balaye la cuisine chez vous?
2. Est-il facile de se tenir droit quand on est fatigué?
3. Est-ce que tous les élèves se taisent quand le prof explique la leçon?
4. Vous taisez-vous quand l'orchestre commence à jouer?
5. Est-ce que vous vous mouchez avec un mouchoir ou avec un papier à démaquiller *(tissue)*?
6. Est-ce que les dentistes recommandent qu'on utilise un cure-dents ou un fil dentaire *(floss)*?
7. Que faites-vous quand vous avez le hoquet: avalez-vous de l'eau, avalez-vous de l'air ou demandez-vous à un ami de vous faire peur?
8. Quel animal aime boucoup ronger les os: le chat ou le chien?
9. Buvez-vous à petites gorgées ou à grandes gorgées quand vous avez soif?
10. Rompez-vous le pain ou le coupez-vous avec un couteau?

Préparation à la lecture

Léon Damas, né en Guyane française en 1912, a été poète, journaliste et homme politique. Léopold Senghor du Sénégal, Aimé Césaire de la Martinique et Damas sont considérés comme les poètes de la «négritude». Ils ont essayé de faire connaître et comprendre au monde entier les problèmes complexes de l'Africain et ses aspirations vers la liberté et la dignité. Leur œuvre révèle également une universalité et une fraternité qui semblent capables de rapprocher tous les peuples. Dans les deux poèmes que vous allez lire, le style direct de Damas va vous frapper.

DEUX POÈMES DE LÉON DAMAS

HOQUET

Et j'ai beau[1] avaler sept gorgées d'eau
Trois à Quatre fois par vingt-quatre heures
me revient mon enfance
dans un hoquet
secouant mon instinct[2]

Désastre
parlez-moi du désastre
parlez-m'en

Ma mère voulant d'un fils de très bonnes manières à table
les mains sur la table
le pain ne se coupe pas
le pain se rompt
le pain ne se gaspille pas[3]
le pain de Dieu
le pain de la sueur du front[4] de votre Père
le pain du pain

Un os se mange avec mesure et discrétion
Un estomac doit être sociable
et tout estomac sociable
se passe de rots[5]
une fourchette n'est pas un cure-dents
défense de se moucher
au su
au vu[6] de tout le monde
et puis tenez-vous droit
un nez bien élevé ne balaye pas l'assiette

Désastre
Parlez-moi du désastre
parlez-m'en

Ma mère voulant d'un fils mémorandum[7]
Si votre leçon d'histoire n'est pas sue
vous n'irez pas à la messe[8] dimanche
avec vos effets[9] du dimanche
Taisez-vous
Vous ai-je dit ou non qu'il vous fallait parler français
le français de France
le français du Français
le français français.

Pigments, Présence Africaine

---

[1]**j'ai beau** *I (did it) in vain* [2]**secouant mon instinct** *shaking up my basic instinct* [3]**ne se gaspille pas** *mustn't be wasted* [4]**la sueur de son front** *the sweat of one's brow* [5]**se passe de rots** *does without belches* [6]**au su au vu** *in front of* [7]**mémorandum** *worthy of being remembered* [8]**messe** cérémonie religieuse [9]**effets** vêtements

RYTHME

Ils sont venus ce soir où le
tam
    tam
        roulait[10] de
                rythme en
                        rythme
                            la frénésie[11]
des yeux
la frénésie des mains, la frénésie
des pieds de statue.

Depuis
combien de Moi
combien de Moi, combien de Moi Moi Moi
sont morts
depuis qu'ils sont venus ce soir où le
tam
    tam
        roulait de
                rythme en
                        rythme
                            la frénésie
des yeux
la frénésie des mains, la frénésie
des pieds de statue.

Meilleurs écrits de l'U. F.:
Afrique Noire (L. S. Senghor)
Éditions de la Colombe

EXERCICE 1 *«Hoquet»*

Questions

1. Pourquoi est-ce que le poète a avalé sept gorgées d'eau? Combien de fois par jour est-ce qu'il l'a fait?
2. Qu'est-ce qui lui rappelle son enfance?
3. Qu'est-ce que sa mère voulait de son fils?
4. Quels conseils est-ce que la mère donnait à son fils? Nommez au moins trois choses.
5. Est-ce que le fils aimait mettre ses habits de dimanche et aller à la messe?
6. Pourquoi est-ce que la mère disait à son fils de se taire?

[10]**roulait** *was beating (a drum)* [11]**frénésie** *frenzy, excitement*

Analyse

7. Quel mot est-ce que le poète emploie pour décrire son enfance?
8. Quelles sont les deux strophes qui imitent la façon de parler d'une personne qui a le hoquet?
9. Pourquoi est-ce que le poète donne une telle importance au mot «pain» qu'il l'utilise sept fois? Est-ce parce que le pain est le symbole de la nourriture?
10. Que trouvez-vous de comique dans la quatrième strophe?
11. Combien de fois est-ce que le poète répète le mot «français»? Quel est l'effet de cette répétition?

EXERCICE 2 *«Rythme»*

Questions

1. Est-ce que le rythme du tam-tam est passionné ou calme?
2. Comment est-ce que le poète nous fait savoir que la frénésie est tellement forte que les statues semblent vouloir danser?
3. «Ils sont venus ce soir.» Est-ce que le poète parle de ceux qui pratiquaient le trafic des esclaves *(slaves)*?
4. Est-ce que les autres «Moi» qui sont morts sont les ancêtres du poète?
5. Quel sentiment remplace la joie dans la seconde strophe: le désespoir, la colère, la résignation?
6. À la fin du poème, est-ce qu'on sent de nouveau de la joie? C'est à cause de la liberté retrouvée?

Analyse

(Lisez le poème à haute voix avant de répondre aux questions.)

7. Est-ce que le poète a bien choisi le titre de ce poème? Pourquoi?
8. Le poète a évoqué les rythmes du tam-tam par l'accentuation des syllabes. A-t-il utilisé aussi la répétition et la disposition typographique? Retrouvez des exemples.
9. Quels mots ont pour vous une valeur musicale?

ACTIVITÉS

1 Comparez les recommandations maternelles de Damas avec celles de votre mère. Lesquelles sont tout à fait différentes?

2 Connaissez-vous des poèmes en anglais qui ont un rythme marqué? Quels procédés utilise le poète pour évoquer ce rythme? Lisez un de ces poèmes devant la classe.

3 Les poèmes de Damas ne sont pas compliqués parce que l'auteur affecte un ton de conversation. Inspirez-vous de ces deux poèmes et essayez d'écrire vous-même un petit poème sur un sujet ordinaire.

11
L'Alouette

JEAN ANOUILH

VOCABULAIRE

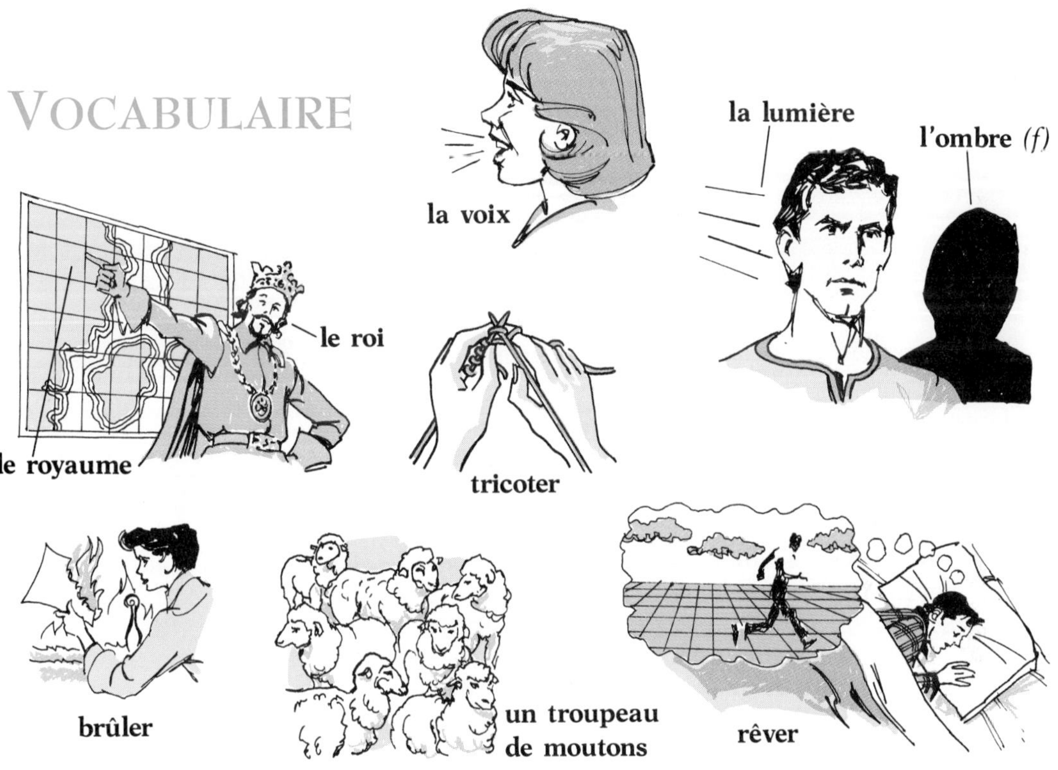

EXERCICE 1

_____ Appariez.

A	B
1. un royaume	a. son produit par les humains
2. un troupeau	b. voir des images en dormant
3. rêver	c. éclaire les objets et les rend visibles
4. brûler	d. la France avant la Révolution
5. tricoter	e. faire des pulls, des chandails, etc.
6. la lumière	f. un nombre d'animaux de même type
7. la voix	g. consumer par le feu

EXERCICE 2 *Personnellement*

Répondez.

1. Nommez un royaume, réel ou imaginaire. Qui en est roi?
2. Si on dit d'une personne, «c'est un mouton», est-ce que cette personne est d'humeur douce ou violente?
3. Savez-vous tricoter? Qu'avez-vous tricoté: un pull, une châle, des mitaines?
4. Aimez-vous les barbecues? Brûlez-vous du bois ou du charbon?
5. Avez-vous déjà vu un troupeau de moutons? un troupeau de vaches? un troupeau de chevaux?
6. Quelle sorte de voix avez-vous: baryton, basse, contralto, ténor, haute-contre *(male alto)*, soprano?
7. Rêvez-vous souvent? Le matin, pouvez-vous vous rappeler vos rêves?

Préparation à la lecture

L'héroïne française la plus célèbre est sans doute Jeanne d'Arc. Son courage et son martyre ont inspiré beaucoup d'écrivains, dont Friedrich Schiller, Paul Claudel, George Bernard Shaw, Charles Péguy. L'auteur dramatique français Jean Anouilh a aussi choisi l'histoire de «la Pucelle d'Orléans» *(the Maid of Orleans)* comme thème de sa pièce *L'Alouette,* écrite en 1953. Pour lui Jeanne est une alouette, le petit oiseau commun dans les champs, dont la chanson est simple, jolie et joyeuse. Dans cette scène de son procès,[1] Jeanne répond aux questions de Pierre Cauchon, l'évêque de Beauvais, avec honnêteté, simplicité, sincérité. Elle se défend avec courage et habileté mais elle reste la «très pure et très simple» jeune fille.

Pour mieux comprendre cette scène il se peut que vous vouliez réviser un peu l'histoire de Jeanne d'Arc.

En 1429 pendant la guerre de Cent Ans (1337 – 1453) entre la France et l'Angleterre, une jeune paysanne pieuse[2] a cru entendre des voix surnaturelles qui lui ont commandé de sauver la France. Accompagnée de quatre hommes d'armes, elle est allée à Chinon où, par un signe mystérieux, elle a reconnu le dauphin.[3] Elle a levé le siège d'Orléans et a fait sacrer[4] le roi Charles VII à Reims. Elle a essayé ensuite de prendre Paris, mais blessée et trahie,[5] elle est tombée aux mains des Anglais qui l'ont accusée d'être sorcière. Ils l'ont fait juger par un tribunal ecclésiastique qui l'a déclarée hérétique. Elle a été brûlée vive en 1431 à Rouen, à l'âge de dix-neuf ans.

---

[1]**procès** *trial* [2]**pieuse** *pious* [3]**dauphin** *heir apparent to the throne*
[4]**sacrer** *crown (a king)* [5]**blessée et trahie** *wounded and betrayed*

L'ALOUETTE

(extrait)

JEAN ANOUILH

CAUCHON, *se retourne vers Jeanne.*

Jeanne?

Elle lève les yeux sur lui.

Tu peux commencer.

JEANNE

Je peux commencer où je veux?

CAUCHON

Oui.

JEANNE

Alors au commencement. C'est toujours ce qu'il y a de plus beau, les commencements. À la maison de mon père quand je suis encore petite. Dans le champ où je garde le troupeau, la première fois que j'entends les Voix.

Elle est restée accroupie[6] à la même place, les personnages qui n'ont rien à voir avec[7] cette scène s'éloignent[8] dans l'ombre. Seul s'avancent le père, la mère, le frère de Jeanne qui auront à intervenir. La mère tricote toujours.

C'est après l'Angélus[9] du soir. Je suis toute petite. J'ai encore ma tresse.[10] Je ne pense à rien. Dieu est bon, qui me garde toute pure et heureuse auprès de ma mère, de mon père et de mes frères, dans cette petite enclave épargnée[11] autour de Domremy, tandis que les sales godons[12]

---

[6]**accroupie** *crouched* [7]**rien à voir avec** *nothing to do with*
[8]**s'éloignent** *withdraw* [9]**l'Angélus** *Latin prayer that begins with this word and is said in the morning, at noon, and in the evening* [10]**tresse** *braided hair*
[11]**épargnée** *spared* [12]**godons** *pejorative term referring to the English (from goddam)*

brûlent, pillent et violent[13] dans le pays. Mon gros chien est venu mettre son nez contre ma jupe... Tout le monde est bon et fort autour de moi, et me protège. Comme c'est simple d'être une petite fille heureuse! Et puis soudain, c'est comme si quelqu'un me touchait l'épaule[14] derrière moi, et pourtant je sais bien que personne ne m'a touchée, et la voix dit...

QUELQU'UN, *demande soudain au fond:*

Qui fera[15] les voix?

JEANNE, *comme si c'était évident.*

Moi, bien sûr.

Elle continue:

Je me suis retournée, il y avait une grande et éblouissante[16] lumière du côté de l'ombre, derrière moi. La voix était douce et grave et je ne la connaissais pas; elle dit seulement ce jour-là:

— Jeanne, sois bonne et sage[17] enfant, va souvent à l'église.

J'étais bonne et sage et j'allais souvent à l'église. Je n'ai pas compris, j'ai eu très peur et je me suis sauvée[18] en courant. C'est tout la première fois. Je n'ai rien dit en rentrant chez moi.

Un silence, elle rêve un peu, elle ajoute:

Je suis revenue un peu après, avec mon frère, chercher le troupeau que j'avais laissé. Le soleil s'était couché et il n'y avait plus de lumière.

Alors il y a eu la seconde fois. C'était l'Angélus de midi. Une lumière encore, mais en plein soleil et plus forte que le soleil. Je l'ai vu, cette fois!

CAUCHON

Qui?

JEANNE

Un prud'homme[19] avec une belle robe bien repassée[20] et deux grandes ailes[21] toutes blanches. Il ne m'a pas dit son nom ce jour-là, mais plus tard j'ai appris que c'était Monseigneur[22] saint Michel.

WARWICK, *agacé,[23] à Cauchon.*

Est-il absolument nécessaire de lui laisser raconter encore une fois ces niaiseries?[24]

CAUCHON, *ferme.*

Absolument nécessaire, Monseigneur.

Warwick se remet dans son coin en silence, il respire une rose qu'il tient à la main.

JEANNE, *avec la grosse voix de l'Archange.*

— Jeanne, va au secours[25] du roi de France et tu lui rendras son royaume.

---

[13]**pillent et violent** *pillage and rape* [14]**épaule** *shoulder* [15]**fera** *here, will play (the role of)* [16]**éblouissante** *dazzling* [17]**sage** *good, well behaved*
[18]**je me suis sauvée** *I ran away* [19]**prud'homme** *gallant man* [20]**repassée** *ironed*
[21]**ailes** *wings* [22]**Monseigneur** *My Lord* [23]**agacé** *annoyed*
[24]**niaiseries** *foolishness* [25]**au secours** *to the aid*

Elle répond:

— Mais, Messire,[26] je ne suis qu'une pauvre fille, je ne saurais chevaucher,[27] ni conduire des hommes d'armes...
— Tu iras trouver M. de Beaudricourt, capitaine de Vaucouleurs...

Beaudricourt se redresse[28] *dans la foule et se glisse*[29] *au premier rang,*[30] *faisant signe aux autres que ça va être à lui — quelqu'un le retient, ce n'est pas encore à lui.*

... il te donnera des habits d'homme et il te fera mener au dauphin. Sainte Catherine et sainte Marguerite viendront t'assister.

Elle s'écroule[31] *soudain sanglotante,*[32] *épouvantée.*[33]

— Pitié! Pitié, Messire! Je suis une petite fille, je suis heureuse. Je n'ai rien dont je sois responsable, que mes moutons... Le royaume de France c'est trop pour moi. Il faut considérer que je suis petite et ignorante et pas forte du tout. C'est trop lourd, Messire, la France! Il y a des grands capitaines autour du roi qui sont forts et qui ont l'habitude... Et puis eux, ça ne les empêche[34] pas de dormir quand ils perdent une bataille. Ils disent qu'il y a eu une préparation d'artillerie insuffisante, qu'ils n'ont pas été secondés, qu'ils ont eu de la neige ou le vent contre eux et tous les hommes morts, ils les rayent[35] tout simplement sur leurs listes. Moi je vais y penser tout le temps, si je fais tuer des hommes... Pitié, Messire!

Elle se redresse et d'un autre ton:

Ah! ouiche![36] Pas de pitié. Il était déjà parti et moi j'avais la France sur le dos.[37]

Elle ajoute, simplement:

Sans compter le travail à la ferme et mon père qui ne badinait pas.[38]

Le père, qui tournait en rond autour de la mère, explose soudain.

LE PÈRE
Qu'est-ce qu'elle fout?[39]
LA MÈRE, *toujours tricotant.*
Elle est aux champs.
LE PÈRE
Moi aussi, j'étais aux champs et je suis rentré. Il est six heures. Qu'est-ce qu'elle fout?

---

[26]**Messire** *Sir* [27]**chevaucher** *ride a horse* [28]**se redresse** *draws himself up* [29]**se glisse** *slips* [30]**rang** *row* [31]**s'écroule** *collapses* [32]**sanglotante** *sobbing* [33]**épouvantée** *terrified* [34]**empêche** *prevent* [35]**rayent** *cross off* [36]**ouiche!** *(denotes incredulity) not a chance!* [37]**sur le dos** *on my back* [38]**ne badinait pas** *didn't fool around* [39]**Qu'est-ce qu'elle fout?** *What the devil is she doing?*

Warwick et Jeanne

LE FRÈRE, *s'arrêtant un instant de se décrotter le nez.*[40]
La Jeanne? Elle rêve auprès de l'Arbre aux Fées.[41] Je l'ai vue en rentrant le taureau.

LE PROMOTEUR,[42] *aux autres au fond.*
L'Arbre aux Fées! Je vous prie de noter, Messieurs. Superstition. Sorcellerie[43] déjà en herbe[44]! L'Arbre aux Fées!

CAUCHON
Il y en a partout en France, Messire Promoteur, des arbres aux Fées. Il nous faut laisser quelques fées aux petites filles, dans notre propre intérêt.

LE PROMOTEUR, *pincé.*[45]
Nous avons nos saintes, cela doit leur suffire!

CAUCHON, *conciliant.*
Plus tard, certainement. Mais quand elles sont encore toutes petites... Jeanne n'avait pas quinze ans.

LE PROMOTEUR
À quinze ans une fille est une fille. Ces garces[46] savent déjà tout!

CAUCHON
Jeanne était très pure et très simple, alors. Vous savez que je ne l'épargnerai guère sur ses voix, au cours du procès, mais j'entends lui passer ses fées de petite fille...

Il ajoute, ferme:

Et c'est moi qui préside ces débats.

---

[40]**se décrotter le nez** *picking his nose* [41]**l'Arbre aux Fées** *tree of fairy tales*
[42]**promoteur** *attorney for the church* [43]**sorcellerie** *witchcraft*
[44]**en herbe** *budding* [45]**pincé** *prim* [46]**garces** *girls (pejorative term)*

EXERCICE 1

____ Répondez.

1. Où est-ce que Jeanne a voulu commencer à raconter son histoire?
2. Expliquez la signification des expressions suivantes:
   a. «l'Angélus du soir»
   b. «J'ai encore ma tresse»
   c. «cette petite enclave épargnée»
   d. «les sales godons»
   e. «une petite fille heureuse»
3. Qu'est-ce que Jeanne a senti tout à coup?
4. Qu'est-ce qu'elle a vu?
5. Qu'est-ce qu'elle a entendu?
6. Qu'est-ce que la voix lui a dit?
7. Comment est-ce que Jeanne a réagi?

EXERCICE 2

____ Complétez.

1. Un peu après, Jeanne est revenue avec ____.
2. Ils cherchaient ____.
3. La deuxième fois qu'elle a entendu les voix, c'était l'Angélus ____.
4. La lumière qu'elle a vue était plus forte que ____.
5. Elle a vu un prud'homme avec une belle robe et deux grandes ____.
6. Plus tard elle a appris que c'était ____.
7. Warwick était impatient et il ne voulait pas qu'elle raconte ces ____.
8. Warwick avait une ____ à la main.

EXERCICE 3

____ Choisissez.

1. C'est l'Archange/Warwick qui a dit à Jeanne d'aller au secours du roi de France.
2. Jeanne a répondu qu'elle ne savait pas chevaucher/trouver Baudricourt.
3. Baudricourt était le dauphin/le capitaine de Vaucouleurs.
4. Habillée en homme/femme, Jeanne irait chez le dauphin.
5. Sainte Catherine et sainte Marguerite allaient mener/aider Jeanne.
6. Jeanne a crié «Pitié! Pitié!» parce qu'elle était forte et responsable/petite et ignorante.

EXERCICE 4

____ Expliquez.

1. Pourquoi serait-il plus facile pour les grands capitaines d'aller au secours du dauphin?
2. Pourquoi Jeanne a-t-elle dit qu'elle avait la France sur le dos?
3. Décrivez le caractère du père, de la mère et du frère de Jeanne d'après ce que dit Jeanne et d'après ce qu'ils disent eux-mêmes.

Domrémy: la maison de Jeanne

EXERCICE 5

Décrivez.

1. Décrivez le débat entre Cauchon et le Promoteur au sujet de l'Arbre aux Fées:
   a. le pour et le contre
   b. le rôle des saintes
   c. l'importance de l'âge
   d. la différence entre les voix et les fées
   e. qui a gagné le débat

EXERCICE 6

Analysez.

1. Quels mots, quels stratagèmes rendent à cette scène un caractère naturel?
2. Cherchez deux exemples du «théâtre dans le théâtre».
3. Relisez les lignes: «Ah, ouiche!... mon père qui ne badinait pas.» Quel contraste d'idées trouvez-vous ici?
4. Quand le frère a parlé de «l'Arbre aux Fées», le Promoteur a vite pensé à la sorcellerie. Quel rapport voyait-il entre les deux? Pourquoi est-ce qu'il était si prêt à accepter ce rapport?

ACTIVITÉS

1 Si vous vous intéressez à l'histoire de France, cherchez des renseignements sur la guerre de Cent Ans et/ou Charles VI et Charles VII.

2 Si l'histoire de Jeanne d'Arc vous fascine, cherchez des renseignements détaillés sur son pays natal, sa famille, sa vie à Domrémy, ses victoires, sa mort, sa canonisation.

12

La Cigale et la fourmi

JEAN DE LA FONTAINE

VOCABULAIRE

la cigale **la fourmi**

M. Fauché a besoin d'argent.
Il **emprunte** de l'argent à la banque.
La banque **prête** de l'argent à M. Fauché.

EXERCICE *Personnellement*

Répondez.

1. Avez-vous jamais entendu chanter les cigales?
2. Avez-vous entendu parler des cigales qui renaissent tous les dix-sept ans?
3. Est-ce que des fourmis vous ont gâché un pique-nique?
4. Avez-vous déjà examiné une colonie de fourmis? C'étaient des fourmis rouges ou noires?
5. De qui empruntez-vous de l'argent quand vous en avez besoin: de vos parents, de vos amis?
6. Prêtez-vous souvent de l'argent à vos copains (copines) ou à votre sœur (frère)?
7. De nos jours, si on emprunte de l'argent à la banque, quel est le taux d'intérêt qu'on doit payer sur le principal?

Préparation à la lecture

Le nom Jean de La Fontaine (1621–1695) est synonyme de fables. Il s'est inspiré du poète grec Ésope et il est devenu le plus grand des fabulistes français. Ses fables sont vivantes et alertes; ses récits sont naturels, brefs et très originaux. Le monde animal représente la société des hommes avec leur psychologie complexe, leurs passions et leurs vices. La Fontaine individualise ses personnages en donnant à chacun d'eux un caractère humain. La personnalité du fabuliste intervient pour animer le récit; il blame ses personnages, il les approuve, il les encourage. Selon la tradition des fabulistes il y a une

leçon, une morale qui est familière et tirée de l'expérience. Ces peintures morales sont clairement l'œuvre d'un profond psychologue, d'un philosophe, d'un peintre de la société, d'un artiste de génie et d'un auteur comique!

LA CIGALE ET LA FOURMI

JEAN DE LA FONTAINE

La cigale, ayant[1] chanté
  Tout l'été,
Se trouva fort dépourvue[2]
Quand la bise[3] fut venue.
Pas un seul petit morceau[4]
De mouche ou de vermisseau.[5]
Elle alla crier famine
Chez la fourmi sa voisine,
La priant de lui prêter
Quelque grain pour subsister
Jusqu'à la saison nouvelle.
«Je vous paierai, lui dit-elle,
Avant l'août, foi d'animal,[6]
Intérêt et principal.»
La fourmi n'est pas prêteuse;
C'est là son moindre défaut.[7]
«Que faisiez-vous au temps chaud?
Dit-elle à cette emprunteuse
— Nuit et jour à tout venant[8]
Je chantais, ne vous déplaise.[9]
— Vous chantiez? j'en suis fort aise.[10]
Eh bien! dansez maintenant.»

---

[1]**ayant** *having* [2]**dépourvue** *lacking* [3]**bise** *north wind (winter)* [4]**morceau** *piece*
[5]**vermisseau** *small earthworm* [6]**foi d'animal** *on my honor as an animal*
[7]**moindre défaut** *least important fault* [8]**à tout venant** *to all comers*
[9]**ne vous déplaise** *with all due respect* [10]**aise** *pleased*

EXERCICE 1

Répondez.

1. Comment est-ce que la cigale a passé tout l'été?
2. Quand l'hiver est arrivé, qu'est-ce qu'elle n'avait pas?
3. Où est-elle allée crier famine?
4. Qu'est-ce que la cigale a demandé à la fourmi?
5. Quand allait-elle la payer?
6. Sur quoi la cigale a-t-elle juré?
7. Est-ce que la fourmi avait l'habitude d'être prêteuse?
8. Qu'est-ce qu'elle a demandé à la cigale?
9. Qu'est-ce que la fourmi a dit à la cigale de faire?

EXERCICE 2

Analysez.

1. Quelle leçon peut-on tirer de cette fable?
2. Comment trouvez-vous le dialogue dans la fable—vraisemblable ou invraisemblable?
3. Quelles qualités et quels défauts humains possèdent les personnages de la fable?
4. La Fontaine aimait les bêtes et il aimait les observer. Mais il n'était pas naturaliste. Il a fait des erreurs en décrivant les animaux. Quelles erreurs reconnaissez-vous dans cette fable?

ACTIVITÉS

1 Apprenez cette fable par cœur et présentez-la à la classe.

2 Préparez un résumé de cette fable en prose (en un paragraphe). Présentez-le à la classe.

3 Si vous aimez dessiner, dessinez les personnages et le décor de la fable.

4 Est-ce que la fable vous a plu? Est-ce qu'elle vous a déplu? Dites pourquoi.

5 Avez-vous déjà lu des fables en anglais? C'étaient des fables d'Ésope? Comparez-les avec la fable de La Fontaine.

CULTURE

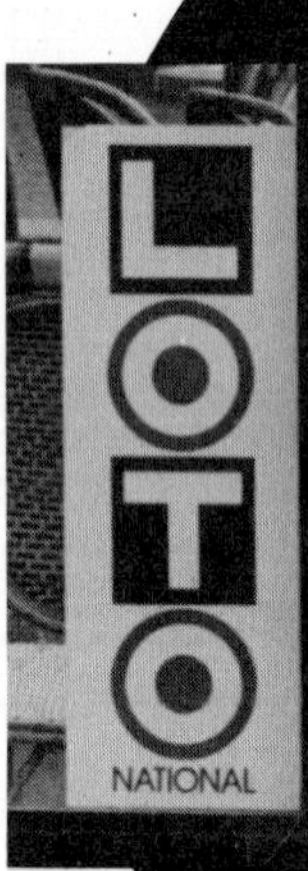

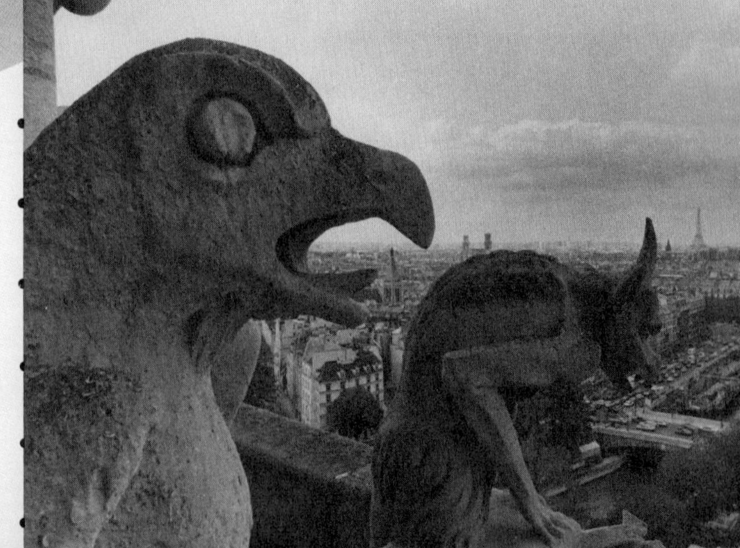

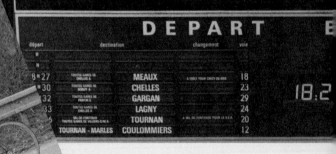

KANTERBRAU
MIRABEAU
METRO
D 940
St CÉRÉ 8
FIGEAC 53

1

PARIS

VOCABULAIRE

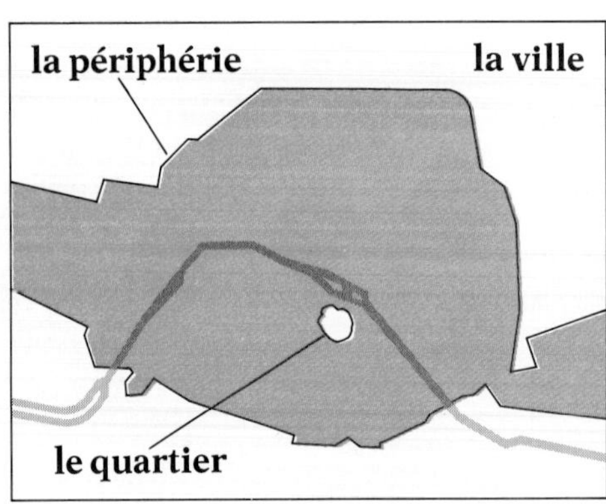

une halle

un marais

les bidonvilles *(m)*

EXERCICE 1 *Identification*

_____ De quoi est-ce qu'on parle?

1. Terrain très humide
2. Quartiers éloignés du centre de la ville
3. Marché couvert
4. Partie d'une ville
5. Quartier des habitations très pauvres

EXERCICE 2 *Personnellement*

____ **Répondez.**

1. Connaissez-vous des bidonvilles? Où sont-ils?
2. Dans quel État américain est-ce qu'il y a des marais?
3. Habitez-vous un quartier résidentiel ou un quartier mixte résidentiel-commercial?
4. Qu'est-ce qu'il y a à la périphérie de votre ville/village?
5. Connaissez-vous une halle où les fermiers vendent leurs produits? Où est-elle?

PARIS AUJOURD'HUI

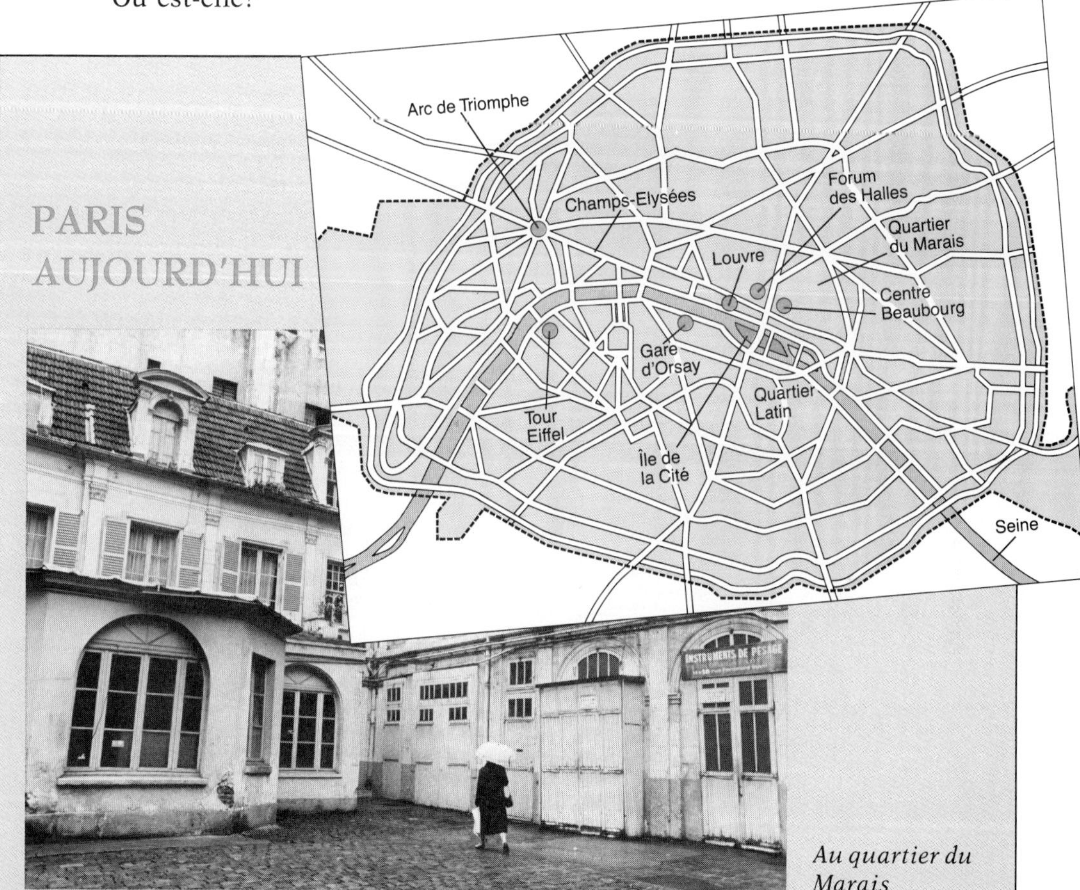

Au quartier du Marais

Quelqu'un qui arriverait à Paris après une absence de dix ans ne verra pas beaucoup de modifications profondes de la ville et pensera peut-être que la ville ne change pas. C'est faux. Paris est en perpétuel mouvement. Mais certains quartiers changent plus vite que d'autres. Les quartiers très anciens ne subissent[1] que très peu de modification comme, par exemple, le quartier du Marais et le Quartier latin. D'autres ont com-

[1]**subissent** *undergo*

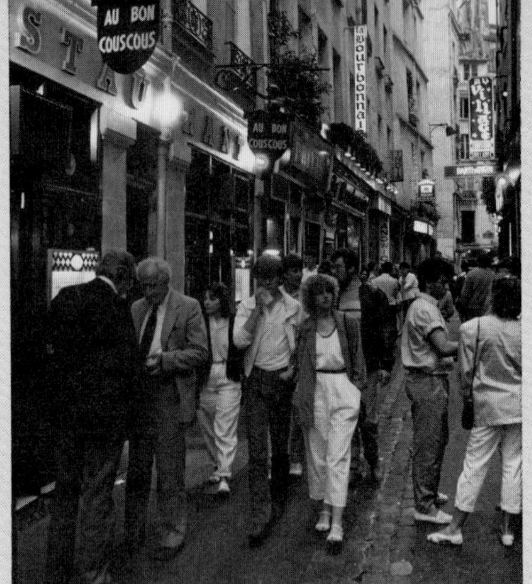

Au Quartier latin

Les Halles: autrefois...

plètement changé comme le quartier des Halles et les quartiers de la périphérie.

Les Halles étaient faites d'énormes bâtiments en fer[2] construits par l'architecte Victor Baltard au XIXe siècle. Dans ces bâtiments, toute la nourriture[3] indispensable aux habitants de Paris était vendue en gros[4] la nuit et au petit matin. L'après-midi ces bâtiments servaient de marchés aux fleurs. Émile Zola a appelé ce quartier «le ventre de Paris». Il y a quelques années cette activité a été transférée à quelques kilomètres hors de[5] la ville, et le quartier des Halles est devenu un centre culturel et commercial actif. Ainsi un énorme musée d'art moderne, le centre Beaubourg, occupe une grande place dans ce quartier, et à l'emplacement des pavillons de Baltard se trouvent actuellement un jardin et des grands centres commerciaux.

Des immeubles modernes de vingt étages et plus ont remplacé les immeubles vétustes[6] qui étaient caractéristiques de la périphérie pari-

...et aujourd'hui

[2]**en fer** *of iron* [3]**nourriture** *food* [4]**en gros** *wholesale* [5]**hors de** *outside of*
[6]**vétustes** *decrepit*

sienne. La construction de ces immeubles depuis la fin de la Seconde Guerre mondiale a fait disparaître un bon nombre de bidonvilles.

Des changements constants sont en cours[7] au centre de la ville. Par exemple, la transformation de la vieille gare d'Orsay et l'agrandissement du Louvre vont former le plus grand complexe culturel au monde.

Paris existe depuis l'antiquité et malgré[8] les contestations[9] de ceux qui, à toutes les époques, ont refusé les transformations, chaque époque a apporté des changements sans diminuer la beauté de la Ville Lumière.

Vive Paris... ville en perpétuel mouvement!

Le quartier de la Défense à la périphérie de Paris

Travaux de construction au Louvre

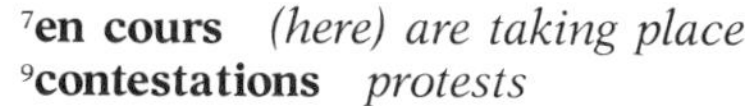

[7]**en cours** *(here) are taking place* [8]**malgré** *in spite of*
[9]**contestations** *protests*

EXERCICE 1

____ Choisissez.

1. Après une absence de dix ans on remarque à peine/tout de suite les modifications de Paris.
2. Le quartier du Marais et le Quartier latin subissent de fréquentes/rares modifications.
3. Le quartier des Halles a peu/complètement changé.
4. Les quartiers de la périphérie sont très vieux/relativement modernes.

EXERCICE 2

____ Identifiez brièvement.

1. Victor Baltard
2. Le ventre de Paris
3. Les marchés aux fleurs
4. Le centre Beaubourg

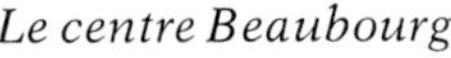

Le centre Beaubourg

EXERCICE 3

____ Répondez.

1. Comment sont les immeubles à la périphérie de Paris?
2. Qu'est-ce qu'ils ont remplacé?
3. Quand est-ce qu'on a construit ces immeubles?
4. Qu'est-ce que cette construction a fait disparaître?
5. Quels sont les deux changements qui ont été réalisés au centre de Paris?
6. Depuis quand est-ce que Paris existe?
7. Pourquoi est-ce que les réactions aux transformations de la ville n'ont pas été toujours favorables?
8. Pourquoi est-ce qu'on appelle Paris «une ville en perpétuel mouvement»?

ACTIVITÉS

1 Le guide touristique

Jouez le rôle d'un guide touristique. Choisissez un quartier de Paris et dessinez une petite carte du quartier au tableau. Faites un petit exposé sur le quartier à vos camarades de classe en indiquant les endroits sur la carte. Attention! Vos camarades de classe joueront le rôle des touristes et ils auront sûrement des questions à vous poser.

2 Si vous vous intéressez à l'histoire, cherchez des renseignements sur la fondation de Paris. Dites **quand, où, comment, par qui.**

3 Petit test sur l'histoire de Paris

Les personnages suivants ont contribué aux changements de Paris. Essayez d'apparier la contribution (Colonne B) à la personne (Colonne A). Les réponses sont au bas de la page.

A

1. Jules César
2. Napoléon III
3. Hugues Capet
4. Sainte Geneviève
5. Clovis

B

a. Patronne de Paris. Selon la légende, cette personne aurait *(is said to have)* incité la résistance des Parisiens contre Attila et les Huns.
b. Sous son règne, Paris a été modernisé. On a ouvert de larges avenues et on a construit des bâtiments publics.
c. Cet homme d'État romain a conquis la ville en 52 av. J.-C.
d. Ce roi a fait de Paris la capitale de son royaume.
e. Ce roi a fixé la résidence royale dans le palais de la Cité.

4 On appelle l'île de la Cité « le cœur de Paris ». Expliquez pourquoi. Combien de ponts traversent la Seine à ce point-ci? Quelle cathédrale célèbre s'y trouve?

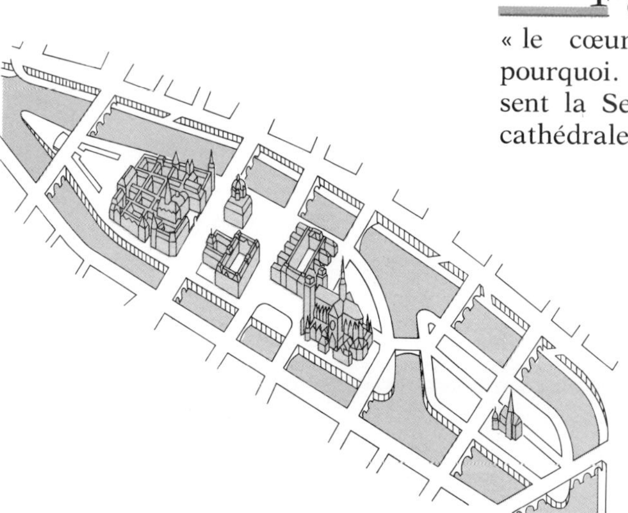

Réponses à l'activité 3:
1-c, 2-b, 3-e, 4-a, 5-d

2

LES LANGUES EN FRANCE

VOCABULAIRE

la langue ce qui est parlé par un peuple
L'anglais et le français sont des langues.

le langage façon de s'exprimer
Je n'aime pas le langage de cet enfant. Il emploie des mots vulgaires.

le dialecte forme régionale d'une langue
Le gascon et le provençal sont des dialectes français.

EXERCICE 1 *Personnellement*

____ Répondez.

1. Quelle(s) langue(s) parlaient vos ancêtres?
2. Quelle(s) langue(s) parlez-vous?
3. Nommez une personne dont vous admirez le langage.
4. Connaissez-vous un langage de programmation?
5. Est-ce que vos parents exigent de vous de surveiller votre langage à la maison?
6. Dans quels pays est-ce qu'on parle un dialecte anglais?

Voilà une manifestation **revendicative**. Les ouvriers **revendiquent** un bon salaire, parmi d'autres choses. Ils ont dressé une liste de leurs **revendications.**

Les Bretons appartiennent au peuple celte. Ils sont très fiers de leur **appartenance** au peuple celte.

EXERCICE 2

Répondez.

1. Avez-vous jamais participé à un mouvement revendicatif? De quoi s'agissait-il?
2. De nos jours, qu'est-ce que les étudiants universitaires revendiquent?
3. Nommez une revendication ouvrière courante.
4. Appartenez-vous à un club? Lequel?
5. Est-ce que l'appartenance à ce club est gratuite?

LES LANGUES EN FRANCE

En arrivant en France on a l'impression que la seule langue parlée est le français. Mais en voyageant dans le pays on est surpris de constater[1] qu'il existe en France une grande diversité linguistique. Bien qu'il existe d'autres langues et dialectes, le français est bien entendu la langue officielle du pays. L'enseignement du français est obligatoire pour tous dans les écoles et même les immigrés doivent suivre des cours de français en deuxième langue.

Quelle est l'origine de la langue française? Le français est dérivé du latin, le parler de tout l'ancien Empire romain. À travers les siècles, la langue a subi[2] des changements et, très tôt en France, le latin est devenu le roman. Au IXe siècle Charlemagne a décidé que les sermons dans les églises devaient être dits en roman et non pas en latin. Quelques siècles plus tard, à l'époque féodale,[3] le roman s'est morcellé[4] en dialectes dont les deux principaux étaient la langue d'oïl parlée au nord et la langue d'oc parlée au sud du pays. Dans le Sud *oui* se disait *oc* et dans le Nord *oïl*. Peu à peu le dialecte de l'Île de France, la région de Paris, est devenu la langue nationale. Néanmoins,[5] différentes langues et dialectes ont continué à se parler sur tout le territoire français, car les écoles étaient rares et les communications difficiles.

Pendant la Révolution de 1789 la conscience nationale est devenue très forte. À partir de la Révolution, le nombre de gens qui parlaient les langues régionales a commencé à diminuer. Tout le monde avait envie de parler la langue nationale. Il y a une vingtaine d'années encore, seules les personnes âgées utilisaient les langues régionales pour communiquer entre elles. Mais depuis quelques années un sentiment revendicatif d'appartenance à une origine ethnique se développe surtout chez les jeunes, et une renaissance[6] de l'intérêt pour les langues et les dialectes resurgit.[7]

On peut prendre pour exemple une région très caractéristique de cette revendication — la Bretagne. Les jeunes Bretons sont très fiers de leur appartenance au peuple celte et veulent être reconnus comme tels.[8] Ils

[1]**constater** *note* [2]**a subi** *has undergone* [3]**féodale** *feudal* (l'époque féodale = le Moyen Âge) [4]**s'est morcellé** *was divided* [5]**Néanmoins** *Nevertheless* [6]**renaissance** *revival* [7]**resurgit** *reappears* [8]**comme tels** *as such*

sont très actifs dans la redécouverte culturelle du passé de leur région et, bien entendu, l'élément essentiel de cette culture est le langage. Beaucoup de jeunes Bretons vont à l'université pour apprendre le breton, une langue celtique qui a beaucoup en commun avec la langue gaélique parlée en Irlande et avec le gallois.[9]

Il y a quelques années, le touriste en Bretagne entendait de temps en temps une petite conversation en breton, mais cette conversation était toujours entre des gens d'un certain âge.[10] Parmi les jeunes, la langue ancestrale était moribonde.[11] Mais tout cela a changé rapidement. Aujourd'hui les jeunes se promènent dans les rues en parlant breton et le touriste verra, dans les kiosques des grandes villes et des petits villages, des magazines publiés en breton.

Bretons en costumes traditionnels

Des magazines en breton

---

[9]**gallois** *Welsh* [10]**d'un certain âge** *middle-aged* [11]**moribonde** *dying*

EXERCICE 1 *Vrai ou faux?*

____ **Corrigez les phrases incorrectes.**

1. La seule langue parlée en France est le français.
2. Il n'existe pas d'autres langues et dialectes.
3. L'enseignement des dialectes est obligatoire.
4. Les immigrés ne sont pas obligés d'apprendre le français.

EXERCICE 2

____ **Complétez.**

1. Le français est dérivé du ____.
2. Le roman est une forme du latin qui se parlait en ____.
3. L'empereur qui a choisi le roman pour les sermons était ____.
4. Les deux dialectes du roman étaient ____ et ____.
5. Le dialecte de ____ est devenu la langue nationale.
6. On continuait à parler plusieurs langues et dialectes parce que les ____ étaient rares et les ____ difficiles.

EXERCICE 3

____ **Répondez.**

1. Pendant quelle époque est-ce que la conscience nationale est devenue forte?
2. Quelle langue est-ce que tout le monde voulait parler?
3. Qui utilisait les langues régionales pour communiquer?
4. Chez qui s'est développé un intérêt quant à l'origine ethnique?
5. De quelle origine sont les Bretons?
6. Avec quelles langues est-ce que le breton a beaucoup en commun?
7. Où est-ce que les jeunes Bretons peuvent apprendre le breton?
8. Où est-ce que le touriste pourra voir des magazines en breton?

ACTIVITÉS

1 Le provençal, une langue directement descendue de la langue d'oc, a connu une renaissance aux XIXe et XXe siècles. Frédéric Mistral, le plus grand écrivain français d'expression provençale, a reçu le prix Nobel en 1904. Voici un extrait d'un de ses poèmes. Faites une liste de tous les mots provençaux que vous reconnaissez. Quels mots sont complètement différents en français?

UNE CHANSON PROVENÇALE
(extraits)

La Coupo	La Coupe
Prouvençau, veici la coupo Que nous vèn di Catalan A-de-rèng beguen en troupo Lou vin pur de noste plant!	Provençaux, voici la coupe Qui nous vient des Catalans Tour à tour buvons ensemble Le vin pur de notre cru!
Coupo santo E versanto Vuejo a plen bord, Vuejo abord Lis estrambord E l'enavans di fort!	Coupe sainte Et débordante Verse à pleins bords Verse à flots Les enthousiasmes Et l'énergie des forts!

Frédéric Mistral, *Lis isclo d'or (Les îles d'or)*

2 Si vous avez étudié le latin, retrouvez dix ou quinze mots d'origine latine en français. Apportez-les en classe.

3 Est-ce qu'il est tout naturel que ce soient les gens âgés qui conservent les traditions et qui continuent à parler les vieux dialectes? Expliquez pourquoi.

4 Si vous êtes d'origine irlandaise ou galloise ou si vous vous intéressez à ces pays, cherchez des renseignements et des photos sur les villes, les habitants, les langues et les problèmes de ces nations.

5 Récemment des Bretons, animés par un groupe appelé Stourn ar Brezhoneg (Combat pour la langue bretonne), ont barbouillé au goudron *(smeared with tar)* près de 10 000 panneaux routiers. Cette campagne a finalement obligé le gouvernement à accepter de rédiger des panneaux routiers bilingues pour toute la Bretagne. Êtes-vous pour ou contre l'action des Bretons? Êtes-vous pour ou contre l'action du gouvernement? Pourquoi?

3

AUX FRANÇAIS QUI PARTENT AUX USA

VOCABULAIRE

Monsieur et Madame Dubois donnent un dîner en l'honneur de Mademoiselle Rocher. M. Dubois est **l'hôte** et Mme Dubois est **l'hôtesse.** **L'invitée** d'honneur est Mlle Rocher. Tout le monde **bavarde.**

Quand les invités arrivent, les Dubois et les invités **se saluent chaleureusement** et ils **s'embrassent.** Ils se donnent **un baiser** sur **chaque joue.**

EXERCICE 1

____ **Complétez.**

1. M. Dubois est ____.
2. Mlle Rocher est ____.
3. Mme Dubois est ____ .
4. Les hôtes et les invités se saluent ____.
5. Ils se donnent des ____ sur les joues.
6. Parler avec un ami, c'est ____.

Au cinéma ces jeunes **font la queue.** Ils attendent devant **la caisse.**

Quand Suzon essaie de **resquiller,** tout le monde **se met en colère.**

EXERCICE 2

____ **Complétez.**

1. Les jeunes sont au ____.
2. Ils font la ____.
3. Ils sont devant la ____.
4. Suzon veut ____.
5. Les autres jeunes se mettent en ____.

EXERCICE 3 *Personnellement*

____ **Répondez.**

1. Donnez-vous souvent une fête en l'honneur d'un(e) ami(e)? Qui sont les invités d'honneur?
2. Préférez-vous être l'hôte (l'hôtesse) ou l'invité(e) d'honneur à une fête? Pourquoi?
3. Vous et vos amis, vous vous saluez chaleureusement quand vous vous rencontrez? Vous embrassez-vous sur les joues?
4. Où faites-vous la queue? Attendez-vous patiemment ou essayez-vous de resquiller?

Préparation à la lecture

Avant de partir pour la première fois à l'étranger, on sent une certaine inquiétude; c'est naturel. Si on connaît à l'avance les caractéristiques, les traditions, les us et coutumes[1] d'un pays, il est plus facile de se sentir à son aise. La sélection qui suit, adaptée d'un texte français de savoir-vivre, donne aux Français des conseils sur leur comportement[2] aux États-Unis. Elle explique en quoi les Américains diffèrent des Français et comment il faut les traiter. Êtes-vous d'accord sur les avis de l'auteur?

AUX FRANÇAIS QUI PARTENT AUX USA

L'esprit pionnier vit encore aux États-Unis! Quand vous serez[2] aux USA vous remarquerez cela aussitôt que vous rencontrerez des enfants. Les enfants américains apprennent vite à se débrouiller[3] seuls et adorent leur liberté.

Un trait[4] commun entre les Américains de tous les États de ce grand pays est la cordialité. Leur cordialité et leur confiance font des Américains des hôtes merveilleux. Parce que vous êtes étranger ils auront très envie de vous aider et de vous traiter immédiatement en ami.[5] Ne soyez pas choqué par la grande familiarité des Américains; c'est une de leurs vertus. Ils ne vous connaissent que depuis dix minutes et pourtant ils vous appelleront par votre prénom. Ce n'est pas une familiarité déplacée[6] mais un acte chaleureux. Faites de même. Si vous êtes réservé de nature, faites des efforts pour être un peu plus ouvert. Sinon vous risquez d'être jugé snob.

Ne soyez pas étonné d'apprendre que les parents et les enfants s'embrassent sur la bouche. Certains amis font de même. C'est l'usage. En revanche[7] nos baisers sur les joues sont considérés un peu ridicules.

Il est vrai que les Américains sont décontractés.[8] Mais attention! Ils

[1]**les us et coutumes** *ways and customs* [2]**comportement** *behavior*
[3]**se débrouiller** *to manage; to get out of difficulty* [4]**trait** *character trait*
[5]**en ami** *as a friend* [6]**déplacée** *misplaced* [7]**En revanche** *On the other hand*
[8]**décontractés** *relaxed, easygoing*

n'ont pas abandonné pour autant[9] leur fond[10] puritain hérité des pionniers. Dans votre chambre d'hôtel vous trouverez toujours une Bible dans le tiroir[11] de votre table de nuit.

Les Américains ont conservé des règles de courtoisie. Par exemple, à table les hommes prennent place après les femmes et personne ne commence à manger avant que tout le monde soit servi. Au repas, les mains sont posées sur les genoux et non sur la table. Si vous êtes invité à un dîner et si vous proposez votre aide dans la cuisine, elle sera acceptée très volontiers.

Si vous êtes présenté à quelqu'un, vous devrez attendre qu'il vous tende[12] la main. S'il se contente de vous saluer avec seulement un mouvement de tête, faites de même.

Si vous faites la queue, ne resquillez jamais. Cela ne se fait pas et les gens se mettront en colère.

Si vous avez l'occasion de conduire une voiture, faites très attention à la limitation de vitesse. La vitesse est limitée et les motards sont sans pitié.

Les Américains aiment bavarder, mais il y a des sujets tabous dont il ne faut pas parler, par exemple les rapports[13] entre les races, la politique, la religion et les sensibilités[14] régionales. Ne parlez pas trop des charmes de Boston ou de New York quand vous serez à Dallas ou à Los Angeles. Un sujet de conversation qui est toujours permis est de parler de votre vie, de votre enfance au présent. Quand vous aurez fini de parler, votre interlocuteur[15] vous racontera sa vie dans tous les détails!

EXERCICE 1

____ Complétez.

1. Aux USA on remarque l'esprit pionnier surtout chez ____.
2. Les enfants américains adorent leur ____.
3. Les Américains sont des hôtes merveilleux à cause de leur confiance et de leur ____.
4. Un Français peut être choqué par la ____ des Américains.
5. Au bout de dix minutes, un Américain vous appelle par votre ____.
6. Un Français réservé de nature risque d'être jugé ____.

EXERCICE 2

____ Comparez.

1. Les différentes façons de s'embrasser
2. Les Américains décontractés et puritains
3. La position différente des mains à table

---

[9]**pour autant** *for all that* [10]**fond** *background* [11]**tiroir** *drawer*
[12]**tende** *holds out* [13]**rapports** *relations* [14]**sensibilités** *sensitivities*
[15]**votre interlocuteur** *person you are talking to*

EXERCICE 3 *Vrai ou faux?*

_____ **Corrigez les phrases incorrectes.**

1. À table aux USA, les hommes prennent place avant les femmes.
2. On commence à manger avant que tout le monde soit servi.
3. Les Américains n'acceptent pas l'aide qu'on leur propose.
4. Les Américains tendent toujours la main quand ils sont présentés à quelqu'un.
5. Aux USA il est d'usage de resquiller quand on fait la queue.

EXERCICE 4

_____ **Répondez.**

1. Pourquoi aux USA est-il nécessaire de faire très attention aux limitations de vitesse?
2. Quels sujets sont tabous en parlant avec des Américains?
3. De quoi est-il toujours permis de parler?

ACTIVITÉS

1 Trouvez-vous que l'auteur connaît bien les Américains? Avec quels conseils ou avis n'êtes-vous pas d'accord?

2 Préparez vous-même une liste des caractéristiques des Américains telles que vous les voyez.

3 Diriez-vous que votre famille garde toujours son fond puritain? Comment se manifeste cette influence?

4 L'auteur nomme quatre sujets de conversation qui sont tabous. Les a-t-il bien choisis? Faites un sondage parmi vos camarades/amis où vous demandez quels sujets de conversation ils considèrent tabous. Apportez les résultats du sondage en classe.

5 Les Européens semblent donner beaucoup d'importance à l'influence de l'esprit pionnier aux USA. Ont-ils raison? En quoi se manifeste cette influence? Quelle est l'origine du mot «pionnier»?

6 Préparez une liste des caractéristiques des Français d'après cette sélection.

4 LES NOMS FRANÇAIS

VOCABULAIRE

La plupart des **prénoms** français sont des noms de saints du calendrier chrétien—Jean, Marc, Paul, Marie, Madeleine. Les membres de la famille de Georges l'appellent «Jojo». «Jojo» est son **sobriquet.** «Jojo» est **un surnom** familier. **Un surnom** est une désignation caractéristique que l'on ajoute ou substitue au véritable nom d'une personne. Beaucoup de rois français avaient **un surnom.** Louis XIV était **surnommé** «le Grand»; Philippe III, le Hardi; Philippe IV, le Bel; Philippe V, le Long, etc.

EXERCICE *Personnellement*

____ Répondez.

1. Donnez votre nom et vos prénoms.
2. Avez-vous un sobriquet?
3. Aviez-vous un sobriquet quand vous étiez petit(e)?
4. Qui vous a donné votre sobriquet?
5. Êtes-vous prénommé(e) du nom de votre grand-père ou grand-mère? De qui alors?
6. Quel président des États-Unis était surnommé «Honest Abe»?

LES NOMS FRANÇAIS

Avant le IXe siècle la plupart des gens n'avaient qu'un prénom, le plus souvent d'origine biblique comme Jean, Luc, Marie. Mais à partir de ce siècle on a commencé à désigner les gens par un surnom pour les identifier et les distinguer d'une autre personne qui avait le même prénom. Ces surnoms sont devenus héréditaires, c'est-à-dire qu'ils sont devenus des noms de famille. En France, l'obligation d'avoir un nom de famille remonte au XVIe siècle avec l'institution de l'état civil[1] en 1537.

On désignait souvent les gens en raison de leurs particularités physiques. Par exemple, une personne qui avait les cheveux bruns devenait Lebrun. Au contraire, celui qui avait les cheveux blonds devenait Leblond. Les surnoms pouvaient également désigner un pays de provenance.[2] Par exemple, un breton qui s'installait en Normandie devenait Lebreton et un Normand qui s'installait en Bretagne devenait Lenormand. Beaucoup de noms français sont dérivés des origines suivantes: métiers, noms d'arbres, noms d'animaux, noms d'habitations, aspects physiques, mœurs,[3] parentés et sobriquets.

Voici des exemples des noms courants en France et leur origine.

Géographie: *Lebreton, Lenormand, Lyon, Picard*
Métiers: *Forgeron,*[4] *Pasteur, Meunier*[5]
Noms d'arbres: *Pommier, Duchesne,*[6] *Racine, Dubois*
Noms d'animaux: *Corneille,*[7] *Lecorbeau, Renard*
Noms d'habitations: *Lagrange, Desmoulins, Dumas*[8]
Aspects physiques: *Legrand, Lebeau, Camus*[9]
Mœurs: *Lesage, Lefranc*
Parentés: *Neveu, Legendre,*[10] *Cousin*
Sobriquets: *Boivin, Boileau*[11]

Les surnoms varient selon la région d'influence tout en étant les mêmes. Par exemple, le nom *Forgeron* à Paris deviendra *Schmitt* en Alsace, région proche de l'Allemagne. En Bretagne où la langue d'origine est le breton, *Forgeron* deviendra *Le Goff* car *Goff* signifie «forgeron» en breton.

EXERCICE 1

____ Complétez.

1. Avant le IXe siècle on avait seulement un ____.
2. Ces prénoms étaient d'origine ____.

---

[1]**état civil** *registry office* [2]**pays de provenance** *country of origin*
[3]**mœurs** *customs; habits* [4]**forgeron** *(black)smith* [5]**meunier** *miller*
[6]**Duchesne** chesne = chêne = *oak* [7]**corneille** *crow*
[8]**mas** *farmhouse in South of France* [9]**camus** *snub-nosed*
[10]**gendre** *son-in-law* [11]**Boivin, Boileau** du verbe «boire»

3. Pour distinguer les personnes qui avaient le même prénom, on a commencé à leur donner un ____.
4. En 1537 un ____ est devenu obligatoire.

EXERCICE 2

____ **Répondez.**

Comment est-ce qu'on choisissait un surnom? Nommez plusieurs possibilités. Donnez-en des exemples.

EXERCICE 3

____ **Quelle est l'origine des noms suivants?**

1. Lebeau
2. Pasteur
3. Renard
4. Neveu
5. Lefranc
6. Racine
7. Desmoulins
8. Boileau

EXERCICE 4

____ **Expliquez.**

Quel rapport est-ce qu'il y a entre les noms suivants: Goff, Forgeron, Schmitt?

ACTIVITÉS

____ 1 Savez-vous l'origine de votre nom de famille? Est-ce qu'il signifie quelque chose? En quelle langue?

____ 2 Sauriez-vous dire quel est l'équivalent en anglais de Forgeron, Goff et Schmitt? Pourriez-vous donner des exemples similaires?

____ 3 Demandez à vos parents comment ils ont choisi vos prénoms. Quels prénoms masculins et féminins sont considérés comme «classiques»? Quels prénoms sont à la mode aujourd'hui? Comment expliquez-vous cette évolution?

____ 4 Expliquez l'origine des noms suivants. (Vous pouvez les grouper en plusieurs listes.)

Beaupré
Beaurivage
Berger
Bordeleau
Caisse
Casquette
Côté
Couturier
D'Anjou
D'Avignon
Desforges
De Veau
Dieumegarde
Dupont
Fontaine
Gentil
Labelle
Lamontagne
Langlais
Lapierre
Lapointe
Lavoie
Leclerc
Marchand
Olivier
Pasdeloup
Petit
Richelieu
Richemont
Rocher
Sauveur
Tavernier
Vaillant
Vicaire
de Vieilleville

5 LES ATTITUDES ET LES ASPIRATIONS DES JEUNES FRANÇAIS

VOCABULAIRE

Annick Lapierre a une belle **situation.**
Elle aime bien son travail.

Mais le pauvre Pierre est **chômeur.**
Il n'a pas de travail.
Il est **au chômage.**

Une formation technique est importante pour les programmeurs.
Ils **se forment** dans une école technique.

Pauline voudrait **s'améliorer** en français.
Elle voudrait **améliorer** son accent et son intonation.
Son professeur a déjà remarqué **une amélioration** en grammaire.

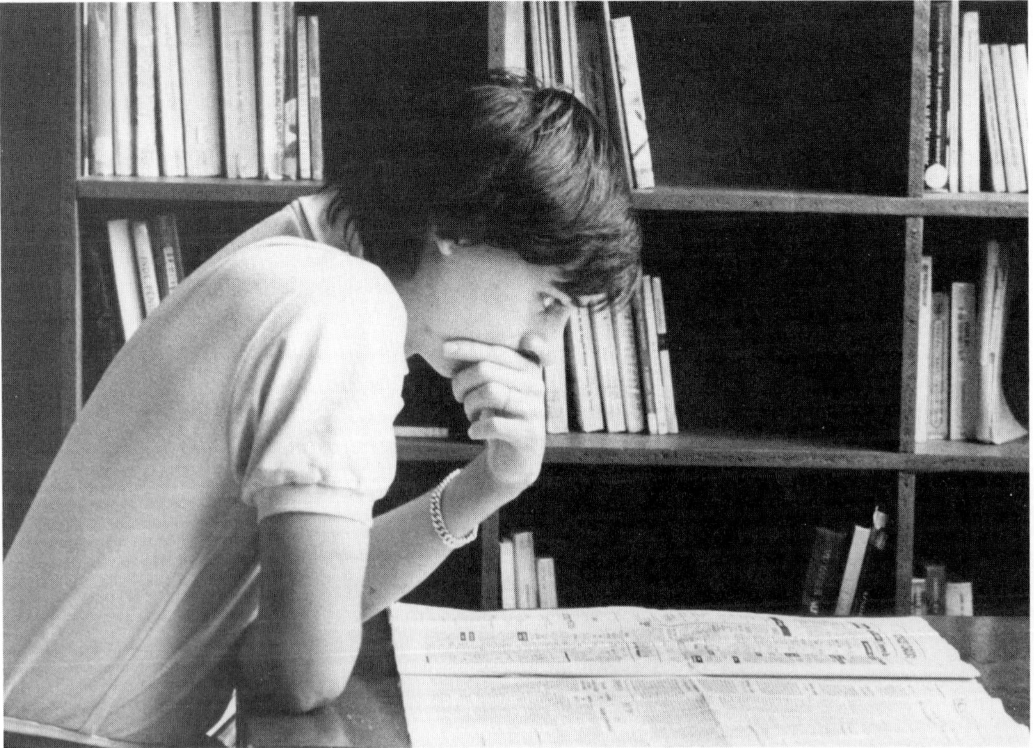

Les jeunes désirent avoir une belle situation.

EXERCICE 1

____ Complétez.

1. Un ____ est une personne qui n'a pas de travail.
2. Il est surtout pénible d'être au ____ si on a une famille.
3. Les jeunes qui ont terminé leurs études cherchent une ____ intéressante.
4. Si on veut travailler avec des ordinateurs, on a besoin d'une ____ technique.
5. La condition des ouvriers était mauvaise mais elle s'____ peu à peu.
6. On a ____ les conditions de travail dans les usines.
7. L'____ des conditions de travail dans cette usine a attiré de meilleurs ouvriers.

EXERCICE 2 *Personnellement*

____ Répondez.

1. En quelle matière essayez-vous de vous améliorer?
2. Voudriez-vous améliorer vos notes?
3. Est-ce que les équipes de sport de votre école reçoivent une formation rigoureuse?
4. Vous formez-vous pour un métier? Lequel?
5. Quelle sorte de situation pensez-vous chercher un jour?
6. Est-ce qu'il y a beaucoup de chômage dans votre ville/village?

LES ATTITUDES ET LES ASPIRATIONS DES JEUNES FRANÇAIS

En France les sondages récents mettent en évidence[1] certaines attitudes et certaines aspirations des jeunes Français. Ces attitudes et ces aspirations peuvent être proches[2] de celles des Américains. On verra ce que vous en pensez!

Concernant les études, les Français jugent que leurs études ne les préparent pas suffisamment à la vie professionnelle. Pourquoi? Ils croient que nous vivons dans un monde de technologie qui change trop vite et qu'ils n'ont pas le temps de se former. Ils craignent que ce qu'ils apprennent aujourd'hui ne soit dépassé[3] demain. Ils pensent par ailleurs[4] que leur éducation ne les amènent pas à comprendre la complexité des problèmes posés par le monde moderne.

On souhaite voyager...

Les jeunes veulent se marier.

[1]**mettent en évidence** *reveal* [2]**proches** *close, similar*
[3]**dépassé** *obsolete* [4]**par ailleurs** *besides*

En dehors de leurs études, les jeunes Français souhaitent voyager dans des pays lointains et avoir des contacts avec des étrangers de leur âge. La vie culturelle de l'extérieur les intéresse beaucoup et ils se tiennent au courant de ce qui se passe dans le monde par les magazines et la télévision. Néanmoins[5] ils n'envisagent[6] pas de quitter définitivement la France. Ils sont très attachés à leur passé et à leurs traditions et pensent que la vie ne peut pas être meilleure hors de leur pays.

Vis-à-vis[7] des traditions familiales, les jeunes Français veulent se marier et avoir une famille. Ils pensent se marier quand ils auront vingt-cinq ou vingt-six ans. Ils préfèrent avoir une vie familiale heureuse plutôt que gagner beaucoup d'argent. Néanmoins ils désirent avoir une situation susceptible de leur donner une vie confortable. Concernant les heures de travail, les jeunes voudraient que leurs heures de travail diminuent pour pouvoir utiliser aux loisirs leurs moments libres.

Les jeunes Français s'intéressent à la politique de leur pays et, très jeunes, prennent position pour[8] un parti politique. Leur idéal est de combattre le chômage afin d'avoir moins de difficultés à trouver une situation intéressante.

Sur le plan mondial les jeunes Français espèrent voir des améliorations importantes. Ils sont préoccupés par les problèmes liés[9] au racisme. Ils voudraient que finisse la course aux armements et surtout que la faim dans le monde soit supprimée.[10]

EXERCICE 1

____ Complétez.

1. On connaît les attitudes et les aspirations des jeunes Français par des ____ récents.
2. Les jeunes Français ne sont pas satisfaits de leurs ____.
3. D'après eux, la technologie moderne change trop ____.
4. Leur éducation ne les prépare pas à comprendre la ____ des problèmes modernes.

EXERCICE 2 *Pour ou contre?*

____ Dites si les jeunes Français sont pour ou contre les choses suivantes.

1. Les voyages
2. Les contacts avec les étrangers
3. La vie culturelle de l'extérieur
4. Les magazines
5. La télévision

---

[5]**Néanmoins** *Nevertheless* [6]**envisagent** *contemplate* [7]**Vis-à-vis** *Regarding*
[8]**prennent position pour** *come out in favor of* [9]**liés** *related*
[10]**supprimée** *abolished*

EXERCICE 3

_____ **Répondez.**

1. Pourquoi est-ce que les jeunes Français n'envisagent pas de quitter définitivement la France?
2. À quelles traditions familiales est-ce qu'ils tiennent?

EXERCICE 4 *Vrai ou faux?*

_____ **Corrigez les phrases incorrectes.**

1. Les jeunes Français pensent se marier à un très jeune âge.
2. Ils choisiraient beaucoup d'argent plutôt qu'une vie heureuse.
3. Ils voudraient une vie confortable avec du temps libre.
4. Ils ne s'intéressent pas du tout à la politique.

EXERCICE 5

Nommez les quatre problèmes qui préoccupent les jeunes Français.

ACTIVITÉS

1 Faites une comparaison entre les attitudes des jeunes Français et les vôtres à l'égard des sujets suivants:

- les études
- la préparation à la vie moderne
- les voyages à l'étranger

2 Les jeunes Français sont très attachés à leur passé et à leurs traditions. Croyez-vous que les jeunes Américains sentent le même attachement à leur passé et à leurs traditions? Quelle importance ont pour vous le passé et les traditions de votre pays? Est-ce que cette différence est due au fait que la France est un vieux pays? Pourriez-vous vous résoudre à quitter définitivement les USA et habiter la France ou un autre pays étranger?

3 Faites un sondage parmi vos copains sur leurs attitudes et aspirations. Inspirez-vous des sujets mentionnés dans l'article. Ajoutez d'autres questions de votre inspiration. Apportez les résultats du sondage en classe.

4 Que choisiriez-vous, une vie familiale heureuse ou beaucoup d'argent? Donnez les raisons de votre choix.

5 Les préoccupations des jeunes Français sont le chômage, le racisme, la course aux armements et la faim dans le monde. Lesquels de ces problèmes considérez-vous les plus graves? Est-ce que vos amis sont d'accord avec vous? D'après vos parents, quels sont les problèmes les plus sérieux?

6 Décrivez ce que vous faites, ce que vous lisez, ce que vous écoutez pour vous tenir au courant de ce qui se passe dans le monde.

6 LE MAGHREB

VOCABULAIRE

Cette musulmane est **voilée.**
Elle porte **un voile.**
Sa fille Farida a le visage **découvert.**
Farida est habillée **à l'occidentale.**

Voici une maison **maghrébine. Le sol** n'est pas en bois; il est **recouvert** de **carrelage.** Comme celui-ci est froid en hiver, il y a des **tapis** de **laine** sur le sol. **Les meubles** sont simples—des **coffres,** des **coussins,** une table **basse.**

EXERCICE

____ **Répondez.**

1. Si une femme a le visage voilé, qu'est-ce qu'elle porte?
2. Si une femme est habillée à l'occidentale, a-t-elle le visage voilé ou découvert?
3. Comment s'appellent les habitants du Maghreb?
4. De quoi est recouvert le sol dans une maison maghrébine?
5. Est-ce que le carrelage est chaud en hiver?
6. Sur le sol, y a-t-il des tapis de coton?
7. Décrivez les meubles d'une maison maghrébine.

LE MAGHREB

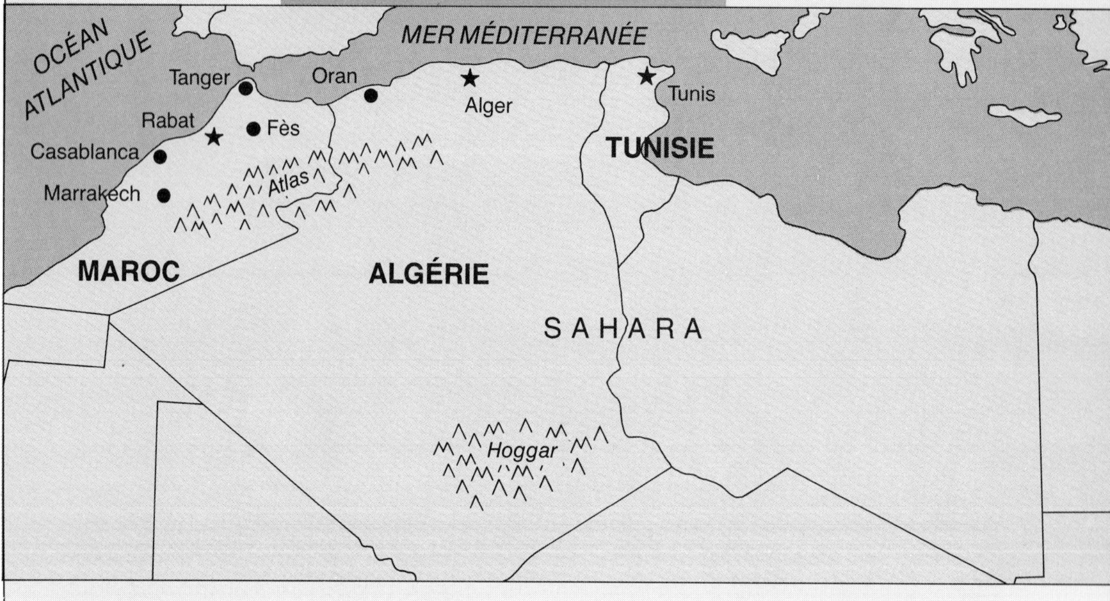

Le Maghreb veut dire en arabe «là où le soleil se couche». Ceci désigne trois pays de l'Afrique du Nord: le Maroc, l'Algérie et la Tunisie. Ces trois pays sont tous les trois ouverts sur la Méditerranée et bordés au sud par le désert du Sahara.

Dès le début du XIXe siècle, la France a commencé l'occupation de ces trois pays. L'Algérie est devenue une colonie française, et le Maroc et la Tunisie, des protectorats. Entre 1956 et 1962 ces pays ont obtenu leur indépendance. Néanmoins[1] l'influence française persiste dans les pays du Maghreb où tous les enfants apprennent le français en deuxième

Au Sahara, des enfants algériens apprennent le français.

[1]**Néanmoins** *Nevertheless*

langue à l'école. Mais la langue officielle est l'arabe, et 90 pour 100 des habitants sont de religion musulmane.

La religion a une grande influence sur le comportement[2] quotidien[3] des gens. Par exemple, les musulmans ne mangent pas de porc. Ils ne boivent pas d'alcool. Une fois par semaine chaque musulman doit aller au *hammam,* bain de vapeur.[4] Leur jour de repos[5] est le vendredi. Un homme doit prier cinq fois par jour en direction de l'est, vers La Mecque.[6] Une fois dans sa vie, chaque musulman doit également aller faire un pélerinage à La Mecque.

Les femmes musulmanes ne doivent pas avoir le visage découvert et beaucoup portent un voile sur le visage. Mais de nos jours il faut préciser que de nombreuses femmes du Maghreb s'habillent à l'occidentale, surtout dans les grandes villes.

Les maisons traditionnelles maghrébines sont composées d'un patio central entouré des autres pièces. Les murs extérieurs sont peints à la chaux blanche[7] et les fenêtres et les portes en bleu ou en vert. Le sol est recouvert de carrelage ou d'un parquet en ciment où sont étendus en hiver des tapis de laine, quelquefois somptueux. Les meubles sont assez simples, constitués de coffres, de tables basses, de tapis et de divans faits de coussins.

Pour cuisiner les femmes utilisent des *canouns.* Ce sont de petits braséros[8] en terre cuite[9] contenant du charbon de bois.[10] Certaines spécialités de la cuisine maghrébine sont très épicées et d'autres très sucrées. Le plat traditionnel de tous les pays du Maghreb est le couscous. Le couscous est à base de semoule[11] cuite à la vapeur[12] et recouverte de légumes, de viande et d'une sauce forte.

Au Maghreb on tend à se marier

Cette Marocaine utilise un canoun pour faire la cuisine.

[2]**comportement** *behavior* [3]**quotidien** *daily* [4]**vapeur** *steam* [5]**repos** *rest*
[6]**La Mecque** *Mecca, holy city of Islam in Saudi Arabia*
[7]**peints à la chaux blanche** *whitewashed* [8]**braséros** *braziers*
[9]**terre cuite** *terra-cotta* [10]**charbon de bois** *charcoal* [11]**semoule** *semolina*
[12]**cuite à la vapeur** *steamed*

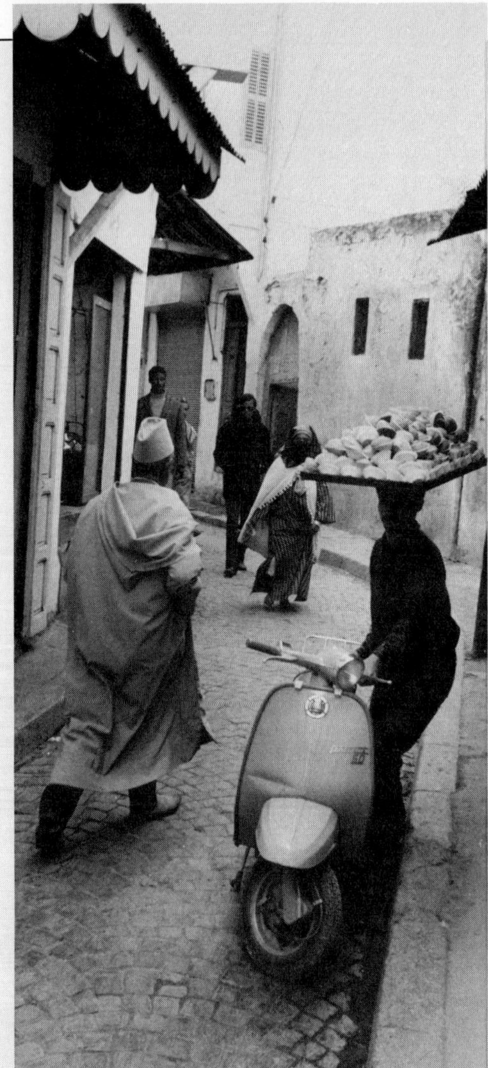

À Fès au Maroc

jeune, le plus souvent avant vingt ans. Le choix des fiancés est fixé par les mères, et les pères se mettent d'accord sur le montant[13] de la dot[14] que le mari doit offrir à sa femme. Ensuite ont lieu les fiançailles avec la signature des contrats. Le mariage a lieu quelques mois après, à la maison du futur marié. Le jour du mariage, la mariée reste assise sans bouger[15] tout un après-midi pendant que les musiciens jouent pour les invités. Mais les hommes et les femmes sont séparés. Le mariage donne lieu[16] à de grandes fêtes qui peuvent durer une semaine entière. Le couple reste à la maison de la famille du marié trois jours environ avant de rejoindre sa propre maison.

De nos jours toutes ces traditions continuent à exister, mais, malgré tout, l'ensemble de la population de ces trois pays est partagé[17] entre l'influence de l'islam et du monde occidental très proche. Il faut savoir que la scolarité est obligatoire, que chaque petit village a une école et que celles-ci sont mixtes.[18] De nombreuses femmes travaillent et conduisent des voitures, surtout dans les grandes villes comme Casablanca, Alger ou Tunis.

Si vous avez l'occasion de voyager au Mahgreb, vous aurez des impressions contradictoires. Vous serez dépaysé[19] par le folklore haut en couleur de ces pays en même temps que surpris par le modernisme et le confort tout occidental qui existent.

---

[13]**montant** *amount* [14]**dot** *dowry* [15]**sans bouger** *without moving*
[16]**donne lieu** *leads* [17]**partagé** *divided* [18]**mixtes** *coeducational*
[19]**Vous serez dépaysé** *You will feel out of your element*

EXERCICE 1

_____ **Complétez.**

1. Le mot arabe *maghreb* signifie _____.
2. Les trois pays du Maghreb sont _____, _____ et _____.
3. Ces trois pays sont situés sur la mer _____ et bordés par le désert du _____.
4. Ils sont devenus indépendants entre _____.
5. La langue officielle est _____ mais tous les enfants apprennent _____.
6. La plupart des habitants sont de religion _____.

EXERCICE 2

_____ **Faites une phrase pour chacun des mots suivants.**

1. Le porc
2. L'alcool
3. Le *hammam*
4. Le jour de repos
5. Les prières
6. Le pèlerinage
7. La Mecque

EXERCICE 3 *Vrai ou faux?*

_____ **Corrigez les phrases incorrectes.**

1. Toutes les femmes maghrébines sont voilées.
2. Une maison maghrébine a un patio central.
3. Les maisons sont peintes à la chaux blanche.
4. Les fenêtres et les portes sont peintes en noir.
5. Le sol est recouvert de bois.
6. Les meubles sont très élégants.

EXERCICE 4

_____ **Décrivez.**

1. Un *canoun*
2. Le couscous

EXERCICE 5

_____ **Répondez.**

1. À quel âge est-ce que les jeunes Maghrébins se marient?
2. Qui fixe le choix des fiancés?
3. Quel est le rôle des pères?
4. Quand a lieu le mariage? Où est-ce qu'il a lieu?
5. Qui reste assis pendant tout l'après-midi?
6. Combien de temps peuvent durer les grandes fêtes?
7. Quand enfin est-ce que les nouveaux mariés rejoignent leur propre maison?

EXERCICE 6

____ **Expliquez en détail les éléments suivants.**

1. Les deux influences
2. La scolarité

ACTIVITÉS

1 Les trois grandes villes du Maghreb sont Casablanca, Alger et Tunis. Connaissez-vous une de ces villes par les films, les livres ou les journaux? Lesquelles voudriez-vous visiter? Pourquoi?

2 Cherchez une recette pour le couscous et préparez-la pour vos camarades de classe.

3 Regardez la carte du Maghreb à la page 314.

- Quels pays sont plutôt montagneux?
- Comment s'appelle la chaîne de montagnes qui traverse le Maroc et une partie de l'Algérie?
- Quel pays est bordé non seulement par la mer Méditerranée mais aussi par l'océan Atlantique?
- Vu les longues côtes de ces pays, quelle industrie touristique, diriez-vous, est très importante?
- Dans quel pays trouvez-vous la plus grande partie du désert du Sahara?

Maroc: au bord du Sahara

7

AUX AMÉRICAINS QUI PARTENT POUR LA FRANCE

VOCABULAIRE

Voilà comment se fait **une poignée de main.**
Madame Régnier **tend** la main à Pierre.
Pierre **serre** la main à Madame Régnier.
Madame Régnier et Pierre **se serrent** la main.

Les enfants apprennent **le savoir-vivre.**
Ils apprennent les règles de **courtoisie.**
Leurs parents corrigent leur **comportement.**

EXERCICE *Personnellement*

____ Répondez.

1. Quand on vous présente à quelqu'un, lui tendez-vous la main?
2. Est-ce que les jeunes Américains se serrent souvent la main?
3. Vous et vos amis, avez-vous tendance à serrer la main seulement à des personnes plus âgées?
4. D'après vous, qui doit enseigner les règles de courtoisie aux enfants?
5. Est-ce que les enfants ont tendance à imiter le comportement de leurs parents?
6. D'après vous, est-ce que le savoir-vivre est:
   a. très important c. un peu important
   b. important d. pas important

   Justifiez votre réponse.

AUX AMÉRICAINS QUI PARTENT POUR LA FRANCE

On tient sa fourchette de la main gauche.

Quand vous serez en France, vous trouverez que les Français sont très attachés à leur passé et fiers de leur histoire et de leur culture.

Le contact avec les Français pourra vous paraître un peu froid et distant. Au début, les Français ne vous appelleront jamais par votre prénom. Ils diront Monsieur ou Madame suivi de votre nom de famille et vous adresseront par «vous». Avant de vous connaître un petit peu mieux, les Français vous inviteront au restaurant plutôt que de vous inviter chez eux pour la première rencontre.

Si vous êtes d'un caractère très familier, comme beaucoup d'Américains, ne soyez pas étonné de trouver une certaine retenue.[1] Les Français ont besoin de vous connaître un peu mieux avant de vous traiter en ami. C'est une habitude. Ceci ne veut pas dire qu'ils ne vous aiment pas ou qu'ils n'apprécient pas votre présence. Soyez patient! Les Français auront mille occasions de vous manifester[2] leur amitié.[3]

Les Français ne s'embrassent jamais sur la bouche—même entre parents et enfants. Ils se donnent volontiers un baiser[4] sur chaque joue.

En France il existe certaines règles de savoir-vivre. Certaines sont les mêmes qu'aux États-Unis. Par exemple, à table il faut attendre que tout le monde soit servi et que la maîtresse de maison soit assise avant de commencer à manger. On n'utilise jamais de couteau pour la salade ni de fourchette pour le fromage. On rompt[5] le pain avec les doigts.[6]

Certaines règles sont différentes. À table, les mains doivent être posées sur la table et pas sur les genoux.[7]

---

[1]**retenue** *reserve* [2]**manifester** *demonstrate* [3]**amitié** *friendship*
[4]**baiser** *kiss* [5]**rompt** *breaks* [6]**doigts** *fingers* [7]**genoux** *knees*

On tient le couteau de la main droite pour couper la viande et on porte le morceau[8] à la bouche avec la fourchette tenue de la main gauche. Si l'on vous offre de vous servir une deuxième fois, vous dites «s'il vous plaît» ou «avec plaisir» pour dire «oui»; vous dites «merci» pour dire «non».

Si vous êtes présenté à quelqu'un, un échange de poignée de main se fera obligatoirement. Néanmoins[9] la courtoisie veut que ce soit la femme ou la personne la plus âgée qui tende la main la première. La main est tendue et serrée sans mouvement brusque.

Les Français aiment bien bavarder, mais il y a certains sujets de conversation qu'il faut éviter: la politique, la religion et l'argent. Ne demandez jamais le prix payé pour un achat[10] fait par un Français, ni quel est son salaire. Les sujets permis sont la culture dans tous ses aspects—la musique, la littérature, le cinéma, l'art, les voyages, les sports et la politique internationale.

Les Français aiment bien bavarder.

[8]**morceau** *piece* [9]**Néanmoins** *Nevertheless* [10]**achat** *purchase*

Une poignée de main est obligatoire.

En France, soyez naturel. Les Français ont une grande faculté d'adaptation,[11] sauf pour la nourriture, qui est sacrée. (Pour eux, la cuisine est un art; leur goût[12] pour la bonne nourriture est traditionnel.) Ils seront gentiment amusés par votre comportement familier et, très vite, vous rirez ensemble de vos différences.

EXERCICE 1

Répondez.

1. À quoi est-ce que les Français sont attachés?
2. De quoi sont-ils fiers?
3. Pourquoi est-ce que le contact avec les Français pourra paraître froid et distant pour les Américains?
4. Où est-ce que les Français vous inviteront la première fois? Quand est-ce qu'ils vous invitent chez eux?

---

[11]**faculté d'adaptation** *ability to adapt* [12]**goût** *taste*

EXERCICE 2

____ Complétez.

1. Les Américains sont d'un caractère ____ tandis que les Français ont une certaine ____.
2. Les Français ne traitent pas immédiatement les étrangers en ____.
3. Il faut attendre et être patient pour que les Français vous manifestent leur ____.
4. Les Français s'embrassent sur ____.

EXERCICE 3

____ Nommez.

1. Nommez quatre règles de savoir-vivre qui ressemblent aux nôtres.
2. Nommez trois règles de savoir-vivre qui sont différentes des nôtres.

EXERCICE 4

____ Expliquez.

1. Comment doit-on serrer la main?
2. Quels sont les sujets de conversation tabous?
3. Quels sont les sujets de conversation permis?
4. Expliquez l'importance de la nourriture pour les Français.

ACTIVITÉS

1 Lisez la sélection sur les conseils aux Français qui partent pour les USA (leçon 3). Faites une comparaison entre les deux listes. Quels conseils sont semblables? Lesquels sont tout à fait différents?

2 Si vous avez déjà visité un autre pays, un autre État ou une autre ville, décrivez les différences de coutumes et d'habitudes que vous y avez remarquées.

3 Il est difficile pour un Américain, qui habite, après tout, un très jeune pays, d'apprécier l'attachement des Français au passé et à l'histoire. Essayez d'expliquer pourquoi cet attachement est important et quelle influence il a sur le point de vue et la façon de penser des Français.

8

FIANÇAILLES ET MARIAGE

VOCABULAIRE

la bague de fiançailles

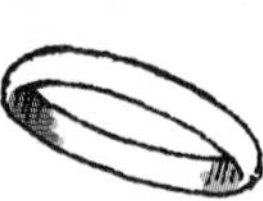
un anneau nuptial ou
un anneau d'alliance ou
une alliance

Le maire marie les fiancés dans **la mairie.**

le garçon d'honneur
la demoiselle d'honneur
la mariée
l'épouse *(f)*
le marié
l'époux *(m)*

Les invités félicitent le couple.

Le garçon d'honneur
porte un toast.

Les nouveaux époux partent
en **voyage de noces.**

EXERCICE 1

____ Complétez.

1. C'est le fiancé qui offre à la fiancée une ____ de fiançailles.
2. Le bureau du maire s'appelle la ____.
3. La jeune fille qui accompagne la mariée est la ____.
4. Le garçon qui accompagne le marié est le ____.
5. Pendant la cérémonie les mariés échangent leurs ____.
6. Les invités ____ le couple.
7. Le garçon d'honneur porte un ____ aux nouveaux époux.
8. Enfin les nouveaux époux partent pour un ____ de noces.

EXERCICE 2

____ Donnez des mots de même origine.

1. mariage (3)
2. fiancé (2)
3. épouser (2)
4. mairie
5. traditionnel
6. invitation
7. félicitations

LES FIANÇAILLES ET LE MARIAGE

Habituellement en France une période appelée fiançailles précède le mariage. Cette période de fiançailles dure de trois mois à un an environ.[1] Autrefois la famille intervenait dans le choix des futurs époux. Quelquefois même le refus des familles rendait le mariage impossible. De nos jours, cela n'existe plus. Les jeunes décident eux-mêmes du choix de leur futur époux ou épouse. Traditionnellement, le garçon se rend chez[2] sa future fiancée pour demander sa main à ses parents et, peu après, les deux familles se rencontrent pour décider la date des fiançailles qui auront lieu de quinze jours à un mois après cette rencontre.

Le jour des fiançailles, la famille de la fiancée donnera une petite fête qui réunira les proches parents[3] et les amis intimes du couple. Pendant la réception le fiancé offrira la bague de fiançailles et la date du mariage sera fixée. Dix jours avant le mariage, les bans[4] devront être affichés[5] à la mairie.

En France, il y a souvent deux cérémonies de mariage. Le mariage civil, qui est obligatoire, est célébré publiquement par le maire en présence de deux témoins.[6] Pendant la cérémonie, les portes restent ouvertes pour les contestations éventuelles.[7] Cette formalité est rapide et simple. Dans 70 pour 100 des cas un mariage religieux suit le mariage civil, souvent le jour même ou le jour suivant.

---

[1]**environ** *approximately* [2]**se rend chez** *calls on* [3]**proches parents** *close relatives*
[4]**bans** *banns (public announcement)* [5]**affichés** *posted* [6]**témoins** *witnesses*
[7]**contestations éventuelles** *possible protests*

Un toast!

Le couple échange les alliances.

La cérémonie religieuse a lieu dans une église ou dans une synagogue. Le cortège[8] se forme au domicile de la mariée et part pour le lieu du culte.[9] Le cortège se compose des parents, des amis, des demoiselles d'honneur et des garçons d'honneur. La céré-

On part en voyage de noces.

[8]**cortège** *procession* [9]**lieu du culte** *place of worship*

monie religieuse varie suivant chaque rite mais dans tous les cas l'épouse répond à la question «Voulez-vous prendre pour époux...?» et de même l'époux répond à la question «Voulez-vous prendre pour épouse...?» Ensuite le couple échangera les alliances.

Après la cérémonie religieuse les invités sont conviés[10] à une réception. Comme aux États-Unis la réception peut être simple ou somptueuse. Pendant la fête le garçon d'honneur porte un toast au bonheur des nouveaux époux. Tous les invités félicitent le nouveau couple avant de se précipiter sur le buffet.

Après la réception les jeunes mariés partent pour un voyage de noces. À leur retour ils trouveront tous les cadeaux choisis par leurs amis sur les «listes de mariage» déposées[11] pendant les fiançailles dans les différents magasins de la ville.

EXERCICE 1

____ Identifiez.

1. Union légitime d'un homme et d'une femme
2. Un garçon qui va se marier
3. Une fille qui va se marier
4. La période qui précède le mariage
5. Ce que le garçon demande aux parents de sa future fiancée

EXERCICE 2

____ Décrivez le jour des fiançailles:

1. La fête
2. Où la fête a lieu
3. Qui assiste à la fête
4. Ce qu'offre le fiancé à sa fiancée
5. Quelle date sera fixée

EXERCICE 3

____ Répondez.

1. Où seront affichés les bans?
2. Quelle cérémonie est obligatoire?
3. Où a lieu le mariage civil?
4. En présence de qui est-ce que Monsieur le Maire marie les fiancés?
5. Pourquoi est-ce que les portes restent ouvertes?

---

[10]**conviés** *invited* [11]**déposées** *filed, registered*

EXERCICE 4

____ **Expliquez la cérémonie religieuse:**

1. Où elle a lieu
2. Quand elle a lieu
3. Où se forme le cortège
4. De qui se compose le cortège
5. À quelles questions doivent répondre les fiancés
6. Ce que le couple échangera

Après la cérémonie

EXERCICE 5

____ **Complétez.**

1. Une réception a lieu ____.
2. La réception peut être ____.
3. C'est le garçon d'honneur qui ____.
4. Tous les invités veulent ____.
5. Les jeunes mariés partent ____.
6. À leur retour ils trouveront ____.

ACTIVITÉS

1 Quelles similarités avez-vous remarquées entre un mariage américain et un mariage français? Quelles sont les différences? Si vous avez assisté à un mariage italien ou irlandais ou polonais ou juif, comparez-le au mariage français.

2 Si vous avez assisté récemment à un mariage, décrivez-le avec tous les détails possibles. Décrivez la cérémonie et la réception.

3 Voilà le texte d'un échange typique de consentements (*vows*) dans une cérémonie religieuse française. Comparez cet échange à un échange typique américain.

Le fiancé:
N., veux-tu être ma femme?

La fiancée:
Oui (je veux être ta femme). Et toi, *N.*, veux-tu être mon mari?

Le fiancé:
Oui (je veux être ton mari).

La fiancée:
Je te reçois comme époux et je me donne à toi.

Le fiancé:
Je te reçois comme épouse et je me donne à toi.

Ensemble:
Pour nous aimer fidèlement dans le bonheur ou dans les épreuves, et nous soutenir l'un l'autre, tout au long de notre vie.

Rituels pour la célébration du mariage

9
LES VILLES FRANÇAISES

VOCABULAIRE

Les bureaux se trouvent aux **étages supérieurs.**

Les commerçants se trouvent au **rez-de-chaussée.**

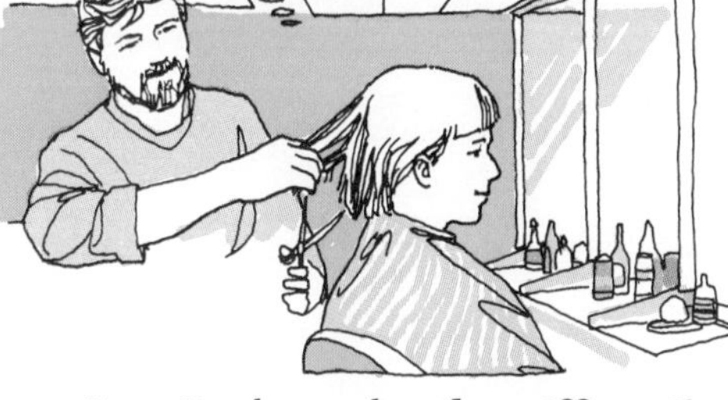

Jean-Paul est chez **le coiffeur.** Il **se fait couper les cheveux.**

Dans ce parc il y a **des arbres** et beaucoup de **fleurs**. Il y a aussi des statues et une belle **fontaine. Les pelouses** sont bien **entretenues.** On les **tond** souvent.

EXERCICE 1

____ Donnez un synonyme.

1. un marchand
2. un barbier
3. au niveau de la rue
4. une femme qui fait le métier d'arranger et de couper les cheveux

EXERCICE 2

____ Complétez.

1. Les personnes qui font du commerce s'appellent ____.
2. Les magasins et les boutiques se trouvent ____.
3. Le cinquième étage est un étage ____.
4. Des dactylos qui tapent à la machine et des secrétaires travaillent dans des ____.
5. Quand on veut se faire couper les cheveux, on va ____.
6. Dans un parc bien entretenu on peut admirer les ____, les ____ et les ____.
7. Les monuments qui se trouvent souvent dans un parc sont des ____ et des ____.

EXERCICE 3 *Personnellement*

____ Répondez.

1. Si vous habitez un appartement, dites à quel étage se trouve votre appartement. Si vous habitez une maison, dites quelles pièces se trouvent au rez-de-chaussée et lesquelles se trouvent aux étages supérieurs.
2. Connaissez-vous une personne qui travaille dans un bureau? Est-ce un(e) dactylo ou un(e) secrétaire? À quel étage est situé son bureau?
3. Combien de fois par mois allez-vous chez le coiffeur? Vous vous faites couper les cheveux très courts? Vous vous faites faire un shampooing aussi?
4. C'est vous qui tondez les pelouses chez vous? Vous servez-vous d'une tondeuse à essence ou d'une tondeuse électrique?
5. Quelles sont vos fleurs préférées?

Dijon: une mélange de résidences et d'établissements commerciaux

LES VILLES FRANÇAISES

Existe-t-il beaucoup de différences entre les villes françaises et celles des États-Unis? Oui, il existe des différences importantes.

Dans la plupart des villes américaines, le centre de la ville est une zone réservée aux bureaux et aux grands magasins. Dans cette zone, il y a très peu de résidences. Les gens y vont pour travailler, et après dix-huit heures le centre devient désert, car les gens rentrent chez eux dans la banlieue ou dans un quartier résidentiel de la ville.

Dans les grandes villes françaises

Paris: la place de la Madeleine

Grenoble: un jardin public

les quartiers se composent à la fois de résidences, d'établissements commerciaux et de bureaux. Les magasins et les boutiques sont situés au rez-de-chaussée des immeubles, et les bureaux et les appartements se trouvent aux étages supérieurs. Une grande animation existe donc dans chaque quartier de la ville. Cette activité commence tôt le matin et se termine assez tard le soir. Les habitants du quartier ne sont donc pas obligés de se déplacer.[1] Le matin ils font leurs courses chez les commerçants du quartier. Ils peuvent ensuite rencontrer leurs amis dans un café pour bavarder et consommer avec eux. S'il veulent aller chez le coiffeur pour se faire couper les cheveux avant d'aller au cinéma, il y en a toujours un ou même plusieurs dans les environs. Il est également toujours possible de trouver un restaurant près de chez soi pour dîner et finir la soirée.

Pour les heures de loisirs, les villes françaises offrent, en dehors d'activités culturelles, des zones de repos agréables. Chaque ville a ses parcs, ses jardins et ses squares. Ceux-ci sont très bien entretenus avec des arbres, des fleurs, des pelouses et des fontaines. Dans ces parcs une partie est réservée aux tout petits, qui sont surveillés[2] par des gardiens vigilants.[3] Souvent, le dimanche à la belle saison,[4] un orchestre vient jouer dans le square ou dans le parc.

Paris: un concert dans l'île Saint-Louis

[1]**se déplacer** *move; leave the area* [2]**surveillés** *looked after* [3]**gardiens vigilants** *watchful playground supervisors* [4]**à la belle saison** *during the summer months*

EXERCICE 1 *Vrai ou faux?*

___ **Corrigez les phrases incorrectes.**

1. Les différences entre les villes françaises et celles des États-Unis sont peu importantes.
2. Le centre des villes américaines est réservé aux résidences.
3. Les bureaux et les grands magasins américains se trouvent dans la banlieue.
4. Après dix-huit heures le centre-ville devient désert.

EXERCICE 2

___ **Complétez.**

1. Dans les grandes villes françaises on trouve des ___, des ___, et des ___ dans le même quartier.
2. Les magasins et les boutiques sont situés au ___.
3. Les ___ et les ___ se trouvent aux étages supérieurs.
4. Dans chaque quartier il existe une grande ___.
5. Cette activité commence ___ le matin et se termine ___ le soir.

EXERCICE 3

___ **Répondez.**

1. Qu'est-ce que les villes françaises offrent à leurs habitants pour les heures de loisirs?
2. Nommez trois ou quatre activités culturelles d'une grande ville.
3. Comment sont les parcs, les jardins et les squares des villes françaises?
4. À qui est réservée une partie de ces parcs?
5. Par qui est-ce que les petits sont surveillés?
6. Quand et en quelle saison est-ce qu'un orchestre vient jouer dans le square?

ACTIVITÉS

1 Comparez les grandes villes américaines aux grandes villes françaises quant à:

- la situation des appartements, des grands magasins et des bureaux
- l'animation dans le quartier pendant la journée et la soirée

2 Un célèbre auteur espagnol (Julio Camba) a écrit qu'il est impossible de se reposer, de se récréer dans une grande ville américaine parce que les cafés n'y existent pas. Êtes-vous d'accord avec Camba ou pas? Donnez vos raisons.

10

LA GÉOGRAPHIE DE LA FRANCE

VOCABULAIRE

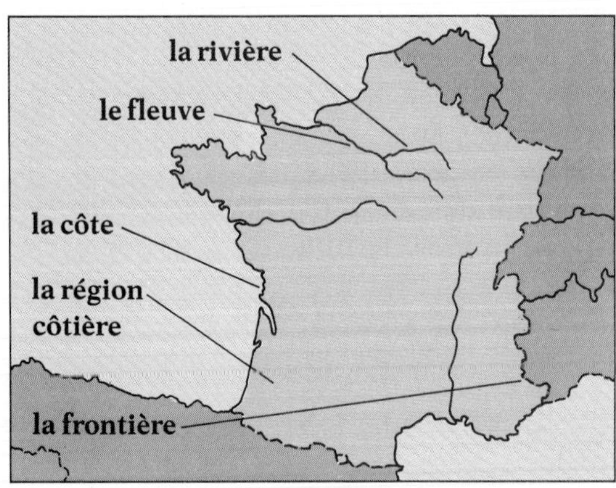

un climat sec

un climat pluvieux

La frontière est la limite du pays.
La côte est **baignée** par la mer.
Un fleuve se jette dans la mer, mais **une rivière** se jette dans un fleuve.

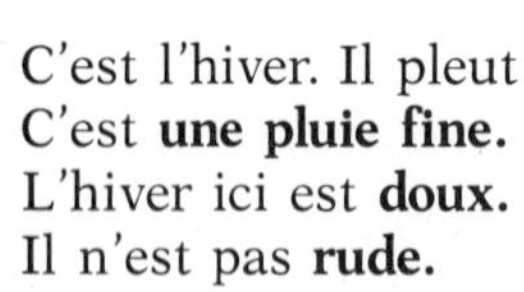

C'est l'hiver. Il pleut.
C'est **une pluie fine.**
L'hiver ici est **doux.**
Il n'est pas **rude.**

EXERCICE 1 *Vrai ou faux?*

____ **Corrigez les phrases incorrectes.**

1. La France a une frontière avec les États-Unis.
2. La côte est une frontière naturelle.
3. La côte est baignée par le fleuve.
4. Un fleuve se jette dans une rivière.
5. Si le climat est pluvieux, ça veut dire qu'il neige souvent.
6. L'hiver est doux si les températures sont très basses.

EXERCICE 2 *La géographie des États-Unis*

____ **Complétez.**

1. La Californie se trouve sur la ____ ouest des États-Unis.
2. Le Mississippi est un ____ qui se jette dans le golfe du Mexique.
3. Le Missouri est une ____ qui se jette dans le Mississippi.
4. Le climat dans le désert est très ____.
5. L'hiver en Floride est très ____.
6. L'hiver en Alaska est très ____.

Mots apparentés

Vous devriez savoir reconnaître les mots suivants.

la plaine	vaste	border
la diversité	géographique	former
la zone	humide	dominer
la chaîne de montagnes	climatique	

EXERCICE 3

____ **Répondez.**

1. Où trouverait-on plus de fermes, dans une plaine ou sur une chaîne de montagnes?
2. Est-ce qu'il y a plusieurs zones climatiques aux États-Unis?
3. Est-ce que le climat dans les jungles est humide ou sec?
4. Les États-Unis sont bordés par quels deux pays?
5. Quelles montagnes dominent le sud-ouest de l'Europe?

Champs de culture en Normandie

LA GÉOGRAPHIE DE LA FRANCE

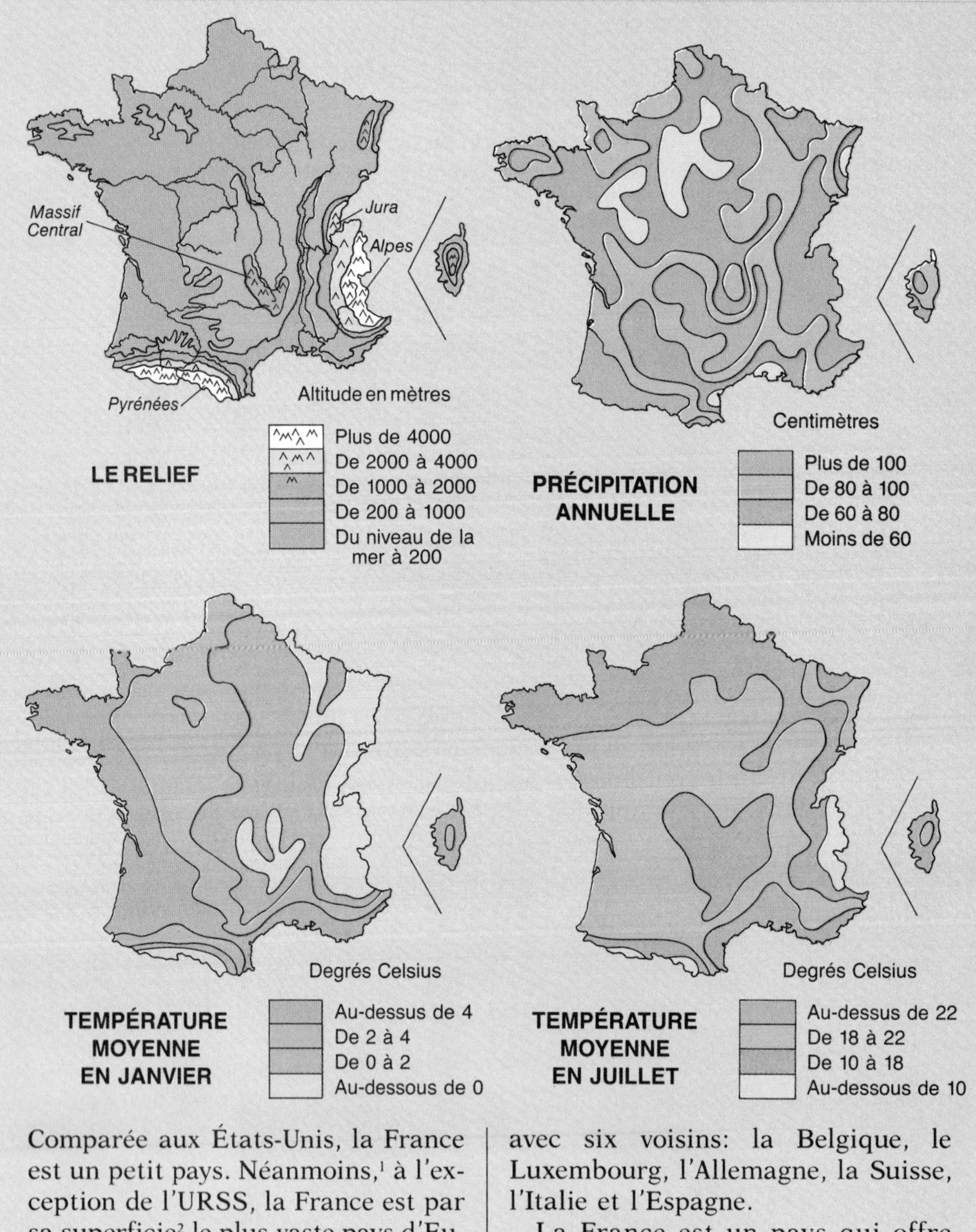

Comparée aux États-Unis, la France est un petit pays. Néanmoins,[1] à l'exception de l'URSS, la France est par sa superficie[2] le plus vaste pays d'Europe. Elle partage des frontières avec six voisins: la Belgique, le Luxembourg, l'Allemagne, la Suisse, l'Italie et l'Espagne.

La France est un pays qui offre une grande diversité de paysages.

[1]**Néanmoins** *Nevertheless* [2]**superficie** *(surface) area*

La plage à Étretat (Haute-Normandie)

Vignobles en Picardie

Elle a cinq frontières naturelles, formées par des côtes et des montagnes. Elle est baignée au nord par la mer du Nord et la Manche, à l'ouest par l'Atlantique et au sud-est par la Méditerranée. Le pays est bordé par trois grandes chaînes de montagnes: les Pyrénées au sud-ouest, les Alpes et le Jura à l'est. Les deux tiers[3] du territoire français est occupé par des plaines.

Cette grande diversité géographique offre une riche variété de genres de vie. Les régions côtières sont très riches en belles plages de sable fin ou de galets.[4] Les montagnes permettent de nombreuses activités comme le ski, le patin à glace et l'alpinisme ainsi que de très belles promenades à travers de superbes paysages. De beaux vignobles[5] et de vastes champs de culture[6] couvrent la plaine.

Un important réseau[7] de fleuves et de rivières traverse la France dans tous les sens.[8] Cinq fleuves et leurs affluents[9] dominent ce réseau—la Seine, la Loire, le Rhône, la Garonne et le Rhin. Une très belle façon de visiter la France est de se promener sur une péniche[10] le long de ces fleuves.

Si la France combine autant de paysages divers, une gamme[11] de climats différents donne un caractère tout particulier à chaque région. Sur la côte de l'Atlantique, l'hiver est doux et l'été est frais et humide avec

---

[3]**Les deux tiers** *Two thirds* [4]**galets** *pebbles* [5]**vignobles** *vineyards*
[6]**champs de culture** *cultivated fields* [7]**réseau** *system (of rivers)* [8]**sens** *directions*
[9]**affluents** *tributaries* [10]**péniche** *barge; canal boat* [11]**gamme** *range*

des pluies fines en toutes saisons. En bordure de la Méditerranée, l'hiver est très doux et l'été très chaud, sec et bien ensoleillé. Sur les montagnes, l'hiver est long et rude avec beaucoup de neige; l'été est court et pluvieux. Pour le reste de la France, le climat en général se divise au-dessus et au-dessous de la Loire: au nord du fleuve le climat est bien sûr plus froid qu'au sud.

Si vous décidez de faire un voyage en France, vous pourrez survoler le pays en une heure. Mais pendant ce court vol, vous verrez du hublot[12] de l'avion des paysages très diversifiés et vous traverserez des zones climatiques et géologiques bien différentes.

Les Alpes à Chamonix

EXERCICE 1

____ Complétez.

1. La France est un pays beaucoup plus ____ que les États-Unis.
2. Les deux pays les plus vastes de l'Europe sont ____ et ____.
3. Les six voisins de la France sont ____, ____, ____, ____, ____ et ____.
4. La France offre une grande diversité de ____.
5. Les cinq frontières naturelles de la France sont formées par des ____ et des ____.

EXERCICE 2 *Une carte*

____ Dessinez une carte de la France où vous indiquerez les frontières.

EXERCICE 3 *Descriptions*

____ Décrivez:

1. Les régions côtières
2. Les régions montagneuses
3. Les plaines

---

[12]**hublot** *airplane window (porthole)*

EXERCICE 4

_____ **Répondez.**

1. Pourquoi est-il possible et souhaitable de visiter la France en péniche?
2. Nommez les cinq fleuves de la France. Tracez-les sur la carte que vous avez faite pour l'exercice 2.
3. Qu'est-ce qui donne un caractère particulier à chaque région?
4. Décrivez les différents climats:
   a. le climat atlantique
   b. le climat méditerranéen
   c. le climat montagnard
5. Quel est le rôle de la Loire quant au climat?
6. En combien de temps est-ce qu'on peut survoler la France? Qu'est-ce qu'on verra du hublot de l'avion?

ACTIVITÉS

1 Quelles régions de la France voudriez-vous visiter? En quelle saison? Donnez des raisons détaillées pour votre choix.

2 Après avoir étudié cette sélection, vous en savez beaucoup sur la géographie de la France. Sauriez-vous décrire aussi complètement les régions, les climats, les fleuves, les montagnes des USA? Pourquoi pas? Essayez de le faire, au moins pour l'État où vous habitez.

3 Vous savez déjà que la France a tout un réseau de fleuves et de rivières. Vous savez aussi qu'il y a en France un réseau de canaux de navigation, dont le canal du Midi est un des plus importants. Étudiez une carte de la France qui montre les fleuves et les canaux et préparez un itinéraire de la visite en péniche d'une région de la France.

Péniches sur la Seine

4 Imaginez que vous survolez la France en montgolfière (ballon à air chaud). Décrivez ce que vous voyez et comment vous reconnaissez chaque région que vous survolez.

GRAMMAIRE

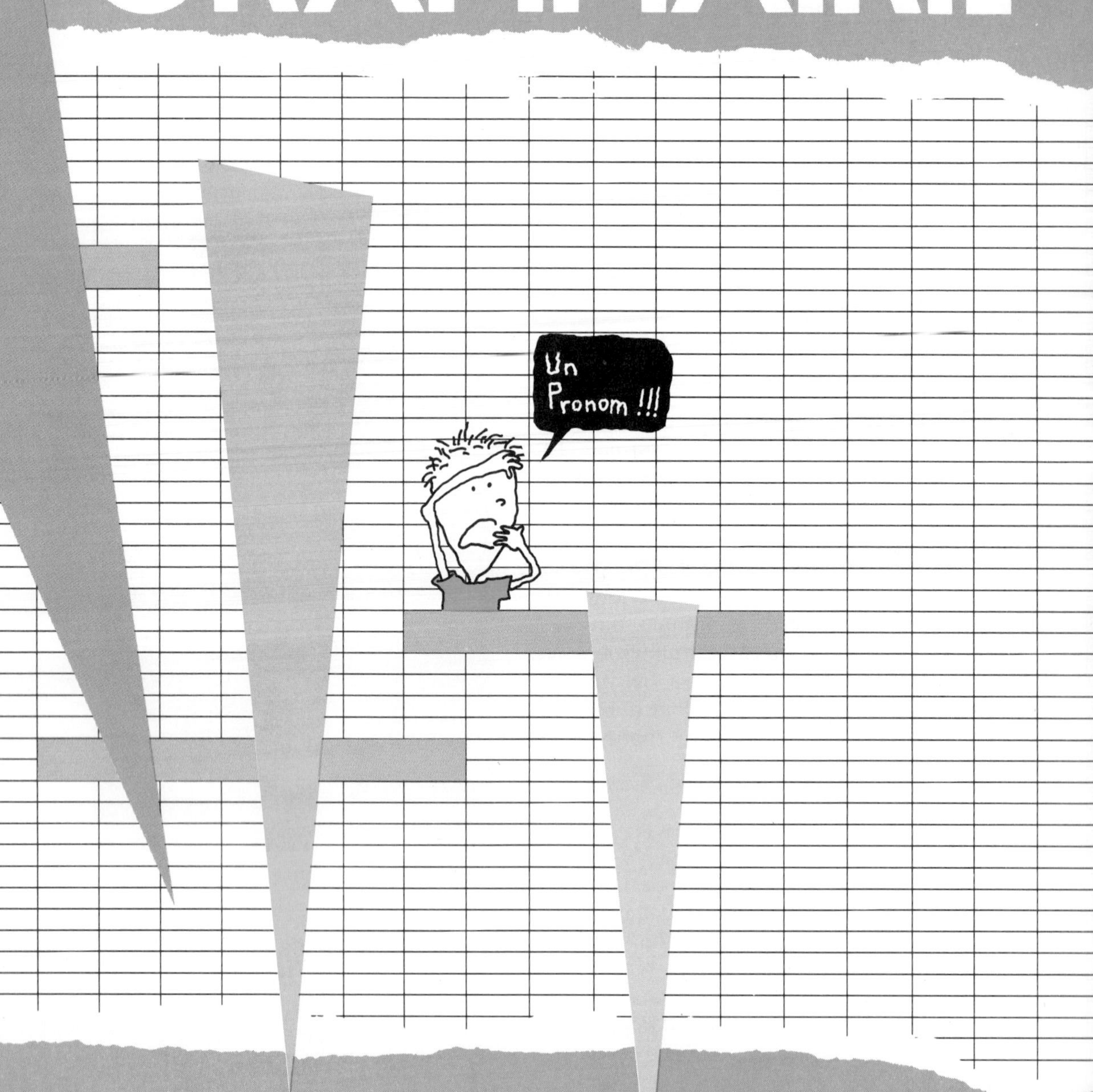

DE BASE

1 L'ARTICLE DÉFINI; LES NOMS; LES ADJECTIFS

L'ARTICLE DÉFINI

The definite articles *(the)* in French are **le, la, l',** and **les.** Remember that the definite article must agree with the noun it modifies in number (singular or plural) and gender (masculine or feminine). Review the following forms.

le garçon	**les garçons**	**la fille**	**les filles**
le jardin	**les jardins**	**la cuisine**	**les cuisines**
l'ami	**les amis**	**l'amie**	**les amies**
l'homme	**les hommes**	**l'école**	**les écoles**

Note that **l'** accompanies both masculine and feminine nouns that begin with a vowel or a silent **h.** In the plural a liaison is made between **les** and a noun beginning with a vowel or a silent **h.** The **s** of **les** is pronounced *z.* Note too that most French nouns form their plural by adding an **-s.**

EXERCICE 1 Les monuments de Paris

____ Complétez.

1. ____ ville la plus importante de la France est Paris.
2. Paris est ____ capitale du pays.
3. ____ rues de Paris sont très intéressantes.
4. ____ Arc de Triomphe est un monument célèbre de Paris.
5. ____ Arc de Triomphe se trouve sur ____ place Charles-de-Gaulle qui s'appelle aussi ____ Étoile.
6. ____ musée du Louvre à Paris est un des plus grands musées du monde.
7. Au musée d'Orsay ____ visiteurs admirent ____ peintures des impressionnistes.
8. ____ musée du Jeu de Paume se trouve dans ____ Jardin des Tuileries dans ____ centre même de ____ ville.

LE PLURIEL DES NOMS IRRÉGULIERS

Nouns ending in **-au, -eau, -eu,** and **-ou** usually form their plural by adding an **-x** rather than an **-s.**

le château	**les châteaux**	**le bijou**	**les bijoux**
le bateau	**les bateaux**	**le genou**	**les genoux**
le jeu	**les jeux**		

Nouns ending in **-al** or **-ail** change to **-aux** in the plural.

le journal	**les journaux**	**l'animal**	**les animaux**
l'hôpital	**les hôpitaux**	**le travail**	**les travaux**

EXERCICE 2 Les châteaux de la Loire

_____ Choisissez le mot pour compléter les phrases.

château **cheval** **genou** **animal** **oiseau**

1. Demain nous allons visiter les _____ de la Loire.
2. La plupart des _____ de la Loire sont entourés de jardins.
3. Il y a de petits _____ et de petits _____ dans les jardins.
4. Mais il n'y a pas de _____ dans les jardins.
5. Les petits enfants s'asseyent sur les _____ de leurs parents ou de leurs grands-parents.
6. Les petits enfants assis sur les _____ de leurs parents aiment regarder les _____ et les petits _____.

Le château de Chambord

L'ACCORD DES ADJECTIFS

An adjective must agree in number and gender with the noun it describes or modifies. In French most adjectives form the feminine by adding an **-e** to the masculine. The final consonant is heard in the feminine form but not in the masculine form.

Elle est forte. **Il est fort.**

Note that an **-s** is added to form the plural of both masculine and feminine adjectives. Review the following.

le garçon intelligent	**les garçons intelligents**
la fille intelligente	**les filles intelligentes**

Many adjectives that end in a vowel or a pronounced final consonant add an **-e** to form the feminine and an **-s** to form the plural. All forms are pronounced the same, however. Review the following.

le veston bleu	**les vestons bleus**
la chemise bleue	**les chemises bleues**
le veston noir	**les vestons noirs**
la chemise noire	**les chemises noires**

Adjectives that end in the vowel **-e** have the same form in the masculine and feminine. An **-s** is added to form the plural. All forms are pronounced the same.

le chapitre facile	**les chapitres faciles**
la leçon facile	**les leçons faciles**

EXERCICE 3 Marie-Thérèse

Décrivez la jeune fille en employant les adjectifs suivants.

français

poli

intelligent

sympathique

intéressant

agréable

fort

honnête

joli

EXERCICE 4 Michel

_____ Décrivez le garçon.

EXERCICE 5 Au contraire

_____ Complétez avec la forme convenable de l'adjectif.

1. Pas du tout. Les assiettes ne sont pas sales. Elles sont _____. **propre**
2. Pas du tout. Ils ne sont pas stupides. Ils sont _____. **intelligent**
3. Non, non. Elle n'est pas française. Elle est _____. **américain**
4. Pas du tout. Elles ne sont pas faibles. Elles sont _____. **fort**
5. Pas du tout. L'eau n'est pas froide. Elle est _____. **chaud**
6. Pas du tout. Les enfants ne sont pas grands. Ils sont _____. **petit**
7. Non. Elles ne sont pas tristes. Elles sont _____. **content**
8. Pas du tout. Il n'est pas pauvre. Il est _____. **riche**

AUTRES ADJECTIFS

Most adjectives that end in **-l, -as, -os, -en,** or **-on** double the consonant in the feminine form.

cruel	**cruelle**	**cruels**	**cruelles**
gentil	**gentille**	**gentils**	**gentilles**
gras	**grasse**	**gras**	**grasses**
gros	**grosse**	**gros**	**grosses**
ancien	**ancienne**	**anciens**	**anciennes**
bon	**bonne**	**bons**	**bonnes**

Adjectives that end in **-eux** change to **-euse** in the feminine form.

Il est furieux.	**Ils sont furieux.**
Elle est furieuse.	**Elles sont furieuses.**

All adjectives that end in **-er** and most adjectives that end in **-et** take an accent in the feminine form.

cher	**chère**
étranger	**étrangère**
complet	**complète**
inquiet	**inquiète**

Adjectives that end in **-f** change to **-ve** in the feminine form.

sportif	**sportive**
neuf	**neuve**
actif	**active**
vif	**vive**

EXERCICE 6 Ils ne sont pas gentils!

_____ Complétez.

1. Il est affreux. Et elle aussi est _____.
2. Il est cruel. Et elle aussi est _____.
3. Il est indiscret. Et elle aussi est _____.
4. Il est jaloux. Et elle aussi est _____.
5. Il est destructif. Et elle aussi est _____.

EXERCICE 7 Comment sont-ils?

_____ Complétez.

1. **discret, indiscret**
   Laure est très _____. Elle ne répète rien à personne. Mais attention à Marc. Il est très _____. Je t'assure qu'il répétera tout ce que tu lui diras.
2. **courageux, timide**
   Hélène est très _____. Elle n'a peur de rien. Mais je trouve que beaucoup de ses amies sont très _____. Je ne comprends pas ça.
3. **parisien, breton, étranger**
   Je sais qu'elle est _____, mais je crois que son fiancé est _____. Je sais qu'il n'est pas _____.

Elle est courageuse!

LES ADJECTIFS *BEAU, NOUVEAU, VIEUX*

Review the forms of these adjectives.

Masculine singular	Masculine singular before a vowel or silent *h*	Feminine singular
un **beau** garçon	un **bel** avion	une **belle** fille
un **nouveau** film	un **nouvel** anorak	une **nouvelle** maison
un **vieux** chien	un **vieil** ami	une **vieille** valise

Masculine plural	Feminine plural
de **beaux** skieurs	de **belles** maisons
de **beaux** anoraks	de **belles** îles
de **nouveaux** films	de **nouvelles** valises
de **nouveaux** amis	de **nouvelles** amies
de **vieux** skis	de **vieilles** valises
de **vieux** artistes	de **vieilles** amies

These adjectives normally precede the noun they modify.

Les Dupont ont acheté une nouvelle maison.
Ils ont un beau jardin.
Il y a une vieille statue dans le jardin.

Note that these adjectives have an additional masculine singular form: **nouvel, bel,** and **vieil.** These forms are used before a masculine singular noun that begins with a vowel or a silent **h.**

Elle a un vieil appartement.
BUT
Son appartement est vieux.

Be careful not to confuse the meaning of **nouveau** with **neuf. Nouveau** means *new* in the sense of new to the person, not necessarily new in age. A **nouvelle voiture** can be a second-hand car. **Neuf** means *brand-new.*

Est-ce que sa nouvelle voiture est une voiture neuve ou usagée?

Do not use **vieux** to mean *old* in the sense of *former.* Use **ancien** in such cases.

Elle a gardé son ancien numéro de téléphone. — *She kept her old telephone number.*

EXERCICE 8 Tout est nouveau!

_____ Répondez.

1. Est-ce qu'elle a acheté une nouvelle maison?
2. As-tu sa nouvelle adresse?
3. Est-ce qu'elle a aussi un nouvel appartement en ville?
4. Est-ce que son nouvel appartement a de belles pièces?
5. A-t-il aussi un beau jardin?
6. Est-ce qu'il y a de beaux arbres dans le jardin?
7. Est-ce que son nouvel appartement est dans un beau quartier de la ville?
8. A-t-elle acheté de nouveaux meubles pour son nouvel appartement?
9. Est-ce que les nouveaux meubles sont beaux?
10. Est-ce que son nouvel appartement est dans un vieil immeuble?
11. Est-ce que l'immeuble est dans un vieux quartier de la ville?

LA POSITION DES ADJECTIFS

In French most adjectives follow the noun they modify. However, a few common adjectives precede the noun. Following is a list of the adjectives that most frequently precede the noun they modify. (See page 76 for adjectives that change in meaning according to their position before or after a noun.)

autre | **long, longue**
même (meaning *same*) | **nouveau**
bon | **vieux**
mauvais | **jeune**
petit | **beau**
grand | **joli**
gros

In addition to the adjectives listed, ordinal numbers also precede the noun they modify.

le premier jour de la semaine
la troisième leçon

EXERCICE 9 Le petit Robert

_____ Répondez.

1. Est-ce que le petit Robert est un bon ou un mauvais garçon?
2. Est-ce que le petit garçon a un grand chien?
3. Est-ce qu'il fait de longues promenades avec son beau chien?
4. Est-ce que son joli chien a de grosses pattes?
5. Est-ce que son chien a une longue queue et de grands yeux?

2 LE PARTITIF

When speaking of a specific item, the definite article **le, la, l', les** is used in French.

> **Le poisson est dans le réfrigérateur.**
> **La baguette est sur la table.**
> **Les fruits sont dans le bol.**

In French the definite article is also used when speaking of a noun in a general sense. Note that the article is never used in English in this construction.

Les enfants aiment le lait.	*Children like milk.*
J'aime le bœuf mais je préfère l'agneau.	*I like beef but I prefer lamb.*

When only a certain quantity or a part of the whole is referred to, the partitive construction is used. In English the partitive is expressed by *some, any,* or no word at all. Study the following examples.

Avez-vous des légumes?	*Do you have (any) vegetables?*
Je vais acheter du pain.	*I'm going to buy (some) bread.*

Whereas in English the partitive expressions *some* or *any* can be omitted, the partitive must be expressed in French. The partitive in French is expressed by **de** plus the definite article. Remember that **de** combines with **le** to form **du** and with **les** to form **des.**

de + la = de la	**J'ai de la crème.**
de + l' = de l'	**Je vais acheter de l'agneau.**
de + le = du	**Tu manges du pain?**
de + les = des	**Il achète des fruits et des légumes.**

Review now the difference between a noun in the general sense, a specific item, and the partitive.

Les enfants aiment les oranges.	*Children like oranges.*
Les oranges sont sur la table.	*The oranges are on the table.*
Ils mangent des oranges.	*They are eating (some) oranges.*

EXERCICE 1 Au marché

_____ Complétez avec le partitif.

Je vais au marché. Je vais acheter _____ légumes et _____ fruits chez le marchand de légumes. Ensuite je vais aller à la boucherie où je vais acheter _____ bœuf, _____ agneau et _____ viande hachée. Et, comme les enfants aiment manger _____ fromage après le dîner, je vais aller chez le crémier pour acheter _____ fromage et _____ lait.

EXERCICE 2 Qu'est-ce que je vais acheter?

_____ Répondez d'après le modèle.

Tu vas acheter des fruits?
Oui, je vais acheter des fruits.
J'aime bien les fruits.

1. Tu vas acheter du pain?
2. Tu vas acheter du fromage?
3. Tu vas acheter du jambon?
4. Tu vas acheter des bananes?
5. Tu vas acheter de la crème?

EXERCICE 3 Des provisions pour le déjeuner

_____ Complétez.

Au marché Robert achète _____ pain, _____ jambon, _____ fromage, _____ bananes et _____ crème. Pour le déjeuner il va préparer _____ sandwiches au jambon et au fromage. Comme dessert il va préparer _____ bananes avec _____ crème.

EXERCICE 4 Qu'est-ce que vous avez?

_____ Posez des questions d'après le modèle.

la viande
Vous avez de la viande? J'aime bien la viande.

1. le pain
2. le fromage
3. les saucisses
4. la crème
5. les fruits

LE PARTITIF À LA FORME NÉGATIVE

Compare the following sentences in the affirmative and the negative. Note that the partitive articles **de la, de l', du,** and **des** all become **de** when preceded by a negative verb. **De** shortens to **d'** before a noun that begins with a vowel or a silent **h.**

AFFIRMATIVE	NEGATIVE
J'achète du pain.	**Je n'achète pas de pain.**
J'ai de la crème.	**Je n'ai pas de crème.**
Je prépare des légumes.	**Je ne prépare pas de légumes.**
Il a des amis.	**Il n'a pas d'amis.**

EXERCICE 5 Julie fait les courses.

_____ Répondez d'après le modèle.

Elle achète du poisson chez le boucher?
Non, elle n'achète pas de poisson chez le boucher.
Elle achète du poisson chez le poissonnier.

1. Elle achète du pain chez le boucher?
2. Elle achète du fromage chez le boulanger?
3. Elle achète des fruits chez le boucher?
4. Elle achète de l'agneau chez le charcutier?
5. Elle achète de la crème chez le pâtissier?

EXERCICE 6 Des différences

_____ Complétez.

Éric a _____ sœurs mais il n'a pas _____ frères. Les sœurs d'Éric font _____ études universitaires à l'Université de Grenoble. Catherine fait _____ anglais, mais Michèle ne fait pas _____ anglais. Elle fait _____ latin. Catherine est très sportive et elle fait toujours _____ sport. Michèle ne fait pas _____ sport. Elle déteste les sports.

Quand les deux sœurs vont au restaurant, Catherine commande toujours _____ poisson. Elle aime bien _____ poisson. Mais Michèle n'aime pas du tout _____ poisson. Elle commande toujours _____ viande. Elle ne commande pas _____ bœuf. Elle commande _____ agneau.

AVEC DES EXPRESSIONS DE QUANTITÉ

The partitive becomes **de** after expressions of quantity.

Elle veut un peu de café.
Mais elle veut beaucoup de gâteaux.

EXERCICE 7 Combien va-t-elle acheter?

_____ Répondez.

1. Combien de lait va-t-elle acheter? **un litre**
2. Combien de jambon va-t-elle acheter? **six tranches**
3. Combien de viande hachée va-t-elle acheter? **une livre**
4. Combien d'œufs va-t-elle acheter? **une douzaine**
5. A-t-elle assez d'argent? **Oui, beaucoup**
6. Est-ce que nous avons assez de vin? **Non, très peu**
7. Combien de vin va-t-elle acheter? **deux bouteilles**

LA PLUPART ET BIEN

Note that the expressions **la plupart** *(most, the majority)* and **bien** *(many, much)* are exceptions to the above rule. These expressions of quantity are followed by **de** and the definite article.

> **La plupart du temps il a raison.**
> **Bien des élèves de Madame Benoît aiment le français.**

EXERCICE 8 La plupart des Français

_____ Oui ou non?

1. La plupart des Français habitent les villes.
2. La plupart des Français sont agriculteurs et habitent la campagne.
3. Bien des familles parisiennes aisées ont une petite maison à la campagne.
4. La plupart des touristes restent au centre de Paris.
5. La plupart du temps, les Français partent en vacances en novembre.

AVEC DES ADJECTIFS

When a plural adjective precedes a noun, the partitive **de** rather than **des** is used.

> **Elle prépare du bon café.**
> **Et son mari prépare de bons gâteaux.**

EXERCICE 9 Un pays diversifié

_____ Complétez.

La France est un pays diversifié. En France il y a _____ petits lacs, _____ grandes montagnes et _____ jolies plages. Tout le long _____ jolie côte de la Méditerranée il y a _____ très belles plages.

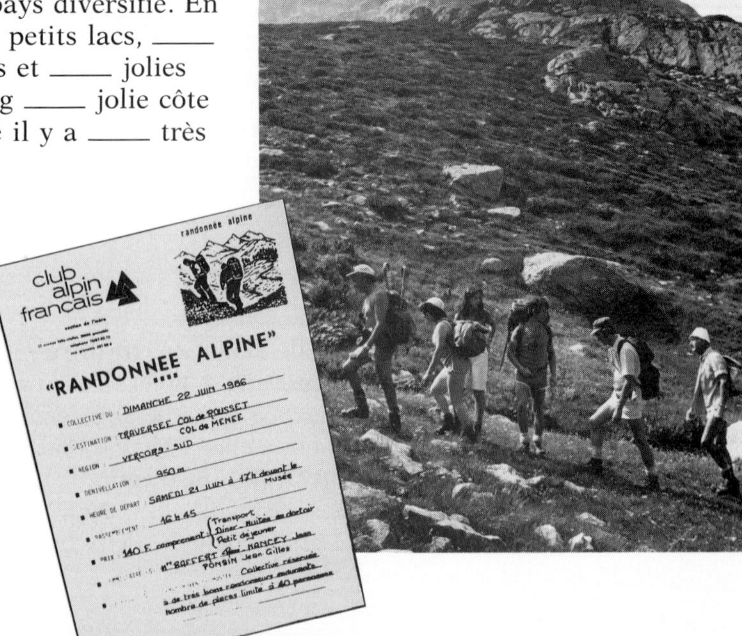

Un pays diversifié

3 LES PRÉPOSITIONS AVEC DES NOMS GÉOGRAPHIQUES

À

The preposition **à** is used before the names of cities to express the English prepositions *in, at,* or *to.*

Le Palais des Papes est à Avignon.
Le Jardin du Luxembourg est à Paris.
Les touristes sont à Nice.
Nous sommes à New York.
Ginette va à Lille.
Nous allons à Marseille.

There are very few exceptions to the above rule. Some common ones are **au Caire, au Havre, à la Nouvelle-Orléans.**

EN

The gender of most countries, continents, and provinces of France is feminine. The preposition **en** is used with all feminine countries, continents, and provinces.

Il est en France.
Carole est en Afrique.
Richard est en Normandie.
Nous allons en Espagne.
Maurice va en Amérique.
Nous irons en Alsace.

AU

You will note that the names of most countries end in a mute or silent **e.** With one exception, all such countries are feminine. Countries that end in letter combinations other than a mute **e** are masculine and they take the preposition **au** rather than **en.**

au Japon **au Brésil** **au Pérou**
au Panama **au Canada** **au Niger**
au Maroc **au Portugal** **au Luxembourg**
AND **aux États-Unis**

The only exception to the above rule is **le Mexique.** Even though **le Mexique** ends in a mute **e,** it is masculine and takes the preposition **au.**

Ils sont au Mexique.
Et nous allons au Mexique.

DANS

The preposition **dans** is used with the name of a country or continent when the country or continent is modified.

Ils vont dans l'Amérique du Sud.
Il vit dans la France du dix-septième siècle et non pas dans la France actuelle.

Note, however, that in everyday speech **en** is more frequently used with continents.

Nous allons en Amérique du Sud.
La Tunisie est en Afrique du Nord.

EXERCICE 1 Tu connais la géographie?

_____ Répondez.

1. Où est Paris?
2. Où est Rome?
3. Où est Madrid?
4. Où est New York?
5. Où est Montréal?
6. Où est Rio de Janeiro?

EXERCICE 2

_____ Suivez le modèle.

Nous allons à Paris.
Ah oui! Quand allez-vous en France?

1. Nous allons à Nice.
2. Nous allons à Naples.
3. Nous allons à Barcelone.
4. Nous allons à Lisbonne.
5. Nous allons à Tokyo.
6. Nous allons à Chicago.

EXERCICE 3

_____ Complétez.

1. Il vont _____ Saint-Brieuc _____ Bretagne.
2. Et ensuite ils vont _____ Deauville _____ Normandie.
3. Ils pensent aller aussi _____ Londres _____ Angleterre.
4. Moi, je veux faire un voyage _____ Asie. J'ai très envie d'aller _____ Tokyo _____ Japon et _____ Shanghaï _____ Chine.

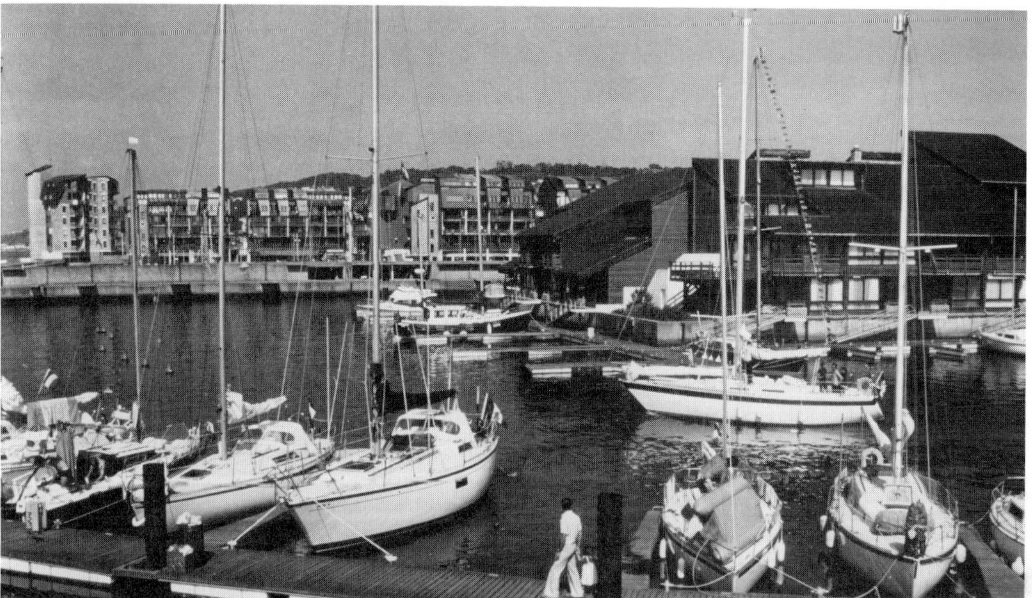
À Deauville en Normandie

5. J'ai un ami qui adore les pays du Maghreb. Il est allé ____ Tunis ____ Tunisie et ____ Alger ____ Algérie. Et je crois qu'il est allé ____ Fez ____ Maroc.
6. Ma sœur fait de l'espagnol et elle a très envie d'aller ____ Amérique du Sud. Elle veut aller ____ Lima ____ Pérou et ____ Bogotá ____ Colombie.

DE

The preposition **de** is used to express *from* with the names of all cities (except **du Caire, du Havre, de la Nouvelle-Orléans)** and all feminine countries.

Just as **au** rather than **en** must be used with masculine countries, **du** rather than **de** is used with such countries.

Ils viennent de France.	**Il vient du Canada.**
Ils viennent d'Espagne.	**Il vient du Maroc.**

EXERCICE 4 D'où arrivent les passagers?

____ Suivez le modèle.

Rome
Les passagers arrivent de Rome.

1. Italie	3. Provence	5. Canada	7. Maroc
2. Nice	4. New York	6. Tunisie	8. Japon

4

LES PRONOMS ACCENTUÉS

Review the forms of the disjunctive, or stress, pronouns. Stress pronouns are used to refer to people.

SUBJECT	STRESS	SUBJECT	STRESS
je	**moi**	**nous**	**nous**
tu	**toi**	**vous**	**vous**
il	**lui**	**ils**	**eux**
elle	**elle**	**elles**	**elles**

The stress pronouns are used:

1. After the expressions **c'est** or **ce sont.**
   Qui est là? C'est moi.
   C'est nous qui parlons maintenant.
   Ce sont eux qui arrivent.
2. After a preposition.
   Tu penses beaucoup à Paul, n'est-ce pas?
   Oui, je pense beaucoup à lui. Et il pense beaucoup à moi.
   Il s'assied devant elle.
3. After the comparative construction.
   Elle est plus intelligente que lui.
   Il est plus âgé que moi.
4. As a short answer when the rest of the sentence is understood.
   Qui est là? Lui.
   Qui a fait ça? Pas moi.
5. To add stress to the subject.
   Moi, je parle et lui, il se tait.
6. As part of a compound subject or object.
   Vous et moi, nous y allons ensemble.
   Barbara et lui, ils ne veulent pas y aller.
   Je vous ai vus, toi et eux.
7. In combination with **même** to form the emphatic pronouns **moi-même, lui-même, nous-mêmes,** etc. (*myself, himself, ourselves,* etc.).
   Ils l'ont fait eux-mêmes.
   J'ai fait tout le travail moi-même.

EXERCICE 1 C'est lui?

_____ Remplacez le nom par un pronom.

1. C'est Paul qui parle.
2. C'est Jacqueline qui arrive.
3. Ce sont mes amis qui forment un orchestre.
4. Ce sont mes copines qui vont chanter.

EXERCICE 2 Qui est-ce?

_____ Complétez.

1. C'est _____ qui parlons.
2. C'est _____ qui ne savez pas ce que vous dites.
3. C'est _____ qui ai de la chance.
4. C'est _____ qui es toujours de mauvaise humeur.

EXERCICE 3 Vous et moi et tous les autres

_____ Suivez le modèle.

J'aime nager.
Moi, j'aime beaucoup nager.

1. Il aime faire du ski nautique.
2. Elle aime faire de la planche à voile.
3. Vous aimez faire de la plongée sous-marine.
4. Ils aiment plonger.
5. Elles aiment prendre des bains de mer.

EXERCICE 4

_____ Répondez avec des pronoms.

1. Tu vas acheter un cadeau pour Marie-Laure?
2. Nicolas arrive chez toi?
3. C'est Nicolas qui va donner une surprise-partie pour Marie-Laure?
4. C'est Dorothée et toi qui allez aider Nicolas à la cuisine?
5. Est-ce que Nicolas va faire tout le travail lui-même?

5
LE PASSÉ COMPOSÉ DES VERBES RÉGULIERS

The **passé composé,** or conversational past tense, is used for actions that both began and ended in the past. The **passé composé** of most verbs is formed by using the present tense of the helping verb **avoir** and the past participle.

The past participle of regular verbs is formed by dropping the ending of the infinitive and adding **-é** to **-er** verbs, **-i** to **-ir** verbs, and **-u** to **-re** verbs.

parler → parl + é → parlé
finir → fin + i → fini
vendre → vend + u → vendu

Review the forms of the **passé composé** of regular verbs.

Infinitive	**parler**	**finir**	**vendre**
Passé composé	j'ai parlé tu as parlé il a parlé nous avons parlé vous avez parlé ils ont parlé	j'ai fini tu as fini il a fini nous avons fini vous avez fini ils ont fini	j'ai vendu tu as vendu il a vendu nous avons vendu vous avez vendu ils ont vendu

The irregular verbs **dormir, servir,** and **sentir** have regular past participles.

dormir	**dormi**
servir	**servi**
sentir	**senti**

Some time expressions that often accompany the **passé composé** are:

hier	**l'année dernière**
avant hier	**la semaine dernière**
hier soir, hier matin	**il y a une semaine, il y a... ans**

The negative of the **passé composé** is formed by putting **n'** before the form of **avoir** and **pas** after the form of **avoir.**

J'ai dansé le slow.
Bruno n'a pas dansé le slow.

The inverted form of the interrogative is formed by inverting the subject pronoun and the helping verb **avoir.**

As-tu acheté un dictionnaire?

EXERCICE 1 Personnellement

_____ Répondez.

1. Tu as dîné en famille hier soir?
2. Qu'est-ce que vous avez mangé?
3. Après le dîner, as-tu préparé tes leçons?
4. As-tu beaucoup étudié?
5. À quelle heure as-tu fini tes leçons?
6. Ensuite as-tu regardé la télé?
7. Quel programme as-tu choisi?
8. Est-ce que le téléphone a sonné?
9. Qui a répondu au téléphone?
10. Tu as parlé au téléphone?
11. Qui a téléphoné?
12. Vous avez parlé en anglais ou en français?

EXERCICE 2 Il a donné une surprise-partie.

_____ Donnez le passé.

1. Charles donne une boum.
2. Il invite des amis.
3. Charles et quelques amis préparent des sandwiches.
4. J'aide Charles à la cuisine.
5. Nous finissons notre travail à huit heures.
6. On attend les autres invités.
7. Pendant la partie nous dansons.
8. On écoute des disques.
9. Charles et son amie Claudette chantent pour le groupe.
10. Il chantent très bien.
11. À onze heures je sers les sandwiches.
12. Tout le monde bouffe* bien.

*__bouffe__ mange *(slang)*

6

LE PASSÉ COMPOSÉ DES VERBES IRRÉGULIERS

The past participle of most irregular verbs ends in either the sound /i/ or /u/. Note, however, that the spelling of the /i/ sound can vary. Review the following irregular past participles.

i

rire	**ri**
sourire	**souri**
suivre	**suivi**

is

mettre	**mis**
promettre	**promis**
permettre	**permis**
prendre	**pris**
apprendre	**appris**
comprendre	**compris**

it

dire	**dit**
écrire	**écrit**
conduire	**conduit**
construire	**construit**
produire	**produit**
traduire	**traduit**

u

devoir	**dû**
avoir	**eu**
boire	**bu**
croire	**cru**
lire	**lu**
pouvoir	**pu**
savoir	**su**
voir	**vu**
connaître	**connu**
paraître	**paru**
recevoir	**reçu**
vouloir	**voulu**
falloir	**fallu**
valoir	**valu**
courir	**couru**
tenir	**tenu**
vivre	**vécu**

The participle of the following verbs ends in **-ert.**

ouvrir	**ouvert**	**offrir**	**offert**
couvrir	**couvert**	**souffrir**	**souffert**
découvrir	**découvert**		

The past participles of the verbs **être** and **faire** are also irregular.

être	**été**
faire	**fait**

EXERCICE 1 Au café

_____ Répondez.

1. Jacques a été au café?
2. Il a vu ses amis?
3. Il a bu un café?
4. Il a lu le journal?
5. Il a ouvert sa correspondance?
6. Il a lu ses lettres?
7. Il a écrit des cartes postales?
8. Il a mis des timbres sur les cartes?

EXERCICE 2 Personnellement

_____ Répondez.

1. Quel est le dernier roman que tu as lu?
2. As-tu écrit une lettre la semaine dernière?
3. As-tu reçu une lettre la semaine dernière?
4. As-tu promis au professeur de faire tes devoirs?
5. As-tu fait tes devoirs hier soir?
6. Quel est le dernier film que tu as vu?
7. As-tu compris le film?
8. As-tu ri pendant le film?

EXERCICE 3 Une bonne conductrice

_____ Refaites les phrases au passé composé.

1. Delphine conduit avec prudence.
2. Elle obéit aux vitesses limites.
3. Elle regarde les panneaux.
4. Elle prend l'autoroute.
5. Elle met les clignotants avant de changer de voie.

EXERCICE 4 Une excursion aux châteaux de la Loire

_____ Complétez.

1. Il y a deux jours, la classe de Serge _____ une excursion aux châteaux de la Loire. **faire**
2. Malheureusement ils n'_____ pas _____ le temps de les voir tous en détail. **avoir**
3. Serge _____ plusieurs heures au château de Chambord. **passer**
4. Dans ce beau château, le roi Louis XIV _____ représenter des pièces de Molière. **faire**
5. Molière est un grand écrivain dramatique du dix-septième siècle qui _____ beaucoup de comédies. **écrire**
6. Après leur visite du château de Chambord ils _____ quelques heures à Chenonceaux. **passer**

On peut visiter les châteaux en ballon!

7. On ____ Chenonceaux au seizième siècle. **construire**
8. À Chenonceaux, Serge ____ les appartements des rois. **voir**
9. Beaucoup des rois de France ____ dans les appartements de Chenonceaux jusqu'en 1733. **vivre**
10. En 1733 le fermier général Dupin ____ le château. **acheter**
11. Au dix-huitième siècle, le château ____ de résidence à beaucoup d'écrivains et de philosophes comme Voltaire et Rousseau. **servir**

EXERCICE 5 Un Malouin célèbre

____ Complétez au passé composé.

Saint-Malo est une jolie ville sur la côte bretonne. Cette ville ____ **(produire)** plusieurs personnages célèbres, tels que Jacques Cartier. Cartier ____ **(quitter)** la Bretagne en 1535. Dans la région de Terre-Neuve, il cherchait de l'or. Un jour il ____ **(découvrir)** l'estuaire du Saint-Laurent. Il ____ **(prendre)** l'estuaire du Saint-Laurent pour l'embouchure d'un grand fleuve d'Asie.

Dans la langue des Hurons, les Indiens de la région, le mot *Canada* signifie «village». C'est Cartier qui ____ **(donner)** le nom du Canada au pays. Il ____ **(prendre)** possession du Canada au nom du roi de France en 1535, mais ce n'est pas Cartier qui ____ **(coloniser)** le pays. Champlain l'____ **(explorer)** et ____ **(fonder)** Québec en 1608.

7
LES PRONOMS COMPLÉMENTS DIRECTS ET INDIRECTS

ME, TE, NOUS, VOUS

A direct object is the direct receiver of the action of the verb. An indirect object is the indirect receiver of the action of the verb. In French the pronouns **me, te, nous,** and **vous** function as both direct and indirect objects. They precede the verb in all cases except affirmative commands (see page 367). When a verb is used in the infinitive, the object pronoun usually precedes the infinitive (see page 105 for exceptions to this rule).

DIRECT OBJECT:

Monique me voit.	*Monique sees me.*
Monique ne me voit pas.	*Monique doesn't see me.*

INDIRECT OBJECT:

Monique m'a donné le livre.	*Monique gave me the book.*
Monique ne m'a pas donné le livre.	*Monique didn't give me the book.*

NEGATIVE IMPERATIVE:

Ne me regardez pas.	*Don't look at me.*
Ne me parle pas.	*Don't talk to me.*

WITH AN INFINITIVE:

Monique voudrait m'accompagner.	*Monique would like to go with me.*

EXERCICE 1 Elle te voit?

_____ Répondez.

1. Est-ce que Françoise te voit?
2. Elle te parle?
3. Elle t'invite à la boum de Marie-Louise?
4. Elle te demande d'acheter un cadeau pour Marie-Louise?
5. Elle va t'accompagner au magasin?

EXERCICE 2 Je ne peux pas blairer[1] cette raseuse[2] mais elle m'adore!

_____ Complétez.

—Richard, Jacqueline veut _____ parler.
—Elle veut _____ parler? Encore? Elle _____ ennuie. J'ai d'autres chats à fouetter.[3] Ça _____ fiche le cafard[4] de parler avec elle.
—Ne sois pas si dur avec elle. Tu sais qu'elle _____ aime bien.
—Ah, ça oui! Elle _____ fait les yeux doux comme à tous les gars qui ne sont pas trop moches.[5] Je sais également qu'elle va _____ dire des bêtises. Elle _____ casse les pieds![6] Elle _____ embête avec ses salades![7] Ne _____ laisse pas seul avec elle. Ne _____ quitte pas!
—Tiens, la voilà qui s'amène![8] Je _____ laisse à vos amours, mes doux pigeons.

EXERCICE 3

_____ Complétez.

—Madame Michaud, votre mari _____ cherche.
—Il _____ cherche? Savez-vous ce qu'il veut, M. Rimbaud?
—Non, je ne le sais pas. Mais il _____ dit qu'il a quelque chose de très important à _____ raconter.

---

[1]**blairer** *stand* [2]**raseur, -euse** *bore* [3]**J'ai d'autres chats à fouetter** J'ai d'autres choses à faire [4]**ficher le cafard à quelqu'un** *make someone feel fed up* [5]**moches** *ugly* [6]**casser les pieds à quelqu'un** *to bore someone* [7]**salades** histoires [8]**s'amener** *to show up*

LE, LA, L', LES, LUI, LEUR

In the third person, a distinction must be made between a direct and an indirect object pronoun. The direct object pronouns are **le, la, l',** and **les.** The direct object pronouns can replace either a person or a thing, and the pronoun must agree in number and gender with the noun it replaces. Review the following.

Je connais Jean.	**Je le connais.**
Je connais sa sœur.	**Je la connais.**
Je cherche le billet.	**Je le cherche.**
Je cherche la carte d'embarquement.	**Je la cherche.**
Tu as les passeports?	**Tu les as?**

The indirect object pronouns are **lui** and **leur.** Note that **lui** and **leur** can replace either a masculine or a feminine noun. Review the following.

Je parle à Marie.	**Je lui parle.**
Je parle à Luc.	**Je lui parle.**
Je parle à mes copains.	**Je leur parle.**
Je parle à mes copines.	**Je leur parle.**

EXERCICE 4 Marie est à l'aéroport.

_____ Remplacez les expressions soulignées par un pronom.

1. Marie parle à l'agent.
2. Elle dit «bonjour» à l'agent.
3. Elle sort son billet de sa poche.
4. Elle donne son billet à l'agent.
5. L'agent regarde son billet.
6. L'agent donne la carte d'embarquement à Marie.
7. Marie regarde la carte d'embarquement.
8. Elle dit «merci» à l'agent.
9. Elle parle à ses amis.
10. Ses amis entendent l'annonce du départ de son vol.
11. Marie embrasse ses amis.
12. Elle dit «au revoir» à ses amis.

EXERCICE 5 Tu le connais?

_____ Répondez.

1. Tu connais Jacquot?
2. Tu parles à Jacquot?
3. Jacquot t'invite à sa boum?
4. Il invite tous ses amis à la boum?
5. Il envoie des invitations à ses amis?
6. Il envoie les invitations aujourd'hui?
7. Tu aides Jacquot à écrire les invitations?
8. Tu n'as pas les adresses de ses amis?
9. Tu demandes les adresses à Jacquot?

DEUX PRONOMS COMPLÉMENTS DANS LA MÊME PHRASE

In many sentences both a direct and an indirect object pronoun are used. When both pronouns are used, the indirect object pronouns **me, te, nous,** and **vous** always precede the direct object pronouns **le, la, l',** and **les.**

Il te demande ton billet.	**Il te le demande.**
Il me donne ma carte d'embarquement.	**Il me la donne.**
Il nous rend nos passeports.	**Il nous les rend.**

When **le, la,** and **les** are used with **lui** or **leur,** however, the direct object pronouns **le, la,** and **les** always precede the indirect object pronouns **lui** and **leur.**

Marie donne son billet à l'agent.	**Marie le lui donne.**
L'agent donne la carte d'embarquement à Marie.	**L'agent la lui donne.**
Il rend les passeports à Marie et à ses amis.	**Il les leur rend.**

The chart below gives the positions of the direct and indirect object pronouns when they occur in the same sentence.

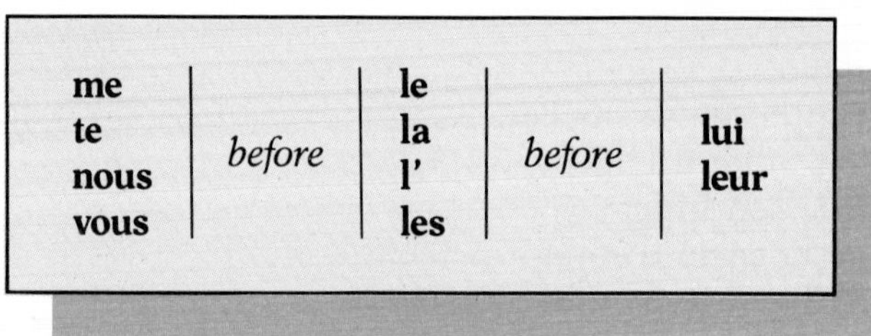

me **te** **nous** **vous**	*before*	**le** **la** **l'** **les**	*before*	**lui** **leur**

EXERCICE 6 Qu'est-ce qu'il demande?

_____ Répondez avec un pronom.

1. Il te demande le billet?
2. Il te demande le passeport?
3. Il te demande la carte d'embarquement?
4. Il te demande les valises?
5. Tu lui donnes le billet?
6. Tu lui donnes le passeport?
7. Tu lui donnes la carte d'embarquement?
8. Tu lui donnes les valises?
9. Il te rend le billet?
10. Il te rend le passeport?
11. Il te rend la carte d'embarquement?
12. Il te rend les valises?

EXERCICE 7 À bord de l'avion

_____ Remplacez les expressions soulignées par des pronoms.

1. Le steward nous demande nos cartes d'embarquement.
2. Nous donnons notre carte d'embarquement au steward.
3. Il regarde nos cartes d'embarquement et ensuite il nous rend les cartes d'embarquement.
4. Il nous indique nos sièges.
5. Avant le décollage, une hôtesse de l'air explique les règlements de sécurité à tous les passagers.
6. Elle fait les annonces aux passagers en anglais et en français.
7. Après le décollage, le personnel de cabine nous sert le dîner.
8. Après le dîner, j'ai envie de dormir. Je vois un oreiller. Je demande l'oreiller au steward.
9. Il me donne l'oreiller.
10. Mon copain a froid. Il veut une couverture. Il demande la couverture à l'hôtesse.
11. Elle donne la couverture à mon copain.

À L'IMPÉRATIF AFFIRMATIF

Direct and indirect object pronouns follow the verb in affirmative commands. Note that in affirmative commands, **me (m')** becomes **moi** and **te (t')** becomes **toi.**

Donne-moi le livre.	*Give me the book.*
Dites-lui de venir.	*Tell him to come.*
Invitons-les à la partie.	*Let's invite them to the party.*

When both a direct and an indirect object pronoun are used, the direct object pronouns **le, la,** and **les** precede **moi, toi, nous, vous, lui,** and **leur.**

Passe-le-moi.	*Pass it to me.*
Donne-la-leur.	*Give it to them.*

EXERCICE 8

_____ Complétez.

—Je téléphone à Marc?
—Oui, dis-_____ de venir à sept heures. J'aurai besoin de son aide.
Et demande-_____ d'apporter ses nouvelles cassettes.
—Et Nicole et Lisette?
—Oui, téléphone-_____ aussi.

EXERCICE 9

_____ Suivez le modèle.

Je t'attends ici ou à la banque?
Attends-moi ici.

1. Je te retrouve à quatre heures ou à cinq heures?
2. Je t'attends devant le restaurant ou dans le restaurant?
3. Je te téléphone le matin ou l'après-midi?
4. Je vous réserve une table de trois couverts ou de quatre couverts?
5. Je vous achète trois billets ou quatre billets de théâtre?

EXERCICE 10 Une recette compliquée

_____ Suivez le modèle.

Tu veux le sel?
Oui, passe-le-moi, s'il te plaît.

1. Tu veux le poivre?
2. Tu veux le persil?
3. Tu veux les carottes?
4. Tu veux les oignons?
5. Tu veux la crème?
6. Tu veux le céleri?

EXERCICE 11

_____ Suivez le modèle.

Les enfants veulent le transistor.
Eh bien, donne-le-leur.

1. Les enfants veulent la cassette.
2. Ils veulent la guitare.
3. Ils veulent les gâteaux.
4. Annie veut la bicyclette.
5. Georges veut les cartes.
6. Patricia veut le disque.

8

L'ACCORD DU PARTICIPE PASSÉ

The past participle of verbs conjugated with **avoir** in the **passé composé** must agree in number and gender with the direct object of the sentence when the direct object precedes the verb. If the direct object follows the verb, there is no agreement. Review the following.

Où sont les timbres que j'ai achetés?
Je les ai mis sur la lettre que j'ai écrite.
Tu as la lettre? Non, je l'ai déjà envoyée.
Tu as envoyé aussi les photos que j'ai prises?
Oui, je les ai envoyées avec la lettre que j'ai écrite.

Note that if a past participle ends in a vowel it sounds alike in both the masculine and feminine forms.

La femme que j'ai vue est très belle.
Oui, je le sais, je l'ai vue aussi.

L'homme que j'ai vu est très beau.
Oui, je le sais. Je l'ai vu aussi.

If a past participle ends in a consonant, the consonant is pronounced in the feminine form.

Où est la photo que j'ai prise?
Je l'ai mise sur la table.

Où est le livre que tu as pris?
Je l'ai mis sur la table.

In forming the masculine plural, no additional **s** is added to a past participle that ends in **s.**

Le timbre? Je l'ai mis sur l'enveloppe.
Les timbres? Je les ai mis sur l'enveloppe.

EXERCICE 1 Oui, je l'ai reçue.

Répondez avec un pronom.

1. Quand as-tu reçu cette lettre? **hier**
2. Où as-tu mis la lettre? **sur la table**
3. C'est bien Paul qui t'a écrit la lettre? **Oui**
4. Nous a-t-il envoyé les photos de son mariage? **Oui**
5. Quand le photographe a-t-il pris les photos? **pendant et juste après la cérémonie**

EXERCICE 2

_____ Suivez le modèle.

J'ai écrit une lettre.
Dis donc! Quelle lettre as-tu écrite?

1. J'ai perdu l'adresse.
2. J'ai trouvé la maison.
3. J'ai mis la lettre dans l'enveloppe.
4. J'ai appris une chanson.
5. J'ai compris la leçon.
6. J'ai compris les mots aussi.
7. J'ai conduit une voiture.
8. J'ai traduit les poèmes.
9. J'ai construit une maison.
10. J'ai ouvert une fenêtre.
11. J'ai fait une robe.
12. J'ai mis une chemise dans la valise.

EXERCICE 3 Quelles belles photos!

_____ Faites l'accord quand c'est nécessaire.

—Qui a pris_____ ces photos?
—Marie-Claire les a pris_____.
—Tu as vu_____ Marie-Claire?
—Je ne sais pas si je l'ai vu_____. C'est la jeune fille que j'ai rencontré_____ hier?
—Oui, c'est elle. Comment l'as-tu trouvé_____?
—Franchement, je l'ai trouvé_____ très sympa.

—Tu as lu_____ les poèmes qu'il a traduit_____?
—Oui, je les ai lu_____.
—Comment les as-tu trouvé_____?
—Très difficiles. Je ne les ai pas compris_____. Et je les ai lu_____ deux fois.

9

LE PASSÉ COMPOSÉ AVEC *ÊTRE*

Review the following verbs that are conjugated with **être**, rather than **avoir**, in the **passé composé.** Note that many verbs conjugated with **être** express motion to or from a place.

aller	**allé**	**arriver**	**arrivé**	**naître**	**né**
venir	**venu**	**partir**	**parti**	**mourir**	**mort**
entrer	**entré**	**passer**	**passé**	**tomber**	**tombé**
sortir	**sorti**	**revenir**	**revenu**	**rester**	**resté**
monter	**monté**	**retourner**	**retourné**	**devenir**	**devenu**
descendre	**descendu**	**rentrer**	**rentré**		

With verbs conjugated with **être**, the past participle must agree in number and gender with the subject.

Infinitive	**aller**	**naître**
Passé composé	je suis allé(e) tu es allé(e) il est allé elle est allée nous sommes allé(e)s vous êtes allé(e)(s)(es) ils sont allés elles sont allées	je suis né(e) tu es né(e) il est né elle est née nous sommes né(e)s vous êtes né(e)(s)(es) ils sont nés elles sont nées

EXERCICE 1 On est allé au cinéma.

Répondez.

1. Tu es sorti(e) hier soir?
2. Avec qui es-tu sorti(e)?
3. Vous êtes allés (allées) au cinéma?
4. À quelle heure êtes-vous arrivés (arrivées) au cinéma?
5. À quelle heure êtes-vous sortis (sorties) du cinéma?
6. À quelle heure es-tu rentré(e) chez toi?
7. Et ton copain? À quelle heure est-il rentré?
8. Et ta copine? À quelle heure est-elle rentrée?

EXERCICE 2 Au Grand Palais

_____ Complétez.

1. Hier Gigi _____ au Grand Palais. **aller**
2. Elle y _____ voir l'expo des peintures de Renoir. **aller**
3. Elle _____ du métro à Concorde. **descendre**
4. Elle _____ à l'expo à quatorze heures. **arriver**
5. Elle _____ dans le palais avec ses copains. **entrer**
6. Ils _____ au deuxième étage. **monter**
7. Ils _____ une heure à regarder l'œuvre du peintre. **rester**
8. Ils _____ de l'expo à quinze heures trente. **sortir**
9. Ils _____ à la station de métro ensemble. **aller**
10. Le train _____ et ils _____ en seconde. **arriver / monter**
11. Gigi _____ chez elle à seize heures. **rentrer**
12. Elle _____ dans son appartement. **monter**
13. À l'expo elle a appris que Renoir, le célèbre peintre impressionniste, _____ à Limoges en 1841 et qu'il _____ en 1919. **naître / mourir**

LE PASSÉ COMPOSÉ DE CERTAINS VERBES AVEC *ÊTRE* ET *AVOIR*

Verbs conjugated with **être** do not take a direct object. However, verbs such as **monter, descendre, sortir, rentrer,** and **retourner** can be used with a direct object. When they are, their meaning changes, and the **passé composé** is formed with **avoir** instead of **être.** Compare the following sentences.

Elle est montée dans sa chambre.	*She went upstairs to her room.*
Elle a monté l'escalier.	*She climbed the stairs.*
Elle est sortie.	*She went out.*
Elle a sorti de l'argent.	*She took out some money.*
Elle est rentrée chez elle.	*She returned home.*
Elle a rentré les chaises.	*She brought the chairs inside.*
Je suis retourné chez moi.	*I returned home.*
J'ai retourné le papier.	*I turned the paper over.*

EXERCICE 3

_____ Mettez au passé composé.

1. Les touristes montent jusqu'en haut de la tour de Notre-Dame.
2. Ils montent 387 marches.
3. Ils descendent l'escalier beaucoup plus vite qu'ils ne le montent.
4. Ils sortent de la cathédrale après une visite de trente minutes.
5. Après la visite, Anne sort des pièces de monnaie de sa poche pour le guide.
6. Les touristes rentrent à l'hôtel pour dîner.

10 LES VERBES RÉFLÉCHIS

A reflexive verb is one in which the action of the verb is both executed and received by the subject.

Je me lave. *I wash myself.*

Since the subject also receives the action of the verb, an additional pronoun is used. This pronoun is called a reflexive pronoun. Review the following.

Infinitive	**se laver**	**s'habiller**
Present tense	je me lave tu te laves il se lave elle se lave nous nous lavons vous vous lavez ils se lavent elles se lavent	je m'habille tu t'habilles il s'habille elle s'habille nous nous habillons vous vous habillez ils s'habillent elles s'habillent

Other commonly used reflexive verbs are:

s'amuser	**se lever**	**se brosser**	**se raser**
se baigner	**se peigner**	**se coucher**	**se réveiller**

When a reflexive verb is used in the infinitive form, the reflexive pronoun must agree with the subject.

Je me brosse les dents avant de me coucher.

EXERCICE 1 Personnellement

Répondez.

1. Comment t'appelles-tu?
2. À quelle heure te couches-tu?
3. Et à quelle heure te lèves-tu?
4. Est-ce que tu te réveilles facilement?
5. Tu te baignes le matin ou le soir?
6. Tu te brosses les dents après le petit déjeuner?
7. Tu t'habilles avant de prendre le petit déjeuner?

EXERCICE 2 La routine quotidienne

_____ Complétez.

1. Je _____ à sept heures du matin. **se lever**
2. Quand je _____, je _____ la figure et je _____ les dents. **se lever / se laver / se brosser**
3. Mais ma sœur ne _____ pas à sept heures. Elle _____ à sept heures mais elle reste au lit jusqu'à sept heures et demie. **se lever / se réveiller**
4. Elle ne _____ pas le matin. Elle _____ le soir avant de _____. **se baigner / se baigner / se coucher**
5. Nous prenons le petit déjeuner et ensuite nous _____ les dents. **se brosser**
6. À quelle heure _____-tu? **se lever**
7. Et ta sœur, à quelle heure _____-t-elle? **se lever**
8. Est-ce que vous _____ le soir avant de _____? **se baigner / se coucher**

RÉFLÉCHI OU NON-RÉFLÉCHI

Remember that a reflexive pronoun is used only when the subject also receives the action of the verb. If a person or object other than the subject receives the action of the verb, no reflexive pronoun is used. Compare the following sentences.

REFLEXIVE	NON-REFLEXIVE
Marie se lave.	**Elle lave la voiture.**
Papa se couche.	**Papa couche le bébé.**
Je me regarde dans le miroir.	**Je regarde la télé.**

EXERCICE 3

_____ Complétez avec le pronom quand c'est nécessaire.

1. Je _____ couche à onze heures du soir.
2. Je _____ baigne avant de me coucher.
3. Maman _____ lave le bébé et ensuite papa _____ couche le bébé.
4. Je _____ amuse bien à l'école.
5. J'_____ amuse tous mes amis aussi.

6. Tous les matins je ____ réveille mon frère. Si je ne ____ réveille pas mon frère, il ne ____ lèvera jamais.
7. Mon chien a de très longs poils. Je ____ brosse souvent mon chien.

LE SENS RÉCIPROQUE

A reciprocal verb is one in which people do something to or for each other. A reciprocal verb in French functions the same as a reflexive verb. Review the following examples.

Ils se voient souvent, mais ils ne se parlent presque jamais.	*They see each other often, but they hardly ever speak to each other.*
Nous nous embrassons sur la joue, pas sur les lèvres.	*We kiss one another on the cheek, not on the lips.*

EXERCICE 4

____ Complétez.

1. Je la vois tous les jours et elle me voit tous les jours. Nous ____ ____ à l'école.
2. Elle me connaît et je la connais. Nous ____ ____ depuis longtemps.
3. Elle m'écrit souvent et je lui écris souvent. Nous ____ ____ souvent.
4. Elle m'aime et je l'aime. Nous ____ ____ beaucoup.
5. Pierre aime Thérèse et Thérèse aime Pierre. Ils ____ ____ beaucoup.
6. Il l'embrasse et elle l'embrasse. Ils ____ ____ sur les joues.
7. Il lui donne la main et elle lui donne la main. Ils ____ ____ la main chaque fois qu'il se rencontrent.

LES VERBES RÉFLÉCHIS AU PASSÉ COMPOSÉ

The reflexive verbs are conjugated with the helping verb **être**, not **avoir**, in the **passé composé**.

Infinitive	**se lever**	**s'amuser**
Passé composé	je me suis levé(e)	je me suis amusé(e)
	tu t'es levé(e)	tu t'es amusé(e)
	il s'est levé	il s'est amusé
	elle s'est levée	elle s'est amusée
	nous nous sommes levé(e)s	nous nous sommes amusé(e)s
	vous vous êtes levé(e)(s)(es)	vous vous êtes amusé(e)(s)(es)
	ils se sont levés	ils se sont amusés
	elles se sont levées	elles se sont amusées

The past participle of reflexive verbs agrees in number and gender with the reflexive pronoun when the reflexive pronoun is the direct object of the sentence.

Elle s'est lavée.
Il s'est lavé.

Nous nous sommes levés à huit heures.
Elles se sont habillées.
Eux aussi, ils se sont habillés.

EXERCICE 5 Qui s'est couché de bonne heure?

_____ Répondez.

1. Est-ce que Jacques s'est couché de bonne heure hier soir?
2. Et sa sœur? Elle s'est couchée de bonne heure aussi?
3. Est-ce que Jacques s'est endormi tout de suite?
4. Et sa sœur Annette? Elle s'est endormie tout de suite?
5. À quelle heure se sont-ils réveillés ce matin?
6. Se sont-ils levés tout de suite?

EXERCICE 6 Ce matin

_____ Donnez le passé composé.

1. Je me réveille à sept heures.
2. Je me lève tout de suite.
3. Ma mère se lève à la même heure.
4. Mon père se lève un peu plus tard.
5. Je me baigne et ensuite ma mère se baigne.
6. Mon père se rase.
7. Nous nous habillons.

ACCORD DU PARTICIPE PASSÉ

Note that when the reflexive pronoun is not the direct object of the sentence, there is no agreement of the past participle.

Elle s'est lavé les mains.

In the above sentence, **les mains** is the direct object of the sentence. The reflexive pronoun **se** in this case functions as a possessor and not the direct object of the sentence.

EXERCICE 7

_____ Faites l'accord quand c'est nécessaire.

1. Elle s'est lavé_____.
2. Elle s'est lavé_____ les mains avant de manger.
3. Avant de sortir elle s'est habillé_____.
4. Elle s'est brossé_____ les cheveux.

5. Ses frères se sont rasé____.
6. Ils se sont lavé____ la figure et les mains.
7. Et ils se sont vite habillé____.

LE SENS RÉCIPROQUE

With reciprocal verbs it is very important to determine whether the reflexive pronoun is a direct or an indirect object. When the reciprocal pronoun is the direct object of the verb, the past participle must agree with the reciprocal pronoun. If the pronoun is the indirect object, however, there is no agreement.

Ils se sont embrassés.	*They kissed (each other).*
Ils se sont parlé hier.	*They spoke (to each other) yesterday.*

EXERCICE 8

____ Répondez.

1. Robert et Gigi, ils se sont vus hier?
2. Ils se sont embrassés quand ils se sont rencontrés?
3. Ils se sont donné la main?
4. Ils se sont parlé longtemps?

EXERCICE 9 Robert et Gigi

____ Faites l'accord quand c'est nécessaire.

1. Ils se sont regardé____.
2. Ils se sont dit____ «bonjour».
3. Ils se sont présenté____.
4. Ils se sont parlé____.
5. Ils se sont beaucoup amusé____.
6. Ils se sont dit____ «au revoir».
7. Ils se sont téléphoné____.
8. Ils se sont écrit____.
9. Ils se sont rencontré____ une deuxième fois.
10. Ils se sont fiancé____.
11. Un an après ils se sont marié____.

11

LE COMPARATIF ET LE SUPERLATIF

The comparative construction is used to compare one item with another. In English the comparative is expressed by *more . . . than, . . . -er than,* or *less . . . than.*

To form the comparative in French, **plus** *(more)* or **moins** *(less)* is placed before the adjective or adverb. The word **que** follows the adjective or adverb. Review the following.

Jean est plus (moins) intelligent que son frère.
Il parle plus (moins) vite que lui.

When followed by a noun, **de** must be used with either **plus** or **moins.**

Il lit plus de (moins de) livres que moi.

Note that when a pronoun follows the comparative construction, the stress pronoun must be used.

In English the superlative is expressed by *the most . . .* or *the . . . -est.* To form the superlative in French, the definite article and **plus (le plus, la plus, les plus)** are used with the adjective or adverb. The superlative construction is followed by **de** if the name of the group is mentioned.

Carole est l'élève la plus intelligente de la classe.
Éric est le garçon le plus sympa de la classe.

If an adjective usually precedes the noun, it also precedes the noun in the superlative construction.

Éric est le plus beau garçon de la classe.
Et sa sœur est la plus belle jeune fille de sa classe.

EXERCICE 1 Personnellement

_____ Répondez.

1. Dans ta famille, qui est plus grand(e) que toi?
2. Qui est plus petit(e) que toi?
3. Qui est plus fana de sports que toi?
4. Qui est plus fana de la musique classique que toi?
5. Qui lit plus de livres que toi?

6. Qui lit moins de livres que toi?
7. Qui s'amuse plus que toi?
8. Qui s'amuse moins que toi?
9. Qui est le (la) plus grand(e) de toute la famille?
10. Qui est le (la) plus petit(e) de la famille?
11. Qui est le (la) plus enthousiaste pour les sports?
12. De tous les membres de la famille, qui a la plus vieille voiture?

EXERCICE 2 La géographie

_____ Formez des phrases.

1. Paris / grande / ville / France
2. Marseille, Le Havre, Dunkerque / ports / importants / pays
3. Les Alpes / montagnes / hautes / France
4. La Loire / long / fleuve / France
5. La Bretagne / région / pluvieuse / pays

LES FORMES IRRÉGULIÈRES

The adjective **bon** and the adverb **bien** are irregular in the comparative and superlative.

	COMPARATIVE	SUPERLATIVE
bon	**meilleur(e)**	**le, la, les meilleur(e)(s)**
bien	**mieux**	**le mieux**

Christiane est la meilleure élève de toute la classe.
Elle parle mieux que les autres.

The adjective **mauvais** and the adverb **mal** have both regular and irregular forms in the comparative and superlative.

	COMPARATIVE	SUPERLATIVE
mauvais	**plus mauvais** **pire**	**le (la) plus mauvais(e)** **le (la) pire**
mal	**plus mal** **pis**	**le plus mal** **le pis**

Ce gâteau est le plus mauvais.
Jean est le pire de tous les garçons.

Il joue plus mal que les autres.
Il a fait pis que les autres.

Note that **pire** and **pis** are used in a somewhat moral sense; whereas **plus mauvais** and **plus mal** are used to describe a physical condition or state. **Plus mauvais** is seldom used with abstract nouns.

Cette solution est pire que l'autre.
Cette machine est plus mauvaise que l'autre.

EXERCICE 3 La classe de français

_____ Répondez.

1. Qui est le (la) meilleur(e) élève de votre classe de français?
2. Qui reçoit la meilleure note?
3. Est-ce que vous recevez les meilleures notes?
4. Qui prononce le mieux?
5. Qui chante mieux que toi?
6. Qui chante plus mal que toi?

LE COMPARATIF D'ÉGALITÉ

A comparison of equality is used to state that two items have the same quality or are equal in some way. In English we use the expression *as . . . as.*

I am as tall as my brother.

In French the expression **aussi... que** is used for comparisons of equality. **Aussi** can precede either an adjective or an adverb.

Sa voix est aussi belle que la tienne.
Elle chante aussi bien que toi.

Comparisons of equality can also be made with nouns. The expression **autant... que** is used with nouns.

Il a autant d'argent que moi.
Il a autant de disques que moi.

At one time it was necessary to change **aussi** to **si** in the negative, and **autant** to **tant.** Today, however, **aussi** and **autant** can be used in the negative as well as in the affirmative.

Sa voix n'est pas si (aussi) belle que la tienne.
Il n'a pas tant (autant) d'argent que moi.
Il n'a pas tant (autant) de disques que moi.

EXERCICE 4

____ Complétez.

1. Jeanne est ____ riche ____ sa sœur.
2. Elle a ____ argent ____ elle.
3. Jeanne est ____ sympa ____ sa sœur.
4. Mais elle n'a pas ____ patience ____ sa sœur.
5. Il me semble que Jeanne n'est pas ____ généreuse ____ sa sœur.

EXERCICE 5 La France et l'Espagne

____ Complétez.

1. L'Espagne a beaucoup de montagnes et la France en a beaucoup également. La France a ____ montagnes ____ l'Espagne. La France est ____ montagneuse ____ l'Espagne.
2. La France a 551 000 km^2 (kilomètres carrés) et l'Espagne a 505 000 km^2. L'Espagne n'est pas ____ grande ____ la France.
3. La France a 54 millions d'habitants et l'Espagne a 38 millions d'habitants. L'Espagne n'a pas ____ habitants ____ la France.
4. Lille est une ville ____ industrielle ____ Bilbao.
5. L'huile d'olive n'a pas ____ importance dans la cuisine française ____ dans la cuisine espagnole.

12
LES PRONOMS RELATIFS

QUI, QUE

A relative pronoun introduces a clause that modifies a noun. The relative pronoun **qui** functions as the subject of the clause and may refer to either a person or a thing.

La jeune fille qui vient d'entrer est la sœur de Paul.
La chambre qui donne sur la rue est très petite.

The relative pronoun **que (qu')** functions as the direct object of the clause. Like **qui, que** may refer to either a person or a thing.

Le garçon que nous avons vu hier est le frère de Sophie.
Les livres qu'il lit sont très intéressants.

EXERCICE 1

____ Complétez.

1. La fille ____ parle maintenant est très intelligente.
2. Oui, et le discours ____ elle donne est très intéressant.
3. Tu vois le livre ____ Pauline lit?
4. C'est le livre ____ tu viens d'acheter, n'est-ce pas?
5. C'est la fille ____ parle ____ a écrit le livre.
6. Le bouquin ____ elle a écrit va se vendre comme des petits pains *(like hot cakes)*.
7. C'est une fille ____ va avoir un succès fou.

EXERCICE 2

____ Faites une phrase de chaque paire.

1. C'est Richard. Il aime voyager.
2. Il a fait des voyages. Il aime décrire les voyages à ses amis.
3. Il a des tas de photos. Il a pris les photos pendant ses voyages.
4. C'est Richard. Il va en Tunisie cet été.
5. Il a des amis tunisiens. Ils habitent Carthage.
6. Carthage est un très joli village. Il se trouve tout près de Tunis.
7. Ses amis ont une très belle villa. Leur villa donne sur la mer.
8. Richard va visiter les célèbres ruines romaines à Carthage. Les ruines datent des guerres puniques.
9. Il va visiter le cimetière américain. On a établi le cimetière américain à Carthage.

EXERCICE 3

_____ Complétez.

— Tu as vu les photos _____ Marie a prises?
— Marie? Qui est Marie? C'est par hasard la jeune fille _____ j'ai connue hier soir?
— Oui. C'est elle _____ vient de faire le tour du monde.

CE QUI, CE QUE

Ce qui rather than **qui** is used as the subject of the clause when there is no definite antecedent.

Je ne sais pas ce qui se passe.
Dis-moi ce qui est arrivé.

Ce que is used as the object of the verb in the relative clause when there is no definite antecedent.

Je sais ce que vous avez dit.
Ce qu'il dit est très intéressant.

EXERCICE 4 Qu'est-ce qui se passe?

_____ Complétez avec ce *qui se passe.*

1. Sais-tu _____.
2. Non, je ne sais pas _____.
3. Paul, dis-moi _____.
4. Moi, je sais tout _____.
5. C'est incroyable, _____.

EXERCICE 5 Je ne sais pas, moi!

_____ Suivez le modèle.

Qu'est-ce qu'elle a fait?
Je ne sais pas ce qu'elle a fait.

1. Qu'est-ce qu'elle a dit?
2. Qu'est-ce qu'elle a écrit?
3. Qu'est-ce qu'elle a fait?
4. Qu'est-ce qu'elle a accompli?
5. Qu'est-ce qu'elle a vu?

EXERCICE 6 Qu'est-ce qu'elle a écrit?

_____ Complétez.

1. Je ne comprends pas _____ tu dis.
2. Tu ne comprends pas _____ je dis parce que tu ne sais pas _____ est arrivé.
3. Non, je n'en sais rien. Dis-moi _____ est arrivé.
4. Tu ne sais pas _____ Michèle a écrit dans sa lettre?
5. Non. Je te prie de me dire _____ elle a écrit.

13 L'INTERROGATION

INTONATION; *EST-CE QUE; N'EST-CE PAS*

The simplest and most common way to form a question in French is to add a question mark to a statement. In speaking, one simply uses a rising intonation at the end of the question.

Jacquot parle français.	**Jacquot parle français?**
Tu vas partir.	**Tu vas partir?**

Est-ce que can also be placed before the statement to form a question.

Jacquot parle français.	**Est-ce que Jacquot parle français?**
Tu vas partir.	**Est-ce que tu vas partir?**

The expression **n'est-ce pas** can be placed after the statement to form a question.

Jacquot parle français.	**Jacquot parle français, n'est-ce pas?**
Tu le connais.	**Tu le connais, n'est-ce pas?**

EXERCICE 1

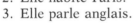

_____ Posez des questions de trois façons.

1. Marie est française.
2. Elle habite Paris.
3. Elle parle anglais.
4. Tu connais Marie.
5. Tu as son adresse.
6. Tu vas me la donner.

PAR INVERSION

A question can also be formed by inverting the subject and the verb. This inverted form is still very often used in written and formal French, but it is becoming less frequent in everyday conversation, with the exception of the subject **vous.**

Vous parlez français.	**Parlez-vous français?**
Vous vous levez.	**Vous levez-vous?**

Note that in the third person singular a **-t-** must be inserted with **il** and **elle** unless the verb itself ends in a **t** or a **d.**

Il parle français.	**Parle-t-il français?**
Elle se couche.	**Se couche-t-elle?**
BUT	
Il est là.	**Est-il là?**
Elle prend la lettre.	**Prend-elle la lettre?**

Inversion can also be made with a noun subject by adding a subject pronoun and inverting it with the verb.

Marie parle français.	**Marie parle-t-elle français?**
Jacques se lève.	**Jacques se lève-t-il?**

Inversion with a noun subject is seldom used today in conversational French. The rising intonation is more commonly heard.

Marie parle-t-elle français?	**Marie parle français?** ↗
Jacques se lève-t-il?	**Jacques se lève?** ↗

To summarize, there are four ways to form a question in French:

Vous parlez français? ↗
Est-ce que vous parlez français?
Vous parlez français, n'est-ce pas?
Parlez-vous français?

EXERCICE 2

_____ Posez des questions de quatre façons.

1. Vous êtes américain.
2. Vous parlez anglais.
3. Vous étudiez le français.
4. Vous connaissez Madame Bertholle.
5. Vous êtes dans sa classe de français.

EXPRESSIONS INTERROGATIVES

Review the following commonly used interrogative words.

Où est Marie? À la maison.
D'où vient son ami? De l'école.
Quand partira son ami? Demain.
Combien coûte le voyage? Cent dollars.

Note that the inverted word order is still frequently used when a question is introduced by an interrogative word.

Où est-il?	**Où êtes-vous?**
D'où vient-il?	**D'où venez-vous?**
Combien a-t-il payé?	**Combien avez-vous payé?**
Quand partira-t-il?	**Quand partirez-vous?**
Comment va-t-il?	**Comment allez-vous?**

In everyday spoken language, however, people will often put the interrogative word at the end of the question and use a rising intonation. You will never, however, see this form in written French.

Elle est où?	**Vous êtes où?**
Elle a payé combien?	**Vous avez payé combien?**
Elle va partir quand?	**Vous allez partir quand?**

Note that the inverted word order is the form most often used with **pourquoi.**

Pourquoi pleure-t-il?
Pourquoi l'enfant pleure-t-il?

Even with **pourquoi,** however, people will often say the following to avoid the inverted order.

Il pleure. Pourquoi?
L'enfant pleure. Pourquoi?

EXERCICE 3

_____ Posez des questions.

1. Vous allez partir demain.
2. Vous allez à Paris.
3. Vous allez à Paris en avion.
4. Vous payez mille dollars pour le voyage.
5. Vous partez à huit heures.

NOTE The inverted word order is always heard in the following questions, even with **tu.**

Comment allez-vous?	**Comment vas-tu?**
Comment vous appelez-vous?	**Comment t'appelles-tu?**

14

LES PRONOMS INTERROGATIFS
QUI, QUE, QUOI

QUI

The pronoun **qui** is used as the subject of the question and always refers to a person rather than a thing.

Qui est là? Paul.
Qui parle? Suzanne.
Qui est à l'appareil? Jean-Luc.

Note that the verb is always in the singular with **qui**, even though a plural response is expected.

Qui chante? Paul et Thérèse.

The only exception to this occurs with the verb **être.**

Qui sont les deux garçons? Paul et son frère, Henri.

You will sometimes hear the emphatic long form **qui est-ce qui**, especially when an object pronoun accompanies the verb.

Qui est-ce qui vous parle? Robert.
Qui est-ce qui lui a offert ce joli cadeau? Marie-Louise.

Qui can also be used as the object of the question followed by the inverted word order.

Qui as-tu vu? Jacqueline.
Qui as-tu invité à la boum? Tous mes amis.

You will also sometimes hear the emphatic long form **qui est-ce que** without inversion.

Qui est-ce que tu as vu? J'ai vu Jacqueline.
Qui est-ce que tu as invité à la boum? J'ai invité tous mes amis.

Qui can also be used after a preposition when referring to people.

Avec qui avez-vous parlé?
Avec qui est-ce que vous avez parlé?

Synopsis of long form:

Person ⟶ **Qui** | **est-ce** | **qui** ⟵ Subject
que ⟵ Object

SUBJECT

Short form: **Qui a parlé?**
Long form: **Qui est-ce qui a parlé?**

OBJECT

Short form: **Qui avez-vous vu?**
Long form: **Qui est-ce que vous avez vu?**

PREPOSITION

Short form: **Avec qui avez-vous dansé?**
Long form: **Avec qui est-ce que vous avez dansé?**

EXERCICE 1 Qui ça?

_____ Complétez.

1. Marie chante.
   _____ chante?
2. Marie a une belle voix.
   _____ a une belle voix?
3. Et son frère joue de la guitare.
   _____ joue de la guitare?
4. Son frère joue très bien.
   _____ joue très bien?
5. J'aime écouter Marie.
   _____ aimes-tu écouter?
6. Et j'aime écouter son frère.
   _____ aimes-tu écouter?
7. Marie chante avec son frère.
   Avec _____ chante-t-elle?

EXERCICE 2 Qui?

_____ Complétez.

1. Marie chante.
   _____ est-ce _____ chante?
2. Marie a une belle voix.
   _____ est-ce _____ a une belle voix?
3. Et son frère joue du piano.
   _____ est-ce _____ joue du piano?
4. J'aime écouter Marie.
   _____ est-ce _____ tu aimes écouter?
5. Et j'aime écouter son frère.
   _____ est-ce _____ tu aimes écouter?
6. Marie chante avec son frère.
   Avec _____ est-ce _____ elle chante?

EXERCICE 3 Encore des questions

_____ Posez des questions d'après le modèle.

Thérèse va partir demain.
Pardon, qui va partir demain?

1. Robert va partir demain.
2. Robert va en Italie.
3. J'ai parlé avec Robert hier.
4. J'ai vu Robert hier.
5. Robert va en Italie avec Luc.

QUE ET QUOI

When *what* is the subject of the question, the long form **qu'est-ce qui** must be used in French.

Qu'est-ce qui est tombé de la table? Un livre est tombé de la table.

The interrogative pronoun **qu'est-ce qui** is most frequently used in the following two expressions:

Qu'est-ce qui se passe?	*What's happening?*
Qu'est-ce qui est arrivé?	*What happened?*

When *what* is the direct object of the question, **que** can be used followed by the inverted word order.

Que voyez-vous?
Que dit-il?
Qu'avez-vous vu?
Qu'a-t-il dit?

The long form **qu'est-ce que** is also commonly used, without the inverted word order.

Qu'est-ce que vous voyez?
Qu'est-ce qu'il dit?
Qu'est-ce que vous avez vu?
Qu'est-ce qu'il a dit?

Synopsis of long form:

Thing ⟶ **Qu'** | **est-ce** | **qui** ⟵ Subject; **que** ⟵ Object

SUBJECT
Short form: None
Long form: <u>**Qu'est-ce qui**</u> **a fait ce bruit?**

OBJECT
Short form: <u>**Que**</u> **faites-vous?**
Long form: <u>**Qu'**</u>**est-ce** <u>**que**</u> **vous faites?**

Note that **que** cannot be used after a preposition. **Quoi** always follows a preposition.

De quoi avez-vous peur?
De quoi a-t-il besoin?

The long form with **est-ce que** can also be used with **quoi,** without the inverted verb form.

De quoi est-ce que vous avez peur?
De quoi est-ce qu'il a besoin?

EXERCICE 4

_____ Complétez.

1. Jacquot, _____ se passe?
2. _____ est arrivé?
3. _____ a fait ce bruit?
4. _____ tu as fait, mon petit?
5. _____ tu as vu?
6. De _____ as-tu peur?
7. Avec _____ as-tu cassé la chaise?

EXERCICE 5

_____ Complétez.

1. Le téléphone a sonné.
   _____ a sonné?
2. Lisette a répondu au téléphone.
   _____ a répondu au téléphone?
3. Robert est à l'appareil.
   _____ est à l'appareil?
4. Lisette parle avec Robert.
   Avec _____ parle-t-elle?
5. Ils parlent d'un film.
   De _____ parlent-ils?
6. Ils vont voir le film demain soir.
   _____ vont voir demain soir?

15

L'IMPARFAIT

In addition to the **passé composé,** the imperfect tense is used frequently to express past actions. First, review the forms of the imperfect tense. To find the stem for the imperfect, the **-ons** ending is dropped from the **nous** form of the present tense. The imperfect endings are then added to the stem. Note that the imperfect endings are the same for all verbs.

Infinitive	**parler**	**finir**	**attendre**	**ENDINGS**
Stem	parl~~ons~~	finiss~~ons~~	attend~~ons~~	
Imperfect	je parlais tu parlais il parlait nous parlions vous parliez ils parlaient	je finissais tu finissais il finissait nous finissions vous finissiez ils finissaient	j'attendais tu attendais il attendait nous attendions vous attendiez ils attendaient	-ais -ais -ait -ions -iez -aient

Verbs that end in **-cer** have a cedilla in all forms except the **nous** and **vous** forms. Similarly, verbs that end in **-ger** have an **e** before the ending in all forms except the **nous** and **vous** forms.

Infinitive	**commencer**	**manger**
Imperfect	je commençais tu commençais il commençait nous commencions vous commenciez ils commençaient	je mangeais tu mangeais il mangeait nous mangions vous mangiez ils mangeaient

The only verb that has an irregular stem in the imperfect is the verb **être.**

Infinitive	**être**	
Imperfect	j'étais tu étais il était	nous étions vous étiez ils étaient

The imperfect tense is used to express habitual, repeated, or continuous actions in the past. When the event began or ended is not important. Some time expressions that often accompany the imperfect are:

toujours
tous les samedis, tous les vendredis
tous les jours
tout le temps
chaque année, chaque jour
souvent, fréquemment, bien des fois, d'ordinaire
quelquefois, de temps en temps

Notre prof de français nous parlait toujours en français.
Tous les vendredis il nous donnait un petit examen.
De temps en temps nous écrivions une composition en français.
Et nous lisions toujours des textes sur la culture française.

EXERCICE 1 Quand j'étais tout(e) petit(e)

_____ Répondez.

1. Quand tu étais tout(e) petit(e), où habitais-tu?
2. Jouais-tu dans le parc avec tes copains?
3. Pleurais-tu assez souvent?
4. Tombais-tu de temps en temps?
5. Allais-tu au supermarché avec maman ou papa?
6. Buvais-tu beaucoup de lait?
7. Mangeais-tu beaucoup de fruits et de légumes?
8. Faisais-tu la sieste chaque après-midi?

EXERCICE 2 Quand Mariel était très jeune

_____ Complétez.

1. Quand Mariel _____ très jeune, elle _____ souvent à la montagne. **être / aller**
2. Son père l' _____ toujours. **accompagner**
3. Ils y _____ presque tous les samedis. **aller**
4. Quand ils _____ à la montagne, ils _____ toujours un pique-nique. **arriver / faire**

5. Papa ____ le déjeuner et Mariel ____ la table pliante. **préparer / mettre**
6. Il y ____ un lac dans les montagnes. **avoir**
7. Mariel ____ dans le lac quand il ____ beau. **nager / faire**
8. Mariel ____ bien ses petites excursions en montagne. **aimer**

L'IMPARFAIT DANS LES DESCRIPTIONS

The imperfect is also used to describe persons, places, and things in the past.

C'était le soir.
Il faisait très beau et la lune brillait dans le ciel.
Richard avait vingt ans.
Il avait les cheveux bruns et les yeux bleus.
Richard était très content.
Il se trouvait à Paris et il aimait bien la ville.
Il croyait que Paris était la plus belle ville du monde.
Il voulait passer toute sa vie à Paris.

Note that the imperfect is used to describe location, time, weather, age, physical appearance, physical and emotional conditions or states, attitudes, and desires.

EXERCICE 3 Il était triste?

____ Complétez.

Quel âge ____ **(avoir)** le petit garçon? Je ne sais pas quel âge il ____ **(avoir),** mais je sais qu'il ____ **(être)** très jeune. Il ____ **(habiter)** tout près de Paris. Mais le pauvre garçon n' ____ **(être)** jamais content. Il ____ **(vouloir)** bien apprendre à lire mais il ne ____ **(pouvoir)** pas. Pourquoi ne ____ **(pouvoir)** -t-il pas lire? ____ **(être)** -il stupide? Absolument pas. Tout au contraire. Il ____ **(être)** très intelligent, mais il ne ____ **(pouvoir)** pas lire car il n' ____ **(avoir)** pas de vue. Le jeune garçon ____ **(être)** aveugle. Il ____ **(avoir)** très envie d'apprendre à lire comme les autres enfants de son âge. Il ____ **(savoir)** ce qu'il ____ **(aller)** faire. Il ____ **(aller)** inventer un système d'écriture pour les aveugles. Il ____ **(travailler)** le jour et la nuit pour développer et perfectionner son système. Tous ses camarades d'école ____ **(croire)** qu'il ____ **(être)** fou, et même ses profs le ____ **(juger)** fou. Mais le jeune garçon ne ____ **(faire)** pas attention à eux.

Mais qui ____ **(être)** ce garçon? Comment ____ **(s'appeler)** -t-il? Il ____ **(s'appeler)** Louis Braille et c'est lui qui a créé un système d'écriture pour les aveugles qui porte son nom—le système Braille.

16

L'IMPARFAIT ET LE PASSÉ COMPOSÉ

The choice of the **passé composé** or imperfect depends upon whether the speaker is describing an action completed in the past or an action that was continuous or recurring.

The **passé composé** is used to express actions or events that began and ended at a definite time in the past.

Je suis sorti(e) hier soir.
Je suis allé(e) aux Galeries Lafayette.
Quand je suis sorti(e) des Galeries Lafayette je suis allé(e) au café où j'ai pris une petite glace.

The imperfect, in contrast to the **passé composé,** is used to express a continuous, repeated, or habitual action in the past. The moment when the action began or ended, or how long it lasted, is not important.

Je sortais tous les soirs.
Je faisais les courses presque tous les jours.

Note the verb tenses in the following sentences.

Il sortait tous les soirs et il est sorti hier soir aussi.
Il rentrait toujours à vingt-deux heures et il est rentré également hier soir à vingt-deux heures.

Since most mental processes involve duration or continuance, verbs that deal with mental processes are most often used in the imperfect rather than the **passé composé.** Common verbs of this type are:

vouloir	**préférer**	**croire**	**pouvoir**
savoir	**désirer**	**penser**	**espérer**

EXERCICE 1 Qu'est-ce qu'ils faisaient?

_____ Choisissez.

1. Marie sortait avec son fiancé _____.
   a. tous les soirs b. hier soir
2. Ils sont allés au cinéma _____.
   a. tous les vendredis b. vendredi dernier

3. _____ ils faisaient une petite excursion au bord de la mer.
   a. Samedi dernier   b. Tous les samedis
4. _____ ils allaient à Saint-Lô.
   a. Une fois   b. De temps en temps
5. Ils y nageaient _____.
   a. une fois   b. souvent
6. _____ qu'ils y sont allés ils n'ont pas nagé car il faisait très mauvais.
   a. Chaque fois   b. La dernière fois

EXERCICE 2 Il allait toujours à la Martinique.

_____ Répondez.

1. Est-ce que Jean-Luc faisait un voyage à la Martinique tous les hivers?
2. Allait-il à la Martinique en avion?
3. Et l'hiver dernier, a-t-il fait un voyage à la Martinique?
4. Chaque fois qu'il allait à la Martinique, rendait-il visite à sa famille?
5. Et la dernière fois qu'il y est allé, a-t-il rendu visite à sa famille?
6. Quand il était à la Martinique, est-ce que sa famille l'accompagnait à Schœlcher?
7. Quand ils étaient à Schœlcher, nageaient-ils dans la mer?
8. Est-ce que Jean-Luc est allé à Schœlcher l'année dernière?
9. Est-ce que Jean-Luc s'amusait chaque fois à la Martinique?
10. Et la dernière fois qu'il y est allé, s'est-il bien amusé?

EXERCICE 3 Ce que je voulais faire hier

_____ Précisez quelque chose que vous vouliez faire hier.

EXERCICE 4 Tout ce que je pensais faire

_____ Précisez tout ce que vous pensiez faire hier.

EXERCICE 5 Un désaccord

_____ Précisez ce que vous vouliez faire, mais votre ami(e) préférait faire quelque chose d'autre.

DEUX ACTIONS DANS LA MÊME PHRASE

Many sentences in the past have two verbs, which can be either in the same tense or in a different tense. Look at the following sentences.

Je suis arrivé(e) et les autres sont partis.

In the above sentence, both verbs are in the **passé composé** because they express two simple actions or events that began and ended in the past.

Pendant les vacances d'été je travaillais et mes amis allaient à la plage.
Tandis que je bossais,* ils s'amusaient.

In the above sentence the two parts are in the imperfect because they both express past continuous or repeated actions.

Je regardais la télévision quand mon ami est arrivé.

In the above sentence, one verb is in the imperfect and the other is in the **passé composé.** The verb in the imperfect **(regardais)** describes what was going on. The verb in the **passé composé (est arrivé)** expresses an action or event that occurred during the action of the other verb.

EXERCICE 6

_____ Complétez.

1. Hier soir je _____ **(travailler)** quand le téléphone _____ **(sonner).**
2. Je _____ **(se lever)** et j'_____ **(répondre)** au téléphone.
3. Je _____ **(parler)** au téléphone quand mon ami Laurent _____ **(arriver).**
4. Laurent _____ **(s'asseoir)** dans la salle. Pendant que je _____ **(parler)** au téléphone, il _____ **(lire)** un article dans le journal.
5. Quand j' _____ **(finir)** ma conversation au téléphone, Laurent et moi _____ **(sortir).** Nous _____ **(aller)** au café.
6. Au café nous _____ **(commander)** une consommation. Tandis que nous _____ **(bavarder)** et _____ **(prendre)** nos consommations, quelques-uns de nos amis _____ **(entrer)** dans le café.
7. Ils _____ **(s'asseoir)** avec nous et nous _____ **(commencer)** à parler.
8. Nous _____ **(parler)** quand le garçon _____ **(venir)** à notre table.
9. Le garçon _____ **(demander)** à nos amis ce qu'ils _____ **(vouloir)** prendre. Ils _____ **(commander)** une glace.

***bossais** *was slaving away*

17

LES EXPRESSIONS NÉGATIVES

Review the placement of the most commonly used negative expression, **ne... pas.**

Je ne parle pas français.
Je ne lui parle pas.
Je ne veux pas parler.
Je ne vais pas lui parler.
Je n'ai pas parlé.
Je ne lui ai pas parlé.
Ils ne se sont pas parlé.
Ne parlez pas!
Ne parle-t-il pas?
N'a-t-il pas parlé?
Ne lui a-t-il pas parlé?

Review the following negative expressions.

ne... pas du tout	*not at all*
ne... plus	*no longer, no more*
ne... jamais	*never*
ne... guère	*hardly, scarcely*
ne... rien	*nothing*
ne... ni... ni	*neither... nor*

The above negative expressions all function the same as **ne...pas.**

Il n'est pas du tout riche.
Il ne travaille plus.
Il n'a plus d'argent.
Il n'a jamais gagné beaucoup d'argent.
Il n'a guère travaillé.
Il n'a rien à faire, le pauvre.
Et il n'a ni père ni mère pour l'aider.

Remember that the partitive **de** is always used after a negative expression.

Elle n'a pas de chance.
Elle n'a plus de travail.

In French, unlike English, more than one negative word can be used in the same sentence.

Il n'a rien dit à personne.

EXERCICE 1

_____ Répondez avec une expression négative.

1. Est-il riche?
2. Travaille-t-il?
3. Il a de l'argent?
4. Il a gagné beaucoup d'argent?
5. Il a beaucoup travaillé?
6. Il a beaucoup de choses à faire?
7. Il a un père et une mère?

EXERCICE 2 Elle n'a aucun intérêt.

_____ Répondez.

1. Annick n'a jamais voyagé?
2. Les voyages ne l'intéressent pas du tout?
3. Elle n'a jamais eu aucune envie d'aller à l'étranger?
4. Elle n'a jamais exprimé aucun désir de savoir ce qui se passe dans le monde?
5. Elle n'a guère quitté son petit village?

Le village de Rocamadour (département du Lot)

NE... PERSONNE, NE... AUCUN, NE... QUE

With the negative expressions **ne... personne** *(no one, nobody)* and **ne... aucun** *(no, none)*, **personne** and **aucun** follow rather than precede the past participle in compound tenses.

Je ne vois personne.
Je n'ai vu personne.
Le détective ne trouve aucune trace du criminel.
Le détective n'a trouvé aucune trace du criminel.

In the expression **ne... que** *(only)*, **que** also follows the past participle in compound tenses. Note that **ne... que** functions the same as a negative expression in French but its meaning is not negative. For this reason the partitive is not shortened to **de** after **ne... que**.

Il n'a que des oranges car il n'a acheté que des oranges.	*He has only oranges because he bought only oranges.*

EXERCICE 3

_____ Répondez avec *ne... personne, ne... aucun(e), ou ne... que.*

1. Elle connaît beaucoup de monde?
2. Elle a vu beaucoup de monde au théâtre?
3. Elle a invité une de ses amies à l'accompagner?
4. Elle a seulement une petite maison?
5. Sa maison a seulement quatre pièces?
6. Tu as vu sa maison seulement une fois?

LA NÉGATION DE L'INFINITIF

To make an infinitive negative, the complete negative expression precedes the infinitive.

Il m'a conseillé de <u>ne rien</u> faire.
Il m'a conseillé de <u>ne pas</u> lui parler.

With the past infinitive, **pas** can be placed before the auxiliary verb or after it.

Je t'excuse de <u>ne pas</u> l'avoir fait.
Je t'excuse de <u>ne</u> l'avoir <u>pas</u> fait.
Je t'excuse de <u>ne pas</u> être arrivé à l'heure.

EXERCICE 4

_____ Changez à la forme négative.

1. Il me demande d'y aller.
2. Il me conseille de le faire.
3. Il me promet de lui parler.
4. Il me dit d'inviter Paul.

L'EXPRESSION NÉGATIVE COMME SUJET

The negative expressions **rien ne, personne ne,** and **aucun(e) ne** can function as the subject of the verb.

Personne n'est entré.
Rien n'est arrivé.
Aucun de ses amis ne l'a aidé.

Aucun(e), *(no, not one)* can also be used to modify a subject.

Aucune fille n'a fait ses devoirs.

Note that several negative words can be used alone in a one-word response.

Qui a fait ça? Personne.
Qu'est-ce qui est arrivé? Rien.
Tu as dit ça? Jamais.

EXERCICE 5

_____ Répondez négativement avec une phrase complète.

1. Qui est entré?
2. Qui a parlé?
3. Qui a dit ça?
4. Qu'est-ce qui se passe?
5. Qu'est-ce qui est arrivé?
6. Lequel de tes amis peut t'aider?
7. Qui peut t'aider?

EXERCICE 6

_____ Répondez avec un seul mot.

1. Qui a frappé à la porte?
2. Qui a téléphoné?
3. Qu'est-ce qui se passe?
4. Qu'est-ce qui vous ennuie?
5. Vous avez fait ça?
6. Vous avez lu ça?

SI, NON PLUS

Remember that **si** or **mais si** is used rather than **oui** when answering a negative question in the affirmative.

Tu ne parles pas français?
(Mais) si, je parle français.

Non plus is the negative word that replaces **aussi.** Note that **aussi** and **non plus** are used with a stress pronoun.

Il le sait. Et moi aussi, (je le sais).
Il ne le sait pas. Ni moi non plus, (je ne le sais pas).
Je ne le sais pas non plus. *I don't know it either.*

EXERCICE 7

_____ Répondez affirmativement.

1. Tu ne parles pas français?
2. Tu n'aimes pas voyager?
3. Tu ne peux pas nous rejoindre?
4. Tu ne veux pas y participer?

EXERCICE 8

_____ Exprimez votre accord.

1. Ça m'intéresse.
2. Ça ne m'intéresse pas.
3. J'aime bien ça.
4. Je n'aime pas du tout ça.
5. Ça me casse les pieds.
6. Ça ne m'ennuie pas.

«Ça ne m'intéresse pas!»

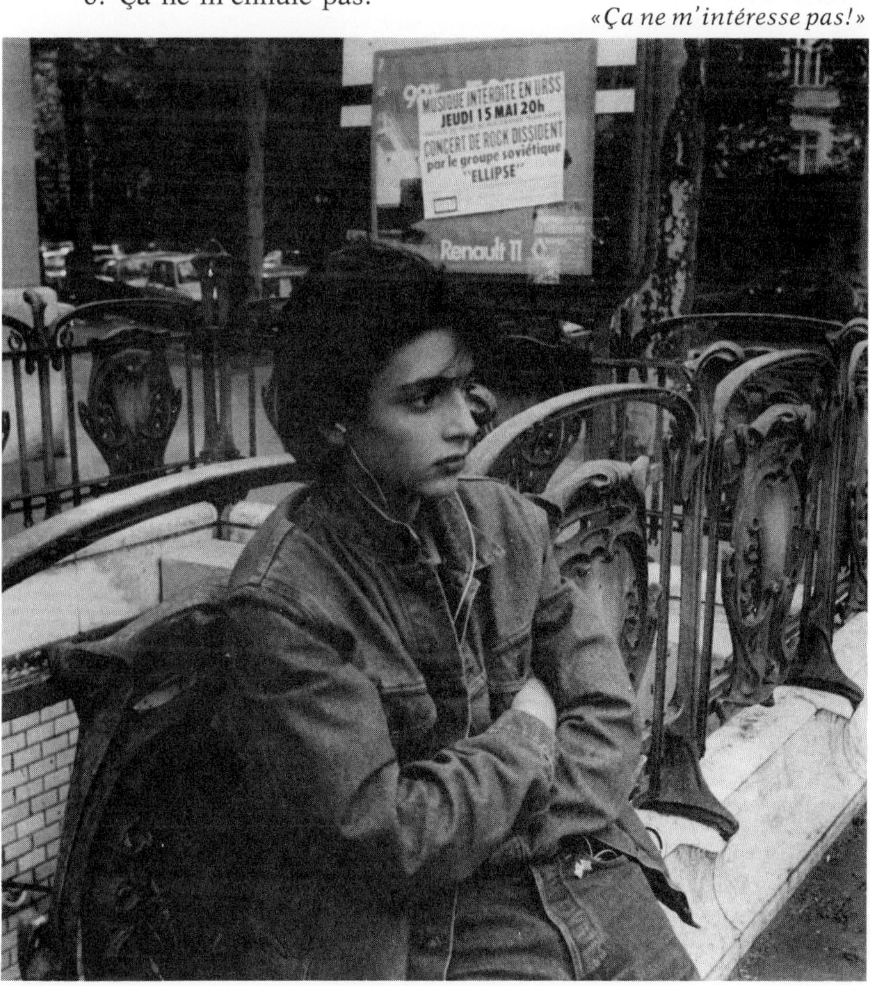

VERBS

Regular Verbs

	parler *to speak*	**finir** *to finish*	**vendre** *to sell*
Present participle	parlant	finissant	vendant
Imperative	parle parlons parlez	finis finissons finissez	vends vendons vendez
Present	je parle tu parles il parle nous parlons vous parlez ils parlent	je finis tu finis il finit nous finissons vous finissez ils finissent	je vends tu vends il vend nous vendons vous vendez ils vendent
Imperfect	je parlais tu parlais il parlait nous parlions vous parliez ils parlaient	je finissais tu finissais il finissait nous finissions vous finissiez ils finissaient	je vendais tu vendais il vendait nous vendions vous vendiez ils vendaient
Future	je parlerai tu parleras il parlera nous parlerons vous parlerez ils parleront	je finirai tu finiras il finira nous finirons vous finirez ils finiront	je vendrai tu vendras il vendra nous vendrons vous vendrez ils vendront
Conditional	je parlerais tu parlerais il parlerait nous parlerions vous parleriez ils parleraient	je finirais tu finirais il finirait nous finirions vous finiriez ils finiraient	je vendrais tu vendrais il vendrait nous vendrions vous vendriez ils vendraient
Passé simple	je parlai tu parlas il parla nous parlâmes vous parlâtes ils parlèrent	je finis tu finis il finit nous finîmes vous finîtes ils finirent	je vendis tu vendis il vendit nous vendîmes vous vendîtes ils vendirent
Passé composé	j'ai parlé tu as parlé il a parlé nous avons parlé vous avez parlé ils ont parlé	j'ai fini tu as fini il a fini nous avons fini vous avez fini ils ont fini	j'ai vendu tu as vendu il a vendu nous avons vendu vous avez vendu ils ont vendu
Pluperfect	j'avais parlé tu avais parlé il avait parlé nous avions parlé vous aviez parlé ils avaient parlé	j'avais fini tu avais fini il avait fini nous avions fini vous aviez fini ils avaient fini	j'avais vendu tu avais vendu il avait vendu nous avions vendu nous aviez vendu ils avaient vendu
Conditional past	j'aurais parlé tu aurais parlé il aurait parlé nous aurions parlé vous auriez parlé ils auraient parlé	j'aurais fini tu aurais fini il aurait fini nous aurions fini vous auriez fini ils auraient fini	j'aurais vendu tu aurais vendu il aurait vendu nous aurions vendu vous auriez vendu ils auraient vendu

Future perfect	j'aurai parlé tu auras parlé il aura parlé nous aurons parlé vous aurez parlé ils auront parlé	j'aurai fini tu auras fini il aura fini nous aurons fini vous aurez fini ils auront fini	j'aurai vendu tu auras vendu il aura vendu nous aurons vendu vous aurez vendu ils auront vendu
Present subjunctive	je parle tu parles il parle nous parlions vous parliez ils parlent	je finisse tu finisses il finisse nous finissions vous finissiez ils finissent	je vende tu vendes il vende nous vendions vous vendiez ils vendent
Past subjunctive	j'aie parlé tu aies parlé il ait parlé nous ayons parlé vous ayez parlé ils aient parlé	j'aie fini tu aies fini il ait fini nous ayons fini vous ayez fini ils aient fini	j'aie vendu tu aies vendu il ait vendu nous ayons vendu vous ayez vendu ils aient vendu

Verbs with Spelling Changes

acheter[1] *to buy*

Present participle achetant
Past participle acheté
Present j'achète, tu achètes, il achète, nous achetons, vous achetez, ils achètent
Subjunctive j'achète, tu achètes, il achète, nous achetions, vous achetiez, ils achètent
Imperfect j'achetais, tu achetais, il achetait, nous achetions, vous achetiez, ils achetaient
Future j'achèterai, tu achèteras, il achètera, nous achèterons, vous achèterez, ils achèteront
Conditional j'achèterais, tu achèterais, il achèterait, nous achèterions, vous achèteriez, ils achèteraient
Passé simple j'achetai, tu achetas, il acheta, nous achetâmes, vous achetâtes, ils achetèrent

appeler[2] *to call*

Present participle appelant
Past participle appelé
Present j'appelle, tu appelles, il appelle, nous appelons, vous appelez, ils appellent
Subjunctive j'appelle, tu appelles, il appelle, nous appelions, vous appeliez, ils appellent
Imperfect j'appelais, tu appelais, il appelait, nous appelions, vous appeliez, ils appelaient
Future j'appellerai, tu appelleras, il appellera, nous appellerons, vous appellerez, ils appelleront
Conditional j'appellerais, tu appellerais, il appellerait, nous appellerions, vous appelleriez, ils appelleraient
Passé simple j'appelai, tu appelas, il appela, nous appelâmes, vous appelâtes, ils appelèrent

commencer[3] *to begin*

Present participle commençant
Past participle commencé
Present je commence, tu commences, il commence, nous commençons, vous commencez, ils commencent
Subjunctive je commence, tu commences, il commence, nous commencions, vous commenciez, ils commencent
Imperfect je commençais, tu commençais, il commençait, nous commencions, vous commenciez, ils commençaient
Future je commencerai, tu commenceras, il commencera, nous commencerons, vous commencerez, ils commenceront
Conditional je commencerais, tu commencerais, il commencerait, nous commencerions, vous commenceriez, ils commenceraient
Passé simple je commençai, tu commenças, il commença, nous commençâmes, vous commençâtes, ils commencèrent

compléter[4] *to complete*

Present participle complétant
Past participle complété

[1]Conjugated similarly: **amener, élever, emmener, enlever, lever, mener, peser, promener, ramener, soulever**.

[2]Conjugated similarly: **jumeler, rappeler**.

[3]Conjugated similarly: **agacer, annoncer, avancer, effacer, élancer, exercer, fiancer, lancer, menacer, percer, placer, prononcer, recommencer, remplacer, renforcer, replacer, rincer, sucer**.

[4]Conjugated similarly: **célébrer, considérer, énumérer, espérer, inquiéter, opérer, pénétrer, posséder, précéder, protéger, régler, régner, répéter, révéler, rouspéter, sécher, succéder, suggérer**.

Present	je complète, tu complètes, il complète, nous complétons, vous complétez, ils complètent
Subjunctive	je complète, tu complètes, il complète, nous complétions, vous complétiez, ils complètent
Imperfect	je complétais, tu complétais, il complétait, nous complétions, vous complétiez, ils complétaient
Future	je compléterai, tu compléteras, il complétera, nous compléterons, vous compléterez, ils compléteront
Conditional	je compléterais, tu compléterais, il compléterait, nous compléterions, vous compléteriez, ils compléteraient
Passé simple	je complétai, tu complétas, il compléta, nous complétâmes, vous complétâtes, ils complétèrent

employer[5] *to use*

Present participle	employant
Past participle	employé
Present	j'emploie, tu emploies, il emploie, nous employons, vous employez, ils emploient
Subjunctive	j'emploie, tu emploies, il emploie, nous employions, vous employiez, ils emploient
Imperfect	j'employais, tu employais, il employait, nous employions, vous employiez, ils employaient
Future	j'emploierai, tu emploieras, il emploiera, nous emploierons, vous emploierez, ils emploieront
Conditional	j'emploierais, tu emploierais, il emploierait, nous emploierions, vous emploieriez, ils emploieraient
Passé simple	j'employai, tu employas, il employa, nous employâmes, vous employâtes, ils employèrent

jeter[6] *to throw, to throw away*

Present participle	jetant
Past participle	jeté
Present	je jette, tu jettes, il jette, nous jetons, vous jetez, ils jettent
Subjunctive	je jette, tu jettes, il jette, nous jetions, vous jetiez, ils jettent
Imperfect	je jetais, tu jetais, il jetait, nous jetions, vous jetiez, ils jetaient
Future	je jetterai, tu jetteras, il jettera, nous jetterons, vous jetterez, ils jetteront
Conditional	je jetterais, tu jetterais, il jetterait, nous jetterions, vous jetteriez, ils jetteraient
Passé simple	je jetai, tu jetas, il jeta, nous jetâmes, vous jetâtes, ils jetèrent

[5]Conjugated similarly: **ennuyer, essuyer, nettoyer**.

[6]Conjugated similarly: **rejeter**.

manger[7] *to eat*

Present participle	mangeant
Past participle	mangé
Present	je mange, tu manges, il mange, nous mangeons, vous mangez, ils mangent
Subjunctive	je mange, tu manges, il mange, nous mangions, vous mangiez, ils mangent
Imperfect	je mangeais, tu mangeais, il mangeait, nous mangions, vous mangiez, ils mangeaient
Future	je mangerai, tu mangeras, il mangera, nous mangerons, vous mangerez, ils mangeront
Conditional	je mangerais, tu mangerais, il mangerait, nous mangerions, vous mangeriez, ils mangeraient
Passé simple	je mangeai, tu mangeas, il mangea, nous mangeâmes, vous mangeâtes, ils mangèrent

payer[8] *to pay*

Present participle	payant
Past participle	payé
Present	je paie *or* paye, tu paies *or* payes, il paie *or* paye, nous payons, vous payez, ils paient *or* payent
Subjunctive	je paie *or* paye, tu paies *or* payes, il paie *or* paye, nous payions, vous payiez, ils paient *or* payent
Imperfect	je payais, tu payais, il payait, nous payions, vous payiez, ils payaient
Future	je paierai *or* payerai, tu paieras *or* payeras, il paiera *or* payera, nous paierons *or* payerons, vous paierez *or* payerez, ils paieront *or* payeront
Conditional	je paierais *or* payerais, tu paierais *or* payerais, il paierait *or* payerait, nous paierions *or* payerions, vous paieriez *or* payeriez, ils paieraient *or* payeraient
Passé simple	je payai, tu payas, il paya, nous payâmes, vous payâtes, ils payèrent

[7]Conjugated similarly: **allonger, aménager, bouger, changer, charger, déménager, diriger, échanger, engager, envisager, exiger, figer, interroger, juger, loger, mélanger, nager, obliger, partager, ranger, ronger, venger, voyager**.

[8]Conjugated similarly: **balayer, essayer**.

Irregular Verbs

Conjugations are provided for each verb in the list below, or for a similarly conjugated verb. An asterisk indicates that the verb is conjugated with **être** as the helping verb in the compound tenses. Verbs without an asterisk are conjugated with **avoir**.

accueillir (*to receive*) like **cueillir**
acquérir (*to acquire*) like **conquérir**

admettre (*to admit*) like **mettre**
***aller** (*to go*)
***s'en aller** (*to go away*) like **aller**
apercevoir (*to perceive*) like **recevoir**
***apparaître** (*to appear*) like **connaître**
appartenir (*to belong*) like **tenir**
apprendre (*to learn*) like **prendre**
***s'asseoir** (*to sit down*)
atteindre (*to attain*) like **peindre**
avoir (*to have*)
battre (*to beat*)
***se battre** (*to fight*) like **battre**
boire (*to drink*)
combattre (*to combat*) like **battre**
comprendre (*to understand*) like **prendre**
conduire (*to drive*)
connaître (*to know*)
conquérir (*to conquer*)
construire (*to construct*) like **conduire**
contenir (*to contain*) like **tenir**
convaincre (*to convince*) like **vaincre**
convenir (*to agree*) like **venir**
courir (*to run*)
couvrir (*to cover*) like **ouvrir**
décrire (*to describe*) like **écrire**
détruire (*to destroy*) like **conduire**
***devenir** (*to become*) like **venir**
devoir (*to owe, to have to*)
dire (*to say*)
disparaître (*to disappear*) like **connaître**
dormir (*to sleep*)
écrire (*to write*)
élire (*to elect*) like **lire**
***s'endormir** (*to fall asleep*) like **dormir**
entreprendre (*to undertake*) like **prendre**
entretenir (*to maintain*) like **tenir**
envoyer (*to send*)
éteindre (*to put out*) like **peindre**
être (*to be*)
faire (*to do*)
falloir (*to be necessary*)
inscrire (*to write down*) like **écrire**
interdire (*to forbid*) like **dire**
interrompre (*to interrupt*) like **rompre**
***intervenir** (*to intervene*) like **venir**
joindre (*to join*)
lire (*to read*)
maintenir (*to maintain*) like **tenir**
mentir (*to lie*) like **dormir**
mettre (*to put*)
***mourir** (*to die*)
***naître** (*to be born*)
obtenir (*to obtain*) like **tenir**
offrir (*to offer*) like **ouvrir**
ouvrir (*to open*)
paraître (*to appear*) like **connaître**
***partir** (*to leave*) like **dormir**
peindre (*to paint*)
permettre (*to permit*) like **mettre**
plaindre (*to pity*) like **peindre**
plaire (*to please*)
pleuvoir (*to rain*)
poursuivre (*to pursue*) like **suivre**
pouvoir (*to be able*)
prendre (*to take*)
prévoir (*to foresee*) like **voir**
produire (*to produce*) like **conduire**
promettre (*to promise*) like **mettre**
recevoir (*to receive*)
reconnaître (*to recognize*) like **connaître**
reconstruire (*to reconstruct*) like **conduire**
recouvrir (*to cover completely*) like **ouvrir**
***redevenir** (*to become again*) like **venir**
refaire (*to redo*) like **faire**
rejoindre (*to meet*) like **joindre**
remettre (*to postpone*) like **mettre**
renaître (*to be born again*) like **naître**
repeindre (*to paint again*) like **peindre**
reprendre (*to take back*) like **prendre**
retenir (*to reserve*) like **tenir**
***revenir** (*to come back*) like **venir**
rire (*to laugh*)
rompre (*to break*)
savoir (*to know*)
sentir (*to smell*) like **dormir**
***se sentir** (*to feel*) like **dormir**
servir (*to serve*) like **dormir**
***se servir de** (*to use*) like **dormir**
***sortir** (*to go out*) like **dormir**
souffrir (*to suffer*) like **ouvrir**
sourire (*to smile*) like **rire**
soutenir (*to sustain*) like **tenir**
***se souvenir** (*to remember*) like **venir**
suffire (*to suffice*)
suivre (*to follow*)
surprendre (*to surprise*) like **prendre**
survivre (*to survive*) like **vivre**
***se taire** (*to be quiet*)
tenir (*to hold*)
traduire (*to translate*) like **conduire**
vaincre (*to conquer*)
valoir (*to be worth*)
***venir** (*to come*)
vivre (*to live*)
voir (*to see*)
vouloir (*to want*)

Irregular verbs

	aller *to go*
Present participle	allant
Past participle	allé
Present	je vais, tu vas, il va, nous allons, vous allez, ils vont
Subjunctive	j'aille, tu ailles, il aille, nous allions, vous alliez, ils aillent
Imperfect	j'allais, tu allais, il allait, nous allions, vous alliez, ils allaient
Future	j'irai, tu iras, il ira, nous irons, vous irez, ils iront
Conditional	j'irais, tu irais, il irait, nous irions, vous iriez, ils iraient
Passé simple	j'allai, tu allas, il alla, nous allâmes, vous allâtes, ils allèrent
Imperative	va, allons, allez

	s'asseoir *to sit down*
Present participle	s'asseyant
Past participle	assis
Present	je m'assieds, tu t'assieds, il s'assied,

nous nous asseyons, vous vous asseyez, ils s'asseyent

Subjunctive: je m'asseye, tu t'asseyes, il s'asseye, nous nous asseyions, vous vous asseyiez, ils s'asseyent

Imperfect: je m'asseyais, tu t'asseyais, il s'asseyait, nous nous asseyions, vous vous asseyiez, ils s'asseyaient

Future: je m'assiérai, tu t'assiéras, il s'assiéra, nous nous assiérons, vous vous assiérez, ils s'assiéront

Conditional: je m'assiérais, tu t'assiérais, il s'assiérait, nous nous assiérions, vous vous assiériez, ils s'assiéraient

Passé simple: je m'assis, tu t'assis, il s'assit, nous nous assîmes, vous vous assîtes, ils s'assirent

Imperative: assieds-toi, asseyons-nous, asseyez-vous

avoir *to have*

Present participle: ayant

Past participle: eu

Present: j'ai, tu as, il a, nous avons, vous avez, ils ont

Subjunctive: j'aie, tu aies, il ait, nous ayons, vous ayez, ils aient

Imperfect: j'avais, tu avais, il avait, nous avions, vous aviez, ils avaient

Future: j'aurai, tu auras, il aura, nous aurons, vous aurez, ils auront

Conditional: j'aurais, tu aurais, il aurait, nous aurions, vous auriez, ils auraient

Passé simple: j'eus, tu eus, il eut, nous eûmes, vous eûtes, ils eurent

Imperative: aie, ayons, ayez

battre *to beat*

Present participle: battant

Past participle: battu

Present: je bas, tu bas, il bat, nous battons, vous battez, ils battent

Subjunctive: il batte, nous battions, ils battent

Imperfect: il battait, nous battions, ils battaient

Future: il battra, nous battrons, ils battront

Conditional: il battrait, nous battrions, ils battraient

Passé simple: il battit, nous battîmes, ils battirent

boire *to drink*

Present participle: buvant

Past participle: bu

Present: je bois, tu bois, il boit, nous buvons, vous buvez, ils boivent

Subjunctive: il boive, nous buvions, ils boivent

Imperfect: il buvait, nous buvions, ils buvaient

Future: il boira, nous boirons, ils boiront

Conditional: il boirait, nous boirions, ils boiraient

Passé simple: il but, nous bûmes, ils burent

conduire *to lead*

Present participle: conduisant

Past participle: conduit

Present: je conduis, tu conduis, il conduit, nous conduisons, vous conduisez, ils conduisent

Subjunctive: il conduise, nous conduisions, ils conduisent

Imperfect: il conduisait, nous conduisions, ils conduisaient

Future: il conduira, nous conduirons, ils conduiront

Conditional: il conduirait, nous conduirions, ils conduiraient

Passé simple: il conduisit, nous conduisîmes, ils conduisirent

connaître *to know*

Present participle: connaissant

Past participle: connu

Present: je connais, tu connais, il connaît, nous connaissons, vous connaissez, ils connaissent

Subjunctive: il connaisse, nous connaissions, ils connaissent

Imperfect: il connaissait, nous connaissions, ils connaissaient

Future: il connaîtra, nous connaîtrons, ils connaîtront

Conditional: il connaîtrait, nous connaîtrions, ils connaîtraient

Passé simple: il connut, nous connûmes, ils connurent

conquérir *to conquer*

Present participle: conquérant

Past participle: conquis

Present: je conquiers, tu conquiers, il conquiert, nous conquérons, vous conquérez, ils conquièrent

Subjunctive: il conquière, nous conquérions, ils conquièrent

Imperfect: il conquérait, nous conquérions, ils conquéraient

Future: il conquerra, nous conquerrons, ils conquerront

Conditional: il conquerrait, nous conquerrions, ils conquerraient

Passé simple: il conquit, nous conquîmes, ils conquirent

courir *to run*

Present participle: courant

Past participle: couru

Present: je cours, tu cours, il court, nous courons, vous courez, ils courent

Subjunctive: il coure, nous courions, ils courent

Imperfect: il courait, nous courions, ils couraient

Future: il courra, nous courrons, ils courront

Conditional: il courrait, nous courrions, ils courraient

Passé simple: il courut, nous courûmes, ils coururent

croire *to believe*
Present participle croyant
Past participle cru
Present je crois, tu crois, il croit, nous croyons, vous croyez, ils croient
Subjunctive il croie, nous croyions, ils croient
Imperfect il croyait, nous croyions, ils croyaient
Future il croira, nous croirons, ils croiront
Conditional il croirait, nous croirions, ils croiraient
Passé simple il crut, nous crûmes, ils crurent

cueillir *to pick, to gather*
Present participle cueillant
Past participle cueilli
Present je cueille, tu cueilles, il cueille, nous cueillons, vous cueillez, ils cueillent
Subjunctive il cueille, nous cueillions, ils cueillent
Imperfect il cueillait, nous cueillions, ils cueillaient
Future il cueillera, nous cueillerons, ils cueilleront
Conditional il cueillerait, nous cueillerions, ils cueilleraient
Passé simple il cueillit, nous cueillîmes, ils cueillirent

devoir *to have to*
Present participle devant
Past participle dû, due (f.)
Present je dois, tu dois, il doit, nous devons, vous devez, ils doivent
Subjunctive il doive, nous devions, ils doivent
Imperfect il devait, nous devions, ils devaient
Future il devra, nous devrons, ils devront
Conditional il devrait, nous devrions, ils devraient
Passé simple il dut, nous dûmes, ils durent

dire *to say*
Present participle disant
Past participle dit
Present je dis, tu dis, il dit, nous disons, vous dites, ils disent
Subjunctive il dise, nous disions, ils disent
Imperfect il disait, nous disions, ils disaient
Future il dira, nous dirons, ils diront
Conditional il dirait, nous dirions, ils diraient
Passé simple il dit, nous dîmes, ils dirent

dormir *to sleep*
Present participle dormant
Past participle dormi
Present je dors, tu dors, il dort, nous dormons, vous dormez, ils dorment
Subjunctive il dorme, nous dormions, ils dorment
Imperfect il dormait, nous dormions, ils dormaient
Future il dormira, nous dormirons, ils dormiront
Conditional il dormirait, nous dormirions, ils dormiraient
Passé simple il dormit, nous dormîmes, ils dormirent

écrire *to write*
Present participle écrivant
Past participle écrit
Present j'écris, tu écris, il écrit, nous écrivons, vous écrivez, ils écrivent
Subjunctive il écrive, nous écrivions, ils écrivent
Imperfect il écrivait, nous écrivions, ils écrivaient
Future il écrira, nous écrirons, ils écriront
Conditional il écrirait, nous écririons, ils écriraient
Passé simple il écrivit, nous écrivîmes, ils écrivirent

envoyer *to send*
Present participle envoyant
Past participle envoyé
Present j'envoie, tu envoies, il envoie, nous envoyons, vous envoyez, ils envoient
Subjunctive il envoie, nous envoyions, ils envoient
Imperfect il envoyait, nous envoyions, ils envoyaient
Future il enverra, nous enverrons, ils enverront
Conditional il enverrait, nous enverrions, ils enverraient
Passé simple il envoya, nous envoyâmes, ils envoyèrent

être *to be*
Present participle étant
Past participle été
Present je suis, tu es, il est, nous sommes, vous êtes, ils sont
Subjunctive je sois, tu sois, il soit, nous soyons, vous soyez, ils soient
Imperfect j'étais, tu étais, il était, nous étions, vous étiez, ils étaient
Future je serai, tu seras, il sera, nous serons, vous serez, ils seront
Conditional je serais, tu serais, il serait, nous serions, vous seriez, ils seraient
Passé simple je fus, tu fus, il fut, nous fûmes, vous fûtes, ils furent
Imperative sois, soyons, soyez

faire *to do, to make*
Present participle faisant
Past participle fait
Present je fais, tu fais, il fait, nous faisons, vous faites, ils font
Subjunctive je fasse, tu fasses, il fasse, nous fassions, vous fassiez, ils fassent
Imperfect je faisais, tu faisais, il faisait, nous faisions, vous faisiez, ils faisaient
Future je ferai, tu feras, il fera, nous ferons, vous ferez, ils feront

Conditional	je ferais, tu ferais, il ferait, nous ferions, vous feriez, ils feraient
Passé simple	je fis, tu fis, il fit, nous fîmes, vous fîtes, ils firent
Imperative	fais, faisons, faites

falloir *to be necessary*

Present participle	———
Past participle	fallu
Present	il faut
Subjunctive	il faille
Imperfect	il fallait
Future	il faudra
Conditional	il faudrait
Passé simple	il fallut
Imperative	———

joindre *to join*

Present participle	joignant
Past participle	joint
Present	je joins, tu joins, il joint, nous joignons, vous joignez, ils joignent
Subjunctive	il joigne, nous joignions, ils joignent
Imperfect	il joignait, nous joignions, ils joignaient
Future	il joindra, nous joindrons, ils joindront
Conditional	il joindrait, nous joindrions, ils joindraient
Passé simple	il joignit, nous joignîmes, ils joignirent

lire *to read*

Present participle	lisant
Past participle	lu
Present	je lis, tu lis, il lit, nous lisons, vous lisez, ils lisent
Subjunctive	il lise, nous lisions, ils lisent
Imperfect	il lisait, nous lisions, ils lisaient
Future	il lira, nous lirons, ils liront
Conditional	il lirait, nous lirions, ils liraient
Passé simple	il lut, nous lûmes, ils lurent

mettre *to put*

Present participle	mettant
Past participle	mis
Present	je mets, tu mets, il met, nous mettons, vous mettez, ils mettent
Subjunctive	il mette, nous mettions, ils mettent
Imperfect	il mettait, nous mettions, ils mettaient
Future	il mettra, nous mettrons, ils mettront
Conditional	il mettrait, nous mettrions, ils mettraient
Passé simple	il mit, nous mîmes, ils mirent

mourir *to die*

Present participle	mourant
Past participle	mort
Present	je meurs, tu meurs, il meurt, nous mourons, vous mourez, ils meurent
Subjunctive	il meure, nous mourions, ils meurent
Imperfect	il mourait, nous mourions, ils mouraient
Future	il mourra, nous mourrons, ils mourront
Conditional	il mourrait, nous mourrions, ils mourraient
Passé simple	il mourut, nous mourûmes, ils moururent

naître *to be born*

Present participle	naissant
Past participle	né
Present	je nais, tu nais, il naît, nous naissons, vous naissez, ils naissent
Subjunctive	il naisse, nous naissions, ils naissent
Imperfect	il naissait, nous naissions, ils naissaient
Future	il naîtra, nous naîtrons, ils naîtront
Conditional	il naîtrait, nous naîtrions, ils naîtraient
Passé simple	il naquit, nous naquîmes, ils naquirent

ouvrir *to open*

Present participle	ouvrant
Past participle	ouvert
Present	j'ouvre, tu ouvres, il ouvre, nous ouvrons, vous ouvrez, ils ouvrent
Subjunctive	il ouvre, nous ouvrions, ils ouvrent
Imperfect	il ouvrait, nous ouvrions, ils ouvraient
Future	il ouvrira, nous ouvrirons, ils ouvriront
Conditional	il ouvrirait, nous ouvririons, ils ouvriraient
Passé simple	il ouvrit, nous ouvrîmes, ils ouvrirent

peindre *to paint*

Present participle	peignant
Past participle	peint
Present	je peins, tu peins, il peint, nous peignons, vous peignez, ils peignent
Subjunctive	il peigne, nous peignions, ils peignent
Imperfect	il peignait, nous peignions, ils peignaient
Future	il peindra, nous peindrons, ils peindront
Conditional	il peindrait, nous peindrions, ils peindraient
Passé simple	il peignit, nous peignîmes, ils peignirent

plaire *to please*

Present participle	plaisant
Past participle	plu
Present	je plais, tu plais, il plaît, nous plaisons, vous plaisez, ils plaisent
Subjunctive	il plaise, nous plaisions, ils plaisent
Imperfect	il plaisait, nous plaisions, ils plaisaient
Future	il plaira, nous plairons, ils plairont

Conditional	il plairait, nous plairions, ils plairaient
Passé simple	il plut, nous plûmes, ils plurent

	pleuvoir *to rain*
Present participle	pleuvant
Past participle	plu
Present	il pleut
Subjunctive	il pleuve
Imperfect	il pleuvait
Future	il pleuvra
Conditional	il pleuvrait
Passé simple	il plut
Imperative	———

	pouvoir *to be able*
Present participle	pouvant
Past participle	pu
Present	je peux, tu peux, il peut, nous pouvons, vous pouvez, ils peuvent
Subjunctive	il puisse, nous puissions, ils puissent
Imperfect	il pouvait, nous pouvions, ils pouvaient
Future	il pourra, nous pourrons, ils pourront
Conditional	il pourrait, nous pourrions, ils pourraient
Passé simple	il put, nous pûmes, ils purent

	prendre *to take*
Present participle	prenant
Past participle	pris
Present	je prends, tu prends, il prend, nous prenons, vous prenez, ils prennent
Subjunctive	il prenne, nous prenions, ils prennent
Imperfect	il prenait, nous prenions, ils prenaient
Future	il prendra, nous prendrons, ils prendront
Conditional	il prendrait, nous prendrions, ils prendraient
Passé simple	il prit, nous prîmes, ils prirent

	recevoir *to receive*
Present participle	recevant
Past participle	reçu
Present	je reçois, tu reçois, il reçoit, nous recevons, vous recevez, ils reçoivent
Subjunctive	il reçoive, nous recevions, ils reçoivent
Imperfect	il recevait, nous recevions, ils recevaient
Future	il recevra, nous recevrons, ils recevront
Conditional	il recevrait, nous recevrions, ils recevraient
Passé simple	il reçut, nous reçûmes, ils reçurent

	rire *to laugh*
Present participle	riant
Past participle	ri
Present	je ris, tu ris, il rit, nous rions, vous riez, ils rient
Subjunctive	il rie, nous riions, ils rient
Imperfect	il riait, nous riions, ils riaient
Future	il rira, nous rirons, ils riront
Conditional	il rirait, nous ririons, ils riraient
Passé simple	il rit, nous rîmes, ils rirent

	rompre *to break*
Present participle	rompant
Past participle	rompu
Present	je romps, tu romps, il rompt, nous rompons, vous rompez, ils rompent
Subjunctive	il rompe, nous rompions, ils rompent
Imperfect	il rompait, nous rompions, ils rompaient
Future	il rompra, nous romprons, ils rompront
Conditional	il romprait, nous romprions, ils rompraient
Passé simple	il rompit, nous rompîmes, ils rompirent

	savoir *to know*
Present participle	sachant
Past participle	su
Present	je sais, tu sais, il sait, nous savons, vous savez, ils savent
Subjunctive	je sache, tu saches, il sache, nous sachions, vous sachiez, ils sachent
Imperfect	je savais, tu savais, il savait, nous savions, vous saviez, ils savaient
Future	je saurai, tu sauras, il saura, nous saurons, vous saurez, ils sauront
Conditional	je saurais, tu saurais, il saurait, nous saurions, vous sauriez, ils sauraient
Passé simple	je sus, tu sus, il sut, nous sûmes, vous sûtes, ils surent
Imperative	sache, sachons, sachez

	suffire *to suffice*
Present participle	suffisant
Past participle	suffi
Present	je suffis, tu suffis, il suffit, nous suffisons, vous suffisez, ils suffisent
Subjunctive	il suffise, nous suffisions, ils suffisent
Imperfect	il suffisait, nous suffisions, ils suffisaient
Future	il suffira, nous suffirons, ils suffiront
Conditional	il suffirait, nous suffirions, ils suffiraient
Passé simple	il suffit, nous suffîmes, ils suffirent

	suivre *to follow*
Present participle	suivant
Past participle	suivi
Present	je suis, tu suis, il suit, nous suivons, vous suivez, ils suivent
Subjunctive	il suive, nous suivions, ils suivent
Imperfect	il suivait, nous suivions, ils suivaient
Future	il suivra, nous suivrons, ils suivront

Conditional	il suivrait, nous suivrions, ils suivraient
Passé simple	il suivit, nous suivîmes, ils suivirent

	se taire *to be quiet*
Present participle	taisant
Past participle	tu
Present	je me tais, tu te tais, il se tait, nous nous taisons, vous vous taisez, ils se taisent
Subjunctive	il se taise, nous nous taisions, ils se taisent
Imperfect	il se taisait, nous nous taisions, ils se taisaient
Future	il se taira, nous nous tairons, ils se tairont
Conditional	il se tairait, nous nous tairions, ils se tairaient
Passé simple	il se tut, nous nous tûmes, ils se turent

	tenir *to hold*
Present participle	tenant
Past participle	tenu
Present	je tiens, tu tiens, il tient, nous tenons, vous tenez, ils tiennent
Subjunctive	il tienne, nous tenions, ils tiennent
Imperfect	il tenait, nous tenions, ils tenaient
Future	il tiendra, nous tiendrons, ils tiendront
Conditional	il tiendrait, nous tiendrions, ils tiendraient
Passé simple	il tint, nous tînmes, ils tinrent

	vaincre *to conquer*
Present participle	vainquant
Past participle	vaincu
Present	je vaincs, tu vaincs, il vainc, nous vainquons, vous vainquez, ils vainquent
Subjunctive	il vainque, nous vainquions, ils vainquent
Imperfect	il vainquait, nous vainquions, ils vainquaient
Future	il vaincra, nous vaincrons, ils vaincront
Conditional	il vaincrait, nous vaincrions, ils vaincraient
Passé simple	il vainquit, nous vainquîmes, ils vainquirent

	valoir *to be worth*
Present participle	valant
Past participle	valu
Present	je vaux, tu vaux, il vaut, nous valons, vous valez, ils valent
Subjunctive	je vaille, tu vailles, il vaille, nous valions, vous valiez, ils vaillent
Imperfect	je valais, tu valais, il valait, nous valions, vous valiez, ils valaient
Future	je vaudrai, tu vaudras, il vaudra, nous vaudrons, vous vaudrez, ils vaudront
Conditional	je vaudrais, tu vaudrais, il vaudrait, nous vaudrions, vous vaudriez, ils vaudraient
Passé simple	je valus, tu valus, il valut, nous valûmes, vous valûtes, ils valurent

	venir *to come*
Present participle	venant
Past participle	venu
Present	je viens, tu viens, il vient, nous venons, vous venez, ils viennent
Subjunctive	il vienne, nous venions, ils viennent
Imperfect	il venait, nous venions, ils venaient
Future	il viendra, nous viendrons, ils viendront
Conditional	il viendrait, nous viendrions, ils viendraient
Passé simple	il vint, nous vînmes, ils vinrent

	vivre *to live*
Present participle	vivant
Past participle	vécu
Present	je vis, tu vis, il vit, nous vivons, vous vivez, ils vivent
Subjunctive	il vive, nous vivions, ils vivent
Imperfect	il vivait, nous vivions, ils vivaient
Future	il vivra, nous vivrons, ils vivront
Conditional	il vivrait, nous vivrions, ils vivraient
Passé simple	il vécut, nous vécûmes, ils vécurent

	voir *to see*
Present participle	voyant
Past participle	vu
Present	je vois, tu vois, il voit, nous voyons, vous voyez, ils voient
Subjunctive	il voie, nous voyions, ils voient
Imperfect	il voyait, nous voyions, ils voyaient
Future	il verra, nous verrons, ils verront
Conditional	il verrait, nous verrions, ils verraient
Passé simple	il vit, nous vîmes, ils virent

	vouloir *to want*
Present participle	voulant
Past participle	voulu
Present	je veux, tu veux, il veut, nous voulons, vous voulez, ils veulent
Subjunctive	il veuille, nous voulions, ils veuillent
Imperfect	il voulait, nous voulions, ils voulaient
Future	il voudra, nous voudrons, ils voudront
Conditional	il voudrait, nous voudrions, ils voudraient
Passé simple	il voulut, nous voulûmes, ils voulurent

FRENCH-ENGLISH VOCABULARY

à in, to, at, on
abcès *(m)* abscess
abonder to abound, to be plentiful
abord: d'— at first
abrégé, -e abbreviated
abricot *(m)* apricot
abriter to shelter
absolu, -e absolute
accès *(m)* access, entry
accompagner to go with, to accompany
accomplir to accomplish
accorder to grant
*s'***accorder** to agree
accrocher to bump
accueillant, -e friendly, hospitable
achat *(m)* purchase
acheter to buy
acquérir to acquire
actualités *(f pl)* news
actuel, -elle present
actuellement now, at present
admettre to admit
affaires *(f pl)* business; transaction
affreux, -euse dreadful, terrible, horrible
afin que so that, in order that
agacé, -e irritated
agacer to get on someone's nerves
agent *(m)* agent
  — de police police officer
agir to act
*s'***agir de** to be a question of
agneau *(m)* lamb
agrafe *(f)* staple
agrafeuse *(f)* stapler
agrandissement *(m)* expansion
agréable pleasant
agressivité *(f)* aggressiveness
*s'***agripper à** to grab
aïe! ow!
aigu, aiguë sharp, acute
aiguilleur, -euse *(m, f)* **du ciel** air traffic controller
aile *(f)* wing
ailleurs elsewhere
  d'— besides
ainsi thus, so
  pour — dire so to speak
air *(m)* air
  avoir l'— to look, to seem
aise *(f)* ease
  à l'— at ease
aisé, -e well-to-do
ajouter to add
alcootest *(m)* blood alcohol test
Allemagne *(f)* Germany
aller to go
  s'en — to go away
alliance *(f)* wedding ring
allonger to stretch out
allumer to light
alors then; therefore, so; well then
  — que even though
alouette *(f)* lark
alpinisme *(m)* mountain climbing
amande *(f)* almond
ambiance *(f)* atmosphere
ambulance *(f)* ambulance
amélioration *(f)* improvement
améliorer to improve
aménagé, -e fixed up
amener to lead, to bring
*s'***amener** to show up *(slang)*
amitié *(f)* friendship
amour *(m)* love
ampoule *(f)* light bulb
amuser to amuse
*s'***amuser** to have fun
an *(m)* year
analyse *(f)* analysis, test
ancêtre *(m)* ancestor
ancien, -enne ancient, old; former
anesthésique *(m)* anesthetic
Angélus *(m)* prayer said at morning, noon, and evening
animer to encourage
anneau *(m)* ring
année *(f)* year
anniversaire *(m)* birthday
annonce *(f)* announcement
  petites —s classified advertisements
apercevoir to notice, to perceive
*s'***apercevoir** to become noticeable; to become aware of
apparaître to appear
appareil *(m)* telephone receiver
apparier to match
appartenance *(f)* belonging, membership
appartenir to belong
appeler to call
*s'***appeler** to be named
appendice *(m)* appendix
appendicite *(f)* appendicitis
applaudir to applaud
apporter to bring
apprendre to learn
*s'***approcher** to come closer
après after
  d'— based on, according to
araignée *(f)* spider
arbre *(m)* tree
archange *(m)* archangel
arche *(f)* ark
  Arche de Noé Noah's Ark
argent *(m)* money
argenté, -e silvery; silver-plated
armée *(f)* army
armement *(m)* arm
armoire *(f)* cupboard
arracher to pull out
arrêt *(m)* stopping, stop
arrêter to stop; to arrest
arrière *(m)* rear, back
arriver to arrive; to happen
arroser to sprinkle; to spend money like water *(slang)*
*s'***asseoir** to sit
ascenseur *(m)* elevator
assiette *(f)* plate
assister to aid, to assist
  — à to attend
assurance *(f)* insurance; confidence
  — tous risques comprehensive insurance
astre *(m)* star; heavenly body
attacher to fasten
atteindre to reach, to attain
attendre to wait, to wait for
attente *(f)* wait
  liste d'— waiting list
attention à look out for
atterrir to land (airplane)
atterrissage *(m)* airplane landing
attirer to attract
attraper to catch
attribution *(f)* awarding
aucun, -e not any, no
au-dessous beneath
au-dessus above
auditeur, -trice *(m, f)* unregistered student
auprès de near
aussitôt immediately
  — que as soon as
autant as many, so many
auteur *(m)* author
autocar *(m)* bus
autonomie *(f)* independence
autoroute *(f)* highway
auto-stop *(m)* hitchhiking
autour de around
autre other
autrefois in the past
avaler to swallow
  — de l'air to inhale
avare *(m, f)* miser, miserly
avance *(f)* payment in advance, deposit
  à l'— in advance
*s'***avancer** to come forward
avant before
  — hier the day before
  roue — front tire
avenir *(m)* future
aveugle blind
avis *(m)* opinion
  changer d'— to change one's mind
avoir to have
  — l'air to look, to seem

avoir (cont.)
— **beau** to do in vain
— **besoin de** to need
— **le cafard** to feel down in the dumps
— **le cœur gros** to have a heavy heart
— **la dent dure** to have a nasty tongue
— **faim** to be hungry
— **honte** to be ashamed
— **lieu** to take place
— **marre de** to be fed up with
— **le moral à zéro** to be down in the dumps
— **une pêche (du tonnerre)** to have things going great
— **de la peine** to be sad, to be upset
— **raison** to be right
— **soif** to be thirsty
— **tendance à** to have a tendency to
— **tort** to be wrong
ne pas — le moral to feel down in the dumps
qu'est-ce que tu as? what's the matter?

baba astonished
baccalauréat *(m)* baccalaureate degree, baccalaureate exam
bagnole *(f)* car *(slang)*
bague *(f)* ring
— **de fiançailles** engagement ring
baguette *(f)* loaf of French bread
baigner to bathe, to wash
se **baigner** to bathe, to go swimming
baiser *(m)* kiss
baisse *(f)* decline, lowering
Balance *(f)* Libra
balayer to sweep
bander to bandage
bande dessinée *(f)* comic strip
banlieue *(f)* suburb
barbarisme *(m)* word, phrase, or expression not accepted as standard
barbe *(f)* beard
barrer to steer
bas, basse low
basse-cour *(f)* barnyard
bateau *(m)* boat
bâtiment *(m)* building
bâtir to build
battre to beat
se **battre** to fight
bavarder to chat
bec *(m)* beak
Bélier *(m)* Aries
bénin, bénigne harmless
béquille *(f)* crutch
berger, -ère *(m, f)* shepherd
berger allemand German shepherd
besoin *(m)* need
avoir — to need
bête *(f)* animal
bêtise *(f)* stupidity; nonsense
bibiche *(f)* sweetheart
bichette *(f)* darling
bidonville *(m)* slum
bien well
— **des** many
— **que** although
bien-aimé, -e *(m, f)* beloved
bientôt soon
bienvenue *(f)* welcome
bijou *(m)* jewel
bilingue bilingual
billet *(m)* ticket; bill (currency)
biquet, -ette *(m, f)* darling
biscuit *(m)* cookie
blairer to stand *(slang)*
blanc, -che white
blanchisserie *(f)* laundry
blesser to hurt, to injure, to wound
blessure *(f)* injury, wound
bloc *(m)* writing pad
blouson *(m)* waist-length jacket
bœuf *(m)* beef; ox
boire to drink
bois *(m)* wood
boisson *(f)* drink
boîte *(f)* box; can; carton
bol *(m)* bowl
bonheur *(m)* happiness
bonjour *(m)* hello
simple comme — easy as pie
bord *(m)* side, edge, rim
à — aboard
de — on board (vehicle)
— **de la mer** seashore
à pleins — s freely
bordé, -e bordered
bordure *(f)* border
bosse *(f)* bump
bosser to slave away
botte *(f)* bunch
botter to like
ça me botte I go for that
bouche *(f)* mouth
bouchée *(f)* mouthful
boucherie *(f)* butcher shop
bouclé, -e curly
bouffer to eat *(slang)*
bouger to move
boum *(f)* party *(slang)*
boumer: ça boume everything's great *(slang)*
bouquet *(m)* bunch
bouquin *(m)* book *(slang)*
bourdon *(m)* bumblebee
bourse *(f)* scholarship
bout *(m)* end, tip
bouteille *(f)* bottle
bouton *(m)* bump from insect bite; button
boxe *(f)* boxing
brancard *(m)* stretcher
bras *(m)* arm
bref, brève brief
briller to shine
broder to embroider
brosser to brush
bruit *(m)* noise
brûler to burn
l'argent lui brûle les doigts money burns a hole in his/her pocket
brumes *(f, pl)* fog
brumeux, -euse foggy
buffet *(m)* buffet; sideboard; restaurant in airport or train station
bureau *(m)* office

cabinet *(m)* doctor's office
cacher to hide
cadeau *(m)* gift
cadence *(f)* schedule
cafard *(m)* cockroach
avoir le — to be down in the dumps *(slang)*
ficher le — à quelqu'un to make someone feel fed up *(slang)*
cahier *(m)* notebook, workbook
caisse *(f)* cashier's window, cash register, checkout counter
calcul *(m)* calculation
calculatrice *(f)* calculator
calmant, -e soothing
caméra *(f)* movie camera
camion *(m)* truck
campagne *(f)* campaign; countryside
canal, -aux *(m)* canal
canapé-lit *(m)* convertible sofa
capitale *(f)* capital
capter to pick up (a broadcast)
car because, for
car *(m)* bus
carburant *(m)* fuel
carie *(f)* cavity
carnet *(m)* notebook
— **d'adresses** address book
carré, -e square
carreau *(m)* windowpane
carrelage *(m)* tile
carrière *(f)* career
carte *(f)* card; map
— **d'embarquement** boarding pass
cartouche *(f)* cartridge
cas *(m)* case
casquette *(f)* cap
casser to break
— **les pieds à quelqu'un** to be a pain, to be a bore *(slang)*

cause *(f)* cause
 à — de because of
cave *(f)* cellar
caveau *(m)* vault
ce, cet, cette, ces this, that, these, those
ceinture *(f)* belt
 — de sécurité seat belt
cela that
célèbre famous
celui, celle, ceux, celles this one, that one, these, those
 celui-ci the latter; this one
 celui-là the former; that one
centaine *(f)* about a hundred
certain, -e certain, sure
cesser to cease, to stop
chacun, -e each one
chaîne *(f)* channel; range (mountains)
 — stéréo stereo system
chaise *(f)* chair
châle *(m)* shawl
chaleureusement warmly
chaleureux, -euse warm
chamboulé, -e confused, messed up
chambre *(f)* room, bedroom
champ *(m)* field
chance *(f)* luck
changement *(m)* change
changer to change
chanson *(f)* song
chansonnier, -ière *(m, f)* songwriter
chanter to sing
chapeau *(m)* hat
chaque each
charbon *(m)* coal
charcuterie *(f)* pork butcher shop
charge *(f)* load
 à la — de to be paid for by
charger to commission, to assign, to load
chasse *(f)* hunting
chasser to hunt; to drive off
chat *(m)* cat
chatte *(f)* female cat
chaud, -e warm, hot
chauffage *(m)* heating
chauffeur *(m)* driver
chaussée *(f)* roadway
chaussette *(f)* sock
chaussure *(f)* shoe
chaux *(f)* **blanche** whitewash
chelem: le Grand Chelem Grand Slam (tennis)
chemin *(m)* path, road, way
cheminée *(f)* fireplace
chemise *(f)* shirt
cher, chère dear; expensive
chéri, -e *(m, f)* dear, darling
chérir to cherish
cheval *(m)* horse
cheveux *(m pl)* hair
cheville *(f)* ankle
chiffre *(m)* number, figure
chimie *(f)* chemistry
chip *(m)* potato chip
chirurgien, -enne *(m, f)* surgeon
choix *(m)* choice
chômage *(m)* unemployment
 au — unemployed
chômeur, -euse *(m,f)* unemployed person
choqué, -e shocked
chose *(f)* thing
chou *(m)* cabbage; cute, nice
chou-fleur *(m)* cauliflower
chrétien, -enne Christian
cicatrice *(f)* scar
ciel *(m)* sky
cigale *(f)* cicada
cimetière *(m)* cemetery
cinéaste *(m, f)* filmmaker
circonstance *(f)* circumstance
circulation *(f)* traffic
circuler to move about
 — à bicyclette to ride a bicycle
ciseaux *(m pl)* scissors
clair, -e clear, light
claquer du fric to blow one's money *(slang)*
classement *(m)* ranking
classer to rank
clé *(f)* key
clerc *(m)* clerk
client, -e client, customer
clignotant *(m)* directional signal
cochon *(m)* pig
code *(m)* **de la route** driving rules and regulations
cœur *(m)* heart
 avoir le — gros to have a heavy heart
coffre *(m)* chest; trunk
coiffeur, -euse *(m, f)* hairdresser
coiffure *(f)* hairdo
coin *(m)* corner
colère *(f)* anger
collège *(m)* secondary school
coller to stick
 ça colle OK
collier *(m)* necklace, collar
coloration *(f)* dyeing, coloring
combatif, -ive combative
combattre to fight, to combat
comestible edible
commandement *(m)* command, order
commander to order
comme as, since, like
 — tel (telle) as such
commencement *(m)* beginning
commerçant, -e *(m,f)* shopkeeper, merchant
commerce *(m)* commerce
 école de — business school
commettre to commit, to make
commun, -e common
communauté *(f)* community
complet, -plète complete, full
comportement *(m)* behavior
comprendre to understand; to include
compris, -e included
comptable *(m, f)* accountant
comptabilité *(f)* accounting
compte *(f)* account
 — en banque bank account
 — d'épargne savings account
compter to count; to expect; to intend
comptine *(f)* counting song or rhyme
comptoir *(m)* counter
comte *(m)* count
conciliant, -e conciliatory
concilier to reconcile
conclure to conclude, to end; to make (a bet)
conduire to drive; to lead, to conduct
conduite *(f)* conduct
confectionner to make
conférence *(f)* lecture
confiance *(f)* confidence; trust
conformément à in accordance with
congelé, -e frozen
connaissance *(f)* knowledge; acquaintance; consciousness
 prendre — de to become aware of
 reprendre — to regain consciousness, to come to
connaître to know
conquérir to conquer
conscience *(f)* consciousness
conseil *(m)* advice
conseiller to advise
conséquent: par — therefore, as a result
conserver to keep
consommer to consume
consonne *(f)* consonant
construire to build, to construct
conte *(m)* story
contenir to contain
content, -e glad, happy, pleased
contenu *(m)* contents
contester to dispute, to challenge
contraire *(m)* contrary, opposite
contrat *(m)* contract
contre against
convaincre to convince
convenir to fit, to suit
copain, copine *(m, f)* friend, pal
coq *(m)* rooster
coquet, -ette flirtatious
corbeau *(m)* crow
corde *(f)* rope
 — à linge clothesline

corne *(f)* horn
cortège *(m)* procession
côte *(f)* coast
côté *(m)* side
  à — de beside, next to
côtelette *(f)* chop
côtier, -ière coastal
coton *(m)* cotton
cou *(m)* neck
coucher *(m)* **du soleil** sunset
coucher to put to bed
se **coucher** to go to bed
coude *(m)* elbow
coudre to sew
couloir *(m)* corridor, hall, aisle
  siège côté — aisle seat
coup *(m)* blow, strike
  — de fil phone call
  — de foudre love at first sight
  — de fusil rifle shot
  — de peigne comb-out
coupable guilty
coupe *(f)* cup; cut
  — de cheveux haircut
couper to cut
coupure *(f)* break, cut (power)
cour *(f)* court, courtyard
courant *(m)* trend, current
  — d'air draft
  au — up-to-date, aware
courant, -e current; running (water)
courir to run
couronne *(f)* funeral wreath; crown
couronner to crown
cours *(m)* course, class
  au — de over, during
  en — de during
course *(f)* race; outing
  — aux armements arms race
  faire des —s to go shopping
court *(m)* tennis court
court, -e short
courtoisie *(f)* courtesy
couscous *(m)* couscous (type of pasta)
coussin *(m)* cushion
couteau *(m)* knife
coûter to cost
coutume *(f)* custom
couturier, -ière *(m,f)* fashion designer
couvent *(m)* convent
couvert *(m)* place setting
couvert, -e overcast
couverture *(f)* blanket
couvrir to cover
craindre to fear
crainte *(f)* fear
  de — que for fear that
cravate *(f)* tie
crayon *(m)* pencil
créer to create
crémerie *(f)* dairy store
cri *(m)* shout
crier to shout
crise *(f)* emergency, attack
  en — in danger
crocodile *(m)* crocodile
croire to believe
cru *(m)* vintage
cueillir to pick, to gather
cuisine *(f)* kitchen; cooking
cuisiner to cook
cuisinière *(f)* stove
cuit, -e cooked
cure-dents *(m)* toothpick

dactylo *(m,f)* typist
d'ailleurs besides
d'après according to
dard *(m)* stinger
dater de to date from
dauphin *(m)* heir apparent to the throne
davantage more
débat *(m)* discussion
débats *(m pl)* proceedings
débordant, -e overflowing
décerner to award
décès *(m)* death
debout upright
  se tenir — to sit or stand up straight
décollage *(m)* airplane takeoff
décoller to take off (airplane)
décor *(m)* decor; stage setting
découvert, -e uncovered
découvrir to discover
décrire to describe
dedans inside
défaut *(m)* fault
défendre to forbid
défense *(f)* tusk; defense
défense de it is forbidden to
définitivement permanently
défunt, -e late, deceased
dégoûtant, -e disgusting
dehors outside
  en — de apart from
déjeuner *(m)* lunch
  petit — breakfast
délavé, -e faded
délectation *(f)* delight
délicatesse *(f)* refinement
déluge *(m)* flood
demande *(f)* request
demander to ask, to ask for
déménager to move (from one dwelling to another)
demeurer to stay, to remain; to live
demi, -e half
démodé, -e old-fashioned
demoiselle *(f)* **d'honneur** maid of honor
dénicher to discover
dent *(f)* tooth
  avoir la — dure to have a nasty tongue
département *(m)* department (administrative division of France)
dépassé, -e obsolete; out of date
dépasser to pass
dépendre to depend
dépense *(f)* expenditure
dépenser to spend (money)
déplaire to displease, to offend
déprimé, -e depressed
depuis since; for (time)
député *(m)* deputy, representative
dernier, -ière last, latest; latter
derrière behind
dès from
  — que as soon as
désastre *(m)* disaster
descendre to get off, to get down; to bring down
désespoir *(m)* despair
désigner to indicate
désolé, -e sorry; distressed
désordonné, -e disorganized
dessin *(m)* drawing
dessinateur, -euse *(m,f)* designer; cartoonist
dessiner to draw, to design
dessous under
dessus above
destin *(m)* destiny, fate
détester to hate
détourner to turn away
dette *(f)* debt
devant in front of, before, ahead of
devenir to become
déviation *(f)* detour
deviner to guess
devoir to have to; to owe
devoirs *(m pl)* homework
dévoué, -e dedicated, devoted
diffuser to broadcast, to send out
dignitaire *(m)* dignitary
digue *(m)* dike
diminuer to reduce, to decline
dinde *(f)* female turkey
dindon *(m)* turkey
dingue crazy *(slang)*
diplôme *(m)* diploma, degree
dire to say
  — du mal de to say bad things about
  vouloir — to mean
diriger to manage, to direct
se **diriger vers** to go toward, to walk over to
discours *(m)* speech
disparaître to disappear
disponible available
disposer de to have at one's disposal
disputer to contest, to argue

disque *(m)* record
distinguer to distinguish
distraitement absent-mindedly
diversité *(f)* variety
divertissement *(m)* enjoyment
doigt *(m)* finger
dominer to dominate
dommage: c'est — it's too bad
donc therefore, thus
domicile *(m)* home
donner to give
  — un coup de clé to turn the switch or handle
  — sur to face
dont whose
dormir to sleep
dos *(m)* back
dossier *(m)* **du siège** seat back
douane *(f)* customs
doucement softly, gently
douche *(f)* shower
douleur *(f)* pain, sorrow
douloureux, -euse painful
doute *(f)* doubt
  sans — probably
doux, douce gentle, mild, sweet
drapier *(m)* cloth merchant
dresser to draw up
droit *(m)* right, law
drôle funny
duc *(m)* duke
dur, -e hard, harsh
durant during
durée *(f)* duration
durer to last
duvet *(m)* down

eau *(f)* water
ébéniste *(m)* cabinetmaker
échange *(m)* exchange
échanger to exchange
écharpe *(f)* scarf
échouer à to fail
éclairage *(m)* lighting
éclaircie *(f)* sunny spell, clearing (weather)
éclairer to light up
éclater to burst
économie *(f)* saving
  faire des —s to save money
écouteurs *(m pl)* earphones
écraser to crush
écrire to write
écriture *(f)* writing
écrivain *(m)* writer
écurie *(f)* stable
effacer to erase
effectivement really, indeed
effectuer to carry out
effet *(m)* effect
  en — as a matter of fact, indeed
effrayant, -e terrible, appalling, frightful

égal, -e, égaux equal
également also, likewise
égard: à l'— de with regard to
église *(f)* church
*s'***élancer** to rush
électrocardiogramme *(f)* electrocardiogram
électromécanique *(f)* electrical engineering
élevé, -e raised, brought up; high
élire to elect
éloigné, -e distant, far away
éloigner to drive away
*s'***éloigner** to move away, to go off
embarquement *(m)* boarding, loading
  carte d'— boarding pass
  porte d'— boarding gate
embêtant, -e annoying
embouchure *(f)* mouth (river)
embrasser to kiss; to embrace, to hug
émeraude *(f)* emerald
émerveillé, -e astonished
émission *(f)* broadcast, program
emmener to take (someone somewhere)
emmerdant, -e annoying *(slang)*
emplacement *(m)* location, site
emploi *(m)* employment
employer to use; to employ
emporter to take along, to take away
emprunter to borrow
emprunteur, -euse *(m, f)* borrower
encore still; again
encre *(f)* ink
*s'***endormir** to fall asleep
endroit *(m)* place
énervé, -e nervous, irritated
enfance *(f)* childhood
enfant *(m, f)* child
enfin finally
enfermer to lock up
enflé, -e swollen
enlever to take off, to remove
ennui *(m)* problem, trouble; boredom
ennuyer to bore, to bother, to worry
ennuyeux, -euse boring, tedious
énorme huge, enormous
enrichir to enrich
enseignant *(m)* teacher
enseignement *(m)* teaching
enseigner to teach
ensemble together
ensoleillé, -e sunny
ensuite next, then
entier, -ière whole, entire
entendre to hear; to understand; to intend
  bien entendu of course
entourer to surround

entre between
entrée *(f)* entrance; entrance hall
entreprendre to undertake
entreprise *(f)* business
entretenir to maintain
entrouvert, -e ajar
énumérer to enumerate, to recite
envahir to invade
enveloppe *(f)* envelope
environ about, approximately
envisager to foresee, to contemplate
envoyer to send
épais, -aisse thick, deep
épargner to save (money); to spare
épaté, -e amazed
épaule *(f)* shoulder
épicé, -e spicy
épicerie *(f)* grocery store
épicier, -ière *(m, f)* grocer
épingle *(f)* pin
  — à linge clothespin
époque *(f)* era
épouse *(f)* wife
épouser to marry
épouvantable terrible, dreadful, appalling
époux *(m)* husband
  nouveaux — newlyweds
épreuve *(f)* trial, ordeal
épris, -e in love
équilibre *(m)* balance
équipage *(m)* crew
équipe *(f)* team
ère *(f)* era
escalier *(m)* staircase
escargot *(m)* snail
espagnol, -e Spanish
espèce *(f)* type, sort
espérer to hope
espoir *(m)* hope
esprit *(m)* spirit
essayer to try, to try on
essence *(f)* gasoline
est east
estomac *(m)* stomach
essuyer to wipe
établir to establish
étage *(m)* floor, story
état *(m)* state; condition
été *(m)* summer
éteindre to put out, to turn off
étendre to stretch, to spread
étoile *(f)* star
  — filante shooting star
étonné, -e surprised
*s'***étonner** to be surprised
étranger, -ère foreign; foreigner
  à l'étranger abroad
être to be
étroit, -e narrow
étudier to study
*s'***évanouir** to faint
événement *(m)* event

éviter to avoid
examen *(m)* examination, test
exercer to practice (a profession)
exigeant, -e demanding
exiger to require
expérimenté, -e experienced
explication *(f)* explanation
expliquer explain
exploser to explode
exposé *(m)* report
expo(sition) *(f)* exhibit
exprimer to express
extérieur *(m)* outside; abroad
extérieur, -e outdoor, outside
extrait *(m)* excerpt

fabuliste *(m, f)* writer of fables
fâché, -e angry
facile easy
façon *(f)* way, manner
  de — que so that
  de toute — in any case
facteur *(m)* letter carrier
faculté *(f)* school (university division); ability
faim *(f)* hunger
  avoir — to be hungry
faire to do, to make
  — de l'auto-stop to hitchhike
  — la connaissance de to meet
  — des économies to save money
  — du français to study French
  — gaffe to be careful
  — une gaffe to make a blunder
  — la queue to stand in line
  — mal to hurt
  — part to announce
  — peur to frighten
  — son manger to cook one's meals
  — un voyage to take a trip
faire-part *(m)* announcement
fait *(m)* fact
  — divers brief news items
falloir to be necessary
familial, -e, -aux, -ales family
fana *(m, f)* fan
fasciner to fascinate
fatigué, -e tired
fauché, -e broke (without money)
faute *(f)* mistake; fault
fauteuil *(m)* armchair
  — roulant wheelchair
favori, -ite favorite
favoris *(m pl)* sideburns
faux, fausse false
fée *(f)* fairy
féliciter to congratulate
femelle *(f)* female
fenêtre *(f)* window
fer *(m)* iron
ferme *(f)* farm
ferme solid, strong
fermer to close
fermette *(f)* country cottage
fermier, -ière *(m, f)* farmer
fermoir *(m)* clasp
fête *(f)* party, festival
fêter to celebrate
feuille *(f)* leaf; sheet
feu *(m)* fire; light
fiançailles *(f pl)* engagement
se **fiancer** to get engaged
ficher: — le cafard à quelqu'un to make someone feel fed up
se **ficher de quelqu'un** to pull someone's leg, to put someone on *(slang)*
fidèle faithful
fier, fière proud
se **figer** to stand still, to remain frozen
figue *(f)* fig
figure *(f)* face
figurer to figure
fille *(f)* girl; daughter
fils *(m)* son
fin *(f)* end
fin, -e fine
financier, -ière financial
finir to finish
  — par to end up by
fixer to set; to attach
fleur *(f)* flower
fleuve *(m)* river
flot *(m)* wave
  à —s in torrents
flotter to waver
flouse cash, dough, bread *(slang)*
fois *(f)* time
  à la — at the same time
folklore *(m)* ethnic customs
fond *(m)* background
  au — at the end, at the back
fondation *(f)* founding
fonder to found
fontaine *(f)* fountain
force *(f)* strength
forêt *(f)* forest
forge *(f)* forge
forgeron *(m)* blacksmith
formation *(f)* training
former to train
se **former** to train (be trained)
formidable great, terrific
formulaire *(m)* form
fort strongly
fort, -e strong
fou, folle crazy
foudre *(m)* lightning
  coup de — love at first sight
fouetter to whip
  avoir d'autres chats à — to have better things to do *(slang)*
foule *(f)* crowd
se **fouler** to sprain
fourchette *(f)* fork
fourmi *(f)* ant
frais, fraîche fresh, cool
frais *(m pl)* expenses
  — d'inscription tuition
fraise *(f)* strawberry; dentist's drill
franc, franche frank
franchement frankly
francophone French-speaking
frangin *(m)* brother *(slang)*
frapper to knock; to strike
frelon *(m)* hornet
fréquentation *(f)* company, association
fric *(m)* cash, dough *(slang)*
  avoir plein de — to be loaded *(slang)*
frigidaire *(m)* refrigerator
frisé, -e curly
froissé, -e wrinkled
froid, -e cold
  avoir froid to feel cold
fromage *(m)* cheese
frontière *(f)* border
fuite *(f)* escape
  prendre la — to run away
fumée *(f)* smoke
fumer to smoke
furax furious *(slang)*
furibard, -e furious *(slang)*
fusil *(m)* rifle

gâcher to spoil, to waste
gaffe *(f)* blunder
  faire — to be careful, to look out
  faire une — to make a blunder
gagner to win; to earn
  — la vie to earn a living
gagneur, -euse *(m, f)* winner; hardworking
galop *(m)* gallop
galette *(f)* money, dough *(slang)*
  avoir plein de — to be loaded *(slang)*
gallicisme *(m)* French idiom
garantir to guarantee
garçon d'honneur *(m)* best man
garder to keep, to guard
gardien, -enne *(m, f)* **d'enfants** babysitter
gare *(f)* train station
garer to park
gars *(m)* boy *(slang)*
gâteau *(m)* cake
gauche left
gazer: ça gaze things are great *(slang)*
  ça gaze? how are things *(slang)*
  ça gaze au poil things are really going great *(slang)*
gazeux, -euse carbonated, gaseous
géant, -e great, wonderful
Gémeaux *(m pl)* Gemini
gencives *(f pl)* gums

gendarme *(m)* police officer
gendre *(m)* son-in-law
gêner to bother, to disturb, to upset
génie *(m, f)* genius
genoux *(m pl)* knees, lap
genre *(m)* type
gentil, -ille nice, pleasant
gentiment in a nice way
geste *(m)* movement, gesture
gilet *(m)* **de sauvetage** life jacket
glace *(f)* ice; ice cream
  laisser de — to leave (someone) cold
gloire *(f)* glory
gorge *(f)* throat
gorgée *(f)* gulp
gomme *(f)* eraser
goût *(m)* taste
goûter to taste, to savor
grain *(m)* **de beauté** mole, beauty spot
grand-chose a great deal
grange *(f)* barn
gras, -asse fat (meat); fatty
gratter to scratch
gratuit, -e free
grave serious
graviter to orbit
grec, grecque Greek
grenier *(m)* attic
grièvement severely
griffe *(f)* designer label
grincheux, -euse grumpy
grippe *(f)* influenza
grippe-sou penny-pincher, skinflint
gris, -e gray
gros, -osse big, stout, heavyset
grossier, -ière coarse
grossir to increase, to gain weight
  — les rangs to swell the ranks
guêpe *(f)* wasp
guère: ne . . . — hardly
guerre *(f)* war

habileté *(f)* skill
habiller to dress
habit *(m)* outfit
habits *(m pl)* clothes
habitant *(m)* inhabitant, citizen, occupant
habitation *(f)* dwelling
habiter to live in
habitude *(f)* habit
  avoir l'— to be accustomed
habituel, -elle customary
habituellement usually
***haché, -e** chopped
***haine** *(f)* hatred
***halle** *(f)* covered market
***hanche** *(f)* hip
***hasard** *(m)* chance

*Indicates an aspirate *h*.

***hâte** *(f)* haste
  avoir — de to hurry to
***haut** *(m)* top
***haut, -e** high
  à haute voix aloud
hebdo *(m)* weekly
***hein?** (expresses surprise) eh? what?
herbe *(f)* grass
héréditaire hereditary
héritage *(m)* inheritance
hériter to inherit
hier yesterday
  — soir last night
histoire *(f)* story; history
***homard** *(m)* lobster
honnêteté *(f)* honesty
***honte** *(f)* shame
  avoir — to be ashamed
***hoquet** *(m)* hiccup
horloge *(f)* clock
***hors** outside
  — de out of
hôte *(m)* host
hôtesse *(f)* hostess
  — de l'air stewardess
***hublot** *(m)* porthole; airplane window
***huguenot** *(m)* Huguenot
huile *(f)* oil
humeur *(f)* mood, disposition, spirits
hygiénique: papier — toilet paper

île *(f)* island
illimité, -e unlimited
illuminer to light up
illustre illustrious
*s'***illustrer** to become famous
image *(f)* picture
immatriculation registration
immeuble *(m)* apartment building
immigré, -e *(m, f)* immigrant
immobilier *(m)* real estate
*s'***immobiliser** to come to a stop
imprévu, -e unexpected
incendie *(m)* fire
inclure to include
inclus, -e included
inconscient *(m)* subconscious, unconscious
incroyable incredible
indemne unhurt
indiquer to indicate
indispensable necessary
inégalité *(f)* inequality
infirmer, -ière *(m, f)* nurse
informaticien, -ienne *(m,f)* computer scientist
informatique *(f)* data processing
inhumation *(f)* burial
inondation *(f)* flood
inquiet, -iète worried, anxious

*s'***inquiéter** to worry
inquiétude *(f)* worry
inscription *(f)* registration, enrollment
  frais d'— tuition
inscrire to write down
*s'***inscrire** to enroll
insensibiliser to anesthetize
insister to insist
*s'***installer** to settle
insuffisance *(f)* shortage
insuffisant, -e insufficient
interdiction *(f)* ban
interdire to forbid
interdit, -e forbidden
intéresser to interest
*s'***intéresser** to be interested
interroger to question
interrompre to interrupt
intervenir to intervene; to come (in person)
intime close, intimate
intimider to intimidate
intituler to title
intrigue *(f)* plot
invité, -e *(m, f)* guest
invraisemblable unbelievable, not true to life
isolement *(m)* loneliness, isolation
issue *(f)* outcome

jaloux, -ouse jealous
jambe *(f)* leg
jambon *(m)* ham
jardin *(m)* garden
jeter to throw; to throw away
se **jeter** to flow
jeu *(m)* game
joindre to meet; to join
  — les deux bouts to make ends meet
joue *(f)* cheek
jouer to play
  — à (games, sports)
  — de (musical instruments)
jour *(m)* day
  de nos —s nowadays
journal *(m)* newspaper
journée *(f)* day, daytime
joyeux, -euse merry, joyful
juge *(m)* judge
juif, -ive Jewish
jumeler to match
jupe *(f)* skirt
jupette *(f)* tennis skirt
jurer to swear, to vow, to pledge
jusqu'à up to, as far as
  — ce que until
jusqu'en until
jusque-là until then, up to that point
juste just, right
justement exactly, precisely

kermesse *(f)* fair, bazaar
kilométrage *(m)* mileage
kiosque *(m)* newsstand

là there
là-dedans inside, in there
lacet *(m)* hairpin curve
laine *(f)* wool
laisser to let, to allow
lait *(m)* milk
laitue *(f)* lettuce
lancement *(m)* launching
lancer to launch
langage *(m)* language, jargon, speech
langue *(f)* language; tongue
laque *(f)* hair spray
large wide
larme *(f)* tear
lavabo *(m)* sink
lavage *(m)* washing
laver to wash
laverie *(f)* launderette
lent, -e slow
lenteur *(f)* slowness
lequel, laquelle, lesquels, lesquelles which one(s)
lessive *(f)* laundry soap
lever to lift
se **lever** to get up
lever *(m)* **du jour** dawn
lever *(m)* **du soleil** sunrise
libre free, available
lier to bind, to tie, to connect
lieu *(m)* place
  avoir — to take place
limitation *(f)* restriction, limit
linge *(m)* laundry
Lion *(m)* Leo
lire to read
lit *(m)* bed
living *(m)* living room
livre *(f)* pound
livre *(m)* book
locataire *(m, f)* tenant
location *(f)* rental
locution *(f)* expression; phrase
logement *(m)* housing, lodging
loger to house
loi *(f)* law
loin far away
lointain, -e distant, remote
loisirs *(m pl)* leisure; leisure activities
long: le — de along, the length of
  tout au — de throughout
long, longue long
longtemps a long time
longueur *(f)* length
lors de at the time of
lorsque when
loto *(m)* lottery
louer to rent
loup *(m)* wolf
lourd, -e heavy
loyer *(m)* rent
lumière *(f)* light
lumineux, -euse illuminated
lune *(f)* moon
lutter to struggle, to fight

mâcher to chew
machine *(f)* **à écrire** typewriter
Maghreb *(m)* Maghreb (Morocco, Algeria, Tunisia)
magnifique magnificent
main *(f)* hand
maintenir to keep up, to maintain
maire *(m)* mayor
mairie *(f)* town hall
maître *(m)* master
maîtresse *(f)* **de maison** lady of the house
malgré in spite of
malheureusement unfortunately
malheureux, -euse unhappy
malle *(f)* trunk
manche *(f)* sleeve
manchette *(f)* headline
manier to handle
manière *(f)* manner
  de — que so that
manifestation *(f)* demonstration
manifester to show, to demonstrate
manipuler to run, to use, to operate
manœuvre *(f)* maneuver
  fausse — wrong move, mistake
manquer to miss; to lack
marais *(m)* swamp, marsh
marchand, -e *(m,f)* merchant
marche *(f)* step
marché *(m)* market
marcher to walk, to march; to run (machine)
  — avec to go along with
mari *(m)* husband
marié *(m)* groom
  nouveaux mariés *(m pl)* newlyweds
mariée *(f)* bride
se **marier avec** to get married to
marin, -e sea
marine *(f)* navy
  bleu — navy blue
marque *(f)* brand, make
marre: avoir — de to be fed up
matière *(f)* subject (school)
matin *(m)* morning
  au petit — early in the morning
matinal, -e, -aux, -ales morning
maussade glum, morose, gloomy
mec *(m)* guy *(slang)*
mécanicien, -enne *(m, f)* mechanic
méchant, -e naughty; vicious (dog)
mécontentement *(m)* displeasure, discontent, unhappiness
médaille *(f)* medal
médecin *(m)* doctor
médicament *(m)* medication
meilleur, -e better
  le, la — (e) best
mélange *(m)* mixture
même same; very
  de — likewise
mémoire *(f)* memory
menace *(f)* threat, menace
menacer to threaten
ménage *(m)* household
  femme de — housekeeper
mener to lead
  — un train de vie élevé to live high on the hog
mensonge *(m)* lie
mensuel, -elle monthly
mentir to lie
menton *(m)* chin
menuisier *(m)* carpenter
mépriser to despise
mériter to deserve
merveilleux, -euse wonderful; of fantasy (literature)
mesure *(f)* measurement
  avec — with restraint
métier *(m)* job, occupation, trade
métro *(m)* subway
mettre to put, to put on
  se — à to begin
  se — d'accord sur to agree upon
  se — en colère to become angry
  — en évidence to reveal
  — en scène to stage, to direct, to present
meublé, -e furnished
meubles *(m pl)* furniture
mi-chemin: à — halfway there
micro *(m)* microphone, mike
mieux better
  le, la, les — the best
mignon, -onne cute
milliardaire *(m, f)* multimillionaire
millier *(m)* about a thousand
minimiser to make little of
mise *(f)* **en plis** set (hair)
  mise *(f)* **en scène** production
misère *(f)* misery
mitaine *(f)* mitten
mixte mixed girls and boys (coeducational)
mobylette *(f)* moped
moche awful, unpleasant, dull, ugly
mode *(f)* fashion
  à la — in style
modique moderate, reasonable
mœurs *(f pl)* customs
moins less
  à — que unless
  — de less, fewer
  — que less than
moitié *(f)* half

molaire *(f)* molar
mondain, -e worldly; society
mondial, -e, -aux, -ales world-wide
mongolfière *(f)* hot-air balloon
monnaie *(f)* change
mont *(m)* mount, mountain
montagneux, -euse mountainous
montant *(m)* amount
monter to take up; to go up, to climb
moral *(m)* morale
avoir le — à zéro to feel down in the dumps
ne pas avoir le — to feel down in the dumps
morceau *(m)* piece
mordre to bite
mort *(f)* death
mot *(m)* word
motard *(m)* police officer on motorcycle
moto(cyclette) *(f)* motorcycle
mouche *(f)* fly
se **moucher** to blow one's nose
mouchoir *(m)* handkerchief
moulin *(m)* mill
mourir to die
moustache *(f)* moustache
moustique *(m)* mosquito
mouton *(m)* sheep
moyen *(m)* means
moyen, -enne average
mur *(m)* wall
musulman, -e Moslem, Muslim

nager to swim
— en plein bonheur to be overjoyed
naguère formerly, not long ago
naissance *(f)* birth
naître to be born
nana *(f)* gal *(slang)*
natal, -e native
terre natale native land, homeland
navet *(m)* turnip
négritude *(f)* black culture
neige *(f)* snow
néologisme *(m)* neologism (new word or expression)
nettoyage *(m)* cleaning
nettoyer to clean
— à sec to dry-clean
neuf, neuve brand-new
neveu *(m)* nephew
nez *(m)* nose
niveau *(m)* level
noblesse *(f)* nobility
noir, -e black
nom *(m)* name; noun
nombreux, -euse numerous
nommer to name
nord *(m)* north
note *(f)* grade; note
nounours *(m)* teddy bear
nourriture *(f)* food
nouveau, nouvelle, nouveaux, nouvelles new
à nouveau in a new way
de nouveau again
nouvelle *(f)* short story; piece of news
nuage *(m)* cloud
nuageux, -euse cloudy
nul, nulle no, not any, no one
nulle part nowhere
numéro *(m)* number

obligatoire required
obliger to require
obsèques *(f pl)* funeral service
obtenir to get, to obtain
occase:d'— secondhand
occasion *(f)* opportunity, chance; bargain
d'— secondhand
occidental, -e, -aux, -ales western
*s'***occuper de** to be busy with, to look after
œuf *(m)* egg
œuvre *(f)* work
officiel, -elle official
offrande *(f)* offering, contribution
offres *(f pl)* **d'emploi** help wanted
offrir to give; to offer
oiseau, -x *(m)* bird
olivier *(m)* olive tree
ombre *(f)* shade, shadow
ondée *(f)* shower
ongle *(m)* fingernail
opérer to operate
*s'***opérer** to take place
opportunité *(f)* timeliness
*s'***opposer à** to oppose; to stand in the way of
or *(m)* gold
or now
orage *(m)* storm
orageux, -euse stormy
ordinateur *(m)* computer
ordonner to order
oreille *(f)* ear
oreiller *(m)* pillow
*s'***orienter** to prepare (for a particular career)
os *(m)* bone
oser to dare
oublier to forget
ouest *(m)* west
outre-mer: d'— overseas
ouvrage *(m)* work
ouvrier, -ière *(m, f)* worker
ouvrier, -ière working-class
ouvrir to open
pain *(m)* bread
paix *(f)* peace
palais *(m)* palace
panier *(m)* basket
— percé spendthrift *(slang)*
panne *(f)* breakdown
panneau, -x *(m)* sign
pansement *(m)* bandage
pantalon *(m)* pants, slacks
papeterie *(f)* stationery store
papier *(m)* paper
— à lettres stationery
— hygiénique toilet paper
papillon *(m)* butterfly
paquet *(m)* package, box
par by
paraître to seem, to appear; to be published
parent *(m)* parent; relative
parenté *(f)* relationship
parentés *(f pl)* relatives
parfait, -e perfect
parfois sometimes, at times
parfum *(m)* perfume
parler *(m)* language, speech
parler to speak
parmi among
parole *(f)* (spoken) word
—s lyrics
parquet *(m)* flooring
part: de la — de on behalf of
partager to share
parti *(m)* *(political)* party
particularité *(f)* characteristic
particulier, -ière private, individual
partie *(f)* part; party
partir to leave
à — de beginning with
partout everywhere
pas *(m)* footstep
passé *(m)* past
passer to spend (time); to take (an exam); to pass; to excuse (a fault)
— par to go through
se **passer** to happen
se **passer de** to do without
passionnant, -e exciting
pasteur *(m)* shepherd
patiemment patiently
patin *(m)* skate
— à glace ice skate
— à roulettes roller skate
patiner to skate
— à roulettes to roller-skate
— sur glace to ice-skate
patrimoine *(m)* heritage
patron, -onne *(m, f)* owner, boss, patron, proprietor
patte *(f)* paw
pays *(m)* country
paysage *(m)* countryside
paysan, -anne *(m,f)* person who lives in the country

peau *(f)* skin
pêche *(f)* peach
avoir une — to have things going great
peigne *(m)* comb
peigner to comb
peindre to paint
peine *(f)* sorrow
à — hardly, scarcely
avoir de la — to be sad, to be upset
peiné, -e upset
peintre *(m, f)* painter
peinture *(f)* painting
pèlerinage *(m)* pilgrimage
pelouse *(f)* lawn
pencher to bend
pendant during
— que while
pénible hard, painful
péniche *(f)* barge
pensif, -ive thoughtful
penthotal *(m)* (sodium) pentothal
percer to pierce through
périphérie *(f)* outskirts
perle *(f)* pearl
permettre to permit, to allow
permis *(m)* **de conduire** driver's license
persil *(m)* parsley
personnage *(m)* character (play, film); person
peser to weigh
peu *(m)* (a) little
— de few
peur *(f)* fear
avoir — de to be afraid of
de — que for fear that
pèze *(m)* cash *(slang)*
avoir plein de — to be loaded *(slang)*
phare *(m)* headlight
philosophe *(m, f)* philosopher
photo(graphie) *(f)* photograph
photographe *(m, f)* photographer
phrase *(f)* sentence
pièce *(f)* room; each, apiece; coin; play
— de théâtre play
pied *(m)* foot
pierre *(f)* stone
piéton *(m)* pedestrian
piqûre *(f)* injection; sting, bite (insect)
piquer to sting, to bite
pire worse
le, la, les —(s) the worst
pis worse
le, la, les — the worst
piscine *(f)* swimming pool
pitié *(f)* pity
pitoyable pitiable
pittoresque picturesque
plage *(f)* beach
plaie *(f)* cut
plaindre to feel sorry for
se **plaindre** to complain
plaintif, -ive complaining
plaire to please
plaisir pleasure
plan *(m)* scale, basis, map
planche *(f)* **à voile** sailboard, wind surfboard
planquer to stash away
plat, -e flat; noncarbonated
plat *(m)* food, dish
plâtre *(m)* cast
plâtré, -e in a cast
plein, -e full
à pleins bords overflowing
pleurer to cry
pleuvoir to rain
pliant, -e folding
plombage *(m)* filling (tooth)
plomber to fill (a tooth)
plombier *(m)* plumber
plongée *(f)* dive, diving
pluie *(f)* rain
plume *(f)* pen; feather
plupart *(f)* most
plus: en — besides
de — also, moreover
plusieurs several
plutôt rather
pluvieux, -euse rainy
poche *(f)* pocket
poème *(m)* poem
poésie *(f)* poetry
pochette *(f)* **du fauteuil** seat pocket
pognon *(m)* money *(slang)*
avoir plein de — to be loaded *(slang)*
poids *(m)* weight
— lourd *(m)* heavy truck
poignée *(f)* **de main** handshake
poignet *(m)* wrist
poil *(m)* hair (animal)
point *(m)* **de suture** stitch (medical)
poire *(f)* pear
pois *(m)* pea
petits — peas
poisson *(m)* fish
Poissons *(m pl)* Pisces
poitrine *(f)* chest
poivre *(m)* pepper
poli, -e polite
police *(f)* **d'assurance** insurance policy
policier *(m)* police officer
polonais, -e Polish
pommade *(f)* ointment
pomme *(f)* apple
pommier *(m)* apple tree
pondre to lay (eggs)
pont *(m)* bridge
porte *(f)* door
porter to carry, to take; to wear
— un toast to propose a toast, to offer a toast
poser to put, to place
— une question to ask a question
posséder to possess, to own
poste *(m)* set (television, radio, etc.)
— de péage tollbooth
pot *(m)* container; pot
pote *(m, f)* friend *(slang)*
pouce *(m)* thumb
poudre *(f)* powder
poule *(f)* hen
poulette *(f)* sweetheart
pouls *(m)* pulse
poumon *(m)* lung
pour for
— que so that, in order that
poursuivre to pursue; to prosecute
pourtant nevertheless, yet
pourvu que provided that
pouvoir *(m)* power
pouvoir to be able to
il se peut it may be
pré *(m)* meadow
précéder to precede
se **précipiter** to rush
préciser to specify
préféré, -e favorite
préférer to prefer
prélèvement *(m)* **de sang** blood sample
prendre to take
— une décision to make a decision
prénom *(m)* first name
prépositif, -ive prepositional
près nearby
— de close to
présage *(m)* omen
présenter to introduce
se **présenter** to report
presque almost
pression *(f)* pressure
prêt, -e ready
prêt-à-porter ready-to-wear
prêter to lend
prêteur, -euse *(m, f)* lender
prévision *(f)* forecast
prévoir to foresee
prier to ask, to pray, to beg
prière *(f)* prayer
primeurs: marché de — fresh fruit-and-vegetable market
principal, -e, -aux, -ales principal, leading
prix *(m)* price
— fixe fixed price
proche de near
produire to produce
profiter de to take advantage of
profond, -e profound

programmation *(f)* computer programming
programmeur, -euse *(m, f)* computer programmer
promenade *(f)* walk
se **promener** to take a walk, to go for a ride
promettre to promise
se **prononcer** to come to a decision
pronostic *(m)* prognosis
proposer to suggest, to offer
propre own; clean; exact, proper
propriétaire *(m, f)* owner
protéger to protect
provoquer to cause
prudence *(f)* caution, care
psychologue *(m, f)* psychologist
public, publique public
publicité *(f)* commercial, advertisement, advertising
publier to publish
puce *(f)* flea
  marché aux —s flea market
puis then
puisque since
pull *(m)* pullover sweater
punaise *(f)* bug; bedbug; thumbtack
pur, -e pure
puritain, -e Puritan

qualité *(f)* quality
  en — de as, in the capacity of
quant à as far as, to
quartier *(m)* neighborhood
quel, quelle, quels, quelles which
quelque some
quelqu'un someone
querelleur, -euse quarrelsome
queue *(f)* tail
  faire la — to stand in line
quinze fifteen
  — jours two weeks
quoi what
  en — in what way, how
quoique although
quotidien, -enne daily

raccommoder to mend
racine *(f)* root
raconter to tell, to relate
radin, -e stingy
radin, -e *(m, f)* cheapskate
radiographie *(f)* x-ray
rafraîchir to freshen; to trim (hair)
raide straight
raie *(f)* part (hair)
raison *(f)* reason
  avoir — to be right
  en — de because of
râler to complain
râleur, -euse *(m,f)* complainer, grouch
ramasser to pick up
ramener to bring back
rang *(m)* row; rank, standing
ranger to put in order
se **ranger** to settle down
  — à un avis to come over to a way of thinking
raplapla: se sentir tout — to feel beat, to feel down *(slang)*
rappeler to bring to mind, to remind
se **rappeler** to recall, to remember
rapport *(m)* relationship, connection
  par — à with regard to
rapprocher to bring closer
se **rapprocher** to come closer
raser to shave
raseur, -euse *(m, f)* bore
rassembler to gather together
rassurer to reassure
rater to fail
ravi, -e delighted
ravissement *(m)* happiness; delight
rayon *(m)* department (store)
  — de soldes sale counter
réagir to react
réaliser to create, to produce, to bring about
récemment recently
recette *(f)* recipe
recevoir to receive
recherche *(f)* research
rechercher to seek out; to seek
récit *(m)* story, account
récipient *(m)* receptacle
réclamation *(f)* demand
récompense *(f)* reward
reconnaître to recognize
reconstruire to reconstruct
recoudre to sew back on
recouvert, -e covered
recouvrir to cover completely
recréer to recreate
se **récréer** to amuse oneself
redécouverte *(f)* rediscovery
redessiner to redesign
rédiger to compose
redouter to fear, to dread
se **redresser** to sit up, to stand up
réduire to reduce; to set (broken bone)
réel, réelle real
réfléchir to reflect, to think
réfugié, -e *(m, f)* refugee
refus *(m)* refusal
regard *(m)* look, glance
registre *(m)* ledger
règle *(f)* rule; ruler
règlement *(m)* regulation
régler to regulate, to plan
réglo correct, fair *(slang)*
  c'est pas — that's not fair *(slang)*
règne *(m)* reign
régner to reign
regretter to be sorry
rejeter to reject
rejoindre to go back; to meet
se **réjouir** to be delighted
remarquer to notice
remercier to thank
remettre to postpone
se **remettre** to take one's place again
remonter to rise again; to go back to (in time)
remorque *(f)* trailer
rempart *(m)* rampart
remplacer to take the place of, to replace
remplir to fill, to fill out
remporter to win
rémunération *(f)* pay
renaissance *(f)* renewal, revival
renaître to revive
renard *(m)* fox
rencontre *(f)* meeting
rencontrer to meet
rendez-vous *(m)* meeting; appointment; meet
rendre to give back; to make
  — visite à to visit (a person)
se **rendre** to surrender; to go
renforcer to grow stronger
renommé, -e renowned
renseignement *(m)* information
rentrée *(f)* **des classes** opening day
rentrer to bring back; to come back in; to come back home
réparer to repair, to fix
repas *(m)* meal
repassage *(m)* ironing
repasser to iron
repeindre to repaint
répéter to repeat
replacer to put back in place
répondre to answer, to reply
réponse *(f)* answer
se **reposer** to rest
repousser to turn down
reprendre to take again, to take back
  — connaissance to regain consciousness
représentation *(f)* performance, staging
représenter to represent; to put on (a play)
reproche *(m)* reproach
réseau *(m)* network
réservoir *(m)* gas tank
résoudre to solve
se **résoudre** to decide
respirer to breathe; to smell
resplendissant, -e glittering
resquiller to break into line

ressembler à to resemble
ressortissant, -e *(m, f)* national
restaurer to restore
rester to stay
résultat *(m)* result
rétablir to reestablish
retenir to hold back; to reserve
retirer to withdraw; to pull out
retour *(m)* return
retourner to return; to turn around; to turn over
se **retourner** to turn over
retraite: en — retired
rétrécir to shrink
retroussé, -e rolled up
retrouver to find; to meet
réunir to bring together
réussir to succeed
  — un examen to pass an examination
réussite *(f)* success
revanche: en — on the other hand
réveiller to wake up
révéler to reveal
revendicatif, -ive protesting, demanding
revendication *(f)* demand
revendiquer to make demands
revenir to return, to come back
revenus *(m pl)* income
rêver to dream
réviser to review
révoquer to revoke
revue *(f)* review; inspection
  passer la — to hold an inspection
rez-de-chaussée *(m)* ground floor
richard, -e moneybags *(slang)*
rien nothing
rigoler to joke, to kid
rime *(f)* rhyme
rincer to rinse
rire to laugh
rire *(m)* laugh
rivage *(m)* river bank
rivière *(f)* river
robe *(f)* dress
roi *(m)* king
romain, -e Roman
roman *(m)* a form of Latin; novel
  — policier detective story
romancier, -ière *(m, f)* novelist
rompre to break
rond *(m)* cash *(slang)*
rond: en — in a circle
ronger to gnaw
ronronner to purr
rosbif *(m)* roast beef
rôti *(m)* roast
roue *(f)* wheel
rouleau, -x *(m)* roll
rouler to roll; to drive
  — sur l'or to be rolling in money
roulette *(f)* dentist's drill; caster
  patin à —s roller skate
rouspéter to complain, to grumble
route *(f)* road
routier *(m)* truck driver
routier, -ière road
royaume *(m)* kingdom
ruban *(m)* ribbon
  — adhésif cellophane tape
rubrique *(f)* column (newspaper)
rude harsh
rupin, -e filthy rich *(slang)*

sable *(m)* sand
sac *(m)* bag
  — à dos backpack
  — pour le mal de l'air airsick bag
sacré, -e sacred
sage sensible, wise; well-behaved
saint, -e holy
saison *(f)* season
sangloter to sob
saisir to grab, to seize
saisonnier, -ière seasonal
salade *(f)* salad; nonsense *(slang)*
sale dirty
salle *(f)* room
salon *(m)* parlor
saluer to greet
sang *(m)* blood
sanitaire clean, sanitary
santé *(f)* health
satisfaire to satisfy
saucisse *(f)* sausage (small)
saucisson *(m)* sausage (large)
sauf except
sauter to jump
sauvage wild
sauver to save
sauveur *(m)* savior
savant *(m)* scientist
savoir to know; to know how
savoir-vivre *(m)* etiquette, manners
savon *(m)* soap
scénariste *(m, f)* script writer
scolaire school
Schtroumpfs *(m pl)* Smurfs
scolarité *(f)* education
sec, sèche dry
sèche-cheveux *(m)* hair dryer
sécher to dry
séchoir *(m)* dryer
seconder to back up, to support
secouer to shake
secours *(m)* help, assistance
secrétaire *(m, f)* secretary
séjour *(m)* stay; living room
  faire un — to spend some time, to stay
selon according to
semaine *(f)* week
semblable similar
semi-remorque *(m or f)* tractor-trailer
sensible sensitive
sentiment *(m)* feeling
sentir to feel; to smell
se **sentir** to feel
serpent *(m)* snake
serrer to shake; to tighten
  se — la main to shake hands
serveur, -euse *(m, f)* waiter, waitress
servir to serve
se **servir de** to use
serviteur, -euse *(m, f)* servant
seul, -e alone
seulement only
shampooing *(m)* shampoo
short *(m)* shorts
siècle *(m)* century
siège *(m)* seat
sieste *(f)*: **faire la —** to take a nap
sinon or else
situation *(f)* job, position
sobriquet *(m)* nickname
société *(f)* company, firm
socquette *(f)* crew sock
soi oneself
soif *(f)* thirst
  avoir — to be thirsty
soigner to take care of, to treat
soin *(m)* care, treatment
soir *(m)* evening
soirée *(f)* evening; party
sol *(m)* floor
soleil *(m)* sun
sommeil *(m)* sleep
  avoir — to be sleepy
somptueux, -euse lavish
son *(m)* sound
sondage *(m)* poll, survey
  faire un — to take a survey
sonner to ring
sorcellerie *(f)* witchcraft
sorcier, -ière *(m, f)* sorcerer, sorceress, witch
sortie *(f)* exit
  — de secours emergency exit
sortir to go out
soudain suddenly
soudain, -e unexpected, sudden
souffler to blow
souffrance *(f)* suffering
souffrir to suffer
souhaitable desirable
souhaiter to wish
  — la bienvenue to welcome
soulever to lift up
souligner to underline
sourire to smile
sourire *(m)* smile
sous under, sub-
sous-marin, -e underwater
sous-sol *(m)* basement
sous-titres *(m pl)* subtitles
soutenir to support
souvenir *(m)* memory
se **souvenir** to remember
souvent often

se **spécialiser** to major
spectacle *(m)* show
squelette *(m)* skeleton
standing *(m)*: **de bon —, de grand —** prestige, luxury (apartment)
sténo *(m, f)* stenographer
stratagème *(m)* strategy
strophe *(f)* stanza, verse
stupéfait, -e stunned
stylo *(m)* pen
— à bille ball-point pen
subir to undergo
substituer to replace
subventionner to subsidize
succéder to follow after
succès *(m)* success
avoir un — fou to be a great success
sucer to suck
sucré, -e sweet
sud *(m)* south
suédois, -e Swedish
suffire to be enough, to suffice
suffisament enough
suisse Swiss
suite *(f)* series
de — immediately
suivant, -e following
suivre to follow
— un cours to take a course
sujet *(m)* subject
supérieur, -e upper
suppliant, -e *(m, f)* supplicant
supporter to tolerate; to endure
supprimer to abolish, to suppress
sûr, -e sure, certain
sûrement surely
surnaturel, -elle supernatural
surnom *(m)* nickname
surprendre to surprise
surprise-partie *(f)* informal party
surtout especially, above all
— que since
surveiller to watch (over)
survenu, -e occurred unexpectedly
survivre to survive
survoler to fly over
susceptible likely
sympa nice
sympathique nice

tableau *(m)* chalkboard
tache *(f)* spot, stain
tâche *(f)* job, task, work
tacher to stain
tacot *(m)* jalopy
taille *(f)* size
taille-crayon *(m)* pencil sharpener
tailleur *(m)* (women's) suit
se **taire** to be quiet, to fall silent
tandis que while
tant so, so much
taper à la machine to type
tapis *(m)* carpet
taquiner to tease
tarif *(m)* rate
tard late
tas *(m)* pile
tâter le pouls to take (someone's) pulse
taureau, -x *(m)* bull
Taureau *(m)* Taurus
taux *(m)* rate
tavernier *(m)* tavernkeeper
tchèque Czech
teinturerie *(f)* dry cleaner's
tel, telle such *(a)*
tel que such as
téléviseur *(m)* television set
tellement so much
témoin *(m)* witness
tempe *(f)* temple (head)
tempête *(f)* storm
temps *(m)* weather; time
de — en — from time to time
tendance *(f)* tendency
avoir — à to have a tendency towards
tendre to offer, to extend
— à to tend to
tenir to hold, to keep
se — au courant to keep up-to-date
se — droit to sit up straight, to stand up straight
tennis *(m)* tennis; sneaker
tennisman *(m)* (professional) tennis player
tension *(f)* pressure
— artérielle blood pressure
tenter to attract, to interest; to attempt
tenue *(f)* outfit
terminaison *(f)* ending
terminer to end, to finish
terrain *(m)* ground, field (sports)
terre *(f)* ground, earth
— natale homeland
tertiaire third
tête *(f)* head
thé *(m)* tea
thon *(m)* tuna fish
thune *(f)* 5-franc coin
tiens! look! hey!
tiers *(m)* third
timbre *(m)* stamp
tirer to pull, to draw
— le diable par la queue to live from hand to mouth
tisser to weave
titre *(m)* title
gros — headline
toile *(f)* web
toileteur, -euse *(m,f)* animal groomer
tomber to fall
— amoureux (-euse) to fall in love
tondeuse *(f)* lawn mower
tondre to mow
tonne *(f)* ton
tonnerre *(m)* thunder
tort: avoir — to be wrong
tôt early; soon
toucher to touch
— à to tamper with
toujours always; still
— est-il que the fact remains that
tour *(m)* turn
— à — in turn
— du monde round-the-world trip
tourner to turn
— en rond to go around in circles
tout, -e, tous, toutes all, each, every
tout d'un coup all of a sudden
tout au long de all along
les tous petits the children
traduire to translate
trafic *(m)* trade
tragédien, -enne *(m, f)* tragic actor
traite *(f)* payment
traiter to treat; to entertain
trajet *(m)* flight, crossing, run
tranche *(f)* slice
tranquille calm
transformation *(f)* change
transistor *(m)* portable radio
travail, -aux *(m)* work
travers: à — through
traverser to cross
tricoter to knit
triste sad
tristesse *(f)* sadness
trombone *(m)* paper clip
trompe *(f)* trunk (elephant)
trop too, too much
trottoir *(m)* sidewalk
trou *(m)* hole; burrow
troupe *(f)* troop
troupeau, -x *(m)* herd
trouver to find
se **trouver** to be located
tube *(m)* hit record *(slang)*
tuer to kill
tutelle *(f)* tutelage
typographique of type (print)

un: l'— l'autre each other
une *(f)* front page
urgence *(f)* emergency
usage *(m)* custom
usagé, -e used
usine *(f)* factory

vache *(f)* cow
vachement tremendously *(slang)*
vaillant, -e valiant
vaincre to conquer
vainqueur *(m)* winner, conqueror
vaisselle *(f)* dishes
valet *(m)* manservant
valeur *(f)* worth, value

valise *(f)* suitcase
valoir to be worth
il vaut mieux it would be better
varier to vary, to change
variétés *(f pl)* variety show
veau *(m)* veal
vedette *(f)* star
veille *(f)* day before, eve
velours *(m)* velvet
vendre to sell
se **venger** to get revenge
venin *(m)* venom
venir to come
— de to have just
vent *(m)* wind
vente *(f)* sale
en — for sale
ventre *(m)* stomach
verdure *(f)* greenery
vérifier to verify, to check
véritable genuine, real
vérité *(f)* truth
verre *(m)* glass
vers *(m)* line (poetry), verse
vers toward
Verseau *(m)* Aquarius
verser to pour
vertu *(f)* virtue
veste *(f)* jacket
veston *(m)* jacket
vêtements *(m pl)* clothes
veuf *(m)* widower
veuve *(f)* widow
viande *(f)* meat
vicaire *(m)* vicar
vide empty; unfurnished
vie *(f)* life
Vierge *(f)* Virgo
vieux, vieil, vieille old
vif, vive lively; alive
vifs remerciements profound thanks
villageois, -e *(m, f)* village resident
vin *(m)* wine
vingtaine *(f)* about twenty
visage *(m)* face
vite quickly, fast
vitesse *(f)* speed
vitre *(f)* windowpane
vivre to live
voie *(f)* lane; track
voile *(m)* veil
voilé, -e veiled
voir to see
voisin, -e *(m, f)* neighbor
voisin, -e neighboring
voix *(f)* voice
vol *(m)* flight
volant *(m)* steering wheel
voler to steal
voleur *(m)* thief
volonté *(f)* willingness
de bonne — willingly
volontiers gladly, with pleasure
vouloir to want
— dire to mean
voyage *(m)* trip
— de noces honeymoon
voyelle *(f)* vowel
vrai, -e true
vraisemblable believable, true to life
vu considering, in light of
vue *(f)* sight; view
en — de with a view to

w.c. *(m)* toilet

yeux *(m pl)* eyes
faire les — doux à to make eyes at

zone *(f)* area

ENGLISH-FRENCH VOCABULARY

to abolish supprimer
about environ; de
above au-dessus
abroad à l'étranger
abscess abcès *(m)*
absolute absolu, -e
to accompany accompagner
to accomplish accomplir
according to d'après, selon
account compte *(f)*
savings — compte d'épargne
accountant comptable *(m,f)*
acquaintance connaissance *(f)*
activity activité *(f)*; animation *(f)*
to add ajouter
to admit admettre
advantage avantage *(m)*
to take — of profiter de
advice conseil *(m)*
to advise conseiller
afraid: to be — of avoir peur de; craindre
after après; ensuite
again encore, de nouveau
against contre
to agree être d'accord; s'accorder
aisle couloir *(m)*
— seat siège *(m)* côté couloir
alive vif, vive
all tout, -e, tous, toutes
— over partout
— of a sudden tout d'un coup
to allow permettre, laisser
almost presque
alone seul, -e
along le long de
also aussi, également, de plus
although bien que, quoique
ambulance ambulance *(f)*
among parmi
amount montant *(m)*
anesthetic anesthésique *(m)*
anger colère *(f)*
angry fâché, -e; en colère
animal bête *(f)*; animal *(m)*
ankle cheville *(f)*
to announce annoncer; faire part de
announcement annonce *(f)*; faire-part *(m)*
to annoy agacer; ennuyer; énerver; embêter
annoying embêtant, -e; ennuyeux, -euse
answer réponse *(f)*
to answer répondre (à)
ant fourmi *(f)*
anyway de toute façon
to appear apparaître; paraître, sembler
appendicitis appendicite *(f)*
appendix appendice *(m)*
to applaud applaudir
apple pomme *(f)*
around autour de
to arrest arrêter
as comme
— far — jusqu'à
— soon — dès que, aussitôt que
ashamed: to be — avoir*honte
to ask demander
— a question poser une question
asleep: to fall — s'endormir
astonished émerveillé, -e; étonné, -e; épaté, -e
to attach fixer, attacher
to attend (a performance) assister à
attic grenier *(m)*
to attract attirer; tenter
author auteur *(m)*
available disponible; libre
average moyen, -enne
to avoid éviter
to award décerner
awful affreux, -euse; effrayant, -e; épouvantable

backpack sac *(m)* à dos
bad mauvais, -e
it's too — c'est dommage
bag sac *(m)*
baggage bagage *(m)*
ball-point pen stylo *(m)* à bille
bandage pansement *(m)*
to bandage bander
bank account compte *(m)* en banque
barnyard basse-cour *(f)*
basement sous-sol *(m)*; cave *(f)*
basket panier *(m)*
beach plage *(f)*
beard barbe *(f)*
to beat battre
to become devenir
bed lit *(m)*
bedroom chambre *(f)*
beef bœuf *(m)*
before avant; devant
to begin commencer; se mettre à
beginning début *(m)*; commencement *(m)*
— with à partir de
behavior comportement *(m)*
behind derrière; en arrière
believable vraisemblable
to believe croire
to belong appartenir

*Indicates an aspirate *h*.

below au-dessous
besides d'ailleurs
best le meilleur, la meilleure, les meilleur(e)s; le (la, les) mieux
— man garçon *(m)* d'honneur
better meilleur, -e, -s, -es; mieux
it's — to il vaut mieux
between entre
bill *(currency)* billet *(m)*
bird oiseau, -x *(m)*
birth naissance *(f)*
birthday anniversaire *(m)*
to bite mordre; piquer *(insect)*
black noir, -e
blanket couverture *(f)*
blind aveugle
blood sang *(m)*
— pressure tension *(f)* artérielle
— sample prélèvement *(m)* de sang
— test analyse *(f)* de sang
blouse chemisier *(m)*
to blow souffler
— one's nose se moucher
boat bateau *(m)*
book livre *(m)*; bouquin *(m)* *(slang)*
border frontière *(f)*
to bore ennuyer
boring ennuyant, -e
born: to be — naître
to borrow emprunter
boss patron, -onne
to bother gêner
bottle bouteille *(f)*
box boîte *(f)*
boy garçon *(m)*
brand marque *(f)*
bread pain *(m)*
to break casser; rompre
— in line resquiller
breakfast petit déjeuner *(m)*
bridge pont *(m)*
to bring apporter; amener
— back in rentrer
— down descendre
— together rapprocher
broke (money) fauché, -e
brother frère *(m)*; frangin *(m)* *(slang)*
to brush (se) brosser
to build construire, bâtir
building immeuble *(m)*, bâtiment *(m)*
bumblebee bourdon *(m)*
bump bosse *(f)*
bunch botte *(f)*; bouquet *(m)*
burial inhumation *(f)*
to burn brûler

to burst éclater
bus autocar *(m)*; autobus *(m)*
business affaires *(f pl)*; entreprise *(f)*
butcher boucher, -ère, *(m,f)*
— shop boucherie *(f)*
butterfly papillon *(m)*
button bouton *(m)*
to buy acheter

cabinetmaker ébéniste *(m)*
cake gâteau *(m)*; pâtisserie *(f)*
calculator calculatrice *(f)*
to call appeler
can boîte *(f)*
car voiture *(f)*; bagnole *(f) (slang)*
carbonated gazeux, -euse
career carrière *(f)*
carpenter menuisier *(m)*
carpet tapis *(m)*
to carry porter
— out effectuer
cartoonist dessinateur *(m)*
cartridge cartouche *(f)*
cat chat *(m)*
cauliflower chou-fleur *(m)*
cavity carie *(f)*
to celebrate fêter, célébrer
cellophane tape ruban *(m)* adhésif
cemetery cimetière *(m)*
century siècle *(m)*
certain certain, -e
chair chaise *(f)*
chance occasion *(f)*;*hasard *(m)*
by — par*hasard
change monnaie *(f) (money)*; changement *(m)*
to change changer (de)
— one's mind changer d'avis
character (play) personnage *(m)*
to chat bavarder
to check vérifier
check (restaurant) addition *(f)*
cheek joue *(f)*
cheese fromage *(m)*
chemistry chimie *(f)*
chest poitrine *(f)*
to chew mâcher
child enfant *(m,f)*
chin menton *(m)*
choice choix *(m)*
chopped *hâché, -e
to choose choisir
church église *(f)*
cicada cigale *(f)*
classified advertisements petites annonces *(f pl)*
clean propre
to clean nettoyer
cleaning nettoyage *(m)*
dry — nettoyage à sec
clearing (weather) éclaircie *(f)*
clock horloge *(m)*
close près, proche
to come closer s'approcher
to close fermer
clothes vêtements *(m pl)*; habits *(m pl)*
— dryer séchoir *(m)*
— line corde *(f)* à linge
— pin épingle *(f)* à linge
cloud nuage *(m)*
cloudy nuageux, -euse
coal charbon *(m)*
coast côte *(f)*
coastal côtier, -ière
coin pièce *(f)*
cold froid, -e
to be — avoir froid; faire froid
to collect collectionner
cool frais, fraîche
column (newspaper) rubrique *(f)*
comb peigne *(m)*
to comb (se) peigner
to come venir
— back rentrer, revenir
— closer s'approcher
— forward s'avancer
comfortable à l'aise
to commit commettre
common commun, -e
community communauté *(f)*
company (firm) société *(f)*; compagnie *(f)*
to complain se plaindre; râler, rouspéter (slang)
complainer râleur, -euse *(m,f)*; rouspéteur, -euse *(m, f)*
to compose rédiger
comprehensive insurance assurance *(f)* tous risques
computer ordinateur *(m)*
— programmer programmeur, -euse *(m,f)*
— scientist informaticien, -ienne *(m,f)*
to conclude conclure
conduct conduite *(f)*
confidence confiance *(f)*
confused chamboulé, -e
to congratulate féliciter
to conquer conquérir
consciousness connaissance *(f)*
contents contenu *(m)*
contrary contraire *(m)*
on the — au contraire
contribution offrande *(f)*
to convince convaincre
to cook cuisiner
cooking cuisine *(f)*
corner coin *(m)*
correct correct, -e; réglo *(slang)*
to cost coûter
to count compter
counter comptoir *(m)*; rayon *(m) (store)*
country pays *(m)*; campagne *(f)*
countryside paysage *(m)*; campagne *(f)*
course cours *(m)*
of — bien entendu, bien sûr
to take a — suivre un cours
court cour *(f)*
courtyard cour *(f)*
to cover couvrir
cow vache *(f)*
crazy fou, folle; dingue *(slang)*
to create créer
crew équipage *(m)*
to cross traverser
crowd foule *(f)*
crown couronne *(f)*
to crown couronner
crude grossier, -ière
to crush écraser
crutch béquille *(f)*
to cry pleurer
cupboard armoire *(f)*
curly bouclé, -e; frisé, -e
current présent, -e
curve virage *(m)*
hairpin — lacet *(m)*
custom usage *(m)*
customary habituel, -elle
customs douane *(f)*
cut plaie *(f)*
to cut couper
cute mignon, -onne

daily quotidien, -enne
dairy store crémerie *(f)*
to date from dater de
daughter fille *(f)*
dawn lever *(m)* du jour
day jour *(m)*; journée *(f)*
— before yesterday avant-hier
dear cher, chère
death mort *(f)*
debt dette *(f)*
deceased défunt, -e *(m,f)*
to decide décider, prendre une décision; se résoudre
delighted ravi, -e
demand revendication *(f)*; réclamation *(f)*
to demand revendiquer; réclamer
demanding exigeant, -e
to depend (on) dépendre (de)
depressed déprimé, -e
to be — avoir le cafard; avoir des ennuis; ne pas avoir le moral
to describe décrire
to deserve mériter
to design dessiner

*Indicates an aspirate *h*.

desirable souhaitable
to despise mépriser
to die mourir
to diminish diminuer
to disagree ne pas être d'accord; être contre
to disappear disparaître
to discover découvrir
disgusting dégoûtant
dishes vaisselle *(f)*
to displease déplaire
distant éloigné, -e; lointain, -e
to distinguish distinguer
to disturb ennuyer; gêner
to do faire
— without se passer de
doctor médecin *(m)*, docteur *(m)*
door porte *(f)*
doubt doute *(f)*
to draw dessiner
drawing dessin *(m)*
dreadful affreux, -euse; effrayant, -e
to dream rêver
dress robe *(f)*
to dress (s')habiller
drill fraise *(f)*; roulette *(f)*
to drink boire
to drive conduire
— crazy casser les pieds à *(slang)*
driver chauffeur *(m)*
truck — routier *(m)*
dry sec, sèche
dry cleaner's teinturerie *(f)*
dry cleaning nettoyage *(m)* à sec
dryer séchoir *(m)*
dull ennuyeux, -euse; moche
duration durée *(f)*
during pendant, durant, au cours de, en cours de

each chaque
— one chacun, -e
early tôt
— morning matinal, -e, -aux, -ales
to earn gagner
— a living gagner sa vie
earphone écouteur *(m)*
easy facile
egg œuf *(m)*
to elect élire
elevator ascenseur *(m)*
else: or — sinon
elsewhere ailleurs
embroidered brodé, -e
emergency urgence *(f)*
— exit sortie *(f)* de secours
employment emploi *(m)*
end fin *(f)*
to end finir, terminer
— up finir par
ending terminaison *(f)*
engaged: to become engaged se fiancer
engagement fiançailles *(f pl)*
to enroll s'inscrire
entire entier, -ière
equal égal, -e, -aux, -ales
era époque *(f)*, ère *(f)*
to erase effacer
especially surtout
to establish établir
even même
— though alors que
evening soir *(m)*; soirée *(f)*
event événement *(m)*
every chaque; tous les, toutes les
everyone tout le monde
everything tout
everywhere partout
exact exact, -e; propre
exactly exactement, précisément, justement
to exchange échanger
exhibit expo, exposition *(f)*
to expect compter; attendre
expenses frais *(m pl)*
expensive cher, chère
experienced expérimenté, -e
to explain expliquer
explanation explication *(f)*
eye œil *(m)*, yeux *(pl)*

to face donner sur
fact fait *(m)*
as a matter of — en effet
factory usine *(f)*
to fail échouer à, rater
to faint s'évanouir
faithful fidèle
to fall tomber
— in love tomber amoureux (-euse) (de)
false faux, fausse
family famille *(f)*; familial, -e, -aux
famous célèbre
fan fana *(m,f)*
far (away) loin *(adv.)*; lointain, -e; éloigné, -e *(adj.)*
farm ferme *(f)*
farmer fermier *(m)*, fermière *(f)*
to fascinate fasciner
fashion mode *(f)*
to fasten attacher
fat gros, -osse; gras, -asse (meat)
fault défaut *(m)*
favorite préféré, -e; favori, -ite
fear crainte *(f)*; peur *(f)*
for — that de peur que, de crainte que
to fear craindre; redouter; avoir peur
feather plume *(f)*
fed up: to be — with avoir marre de *(slang)*
fee frais *(m pl)*
to feel sentir; se sentir
feeling sentiment *(m)*
female femelle *(f)*
fewer moins de
to fight se battre; lutter, combattre
to fill remplir; plomber *(a tooth)*
— in compléter
— out (a form) remplir
filling (tooth) plombage *(m)*
finally enfin
financial financier, -ière
fine fin, -e
to finish finir, terminer
fire feu *(m)*
first premier, -ière
at — d'abord
fish poisson *(m)*
to fix réparer
flight vol *(m)*
flood déluge *(m)*; inondation *(f)*
floor étage *(m)*; sol *(m)*; plancher *(m)*
to flow se jeter; couler
flower fleur *(f)*
fly mouche *(f)*
to fly voler
— over survoler
fog brume *(f)*
foggy brumeux, -euse
to follow suivre
for pour
— (time) depuis
to forbid défendre; interdire
forbidden interdit, -e
it is — to défense de; il est interdit de
forecast prévisions *(f pl)*
to foresee envisager
forest forêt *(f)*
forever toujours; pour toujours
to forget oublier
fork fourchette *(f)*
form formulaire *(m)*
former ancien, -ienne
foot pied *(m)*
to found fonder
fountain fontaine *(f)*
frank franc, franche
frankly franchement
free gratuit, -e; libre
French français, -e
French-speaking francophone
fresh frais, fraîche
friend ami *(m)*, amie *(f)*; copain *(m)*, copine *(f)*; pote *(m,f)* *(slang)*
friendliness cordialité *(f)*
friendly amical, -e, -aux, -ales; accueillant, -e
friendship amitié *(f)*

to frighten faire peur
frozen congelé, -e
full plein, -e
funeral obsèques *(f pl)*
funny amusant, -e; drôle
furious furieux, -euse; furax, furibard, -e *(slang)*
furnished meublé, -e
furniture meubles *(m pl)*

gal nana *(f) (slang)*
game jeu, -x *(m)*
garden jardin *(m)*
gas (gasoline) essence *(f)*
— tank réservoir *(m)*
gentle doux, douce
Germany Allemagne *(f)*
to get obtenir; recevoir
— down descendre
— dressed s'habiller
— off descendre
— out of trouble se débrouiller
— up se lever
gift cadeau *(m)*
girl fille *(f)*
to give donner; offrir *(gift)*
— back rendre
glad content, -e
to gnaw ronger
to go aller; se rendre
— back retourner
— out sortir
— toward se diriger vers
— up monter
— with acccompagner
gold or *(m)*
good bon, bonne
to grab saisir
grade note *(f)*
to grant accorder
grass herbe *(f)*
gray gris, -e
great formidable, super
Greek grec, grecque
to greet saluer
to guarantee garantir
to guess diviner
guilty coupable
gulp gorgée *(f)*
gums gencives *(f pl)*
guy mec *(m) (slang)*

habit habitude *(f)*
hair cheveux *(m pl)*
— dryer sèche-cheveux *(m)*
— spray laque *(f)*
haircut coupe *(f)* (de cheveux)
hairpin curve lacet *(m)*
half moitié *(f)*; demi, -e
ham jambon *(m)*
handkerchief mouchoir *(m)*
hand main *(f)*
to shake —s se serrer la main
handshake poignée *(f)* de main
to happen arriver; se passer
happiness bonheur *(m)*; ravissement *(m)*
happy heureux, -euse; content, -e
to be — about se réjouir de
to be very — nager en plein bonheur; être fou (folle) de joie
hard dur, -e
hardly à peine; ne. . . guère
harsh dur, -e
hat chapeau *(m)*
hate *haine *(f)*
to hate détester
to have avoir
— just venir de
head tête *(f)*
headphones écouteurs *(m pl)*
health santé *(f)*
to hear entendre
heavy lourd, -e
hello bonjour, salut
to help aider
help wanted offres *(f pl)* d'emploi
herd troupeau, -x *(m)*
hey! tiens!
hiccup *hoquet *(m)*
high *haut, -e; élevé, -e
highway autoroute *(f)*
hip *hanche *(f)*
history histoire *(f)*
to hold tenir
hole trou *(m)*
home domicile *(m)*
at the — of chez
homeland patrie *(f)*; terre natale *(f)*
homework devoirs *(m pl)*
honeymoon voyage *(m)* de noces
hope espoir *(m)*
to hope espérer
horn corne *(f)*
hornet frelon *(m)*
horse cheval, -aux *(m)*
hospitable accueillant, -e
host hôte *(m)*
hostess hôtesse
to house loger
housing logement *(m)*; habitation *(f)*
however pourtant
huge énorme
hunger faim *(f)*
hungry: to be — avoir faim
to hunt chasser
to hurry se dépêcher; avoir *hâte (de)
to hurt blesser; faire mal; avoir mal
husband mari *(m)*; époux *(m)*

*Indicates an aspirate *h*.

ice glace *(f)*
— cream glace *(f)*
to improve améliorer
improvement amélioration *(f)*
included compris, -e; inclus, -e
incredible incroyable
inequality inégalité *(f)*
inhabitant habitant, -e *(m,f)*
inheritance héritage *(m)*
injection piqûre *(f)*
injury blessure *(f)*
ink encre *(f)*
insensitive dur, -e
to insist (on) insister (pour)
insufficient insuffisant, -e
insurance assurance *(f)*
comprehensive — assurance tous risques
— policy police *(f)* d'assurance
to intend avoir l'intention de; compter, entendre
to interrupt interrompre
to introduce présenter
to iron repasser
ironing repassage *(m)*
irritated agacé, -e; énervé, -e
island île *(f)*

jacket veston *(m)*; veste *(f)*; blouson *(m)*
jalopy tacot *(m)*
jealous jaloux, -ouse
Jewish juif, juive
job situation *(f)*
to jump sauter
just seulement; juste; justement
to have — venir de
— the same tout de même

to keep garder, conserver, tenir
kidding: to be — rigoler *(slang)*
to kill tuer
kiss baiser *(m)*
to kiss embrasser
kitchen cuisine *(f)*
knee genou, -x *(f)*
knife couteau *(m)*
to knit tricoter
to knock frapper
to know savoir; connaître
to — how savoir
knowledge connaissance *(f)*

lamb agneau, -x *(m)*
to land atterrir
landing atterrissage *(m)*
lane voie *(f)*
language langue *(f)*; langage *(m)*; parler *(m)*
last dernier, -ière
to last durer
late tard, -e; en retard
later plus tard

latest dernier, -ière
laugh rire *(m)*
to laugh rire
launderette laverie *(f)*
laundry lavage *(m)*; linge *(m)*; blanchisserie *(f) (place)*
— **soap** lessive *(f)*
law loi *(f)*
lawn pelouse *(f)*
lawn mower tondeuse *(f)*
to lay mettre; placer
— **an egg** pondre un œuf
to lead mener, amener, conduire
leaf feuille *(f)*
to learn apprendre
to leave partir; quitter
— **cold** laisser froid, -e; laisser de glace
— **on a trip** partir en voyage
lecture conférence *(f)*
left gauche
to lend prêter
length longueur *(f)*
less moins de, moins que
to let laisser
lettuce laitue *(f)*
level niveau, -x *(m)*
lie mensonge *(m)*
to lie mentir
to lie down se coucher
life vie *(f)*
to lift lever
light lumière *(f)*; feu *(m)*
— **bulb** ampoule *(f)*
to light up éclairer; illuminer
lighting éclairage *(m)*
like comme
to like aimer
line ligne *(f)*; queue *(f) (people)*
to stand in — faire la queue
lip lèvre *(f)*
to listen écouter
little petit, -e
a — un peu
to live habiter; vivre
lively vif, vive
lobster *homard *(m)*
to lock up enfermer
to look regarder; avoir l'air, sembler
— **at** regarder
— **for** chercher
— **like** ressembler
to lose perdre
love amour *(m)*
in — amoureux, -euse; épris, -e
— **at first sight** coup *(m)* de foudre
to love aimer, adorer
luck chance *(f)*
lunch déjeuner *(m)*

*Indicates an aspirate *h*.

magnificent magnifique
main principal, -e, -aux, -ales
to maintain entretenir
to major in se spécialiser en
to make faire; rendre (quelqu'un heureux, etc.)
— **a decision** prendre une décision
— **ends meet** joindre les deux bouts
— **a list** dresser une liste
to manage manier; diriger
many bien des, beaucoup de
map carte *(f)*; plan *(m)*
market marché *(m)*
to marry (to get married) se marier; épouser
meal repas *(m)*
to mean vouloir dire; signifier
meat viande *(f)*
mechanic mécanicien, -ienne *(m,f)*
medal médaille *(f)*
medicine médecine *(f)* (science); médicament *(m)* (medication)
to meet rencontrer; rejoindre; retrouver; faire la connaissance de; connaître
memory souvenir *(m)*
to mend raccommoder
merry joyeux, -euse
mild doux, douce
mileage kilométrage *(m)*
milk lait *(m)*
to miss manquer
to be missed manquer (à quelqu'un)
mistake faute *(f)*; erreur *(f)*
mixture mélange *(m)*
moderate modique
molar molaire *(m)*
monthly mensuel, -elle
mood humeur *(f)*
to be in a good — être de bonne humeur; avoir une pêche du tonnerre
moon lune *(f)*; satellite *(m)*
moped mobylette *(f)*
more davantage, de plus; plus
moreover de plus, en plus
morning matin *(m)*; matinée *(f)*
most la plupart de
motorcycle moto(cyclette) *(f)*
mount mont *(m)*
mountain montagne *(f)*
mouth bouche *(f)*; embouchure *(f) (river)*
mouthful bouchée *(f)*
to move bouger; déménager
to mow tondre
must devoir

name nom *(m)*
my — is je m'appelle
to name nommer
nap: to take a — faire la sieste
narrow étroit, -e
nasty méchant, -e
naughty méchant, -e
navy blue bleu marine
near proche de; près de, auprès de
necessary nécessaire, indispensable
to be — falloir
neck cou *(m)*
to need avoir besoin de
neighborhood quartier *(m)*
nephew neveu *(m)*
nevertheless néanmoins
new nouveau, nouvel, nouvelles, nouveaux, nouvelles; neuf, neuve
news nouvelles *(f pl)*; faits divers *(m pl)*
piece of — nouvelle *(f)*
newspaper journal *(m)*
newsstand kiosque *(m)*
nice gentil, -ille; chou; sympa
nickname sobriquet *(m)*; surnom *(m)*
niece nièce *(f)*
night nuit *(f)*
last — hier soir
no non; aucun, -e; pas de; nul, nulle
— **one** personne; personne ne
nobody personne; personne ne
north nord *(m)*
nose nez *(m)*
notebook cahier *(m)*; bloc *(m)*
nothing rien; ne. . . rien; rien ne. . .
to notice remarquer; constater
novel roman *(m)*
detective — roman policier
novelist romancier, -ière *(m,f)*
nowadays actuellement; de nos jours
nowhere nulle part
number nombre *(m)*; numéro *(m)*
numerous nombreux, -euse
nurse infirmier, -ière *(m,f)*

to offer offrir
often souvent
old vieux, vieil, vieille, vieux, vieilles; ancien, -ienne
once une fois
only seulement; ne. . . que
to open ouvrir
to operate opérer; manipuler
opinion avis *(m)*
opposite contraire *(m)*
to order commander, ordonner
order: in — that pour que, afin que

other autre
outfit habit *(m)*
outgoing sociable
outside dehors; hors de
overseas d'outre-mer
own propre
to own posséder
owner propriétaire *(m,f)*
ox bœuf *(m)*

package paquet *(m)*
pain douleur *(f)*; mal *(m)*
painful douloureux, -euse
to paint peindre
painting peinture *(f)*
pal copain *(m)*, copine *(f)*; pote *(m,f) (slang)*
paper papier *(m)*
— clip trombone *(m)*
parent parent *(m)*
parsley persil *(m)*
part raie *(f)* (hair); partie *(f)*
to be — of faire partie de
party parti *(m) (political)*; surprise-partie, partie; boum *(m) (slang)*
pass: boarding — carte *(f)* d'embarquement
to pass passer
— an exam réussir à un examen
passenger passager, -ère *(m,f)*
past passé *(m)*
pastry pâtisserie *(f)*
— chef pâtissier, -ière *(m,f)*
paw patte *(f)*
peace paix *(f)*
peach pêche *(f)*
pear poire *(f)*
pedestrian piéton *(m)*
pen stylo *(m)*
ball-point — stylo à bille
fountain — plume *(f)*
pencil crayon *(m)*
people gens *(m pl)*; peuple *(m)*
pepper poivre *(m)*
perfect parfait, -e
permanently définitivement
to permit permettre
personality personnalité *(f)*; caractère *(m)*
photograph photo(graphie) *(f)*
photographer photographe *(m,f)*
to pick (flowers, etc.) cueillir
to pick up ramasser, lever, soulever
picture image *(m)*
picturesque pittoresque
piece morceau, -x *(m)*
pile tas *(m)*
pillow oreiller *(m)*
pin épingle *(f)*
clothes — épingle à linge
to pity plaindre
place endroit *(m)*, lieu *(m)*
to take — avoir lieu
to put back in — replacer
plant plante *(f)*
plaster cast plâtre *(m)*
play pièce *(f)* (de théâtre)
to play jouer à *(games, sports)*; jouer de *(musical instruments)*
pleasant agréable
to please plaire à
pleased content, -e
pleasure plaisir *(m)*
plot intrigue *(f)*
plumber plombier *(m)*
pocket poche *(f)*
poem poème *(m)*
poetry poésie *(f)*
police officer agent *(m)* de police; policier *(m)*
polite poli, -e
poll sondage *(m)*
to take a — faire un sondage
poor pauvre
position situation *(f) (job)*
pound livre *(f)*
to practice pratiquer; exercer (a profession)
to pray prier
precisely exactement, justement
to predict prédire
present actuel, -elle
presently actuellement
pressure pression *(f)*; pressurisation *(f)*
price prix *(m)*
probably sans doute, probablement
to produce produire; réaliser
production (stage) représentation *(f)*
program (television, radio) émission *(f)*
programmer programmeur
programming (computer) programmation *(f)*
to promise promettre
to protect protéger
protest *(adj.)* revendicatif, -ive
proud fier, fière
provided that pourvu que
public public, publique
to publish publier
to pull out retirer; arracher *(tooth)*
pulse pouls *(m)*
to take a — prendre le pouls, tâter le pouls
purchase achat *(m)*
to purr ronronner
to put mettre
to — on mettre

question question *(f)*
to ask a — poser une question
to be a — of s'agir de
to question interroger
quiet: to be — se taire

race course *(f)*
radio radio *(f)*; transistor *(m)*
to rain pleuvoir
rainy pluvieux, -ieuse
rate taux *(m)*; tarif *(m)*
rather plutôt
to reach atteindre
to read lire
ready prêt, -e
real réel, -elle; vrai, -e
— estate immobilier *(m)*
really! effectivement!
to reassure rassurer
to recall se rappeler
to receive recevoir
to recognize reconnaître
record disque *(m)*
to regain consciousness reprendre connaissance
regard: with — to à l'égard de; quant à
regulation règlement *(m)*
to reign régner
to rejoice se réjouir
relationship rapport *(m)*
relative parent *(m)*
relaxed décontracté, -e
to remain demeurer; rester
to remember se souvenir de, se rappeler
to remove enlever
rent loyer *(m)*
to rent louer
rental location *(f)*
to repair réparer
to repeat répéter
to replace remplacer
to require exiger; obliger
required obligatoire; obligé, -e
to resemble ressembler à
to rest se reposer
to restore restaurer
result résultat *(m)*
retired en retraite
return retour *(m)*
to return rendre; revenir, retourner
to reveal révéler
to review réviser
reward récompense *(f)*
rhyme rime *(f)*
ribbon ruban *(m)*
right réglo; droit, -e
to be — avoir raison
right droit *(m)*; raison *(f)*
ring bague *(f)*; anneau *(m)*
to ring sonner
river fleuve *(m)*; rivière *(f)*
roadway chaussée *(f)*
roast beef rosbif *(m)*

roll rouleau *(m)*
rolled up retroussé, -e
to roll rouler
to be rolling in money rouler sur l'or
room pièce *(f)*; chambre *(f)*; salle *(f)*
row rang *(m)*
rule règle *(f)*
ruler règle *(f)*
to run courir; marcher *(machine)*
to rush se dépêcher; se précipiter

sad triste
sadness tristesse *(f)*
safety belt ceinture *(f)* de sécurité
sailboard planche *(f)* à voile
salad salade *(f)*
sale vente *(f)*; solde *(m)*
for — en vente
on — en solde
same même
sand sable *(m)*
to satisfy satisfaire à
sausage saucisse *(f)*
to save mettre de côté, épargner; sauver
savings account compte *(m)* d'épargne
to say dire
scar cicatrice *(f)*
scarcely à peine; ne. . . guère
scarf écharpe *(f)*
scholarship bourse *(f)*
school école *(f)*; lycée *(m)*; collège *(m)*; scolaire *(adj)*
scissors ciseaux *(m pl)*
to scratch gratter
sea mer *(f)*
season saison *(f)*
seasonal saisonnier, -ière
seat siège *(m)*; place *(f)*
— belt ceinture *(f)* de sécurité
secondhand d'occasion; d'occase
secretary secrétaire *(m,f)*
to see voir
to seem paraître, sembler; avoir l'air
self-confident sûr, -e de soi
to sell vendre
sensitive sensible
series série *(m)*; suite *(f)*
serious grave; sérieux, -ieuse
to serve servir
to set fixer
— a broken bone réduire une fracture
to settle s'installer
several plusieurs
shadow ombre *(f)*
to shake secouer
— hands se serrer la main
shame *honte *(f)*
shampoo shampooing *(m)*
shape forme *(f)*
in good — en bonne forme
sharp aigu, -ë
sheep mouton (m)
sheet feuille *(f)* *(paper)*
to shelter abriter
shepherd berger, -ère *(m,f)*; pasteur *(m)*
to shine briller
shirt chemise *(f)* *(men's)*; chemisier *(m)* *(women's)*
shoe chaussure *(f)*
shopping: to go — faire des courses
to do the daily food — faire les courses
shore bord *(m)* de la mer
short court, -e
— story conte *(m)*; nouvelle *(f)*
shortage insuffisance *(f)*
shoulder épaule *(f)*
show spectacle *(m)*
shower ondée *(f)*
to shrink rétrécir
side côté *(m)*
sideburns favoris *(m pl)*
sight vue *(f)*
similar semblable
since depuis; puisque; comme
to sing chanter
sink lavabo *(m)*
to sit s'asseoir
situations wanted demandes *(f)* d'emploi
size taille *(f)*
to skate patiner
to ice-— patiner sur glace
to roller-— patiner à roulettes
skirt jupe *(f)*; jupette *(f)* *(tennis)*
sky ciel *(m)*
to sleep dormir
sleeve manche *(f)*
slice tranche *(f)*
slum bidonville *(m)*
smile sourire *(m)*
to smile sourire
to smoke fumer
snack consommation *(f)*
snake serpent *(m)*
snow neige *(f)*
to snow neiger
so (much) tellement
so that de façon que, de sorte que, de manière que; pour que, afin que
soap savon *(m)*; lessive *(f)* *(laundry)*
sock chaussette *(f)*; socquette *(f)*
some quelque, quelques

*Indicates an aspirate *h*.

someone quelqu'un
sometimes quelquefois; parfois
somewhere quelque part
son fils *(m)*
song chanson *(f)*
songwriter chansonnier, -ière *(m,f)*
soon bientôt
as — as aussitôt que, dès que
soothing calmant, -e
sorry désolé, -e
to be — regretter
to feel — for plaindre
sound son *(m)*
south sud *(m)*
Spanish espagnol, -e
to specify préciser
speech discours *(m)*; parler *(m)*; langage *(m)*
speed vitesse *(f)*, rapidité *(f)*
— limit vitesse limite
to spend dépenser *(money)*; passer *(time)*
— some time faire un séjour
spicy épicé, -e
spider araignée, *(f)*
to spoil gâcher
spot tache *(f)*
to spot tacher
to sprain se fouler
square carré, -e
stable écurie *(f)*
stain tache *(f)*
to stain tacher
stair marche *(f)*
staircase escalier *(m)*
stamp timbre *(m)*
to stand se tenir debout; supporter, *(put up with)*, blairer *(slang)*
— in line faire la queue
— up se lever
stanza strophe *(f)*
staple agrafe *(f)*
stapler agrafeuse *(f)*
star étoile *(f)*; astre *(m)*
state état *(m)*
to state déclarer, affirmer
stationery store papeterie *(f)*
to stay rester; demeurer; faire un séjour
to steal voler
steering wheel volant *(m)*
still encore
sting piqûre *(f)*
to sting piquer
stingy radin, -e
stitch point *(m)* de suture *(medical)*
stomach ventre *(m)*
stone pierre *(f)*
to stop (s')arrêter; cesser de
storm orage *(m)*
stormy orageux, -euse

story conte *(m)*; histoire *(f)*
straight raide
to stand up — se tenir debout
strawberry fraise *(f)*
to stretch out allonger; étendre
stretcher brancard *(m)*
strong fort, -e
strongly fort
to study étudier; faire de
subject matière *(f)*
subway métro *(m)*
to succeed réussir
success réussite *(f)*; succès *(m)*
such (a) un tel, une telle
such as tel (telle) que
to suck sucer
suddenly tout à coup; soudain
to suffer souffrir
suffering souffrance *(f)*
suit tailleur *(m) (women's)*; costume *(m) (men's)*
suitcase valise *(f)*
summer été *(m)*
sun soleil *(m)*
sunny ensoleillé, -e
sunset coucher *(m)* du soleil
sure sûr, -e
surgeon chirurgien, -ienne *(m,f)*
to surprise étonner, surprendre
surprised étonné, -e
to be — s'étonner

tail queue *(f)*
to take prendre; porter, apporter; *(someone somewhere)* emmener
— along emporter
— away emporter
— care of soigner; s'occuper de
— a course suivre un cours
— off (airplane) décoller
— (someone's) pulse tâter le pouls
— a trip faire un voyage
— up monter
— a walk se promener
takeoff (airplane) décollage *(m)*
tape ruban *(m)*; bande *(f)*
cellophane — ruban adhésif
taste goût *(m)*
to taste goûter
tea thé *(m)*
to teach enseigner
teacher professeur *(m)*; enseignant *(m)*
team équipe *(f)*
to tease taquiner
telephone téléphone *(m)*
— call coup *(m)* de téléphone; coup *(m)* de fil
television télévision *(f)*; télé *(f)*
— set téléviseur *(m)*; poste *(m)* de télévision

terrible affreux, -euse; terrible; effrayant, -e
test examen *(m)*; analyse *(f)*
to thank remercier
that ce, cette, cet; cela, ça
— one celui, celle; celui-là, celle-là
then ensuite, puis, alors
these ces, ceux, celles, ceux-ci, celles-ci
thick épais, épaisse
thief voleur, -euse *(m,f)*
thing chose *(f)*
to think penser; réfléchir
thirsty: to be — avoir soif
this ce, cet, cette; ceci
— one celui, celle; celui-ci, celle-ci
those ces; ceux, celles, ceux-là, celles-là
threat menace *(f)*
to threaten menacer
through à travers, par
to throw jeter
— away jeter
thumb pouce *(m)*
thumbtack punaise *(f)*
ticket billet *(m)*; ticket *(m)*
tie cravate *(f)*
to tie (together) lier
tile carrelage *(m)*
time heure *(f)*; temps *(m)*; fois *(f)*
from — to — de temps en temps
tired fatigué, -e
title titre *(m)*
today aujourd'hui; de nos jours
together ensemble
toilet paper papier *(m)* hygiénique
tongue langue *(f)*
tonight ce soir
tooth dent *(f)*
toothpick cure-dents *(m)*
tractor-trailer semi-remorque *(m or f)*
traffic circulation *(f)*
to train se former
training formation *(f)*
to translate traduire
tree arbre *(m)*
trip voyage *(m)*
to take a — faire un voyage
round-the-world — tour *(m)* du monde
truck camion *(m)*
— driver routier *(m)*
true vrai, -e
trunk malle *(f)*; trompe *(f) (animal)*
truth vérité *(f)*
to try essayer
— on essayer

tuition frais *(m pl)* d'inscription
tuna fish thon *(m)*
turkey dindon *(m)*; dinde *(f)*
to turn tourner
— away détourner
— off éteindre
— over retourner
turnip navet *(m)*
tusk défense *(f)*
to type taper à la machine
typewriter machine *(f)* à écrire
— ribbon ruban *(m)* pour machine à écrire
typist dactylo *(m,f)*

ugly laid, -e; moche *(slang)*
unbelievable incroyable; invraisemblable
to undergo subir
to underline souligner
to understand comprendre; entendre
understanding compréhensif, -ive
to undertake entreprendre
unfair injuste
unfurnished vide
unemployed au chômage
— person chômeur, -euse *(m,f)*
unemployment chômage *(m)*
unexpected imprévu, -e
unfortunately malheureusement
unhappy mécontent, -e
unless à moins que
unlimited illimité, -e
until jusqu'en *(year)*; jusqu'à ce que
upset: to get — s'inquiéter
to upset gêner
to use utiliser, se servir de; employer
used usagé, -e
usually d'habitude; généralement; habituellement

vault caveau *(m)*
veal veau *(m)*
vegetable légume *(m)*
veil voile *(f)*
very très, bien
to visit visiter; rendre visite à (quelqu'un)
voice voix *(f)*

to wait attendre
— for attendre
to wake up (se) réveiller
walk promenade *(f)*
to walk se promener; marcher
wall mur *(m)*
to want vouloir; avoir envie de; désirer
war guerre *(f)*

warm chaud, -e
warmly chaleureusement
to wash (se) laver
wasp guêpe *(f)*
to watch regarder
— over surveiller
water eau *(f)*
weak faible
wedding noces *(f pl)*
— ring alliance *(f)*
week semaine *(f)*
to weigh peser
to welcome accueillir
well bien
well-behaved sage
west ouest *(m)*
wheel roue *(f)*
wheelchair fauteuil *(m)* roulant
when quand, lorsque
which quel, quelle, quels, quelles
— one(s) lequel, laquelle, lesquels, lesquelles
while tandis que, pendant que
white blanc, blanche
whole entier, -ière; tout le, toute la
whose dont; à qui
wide large
widow veuve *(f)*
widower veuf *(m)*
wife femme *(f)*; épouse *(f)*
wild sauvage
to win gagner
wind vent *(m)*
window fenêtre *(f)*
— seat siège *(m)* côté hublot
wine vin *(m)*
to wipe essuyer
wise sage
to wish souhaiter
witchcraft sorcellerie *(f)*
to withdraw retirer
witness témoin *(m)*
wood bois *(m)*
wool laine *(f)*
word mot *(m)*
work travail, -aux, *(m)*; œuvre *(f)*; ouvrage *(m)*
to work travailler
world monde *(m)*
worldwide mondial, -e, -aux, -ales
worried inquiet, -iète
to worry s'inquiéter
worse plus mauvais(e), pire
worst le plus mauvais, la plus mauvaise, les plus mauvais(e)s; le (la) pire, les pires
to wound blesser
to write écrire
writer écrivain *(m)*
wreath couronne *(f)*
wrinkled froissé, -e
wrong incorrect, -e
to be — avoir tort

x-ray radiographie *(f)*

year an *(m)*; année *(f)*
yesterday hier

INDEX

à
with geographical names *353*
nouns introduced by *60*
in statements of ownership *95*
accueillir *53*
acheter
conditional of *66*
future of *63*
subjunctive of *80*
active voice *115*
adjectives
agreement of *344–348*
with **avoir l'air de** *77*
beau *347–348*
change meaning according to position *76–77*
demonstrative *96*
double the consonant in the feminine *345–346*
gender of *344–346*
irregular *75, 345–348*
nouveau *347–348*
plural of *344–346*
position of *76–77, 348*
possessive *94*
preceding the noun 352
vieux *347–348*
adverbial expressions
with future *63*
with imperfect *293*
afin que *89–90*
agreement
with **avoir l'air de** *77*
of **être** with **qui** *387–388*
of past participle 106, 115, 369–370, 375–377
in causative constructions *106*
in passive voice *115*
of verb with **qui** *387–388*
-aindre, verbs ending in *52*
aller
conditional of *66*
future of *64–65*
with infinitive *63*
subjunctive of *80*
à moins que, subjunctive after *89–90*
ancien, position of *76–77*
appeler
conditional of *66*
future of *63–64*
subjunctive of *80*
apprendre, subjunctive of *80* (see also **prendre**)
article
definite *46–49, 342*
with abstract nouns *46*
with dates *47–48*
with days of the week *47–48*
with geographical names *47*
with measures *49*
with nouns used in a general sense *46*
vs. partitive *349–350*
with parts of the body *49*
before titles *47*
with weights *49*
indefinite, with nouns of professions or nationality *50*
atteindre *52*
au with geographical names *353*
aussitôt que with future tense *73–74*
avant que, subjunctive after *89–90*
avoir
conditional of *66*
en used with *57–58*
future of *64–65*
passé simple of *69–71*
subjunctive of *80*
avoir (auxiliary)
in future perfect *100*
in past conditional *101–102*
in pluperfect *98–99*
verbs conjugated with **avoir** and **être** *372*
avoir l'air de *77*
avoir peur, subjunctive with *88*

beau *347–348*
bien des *352*
bien que, subjunctive after *89–90*
body, parts of *49*
boire
future of *62–63*
passé simple of *69–71*
subjunctive of *80*
bon, comparison of *379–380*

ça faisait. . . que *73*
ça fait. . . que *72*
causative constructions *105–108*
agreement of past participle in *106*
with direct object *105–106*
with **faire** *105–108*
with **laisser, entendre, écouter, voir, regarder** *108*
objects in *108*
in **passé composé** *106*
with **se faire** *107–108*
with two objects *107*
celui, celle, ceux, celles *96–97*
celui-ci, celui-là *97*
ce que *383*
ce qui *383*
certain, position of *76–77*
ce sont, possessive pronouns after *95*
c'est, possessive pronouns after *95*
c'est dommage, subjunctive with *88*
c'est malheureux, subjunctive with *88*
cher, position of *76–77*
clauses (see relative clauses, **si** clauses, subordinate clauses)
combattre, passé simple of *68*
commander que, subjunctive with *82*
comparison *378–381*
of **bien** *379–380*
of **bon** *379—380*
of equality *380–381*
of **mal** *379–380*
of **mauvais** *379–380*
comparative constructions (see comparison)
comprendre, subjunctive of *80* (see also **prendre**)
conclure *51–52*
conditional *65–66*
past conditional *101–102*
of regular verbs *65*
use of *66*
conduire
future of *62–63*
passé simple of *70–71*
subjunctive of *79*
conjunctions requiring the subjunctive *89–90*
connaître
passé simple of *69–71*
subjunctive of *79*
conquérir, passé simple of *69–71*
construire, passé simple of *70–71*
continents, definite article with *48*
countries, definite article with *48*
courir: conditional of *66*
future of *64–65*
passé composé of *51–52*
passé simple of *69–71*
present of *51–52*
subjunctive of *79*
craindre
passé simple of *70–71*
subjunctive of *80*
croire
passé simple of *69–71*
subjunctive of *79*
cueillir *53*

dans with geographical names *354*
dates, definite article with *47*
days of the week, definite article with *47*
de (preposition)
with geographical names *48, 355*
in passive voice *115*
phrases replaced by **en** *55, 57*
découvrir, passé simple of *68*
de crainte que, subjunctive after *89–90*

de façon que, subjunctive after *89–90*
défendre que, subjunctive after *82*
definite article (see article)
de manière que, subjunctive after *89–90*
demonstrative adjectives *96*
demonstrative pronouns *96–97*
de peur que, subjunctive after *89–90*
déplaire *53–54*
depuis *72–73*
  with imperfect tense *73*
  with present tense *72*
dernier, position of *76–77*
désirer que, subjunctive after *82*
de sorte que, subjunctive after *89–90*
dès que with future tense *73–74*
devenir, **passé simple** of *70–71* (see also **venir**)
devoir
  conditional of *66*
  future of *64–65*
  passé simple of *69–71*
  subjunctive of *80*
dire
  passé simple of *69–71*
  subjunctive of *79*
direct object
  in causative constructions *105–106, 107, 108*
  pronouns *363–368*
disjunctive pronouns *356–357*
dont *112–114*
  vs. **de + lequel** *114*
  meaning *whose* *114*
dormir
  passé simple of *67–68*
  subjunctive of *79*
doubt, expressions of, with subjunctive *86–87*

écouter, causative constructions with *108*
écrire
  passé simple of *70–71*
  subjunctive of *79*
-eindre, verbs ending in *52*
emotion, expressions of, with subjunctive *88*
employer
  conditional of *66*
  future of *63–64*
  subjunctive of *80*
en (preposition)
  with geographical names *48, 353*
en (pronoun) *55–58*
  with expressions of quantity *56*
  with partitive *55*
  position of *55, 58*
  replacing nouns referring to persons *57–58*
  replacing phrases in **de** *55, 57*
  with **y** *61*
entendre, causative constructions with *108*
envoyer
  conditional of *66*
  future of *64–65*
  subjunctive of *80*
equality, comparisons of *380*
-er verbs
  conditional of *65*
  future of *62–63*
  passé simple of *67–68*
espérer
  indicative with *87*
  subjunctive of *80*
essayer, subjunctive of 80
essuyer
  conditional of *66*
  future of *63–64*
est-ce que *384*
éteindre *52*
être
  with adjectives of emotion *88*
  agreement with **qui** *387–388*
  conditional of *66*
  future of *64–65*
  before nouns of profession or nationality *50*
  passé simple of *70–71*
  in passive voice *115*
  in statements of ownership *95*
  subjunctive of *80*
être (auxiliary)
  in future perfect *100*
  passé composé with *371–372*
  in past conditional *101–102*
  in pluperfect *98–99*
  verbs conjugated with *54, 371–372*
exaggeration, subjunctive in *91*
exiger que, subjunctive with *82*

faire
  in causative constructions *105–108*
  conditional of *66*
  future of *64–65*
  passé simple of *70–71*
  subjunctive of *80*
falloir
  conditional of *66*
  future of *64–65*
  passé simple of *69–71*
  subjunctive of *80*
  subjunctive with **il faut que** *83–84*
futur antérieur (see future perfect)
future tense *62–65, 73–74*
  adverbial expressions with *63*
  with **quand** *73–74*
  of regular verbs *62–63*
  uses of *62–63, 73–74*
  of verbs with spelling changes *63–64*
future perfect *100–101*
  formation of *100*
  uses of *100*

gender
  agreement of **lequel** *109*
  of adjectives *75, 344–348*
  of definite articles *342*
  of irregular adjectives *75*
geographical names
  with **de** *48, 355*
  definite article with *48*
  with **en** *48*
  prepositions with 353–355

il in impersonal expressions *83–84*
il y a. . . que with present tense *72*
il y avait. . . que with imperfect *73*
imperative
  object pronouns in *363–364, 367–368*
  subjunctive as *92*
imperfect tense *74, 103–104, 391–393, 394–396*
  in descriptions *393*
  of **être** *392*
  formation of *391*
  vs. **passé composé** *394–396*
  with **passé composé** in the same sentence *396*
  in **si** clauses *103–104*
  uses of *392–393*
  venir de in *74*
  of verbs ending in **-cer** and **-ger** *391*
impersonal expressions, subjunctive with *83–84*
indirect object
  in causative construction *107*
  pronouns *363–368*
infinitive
  after **aller** *63*
  in causative constructions *105–108*
  negative expressions with *399*
  past *399*
  vs. subjunctive *84–85*
  after **venir de** *74*
insister pour que, subjunctive with *82*
interrogative *384–386, 387–390*
  with **est-ce que** *384*
  expressions *112*
  by intonation *384*
  by inversion *385–386*
  lequel *109–111*
  with **n'est-ce pas** *384*
  pronouns *109–111, 387–390*
  que *389–390*
  qu'est-ce que *389–390*

interrogative (cont.)
qui *387–388*
qui est-ce que *387–388*
qui est-ce qui *387–388*
quoi *389–390*
interrompre *51–52*
intonation *384*
inversion
in interrogatives *385–386, 387–390*
after **que** *389–390*
after **qui** *387–388*
after **quoi** *389–390*
-ir verbs
conditional of *65*
future of *62–63*
passé simple of *67–68*
islands, definite article with *48*

jeter
conditional of *6*
future of *63–64*
subjunctive of *80*
jusqu'à ce que, subjunctive after *89–90*

laisser, infinitive after *108*
la plupart *352*
le mien, le tien, le sien, etc. *94–95*
lequel *109–111*
contractions of *110*
as object of preposition *111*
lever
conditional of *66*
future of *63–64*
lire
passé simple of *69–71*
subjunctive of *79*
lorsque, future with *73–74*

mal, comparison of *379–380*
mauvais, comparison of *379–380*
measures, definite article with *49*
même, position of *76–77*
mener, future of *63–64*
mettre
passé simple of *69–71*
subjunctive of *79*
mountains, definite article with *48*
mourir
conditional of *66*
future of *64–65*
passé composé of *54*
passé simple of *70–71*
present of *54*
subjunctive of *80*

naître, passé simple of *70–71*
ne used alone in affirmative sense *90*
negative expressions *397–401*
with an infinitive *399*
as subject *400–401*
n'est-ce pas *384*
nouns
abstract *46*
geographical *48*
used in a general sense *46, 349–350*
introduced by **à** *60*
irregular *343*
plural of *343*
denoting profession or nationality *50*
nouveau *347–348*
numbers, ordinal *348*

objects, in causative constructions *105, 107*
(see also indirect object, direct object, pronouns)
offrir
passé simple of *67–68*
subjunctive of *79*
-oindre, verbs ending in *52*
on in passive voice *116*
ordinal numbers, position of *348*
ordonner que, subjunctive with *82*
où in relative clauses *111*
oui vs. **si** *400–401*
ouvrir
passé simple of *67–68*
subjunctive of *79*
overgeneralized expressions *91*

par in passive voice *115*
paraître, indicative with **il paraît que** *87*
participle, past *375–377*
agreement of *369–370*
partir: passé simple of *67–68*
subjunctive of *79*
partitive
vs. definite article *349–350*
with **en** *55*
with expressions of quantity *351–352*
negative *350–351*
with negative expressions *397–398*
with plural adjective preceding the noun *352*
parts of the body, definite article with *49*
passé composé *358–362*
agreement of the past participle in *369–370*
in causative constructions *106*
with **être** *376–377*
vs. imperfect *394–396*
with imperfect in the same sentence *396*
of irregular verbs *360–362*
of regular verbs *358–359*
of verbs conjugated with **avoir** and **être** *372*
passé simple *67–71*
of irregular verbs *69–71*
of regular verbs *67–68*
usage *67*
passive voice *115–117*
expressed with **on** *116*
with **se** *116–117*
past conditional *101–102*
uses *102*
past infinitive *399*
past participle
agreement of *369–370, 375–377*
in causative constructions *106*
in passive voice *115*
position of, in negative sentences *399*
past subjunctive *92–93*
pauvre, position of *76–77*
payer conditional of *66*
peindre, passé simple of *70–71*
pendant que with future tense *73–74*
permettre que, subjunctive with *82*
plaindre *52*
plaire
passé composé of *53–54*
passé simple of *69–71*
present of *53–54*
pleuvoir
conditional of *66*
future of *64–65*
passé simple of *69–71*
subjunctive of *80*
pluperfect *98–99*
in **si** clauses *103–104*
plural
of adjectives *344–348*
of definite articles *342*
of irregular nouns *343*
position
of adjectives *76–77, 348*
of direct object in causative constructions *105–106*
possessive adjectives *94*
possessive pronouns *94–95*
after **c'est** and **ce sont** *95*
pour que, subjunctive with *89–90*
pourvu que, subjunctive after *89–90*
pouvoir
conditional of *66*
future of *64–65*
passé simple of *69–71*
subjunctive of *80*
subjunctive with **il se peut que** *83–84*
préférer que, subjunctive with *82*
prendre
passé simple of *69–71*
subjunctive of *80*
prepositions
with geographical names *48, 353–355*

in passive voice *116*
in phrases replaced by **en** *55*
in phrases replaced by **y** *59–60*
of place and direction *59–60*
with **quoi** *389–390*
with **qui** *387–388*
present tense
with **depuis** *72*
with **il y a. . . que, voilà. . . que, ça fait. . . que** *72*
in **si** clauses *103–104*
of **venir de** *74*
promettre, subjunctive of *79*
(see also **mettre**)
pronouns
ce que *383*
ce qui *383*
demonstrative *96–97*
direct object *363–368*
in affirmative imperative *367–368*
with an infinitive *363–364*
in the negative imperative *363–364*
with **y** *61*
disjunctive (see stress)
indirect object *60, 363–368*
in the affirmative imperative *367–368*
with infinitives *363–364*
in the negative imperative *363–364*
interrogative
lequel *109–111*
qui, que, quoi *387–390*
le, la, l', les *365–368*
lui, leur *365–368*
me, te, nous, vous *363–364, 366–368*
possessive *94–95*
que (interrogative) *389–390*
que (relative) *382–383*
qui (interrogative) *387–388*
qui (relative) *382–383*
relative
dont *112–114*
lequel *111*
qui, que *382–383*
stress *60, 95, 356–357*
two object pronouns in same sentence *366–368*
propre, position of *76–77*
provinces, definite article with *48*

quand, with future *73–74*
quantity, expressions of *56, 351–352*
que
interrogative pronoun *389–390*
relative pronoun *382–383*
qu'est-ce qui *389–390*
qui
with demonstrative pronouns *97*
interrogative pronoun *387–388*
relative pronoun *382 383*
quoique, subjunctive after *89–90*

-re verbs
conditional of *65*
future of *62–63*
passé simple of *67–68*
recevoir
conditional of *66*
future of *64–65*
passé simple of *69–71*
subjunctive of *80*
reciprocal verbs *373*
reflexive verbs *373–377*
vs. nonreflexive verbs *374–375*
in the **passé composé** *373–375*
reciprocal verbs *373*
regarder in causative constructions *108*
regions, definite article with *48*
regretter, subjunctive with *88*
relative clauses, subjunctive in *90–91*
relative pronouns
dont *112–114*
lequel *111*
qui, que *382–383*
répéter, subjunctive of *80*
rire
passé composé of *51–52*
passé simple of *69–71*
present of *51–52*
rivers, definite article with *48*
rompre
passé composé of *51–52*
passé simple of *68*
present of *51–52*

sans que, subjunctive after *89–90*
savoir
conditional of *66*
future of *64–65*
passé simple of *69–71*
subjunctive of *80*
s'asseoir
conditional of *66*
future of *64–65*
passé simple of *69–71*
se in passive voice *116*
sentir, passé simple of *67–68*
se réjouir, subjunctive with *88*
servir
passé simple of *67–68*
subjunctive of *79*
se taire
passé composé of *53–54*
passé simple of *69–71*
present of *53–54*
s'étonner, subjunctive with *88*
si (meaning yes) *400–401*
si clauses *103–104*
sortir, passé simple of *67–68*
souhaiter que, subjunctive with *82*
sourire
passé composé of *51–52*
passé simple of *69–71*
present of *51–52*
stressed pronouns, in statements of ownership *95*
subject, negative expressions as *400–401*
subjunctive *78–93*
after certain conjunctions *89–90*
of **-er** verbs *79*
with expressions of doubt *86–87*
with expressions of emotions *88*
in expressions of exaggeration *91*
in imperative statements *92*
with impersonal expressions *83–84*
vs. infinitive *84–85*
of **-ir** verbs *79*
of irregular verbs *79–81*
in overgeneralized expressions *91*
past subjunctive *92–93*
of **-re** verbs *79*
of regular verbs *79*
in relative clauses *90–91*
in subordinate clauses *82–83, 83–88*
in superlative statements *91*
uses of *78, 82–92*
subordinate clauses, subjunctive in *82–83*
suivre
passé simple of *68*
subjunctive of *79*
superlative
irregular forms of *379–380*
subjunctive in statements *91*

tandis que with future tense *73–74*
tenir
conditional of *66*
future of *64–65*
passé simple of *70–71*
subjunctive of *80*
tenses (see names of individual tenses)
titles, definite article used with *47*
traduire, passé simple of *70–71*

vaincre, passé simple of *70–71*
valoir
conditional of *66*
future of *64–65*
passé simple of *69–71*
subjunctive with **il vaut mieux que** *83–84*
venir
conditional of *66*
future of *64–65*
passé simple of *70–71*
subjunctive of *80*
venir de *74*

verbs
- ending in **-aindre, -eindre, -oindre** *52*
- conjugated with **être** in the **passé composé** *371–372*
- conjugated with both **avoir** and **être** *372*
- irregular (see names of individual verbs)
- reflexive *373–377*
- requiring subjunctive *82, 84, 85, 86, 88*
- with spelling changes *63–64, 66*
- tenses of (see names of individual tenses)

vieux *347–348*

vivre
- **passé simple** of *69–71*
- subjunctive of *79*

voice *115–117*

voilà... que
- with imperfect *73*
- with present *72*

voir
- in causative constructions *108*
- conditional of *66*
- future of *64–65*
- **passé simple** of *70–71*
- subjunctive of *80*

vouloir
- conditional of *66*
- future of *64–65*
- **passé simple** of *69–71*
- subjunctive of *80*

vouloir que, subjunctive with *82*

weights, definite article with *49*

y *59–61*
- with direct object pronoun *61*
- with **en** *61*
- in certain expressions *61*
- position of *61*
- replacing nouns introduced by **à** *60*
- replacing prepositional phrases *59–60*

-yer, verbs ending in *63–64*

PHOTO CREDITS

4:(t) Peter Menzel; **4:**(b) Stuart Cohen; **5, 6, 10:** (l), **10:** (r), **10:** (b) Peter Menzel; **13:** Air France; **14:** Richard Frieman–Photo Researchers; **16, 19, 20:** Stuart Cohen; **23, 24, 26:** Peter Menzel; **29, 32:** Stuart Cohen; **33:** Peter Menzel; **34:** Stuart Cohen; **36, 38:** Peter Menzel; **41, 42:** Beryl Goldberg; **52, 62, 65:** Stuart Cohen; **68:** Marc Riboud–Magnum Photos; **74, 76:** Stuart Cohen; **78:** Peter Menzel; **81, 82, 87, 88:** Stuart Cohen; **93, 95, 96:** Peter Menzel; **101:** Stuart Cohen; **102:** Hugh Rogers–Monkmeyer Press Photos; **104:** Peter Menzel; **110, 113:** Stuart Cohen; **114:** Mark Antman–The Image Works; **117;** Jean-Claude Francolon–Gamma-Liaison; **118:** (l) Mark Antman–The Image Works; **118:** (l), **118:** (r), **119:** (l), **119:** (r) Peter Menzel; **121:** (l), **121:** (r) Izod Lacoste; **123:** Mingam/Simon–Gamma-Liaison; **127, 131, 132, 134, 135, 136:** (b) Peter Menzel; **136:** (t) Stuart Cohen; **139:** Beryl Goldberg; **146–147:** (b), **147:** (t), **148:** Stuart Cohen; **151:** (r) Joel Laffay–Gamma-Liaison; **151:** (t) Caron–Gamma-Liaison; **151:** (l) Jean-Jacques Bernier–Gamma-Liaison; **152:** Charlon/LaForet/Lochon/Dannau–Gamma-Liaison; **153:** (b) Peter Menzel; **153:** (t) Culver Pictures; **156:** Jacques Pavlovsky–Sygma; **157:** Henri Bureau–Sygma; **159, 160, 173:** Peter Menzel; **176:** F. Apesteguy–Gamma-Liaison; **178:** M. Pelletier–Gamma-Liaison; **180** (b) Hugh Rogers–Monkmeyer Press Photos; **180:** (mr), **180:** (tr) Peter Menzel; **180:** (ml) Richard Kalvar–Magnum Photos; **180:** (tl) Peter Menzel; **180:** (ml) Stuart Cohen; **181:** (b) Hugh Rogers–Monkmeyer Press Photos; **181:** (r, second from top) Mark Antman–The Image Works; **181:** (tl), **181:** (m, fourth from top), **181:** (r, fourth from top), **181:** (tm) Peter Menzel; **181:** (r, third from top) Stuart Cohen; **181:** (ml) Thierry Orban–Sygma; **181:** (m, second from top) Lew Merrim–Monkmeyer Press Photos; **181:** (tr) Irene Bayer–Monkmeyer Press Photos; **183:** (b), **183:** (t) Peter Menzel; **186:** Stuart Cohen; **187:** Mark Antman–The Image Works; **190:** Peter Menzel; **192:** Mark Antman–The Image Works; **196, 197:** Peter Menzel; **200:** Stuart Cohen; **202:** Peter Menzel; **205, 207** (l) Stuart Cohen; **207** (r), **208:** Peter Menzel; **210:** Mark Antman–The Image Works; **212:** Peter Menzel; **214:** Stuart Cohen; **222:** Peter Menzel; **224** (tl) Culver Pictures; **224:** (tm) Peter Menzel; **224:** (tr) Hugh Rogers–Monkmeyer Press Photos; **224** (br) Culver Pictures; **224** (bm) Alain Nogues–Sygma; **224** (br) The Bettmann Archive; **224-225:** (t) Beryl Goldberg; **225:** (tl) Peter Menzel; **225:** (tm) Richard Kalvar–Magnum Photos; **225** (tr) Beryl Goldberg; **227:** Peter Menzel; **229:** Stuart Cohen; **232:** G. Botti–Sygma; **234:** The Bettmann Archive; **236:** French Cultural Services; **238:** Quebec Government Office (Public Affairs), Los Angeles; **239:** Richard Dibon-Smith–Photo Researchers; **242, 243, 244, 247, 251, 255, 262:**French Cultural Services; **263:** Peter Menzel; **266:** M. Pelletier–Gamma-Liaison; **267:** Ci. Wherle–Sygma; **271:** Contant–Gamma-Liaison; **277:** Stuart Cohen; **280:** The Bettman Archive; **282:** French Cultural Services; **284:** (t) Culver Pictures; **284:** (b) Jean Effel/Librairie Larousse; **286:** (tl) Peter Menzel; **226:** (m) Stuart Cohen; **226:** (tr) Peter Menzel; **226:** (bl) Beryl Goldberg; **226:** (br), **227:** (tl) Peter Menzel; **287:** (tr) Beryl Goldberg; **287:** (m) Peter Menzel; **287:** (br), **289:** Beryl Goldberg; **290:** (t) Peter Menzel; **290** (m) Claudio Patriarca–Gamma-Liaison; **290:** (b) Peter Menzel; **291:** (t) Hugh Rogers–Monkmeyer Press Photos; **291:** (b) Peter Menzel; **292:** Stuart Cohen; **295:** French Government Tourist Office; **297:** (t) Henri Cartier-Bresson–Magnum Photos; **297:** (b) Robert Capece–International Committee for the Defense of the Breton Language; **298:** The Bettmann Archive; **299:** International Committee for the Defense of the Breton Language; **309:** Stuart Cohen; **310:** (l), **310:** (r) Peter Menzel; **314:** Georg Gerster–Photo Researchers; **315:** Craig Aurness–Woodfin Camp; **316:** Marc Riboud–Magnum Photos; **318:** Eugene Gordon–Photo Researchers; **320, 321:** Stuart Cohen; **322, 326:** (t), **326:** (m), **326:** (b), **328:** Peter Menzel; **330:** Stuart Cohen; **331:** (t) Peter Menzel; **331:** (b) Stuart Cohen; **332, 335:** Peter Menzel; **337:** (t) French Cultural Services; **337:** (b) Hugh Rogers; Monkmeyer Press Photos; **338:** Peter Menzel; **339, 343:** Stuart Cohen; **344, 345, 346:** Peter Menzel; **352** (l) Stuart Cohen; **352:** (r) Hugh Rogers–Monkmeyer Press Photos; **355:** French Government Tourist Office; **357:** Peter Menzel; **362:** French Government Tourist Office; **364:** Stuart Cohen; **370, 374, 377, 379, 381:** Peter Menzel; **384:** Stuart Cohen; **390** (l), **390** (r) Peter Menzel; **395:** French Cultural Services; **398:** Beryl Goldberg; **401:** Peter Menzel